中国历史文化名人传

辋川烟云
王维传

哲夫 著

作家出版社

中国历史文化名人传

组委会名单

主任：李 冰

委员：何建明 葛笑政

编委会名单

主任：何建明

委员：郑欣淼 李炳银 何西来 张 陵 张水舟 黄宾堂

文史组专家成员（按姓氏笔划为序）

王春瑜 王家新 王曾瑜 孙 郁 刘彦君 李 浩 何西来
郑欣淼 陶文鹏 党圣元 袁行霈 郭启宏 黄留珠 董乃斌

文学组专家成员（按姓氏笔划为序）

王必胜 白 烨 田珍颖 刘 茵 张 陵 张水舟 李炳银
贺绍俊 黄宾堂 程步涛

出版说明

　　中华民族五千年文明史中，涌现了一大批杰出的文化巨匠，他们如璀璨的群星，闪耀着思想和智慧的光芒。系统和本正地记录他们的人生轨迹与文化成就，无疑是一件十分有必要的事。为此，中国作家协会于2012年初作出决定，用五年左右时间，集中文学界和文化界的精兵强将，创作出版《中国历史文化名人传》大型丛书。这是一项重大的国家文化出版工程，它对形象化地诠释和反映中华民族文化的基本精神，继承发扬传统文化的精髓，对公民的历史文化普及和建设社会主义文化强国都具有重要而深远的意义。

　　这项原创的纪实体文学工程，预计出版120部左右。编委会与各方专家反复会商，遴选出在中国文化发展史上产生过重大影响的120余位历史文化名人。在作者选择上，我们采取专家推荐、主动约请及社会选拔的方式，选择有文史功底、有创作实绩并有较大社会影响，能胜任繁重的实地采访、文献查阅及长篇创作任务，擅长传记文学创作的作家。创作的总体要求是，必须在尊重史实基础上进行文学艺术创作，力求生动传神，追求本质的真实，塑造出饱满的人物形象，具有引人入胜的故事性和可读性；反对戏说、颠覆和凭空捏造，严禁抄袭；作家对传主要有客观的价值判断和对人物精神概括与提升的独到心得，要有新颖的艺术表现形式；新传水平应当高于已有同一人物的传记作品。

为了保证丛书的高品质，我们聘请了学有专长、卓有成就的史学和文学专家，对书稿的文史真伪、价值取向、人物刻画和文学表现等方面总体把关，并建立了严格的论证机制，从传主的选择、作者的认定、写作大纲论证、书稿专项审定直至编辑、出版等，层层论证把关，力图使丛书经得起时间的检验，从而达到传承中华文明和弘扬杰出文化人物精神之目的。丛书的封面设计，以中国历史长河为概念，取层层历史文化积淀与源远流长的宏大意象，采用各个历史时期最具代表性的文化符号与雅致温润的色条进行表达，意蕴深厚，庄重大气。内文的版式设计也尽可能做到精致、别具美感。

　　中华民族文化博大精深，这百位文化名人就是杰出代表。他们的灿烂人生就是中华文明历史的缩影；他们的思想智慧、精神气脉深深融入我们民族的血液中，成为代代相袭的中华魂魄。在实现"中国梦"的历史进程中，必定成为我们再出发的精神动力。

　　感谢关心、支持我们工作的中央有关部门和各级领导及专家们，更要感谢作者们呕心沥血的创作。由于该丛书工程浩大，人数众多，时间绵延较长，疏漏在所难免，期待各界有识之士提出宝贵的建设性意见，我们会努力做得更好。

《中国历史文化名人传》丛书编委会

2013 年 11 月

王　维

目录

第一章 牙爪肥儿觇圣朝

一、紫绶朱绂候帝旄

天宝十五载（756）六月十三日凌晨，大明宫外，如同往日一样，前来上朝的大唐文武百官，人头攒动，挨挨挤挤，黑鸦鸦一片，等待宫门大开，依序按时上朝。诡异的是，往日个，上下臣属，同僚之间，见面时难免会打躬作揖，寒暄问候，交头接耳，窃窃私语。更有朱绂紫绶者，在品位低下者面前，或腆肚朝天，或颐指气使，甚至连一声咳嗽也透着等级的森严和身份的不同。但是今天却与往日大相径庭。

六月已近仲夏，正是不冷不热的好时候，尤其是大清早。可是今儿个前来上朝的官员，不论是穿紫、衣红、服绯，无分肥的瘦的高的矮的，个个神色凝重，屏声静气似寒蝉，且多惶惶然惘惘然者，绝少交头接耳者。还有个别官员萧瑟着脸和身子，似霜秋残叶，相反的是鼻尖上，却涔涔地冒着冷汗，又似乎置身三伏，不胜其热。这是怎么啦？这些素日间大言不惭，泰山崩于前脸不变色的堂堂文武百官，今天何以如此丧魂落魄？莫非天塌了？也确实是如此。用今天的话说，大唐摊上大事了。大唐的天，眼瞅着就要塌了。

我们的传主王维，就是这群文武百官之中的一位。

《新唐书·王维传》记载："九岁知属辞，与弟缙齐名，资孝友。"这里提供给我们的信息十分有限，但明白无误的是，王维从小就是个聪明、善良、孝顺父母、爱护和忍让弟弟的好孩子。更重要的是他爱学习，还是个好学生，九岁时就已经会写诗歌做文章，和他的弟弟王缙在四里八乡有了同样好的名声。《新唐书·王缙传》相互佐证，也这样说："王缙，字夏卿，本太原祁人，后客河中。少好学，与兄维俱以名闻。举草泽、文辞清丽科上第，历侍御史、武部员外郎。"

先天资质，如同肥沃的土地，而种什么，则决定于后天教育。种种迹象说明，出身于博陵大族崔氏的王维母亲是个教育高手，竟然懂得因人施教。家里五男两女的所好，各有不同，崔氏从不强求一律，勉强孩子们，而是顺应不同资质和爱好。当她发现王维不仅爱诗喜文，对音乐和绘画也天赋异禀，便不惜耗费金银，以太原王氏和博陵崔氏的财力和面子，为儿子延请了当时的名师。这些名师未必青史有所记载，却断然是有些真本事的，在他们的教导下，王维从小就对诗艺、书法、音乐了然于胸。如果像钢琴一样考级，王维十四岁时，琵琶弹奏便臻于化境，否则，怎么会打动已经等在后边的玉真公主等诸多皇亲国戚。毕宝魁先生在他的《王维传》一书中，曾考证过王维家的老住宅，说是坐落在太原祁县县城西街，是一个很气派的大宅院。高高的门楼，深深的大院。院中分前后两个院落，前面是带有门洞的一幢房屋，两旁一边是书房，一边是客厅。穿过门洞，里边是七间大瓦房，左右还有东厢房和西厢房。朱红色的油漆大门。门楼的匾额上凿刻着四个大字"太原王氏"。

书中提到王家请来过一位吴姓客人。时任汾州司马的王维父亲王处廉，当即恳请吴姓客人指点王维和王缙的书画。窃以为这位吴姓的客人，当为唐代著名画家吴道子。吴道子（680—759）又名道玄，曾随张旭、贺知章习书法，通过观赏公孙大娘舞剑器，体会用笔之道。擅佛道、神鬼、人物、山水、鸟兽、草木、楼阁等，尤精于佛道、人物，长于壁画创作，后世尊为画圣。开元年间以善画被召入宫廷，历任供奉、内教博士。吴道子是宁王的朋友，而宁王也是王维后来的朋友。种种迹象已经表明，王维的画艺极可能受过吴道子的指点和影响。可资佐证的是王维后来在辋川清源寺的寺墙上画了一幅四点八米长的大型壁画《辋川图》，非常著名，而吴道子最擅长的恰恰就是壁画。毕宝魁书中还提到一位姓李的师兄。渊源是，王维的爷爷王胄是大唐著名的大音乐家。在世时任朝廷的协律郎，掌管调正各种音乐律吕，并培养了一大批弟子。这位李先生便是王胄的得意弟子。王胄在世时曾是著名的诸种乐器的演奏大家，犹擅古琴和琵琶，这位李先生继承衣钵，也成为当时的圣手。王维有此音乐上的授业恩师，加上天赋和勤奋，成为弹古琴与奏琵琶的高手，也就一点也不奇怪了。

时任汾州司马的王维父亲王处廉，与博陵崔氏共同生育了五儿两女，挨次排列：长子王维九岁、次子王缙八岁、三子王绰六岁、四子王纮五岁，两个女儿一个三岁、一个两岁，还有五子王纮尚在崔氏的怀抱之中。然而，也就是在这一年的一天，王处廉却突然病故了。

这对当时王维一家可谓毁灭性的打击。

新旧唐书《王维传》，都有相似文字介绍说：王维，字摩诘，太原祁县人。父处廉，终汾州司马，徙家于蒲，遂为河东人。维开元九年进士擢第。事母崔氏以孝闻。与弟缙俱有俊才，博学多艺亦齐名，闺门友悌，多士推之。历右拾遗、监察御史、左补阙、库部郎中。居母丧，柴毁骨立，殆不胜丧。服阕，拜吏部郎中。天宝末，为给事中。

太过简略便难免语焉不详。关于王维生年，学界众说纷纭，主要说法有三种：一是生于武则天如意元年（692），二是生于武则天圣历二年（699），三是生于武则天长安元年（701）。还有一种说法是生于武则天长安三年（703）。对于卒年的说法也有三种：一是卒于肃宗乾元二年（759），二是卒于肃宗上元元年（760），三是卒于肃宗上元二年（761）。毕宝魁则认为：由两唐书本传推知王维之弟王缙生于公元七〇〇年，兄不能生于弟后。王维诗中有"年算六身知"一语，"六身"由"亥"字解释而来，故可训为"亥"字。王维应生于武则天圣历二年己亥猪年，卒于上元二年。

我倾向于毕宝魁先生所说，既解决了弟弟生于哥哥之前的毛病，也解决了王维三十岁才中状元的不实之说，还解决了王维死得太早的问题，比较合理。若以今天的表格来填履历的话，应为：王维，字摩诘，男，汉族，武则天圣历二年（699）己亥猪年生于太原祁县，唐肃宗上元二年（761）死于长安家中，葬于辋川，享年六十三岁。

王维祖籍也有争议。《旧唐书》说王维为太原祁县人，后移家蒲州成了河东人。唐人姚合所编《极玄集》说王维为河东人，省略掉了太原祁县；而张彦远在《历代名画记》中又说王维是太原人，忽略掉了祁县。前人简约，以为自己明白，别人也明白，殊不料误导了后人。

按常情推断，王维的祖籍就是太原王氏。祁县北魏属太原郡，王维生于太原祁县无误。几年后父亲亡故，母亲崔氏投亲靠友搬家到河东，河东即河中，蒲州即今日山西之永济，也是准确无误的。

王维移居河东，就此与比他年纪大的王之涣和小许多岁的柳宗元成了河东老乡。史书通常都认为，盛唐时的王维、孟浩然与中唐的韦应物、柳宗元，在继承陶渊明田园诗的基础上，形成了独特的唐代山水田园诗歌流派，当然还有其他许多同时代的人，但代表人物就是王孟韦柳。这四人的遭遇、诗风全然不同，贡献也不可同日而语。

如此拉郎配，王维本人不会满意。但这由不得他。

还要感谢大唐。中国古代丧葬礼仪由《周礼》确立，有非常多的禁忌和礼仪。唐朝建立后推行"法治"和"礼制"并重的治国方针，制定了《唐律》和《贞观新礼》。唐玄宗还另外制定了《大唐开元礼》，通过国家力量，使五花八门的丧葬礼仪制度化，基本精神依旧是儒家的孝道和忠道，但简化了许多陈规陋习，对后世丧葬礼仪规范，产生了深远影响。父亲暴病而卒，对九岁的王维，可谓一个晴天霹雳。

面对母亲崔氏哭红肿了的眼睛，三个挨肩儿小弟无助的眼神，睁着大眼睛发愣的两个年幼的妹妹，以及还在襁褓中撮唇弄娇的幼弟的咿呀学语之声，一夜之间，王维，似乎就长大了。

他是家中的长子。披麻戴孝，穿斩缞之服，在司仪的指导下扮演自己的角色。在父系母系亲戚帮助下，丧事办得中规中矩。七日之后父亲王处廉顺利入土为安。崔氏没去送亡夫，民俗有曰：中年殡天的夫妇，无论男女，都不得给亡人送葬。说这话的人眼里闪着幽光，言之凿凿："上辈子传下来的，若是厮跟了去，亡人会拖了你走，不光是说你的夫，还有野鬼，九泉下阴寒，鬼魂都想有个伴儿……"

按前朝封建陈规陋习，年轻的烈妇贞女是要殉夫的。若非大唐废除了这些陋习，估计崔氏恐怕难逃一死，又何谈待在家里不去送夫君最后一程。如果一如过去，五男二女不仅丧父，还会失母。几个年幼儿女的命运说不定就会重写，历史上就会失去王维这样一位诗书画三绝的人物以及他的故事。冥冥之中，一切都有因果上的逻辑关系。

那天，太原王家祠堂彻夜亮着蜡烛，昏暗的烛光下摇曳着巨大的阴影。崔氏红肿的眼睛里已经哭干了泪水，只有苦涩的瞳仁幽幽地闪光，她的视线从供桌上一溜儿摆放的王氏祖先的灵牌，依次缓慢滑过，灵牌上写有名字：王琼（隋镇东将军）、王尊业、王儒贤（唐赵州司马）、王知节（扬州司马）、王胄（协律郎）……这些王氏的显赫的先人们，在暗处默默地窥视着崔氏，却没有一个出来吱声的。

王维的母亲崔氏，是年方才三十多岁，年纪轻轻便守了寡。那种撕心裂肺的悲伤、难过、幽怨、苦痛，几不能言说，只有她自己才知道。若非拖儿带女，还不如随夫而去。但为了五男两女，生活还得继续过下去。苦悲自己扛，营生之计自己担当，无论自己多苦，都不能苦了幼小的儿女，误了孩子们的大好前程。太原王家的资财丰厚，博陵崔家也是殷实人家，夫家娘家，打断骨头连着筋，自然会好生看顾这些孩儿，在经济上断然不会有大的问题。但这终非长远之计。

崔氏暗自思忖，长久地跪在地上，嘴里念念有辞，她在诵经，也在心里默默祈祷："列祖列宗在上，请保佑你们的子孙吧！请保佑我们母子平安，保佑孩子们奋发上进，登科显贵，光大门楣。"

时年九岁的王维，站在祠堂门外的暗影里，悄悄望着母亲崔氏的背影，默默无语，唯有一双晶莹的眼睛，泪光闪闪。他知道父亲的离去对母亲对自己对弟妹意味着什么，意味着金色童年的逝去，意味着艰难岁月的来临，意味着过去的天塌了，曾经的地陷了，而撑起塌天填起陷地的责任，已经无声无息地落在自己这个长子的肩头了。他在心里一遍一遍地说："娘，您就等着瞧，儿子一定会给爹娘争气！"

按照民俗，父亲早亡，长兄便要顶门立户，充当父亲的角色，挑起家庭重担。过早地成为一家之主，使王维变得少年老成，形成了王维坚韧不屈的个性，无论生活的果子多么苦涩，他都会悄然咽下。

头上三尺有神明，冥冥之中，莫非前定？

太原是大唐的龙兴之地。唐高祖李渊，出身于北周贵族家庭，七岁袭封唐国公。历任谯、陇、岐三州刺史，隋炀帝即位后，李渊又历任荥阳（今河南郑州）、楼烦（今山西静乐）二郡太守。后被召为殿内少监，又升卫尉少卿。大业十一年（615）拜山西河东慰抚大使。大业十三年（617）拜太原留守。隋末天下大乱时李渊乘势从太原起兵，攻占长安。义宁二年（618）农历五月接受隋恭帝禅让，称帝建立唐朝，定都长安，并逐步统一全国。武德九年（626），玄武门之变后，李渊退位称太上皇，禅位于儿子李世民。太原，不仅给天下贡献了唐朝皇帝，还给唐朝天下输送了诸多贤达之士。若无太原便不会有唐朝，若无唐朝便不会有唐朝贤达人士。

更有一位女诗人不能不提。这位女诗人豪气与婉约同在，萧森气象，天地威仪，尽在字里行间。如《唐大飨拜洛乐章·致和》一诗，神驰造化，古风盎然："神功不测兮运阴阳，包藏万宇兮孕八荒。天符既出兮帝业昌，愿临明祀兮降祯祥。"又如《早春夜宴》，写普天同庆之节日光景，居高而悯下，俯瞰而鹰视，起承自如，意趣纷呈，蕴藉风流，才情不俗："九春开上节，千门敞夜扉。兰灯吐新焰，桂魄朗圆辉。送酒惟须满，流杯不用稀。务使霞浆兴，方乘泛洛归。"

再如《游九龙潭》，写景抒情，不怒自威，玉女双凤，可见龙吟凤翔之姿，竹叶芙蓉之心，却丝毫没有堆砌生硬之感："山窗游玉女，涧户对琼峰。岩顶翔双凤，潭心倒九龙。酒中浮竹叶，杯上写芙蓉。故验家山赏，惟有风入松。"更为人称道的是七绝《如意娘》。幽情暗恨如九重宫门，层层洞开不胜旖旎，怨而不怪，愁而不责，不如意却偏要如意。缕缕相思如从浓云暴泻而出的幽夜冰轮，清光万仞，若水银泻地无孔不入，排天下之闳，刺入人之心扉，极尽缠绵、悱恻、幽怨、清旷、妩媚之能事："看朱成碧思纷纷，憔悴支离为忆君。不信比来长下泪，开箱验取石榴裙。"史载《如意娘》这首诗，是女诗人在感业寺所写，那是诗人最失意的四年。短短四句所传达出的情感，远非字里行间所能包含。也正是这首诗，使继承大统正自春风得意的唐高宗李治蓦然情动心弦，忆念起了尚在感业寺削发为尼的旧情人武媚，方有撼天动地的以后。《全唐诗》及《全唐诗补编》中共收录女诗人作品六十首，《如意娘》居首。透过这些诗句，你可以从这位娟秀女子身上感受到威严的帝王之象，以及母仪天下的王者风范，还有求贤若渴的圣君明主的期盼，还有对天地、神灵、王权、自然、天下、百姓的虔诚和关爱。这首《如意娘》，最是气足神完、血肉丰满、动人魂魄。此诗后来从宫中流出，一时间"看朱成碧"成坊间热词，诸多诗人争相仿效，便连李白也写过"看朱成碧"之类的诗，但与之两两相较，细细品味，竟然也嗒然若失，自叹抄袭了人家的创意。

王维的诗歌创作是否受过这位女诗人的影响？

太原王氏始祖是周灵王之太子，姓姬，名晋，字子乔，约生于公元前五六五年，卒于公元前五四九年。传说子乔有异能，可预卜人的生死，他自己死后也成了神仙，喜欢一边吹笙，一边游玩于伊、洛之间的地区。那里的人们常听见他作凤凰之鸣。子乔的儿子宗敬，后来当了司徒，但因天下大乱，周室衰微，便以王为姓，避居太原，死后葬于晋阳城北五里处，墓地被称为"司徒冢"。后代子孙，如蒲公英种子，飘散开去，遍布全国甚至世界各地。瓜瓞绵绵，人才济济，勤勉发奋，成为大姓。

有趣的是，两千多年以来，太子晋，渐成正义光明的化身，屈原在《楚辞》中的《远游》诗中，也曾表达过他对太子晋的景慕："轩辕不可攀援兮，吾将从王乔而娱戏。"与王维同时代的李白，虽然生性疏狂，与王维交集际遇多多，翻遍史料，却不见唱和饮酬的行迹，却也恭敬有加地这样明白示人道："吾爱王子乔，得道伊洛滨。"

王维母亲的家世博陵崔氏也十分显赫。在王维的印象中，父亲忙于公事，家里大事小事，几乎都是母亲掌管并拿主意，是慈爱与威严的象征。母亲崔氏从未间断清修《维摩诘经》，儿子姓王名维字摩诘，便是母亲的赐予，名字连读便是维摩诘，其意不言自明。

敦煌壁画中，有许多壁画都表现一个场面，这个场面在《维摩诘经》中有记载。维摩诘是古印度毗舍离的一个富翁，家财万贯，奴婢成群，却勤于攻读，虔诚修行，是早期佛教的居士，也叫在家菩萨。他对佛法十分精通，能够处相而不住相，对境而不生境，得圣果成就，被称为诸大菩萨之代表。有一次他称病在家，说"以众生病，是故我病"。

佛陀知道他装病，派去被誉为智慧第一的文殊菩萨看他。见面后，两位菩萨以互相问答的形式，互斗机锋，妙语连珠，论说佛法义理，揭示佛教空、无相等大乘深义，使同去探访的诸菩萨、罗汉听得目瞪口呆。文殊菩萨因此对维摩诘倍加推崇，在佛教界可谓影响深大。维摩诘的意译是净名、无垢尘，是以洁净和没有污染而著称的圣人。

王维母亲终生以维摩诘为榜样，她虽然为人妻为人母，身在红尘俗世之中，却一心向佛，在家中静心修行。王维从小便潜移默化受母亲的影响，从母亲身上学到许多做人的道理，也学到一个佛道中的不二法门：修行不在仙凡，只要一心向佛，尘俗间，也一样可以修成正果。生不由人。生在这样一个家庭，是否该庆幸？还有待验证。

二、群官张目望星摇

始建于唐太宗贞观八年（634）的大明宫，原名永安宫，是唐长安城三座主要宫殿太极宫、兴庆宫中规模最大的一座。地处长安城北郭外，北靠皇家禁苑、渭水之滨，南接长安城北郭，西接宫城东北隅。被视为大唐龙脉的龙首原自长安西南部的樊川北走，横亘迤逦六十里，大明宫乃龙头所在，头高二十丈，站在大明宫含元殿向南眺望，长安城尽收眼底。大明宫占地三点二平方千米，是明清北京紫禁城的四点五倍，在当时，可谓全世界最辉煌壮丽的宫殿群，其建筑形制影响了当时东亚地区的多个国家宫殿的建设。被誉为千宫之宫、丝绸之路的东方圣殿。自唐高宗起，先后有十七位唐朝皇帝在此处理朝政，历时达二百余年。

公元前十一世纪周天子在此建都，汉帝国崛起后定都长安城，遗址在今天西安市的西北方向。公元五八一年，隋帝国仍旧建都长安，因历经八百年的汉长安城破旧不堪，隋文帝杨坚在汉长安城以东，花费三年时间建成了新的长安城。自大唐立国以来，开国皇帝李渊、第二任皇帝李世民，不仅继续定都隋朝的长安城，连办公都在隋帝国的皇宫太极宫。这很可以说明大唐龙兴之初的务实俭朴之风。

唐太宗欲尽孝道，建造一座宫殿，给太上皇李渊养老。贞观八年（634）开始动手建造，谁料李渊无福消受，宫殿还没有建成，就离开了人世，大明宫因此停建，成了半拉子工程。唐高宗即位后，烂尾工程再次启动，因为已做了皇后的女诗人说话了。她说，咱们大唐立国已经多年，威势赫赫，总不能老是住在别人的房子里办公吧？总要在这块土地上给后来人添点自己的东西吧？总不能让大明宫这个烂尾工程永远烂下去吧？当然这话是我替她说的。按照司马光的说法，太极宫时常闹鬼，女诗人夜里噩梦频频，想换个地方，以避鬼魂的纠缠。

在古代，天下从来是男人的天下，鲜有女性登上政治舞台。

在唐高宗到唐玄宗之间的三十多年里，武则天、太平公主、上官婉儿，是当时最有权势的三个女人。因此，这三个女人也就成为了天下男人的轻薄对象。在这一点上，史家与官家往往是一伙的，正史野史，几乎是异口同声，都没有什么好话。百姓又是听风说雨的把式，随群打伙如同牛羊，顺着牧羊人的鞭策和唿哨，人云亦云，边吃边走。

武则天起先是唐太宗的一个才人，因与太子李治眉来眼去，勾搭成奸。太宗死后，高宗李治即位，不忘旧情，将出家后的武媚娘接入宫中，就此开启了女人的传奇。雌儿如此，让雄儿，情何以堪。

武则天本名武曌，就是她促成了大明宫的继续扩建。建成后的大明宫有十一个城门，东、西、北三面都有夹城；南部有三道宫墙护卫，墙外的丹凤门大街宽达一百七十六米，至今仍然是世界上最宽的街道。比北京紫禁城大四倍，相当于三个凡尔赛宫，十二个克里姆林宫，十三个卢浮宫，十五个白金汉宫，五百个足球场，大明宫成为中国古代和世界史上最大最宏伟的宫殿建筑群，虽不复存，但其规模迄今无出其右。这位女诗人，与传主王维，同样是山西人。她还发现并起用了女诗人上官婉儿。

盛唐诗风大炽，与武则天和上官婉儿，大有关系。

按照古礼，晚辈要为长者守丧三年，实际上第三年头月末，便算丧期已满。为了便于照顾孩子，崔氏的哥哥帮助妹妹把家从祁县搬到河东蒲州，也就是今日之山西永济。河东道是黄河的所在，黄河由北向南流经山西省西南境，故称河东。古"尧都平阳"便在于此。形胜处有秦晋大峡谷、乾坤湾、壶口瀑布、禹门口，下至鹳雀楼以东地区。

"白日依山尽，黄河入海流。欲穷千里目，更上一层楼。"因写这首《登鹳雀楼》绝句而名动天下的诗人王之涣，比王维大了近十一岁，与王维同属太原王家后人，不知斯时有无交集？斯时王之涣几首名作还在黄河里流淌，未曾流到王之涣笔下。王之涣一生留下的诗作只有六首。古代的史官也免不了重官轻文，王之涣因为官做得小，现存生平资料不多，只知他曾任冀州衡水主簿。衡水县令李涤将三女儿许配给他。玄宗开元十四年（726），王之涣方赋《宴词》《送别》。同年遭人诬谤，愤而拂衣去官，有记载说他"遂优游青山，灭裂黄绶。夹河数千里，籍其高风。在家十五年，食其旧德。雅淡珪爵，酷嗜闲放"。《九日送别》《登鹳雀楼》《凉州词》等，便是他辞官家居时所作。天宝元年（742）二月二十四日遭疾而殁，享年五十五岁。

生平轶事，开元年间一个雨雪霏霏的冬日，王昌龄、高适、王之涣三位诗友在一个旗亭饮酒，请四个梨园女子佐兴，曲子自选。

红妆者先唱："寒雨连江夜入吴，平明送客楚山孤。洛阳亲友如相问，一片冰心在玉壶。"王昌龄喜道："呀，我的。"绿衣女子又唱："开箧泪沾臆，见君前日书。夜台何寂寞，犹是子云居。"高适呵呵笑道："这回是我的了。"粉裳者接唱："奉帚平明金殿开，且将团扇共徘徊。玉颜不及寒鸦色，犹带昭阳日影来。"王昌龄大是得意，说："又是我的。"王之涣负气："三个女子都丑，唱得也丑。穿青衣的第四个女子好看，她要不唱我的诗，这一辈子我就不写诗了！"说话间便见穿青衣的美女出来，丝弦起处，婉转歌曰："黄河远上白云间，一片孤城万仞山。

羌笛何须怨杨柳，春风不度玉门关。"正是王之涣的七绝《凉州词》。王之涣闻之大喜，三人不由得相视拊掌，哈哈大笑。

章太炎推王之涣《凉州词》为"绝句之最"，评价可谓高矣。但话又要说回来，江山若不能如诗如画，天下若无黄河和鹳雀楼，王之涣还能写出这样的绝唱吗？丹青圣手还能画出如诗的画作吗？千古以来的人类发展史已经告诉人们，钟灵方可毓秀，地灵乃育人杰。

今日之唐诗学界认为《登鹳雀楼》非王之涣作品，依据是唐人选唐诗《国秀集》中《登楼》一诗和《登鹳雀楼》只有重、层一字之差，作者是朱斌。《国秀集》成书于唐玄宗天宝三载（744），芮挺章选录，楼颖作序。书中同时选了朱斌和王之涣的作品。王之涣录有《凉州词》等三篇，朱斌诗仅此一首。宋司马光（1019—1086）《温公续诗话》云："唐之中叶，文章特盛，其姓名湮没不传于世者甚众。如河中府鹳雀楼有王之美、畅诸诗。畅诗曰：'迥临飞鸟上，高谢世人间。天势围平野，河流入断山。'王诗曰：'白日依山尽，黄河入海流。欲穷千里目，更上一层楼。'二人者，皆当时贤士所不数，如后人擅诗名者，岂能及之哉！"诗人为王之美。沈括（1031—1095）云："河中府鹳雀楼唐人留诗者甚多，唯李益、王文奂、畅诸三篇能状其景。"诗者先王之美，又成王文奂，之美、之涣，一字之误。文奂、之涣，奂与涣音同，也是一字之误，这才是真的以讹传讹，据此可知所谓的以为"讹传始于《文苑英华》，强化于《唐诗别裁集》与《唐诗三百首》。以后选本无不以为王之涣诗。时至今日，此诗著作权应据《国秀集》归还朱斌"云云，是根本站不住脚的，完全是葫芦僧乱断葫芦案。世上没有无因之果，诗中明白提示依山日尽，黄河入海乃是登楼的所在，黄河边上有几座这样的古楼？临黄河而筑的只有"宇文护镇河外之地，筑为层楼，遐标碧空，影倒横流，二百余载……代为胜概"的蒲州鹳雀楼，可见其心虚情怯，不敢以原题示人，故以子虚乌有之楼大而无当的《登楼》二字以蔽之，你倒是说出来你登的是哪一座楼？何况那时便连鹳雀楼也只剩一堆废墟，何以题壁？何以传抄？何以能有诸种说道？

再则，若无王之涣《凉州词》功力，何以能写出《登鹳雀楼》的四句？平地起山、寂寂无名的朱斌原本是附庸风雅，想花钱买一个玩耍，做梦也没有想到咸鱼也能翻身，竟然会在千年后尸变。《国秀集》王维诗收录七首，没有一首是王维的代表作，而李白诗则一首也没有收入。这很是见出编辑者的可疑用心，已不仅囿于眼光和口味。

王之涣与朱斌，以及编书者芮挺章，都是同时代人，当时信息闭塞，没有电话更没有互联网，兼之王之涣卒于《国秀集》成书前，死人不会说话，硬生生王冠朱戴还被蒙在鼓里。窃以为一如当下许多银子伺候的图书，九个已有定论的名家加一个非名家，便造出一个当代十名人。古今亦然，《国秀集》发端，已领个中风骚千百年矣。

这只是笔者的不以为然。

此时的王维，断然不会想到，千年后自己的许多遭际，与他的老乡王之涣千年后的冤枉相仿佛，而且谬种流传，更显扑朔迷离，需后人详察细思，为之辩诬。这是后话了。斯时的鹳雀楼，王维是否前去登临？已不可考。有一点是必须说到，天地有好生之德，却不会凭空生发，后辙之痕必有前车可追，碧空鸿影必有飞雁掠过，若无在河东蒲州的四年与山川河流的对话，也就不会有若干年后辋川的别业，自然也就不会有辋川之诗了。

王维在河东与山川河流亲密接触了四年。日夜与苍老的流云、宽谷、草木、山川、河声、流凌、洪涛在一搭儿，这些无时无刻不潜移默化并与他捉对儿厮打，赋予他自然的灵性，让他体悟了天人互拥的重要性，明白了什么是随形赋影，什么是迅雷闪电，什么是空茫，什么是无相。

四年来，王维、王缙几兄弟，日夜听着黄河的涛声，与自然耳鬓厮磨，天天闻鸡起舞，发愤苦读，三坟五典，诸子百家，诗文子集，几乎无所不通。能搜罗到的古乐谱、古画册、古书法字帖之类，无所不看，无帖不临，无不涉猎。王维闲来还与弟弟王缙唱和几首诗，一家人其乐也陶陶。王维年已十五岁，身高将近七尺，眉清目秀，肤白唇红，长身秀立，英俊潇洒。王缙个头比王维略矮些，略胖些，略憨厚些，总是笑模悠悠的，自有另一番风采。两兄弟年纪相仿佛，性情却有所不同。王维纯良少年一派，生性文静，外柔内刚，说话还爱脸红。王缙却天生好动，爱说爱笑，无拘无束，还有几分狡黠之气。但兄弟之间却亲密无间，无话不谈。王维觉得自己已经长大，觉得自己不该安于家居，他想尽早养家糊口，把母亲从艰难的生活中替代出来，所以有一天他神情肃然地对母亲崔氏说："娘，儿想到长安城里去游学。"

于是，长安城里，出现了三个风尘仆仆的身影。

武则天的父亲武士彟，是土生土长的文水人，追随太原起兵的唐王血染黄沙杀奔长安，成为大唐的开国功臣。武士彟在长安续弦杨氏，杨氏乃陇右士族隋朝宰相遂宁公杨达之女，杨氏为武士彟生次女武媚娘。汉唐门阀风盛，武媚娘从小饱受世风流俗轻视，故而生性异于常人。

武媚娘十四岁入宫当才人，初为昭仪，后为皇后，尊号天后，与高宗并称二圣。但这只是开始。公元六八三年十二月二十七日至六九〇年十月十六日，武则天作为唐中宗、唐睿宗的皇太后，临朝称制，并自立为武周皇帝。武则天凭借自己的才情，在自己主政期间上承"贞观之治"，下启"开元盛世"，革故鼎新，革除大唐时弊，发展社会生产；完善科举制度，破除门阀观念；不拘一格任贤用才；维护中国统一，积极平定内忧外患，成就了一番前所未有的轰轰烈烈的大业。

这个女诗人分明在告诉男人们说：女人心思细密，虑事周全，比男人更适合治国。

诗佛王维呱呱坠地之时，是武周圣历二年（699）己亥猪年，离武则天退位还有七年。王维出生之时，是否有异象呈现，比如日月同辉、异香入室、梦熊而生、魁星点斗之类，史料没有记载。但是啼哭是不能免的，只是奇怪的是，这个肉红色的婴儿只哭了几声便闭嘴了。

因为，一个温软的乳头塞入他的小嘴，于是他本能地开始了贪婪的吮吸。即刻就有一种人类本能击中了这个婴儿，色香味征服了他物质的器官，混沌中分明浮现出生命的第一意识：进食是美好的。

生而知之。后天带给他影响并将决定他生命的走向。

公元七〇五年，王维已经七岁时，武则天退位，成为中国历史上唯一的女性太上皇。同年十二月十六日，于上阳宫暴毙，寿享八十二岁。

死后她与高宗合葬乾陵，并留下一通无字碑，任由后人褒贬。这勇气，这气概，这用意，这目空天下、目空未来、我行我素、其奈我何的自信，很伤男人自尊，无可奈何的是，她已经不容置疑地在那儿存在，并入土为安了。盖棺并没有论定，后人迄今，还在为她争论。

仅此一点便说明了她的存在不容忽视，而且已经上升到哲学高度，不仅是中国，甚至是人类历史上的一件大事。存在的即是合理的。黑格尔认为宇宙本原是绝对精神，它自在并具备一切，然后外化出自然界、人类社会、精神科学，最终会在更高层次上回归本元。只要是在这个发展轨迹上运行的事物都是合乎道理的。未必符合人类常道，人道是人定的，并非天理。所以尽管大男人定下了纲常伦理，被一个女人全然打破，王道不允，天地自然却无可不可。人天意见不合。

这个女人是不幸的，她终生被封建绑架，笼罩在阴谋的暗黑中。但她并非十恶不赦，她被迫犯下了许多令人发指的罪恶。这些罪恶黑暗了他人，照亮了她，却抹黑了人性。但在她的身上又不乏女性的多情、善良、伤感，只是她寻常不敢公然显露，而是长期掩饰和压抑自己的人性。弱肉强食是丛林法则。软弱会招来豺狼虎豹。如果她不吃掉他们，他们就会吃掉她。她的善良只能偶尔为之。

她恩怨分明，睚眦必报，对故乡有情有义。

王维首次来长安行头十分节俭。这是因为王维深知家道中落，家里天天处处需要银钱打点，"内囊"已经上来。所以出门时既没有坐轿也没有骑马，更不敢穿鲜衣明裳。只穿了寻常衣衫，牵了一头健硕的驴子，驮上行囊，便与一老一少两位家人往长安进发。这是一头黑色的广灵驴子，据说这个品种的驴子最是皮实有力，性情温驯，更难得的是走两里地不发汗，适合驮着东西走长途。这头驴子原本在家里拉磨，却被王维看上，让家人把驴子从无休止的转磨磨中解救出来牵往野天野地。走宽阔的大道，便十分兴奋，驴眼里全是感恩戴德。

一路上风光明媚，鸟声呖呖，驴铃叮当，倒也别有一番意趣。

衣着淡雅的王维自然不肯骑在驴背上，便让家人牵着驴，自己安步当车。一驴两人，主仆三人，从潼关进入秦地，过临潼东南骊山时，便远远看见了一个大大的土丘，不似骊山呈现出自然的迤逦高峻，却有人力修筑的刀凿斧痕，便不由得远远行个注目礼。又特特儿走将过去，驻足其间，观览良久，虽然颇多腹诽，但毕竟是死者为大，也就恭敬神情凭吊了一番。明知夏虫不可语于冰，偏就在习习山风的吹拂之下与阵阵林涛的清响之中，倚驴立就，写成五律一首，题为《过始皇墓》：

> 古墓成苍岭，幽宫象紫台。
> 星辰七曜隔，河汉九泉开。
> 有海人宁渡，无春雁不回。
> 更闻松韵切，疑是大夫哀。

开元年间的始皇陵，还是秦时修筑的模样，时光的流逝使古墓变成了一座长满野草的苍莽荒岭。只有幽暗的地宫，雄丽的宫殿，墓顶象征日月经天五行纬地的珍珠镶嵌，墓底以水银灌注成的河汉湖海的状拟，九泉之下以金银珠宝堆叠的无边苦海，谁人的慈航敢渡？永远的暗黑阴冷，不会有春天的雁鸭，鸣叫着南去北回。听到了吗？只有风吹松树，发出凄切的韵声，仿佛是当年被秦始皇封为五大夫的泰山松和他身边那些亡故多年的大夫们，发出的幽幽哀号。

一个十五岁的少年，面对隔朝隔代的始皇帝，诗里诗外，不是滔滔江河的景仰之情，竟然是语带讥诮的设问：人死如尘埃，花费了那么多的心思，奢费了那么多的金银，厚葬自己，如今又有何用哉？

这首诗已初萌禅意。连王维自己，也还没有意识到。

《旧唐书》卷六载，武则天称帝后不久于"冬十月"下诏："改并州文水县为武兴县，依汉丰、沛例，百姓子孙相承给复。"这里有个典故，相传汉高祖刘邦母亲，在徐州丰邑龙雾桥下避雨之时，遇龙而孕刘邦，故后世人说"丰生"。后因战乱母子迁沛县居住，后来刘邦还当了沛县的一个小官，故曰"沛养"。刘邦于马背之上得天下后，唱着"大风起兮云飞扬，威加海内兮归故乡，安得猛士兮守四方"，得意洋洋地回到故乡。为了显摆，也为了报恩，下令从今往后，沛县、丰县免征天下赋税。武则天饮水思源，若无文水祖先春秋的福荫，何来现在武曌日月的天下。既然历史上已有成例，武则天当然也可以照猫儿画虎，便特特儿地下诏，要效法汉高祖丰沛之例，世代免除文水所有赋税。这一恩惠很得了文水人心，迄今还有人说起。

不仅如此，这位名叫武则天的女诗人，还做了一件唐太宗生前忘了做的事。唐高祖李渊是在太原起兵的，若无太原，何来大唐？若无大唐，何来武则天？若无武则天，何来杨玉环？何来盛唐诗人？何来王维、李白、杜甫，也就不会有这本王维传和这些议论了。所以武则天上位后，下令将唐兴之地太原改为大唐北都。足见其对太原的感情。

不知时年未满三岁的太原祁县人王维，是否依稀还有些对这位女皇帝女诗人女老乡在位时的儿时记忆？或是长大以后，去往河东、长安，以及成名之后，对这位女皇老乡的人品和诗品，有过什么评说？

三晋大地，太原表里，对古今中外的最大贡献，绝不仅仅是煤铁与晋商，而是唐朝武则天、王维等一系列名字蕴涵的人文历史。

这是王维破题儿头一遭来长安。

进入长安城。巍峨城楼、高峻城墙、热闹市井、繁忙人群，在驴子眼里不如一苗青草，故视若无睹。王维免不了东张西望，眼前一片新奇。与父亲多次来过长安的老家人许昌，眼神儿却还是够用的。七弯八绕，就把王维带到长兴客栈，先将人和驴，都安顿了下来。

王维孝顺，安顿下来的首要事情，便是遵照母亲的嘱咐，逐一去拜望王家、崔家的那些亲戚们。顺便也游玩了一些长安城里的风景名胜。在新丰和咸阳还结识了一些衣轻裘骑怒马的游侠少年，毕竟是少年心性，少不了找个酒楼把酒言欢。这时王维在长安已有文名，酒酣耳热之际，自然会有诗作，以助酒兴，于是就有了这组《少年行四首》：

新丰美酒斗十千，咸阳游侠多少年。
相逢意气为君饮，系马高楼垂柳边。

出身仕汉羽林郎，初随骠骑战渔阳。
孰知不向边庭苦，纵死犹闻侠骨香。

一身能擘两雕弧，虏骑千重只似无。
偏坐金鞍调白羽，纷纷射杀五单于。

汉家君臣欢宴终，高议云台论战功。
天子临轩赐侯印，将军佩出明光宫。

少年时王维的豪气，丝毫不逊于李白，反倒要比李白的诗思更为谨密。这四首七绝打的是组合拳。用白描手法，不泼墨，不写意，却通篇出了大意。还是细木匠的卯榫结构，丝丝入扣，层层递进，十六句如十六层浮图，不经意间，已耸入九霄，通体没有一根钉子。

新丰的美酒用来斗酒，咸阳的游侠都是少年。
相逢痛饮因君的意气，高楼垂柳边拴着骏马。

祖先都是汉朝羽林军，鏖战渔阳从骑马开始。
少年人不知边关困苦，却能闻见侠骨的香气。

两张雕弓一人能拉开，千重敌骑不放在眼里。
金鞍偏身从容地射箭，一连射死了五个敌酋。

汉朝君臣在欢庆宴上，高谈阔论云台的战功。
列侯印天子高台亲赐，明光宫走出佩印将军。

这简直不是诗句，而是一幅幅画面，栩栩如生地描写了诗中的人物，讲述了一个沙场老将的后人，在清平年月成为咸阳游侠的完整的故事。

后来，李白从青城山来长安求仕之时，也趋势写了两首相类似的《少年行》，如下："击筑饮美酒，剑歌易水湄。经过燕太子，结托并州儿。少年负壮气，奋烈自有时。因声鲁勾践，争博勿相欺。五陵年少金市东，银鞍白马度春风。落花踏尽游何处，笑入胡姬酒肆中。"

长安有汉代五个皇帝的陵墓，五个陵墓附近的少年都是五个皇帝追随者的后人。他们成群结队在长安金粉繁华的闹市驰过，白马银鞍驮着他们如同春风吹过。他们白天在野外练习骑射，马踏落花，晚上该回家了吧？可是没有，又说笑着走向胡女开的酒店，听曲吃花酒。

两人写的都是同一群人，可是所选视点，大不相同。

王维从正面切入，从正面告诉人们这群少年是什么人，他们为什么这样。让人读后便会对这些游侠少年顿生好感。这些游侠少年看到王维给他们正名，欢喜雀跃是随性的，对王维自然另眼相看，恭敬有加。这些将军的后人自也不是等闲之辈，很会宣传自己的诸般好，一时间这几首诗经子弟们口口相传，长安已是无人不知，无人不晓。

也就难怪《新唐书》本传说王维："名盛于开元、天宝间，豪英贵人虚左以迎，宁、薛诸王待若师友。"可见所记并非空穴来风。

李白却是从侧面动刀，只轻描淡写了几个浮光掠影的片断，却意味深长。意思得读者自己去猜去推想去揣度：潇洒、纨绔、有钱、浮华，等等。什么都有，却没有好坏。想要什么自己拿，足见高妙。

若按现在官家对文人的分类，这个时期的王维，如同时下的正统作家，而这个时期的李白，则成了通俗作家。当然是玩笑话，但两两相较，很可以见出两人出身、背景、文化、心思、性情、诗风的不同。

毫无疑问的是，两人都是：黄绢幼妇，外孙齑臼。

李白字太白，号青莲居士。郭沫若考证他出生于碎叶城，这地界过去属唐朝，今属吉尔吉斯斯坦。四岁随父迁至今天的四川省绵阳市江油县。王维比李白大一岁，十五岁入长安，二十多岁中状元，其文名大盛之时，李白还在四川的青城山上学道。李白首次出蜀时，已经二十五岁，来长安时还没有名动天下，还满腹牢骚。比他俩小好多岁的杜甫，此时还在家乡，寂寂无名，为了入仕以济世，而苦苦寻觅在途中。李白时有五言诗《侠客行》一首名世：

赵客缦胡缨，吴钩霜雪明。

银鞍照白马，飒沓如流星。

十步杀一人，千里不留行。

事了拂衣去，深藏身与名。

闲过信陵饮，脱剑膝前横。

将炙啖朱亥，持觞劝侯嬴。

三杯吐然诺，五岳倒为轻。

眼花耳热后，意气素霓生。

救赵挥金槌，邯郸先震惊。

千秋二壮士，烜赫大梁城。

纵死侠骨香，不惭世上英。

谁能书阁下，白首太玄经。

李白头一次来长安，怀才不遇，抑郁离去。天宝元年（742）得道士吴筠推荐。吴筠，字贞节，华州华阴人。性耿直，从不打诳语。天宝初年，李白与吴筠隐居在剡中。唐玄宗诏令吴筠去京城，吴筠把李白推荐给朝廷，朝廷派使者召见李白，并让他与吴筠一起待诏翰林。玄宗问吴筠以道法，对曰："道法之精，无如五千言，其诸枝词蔓说，徒费纸札耳。"问神仙修炼事，又对曰："此野人之事，当以岁月功行求之，非人主所宜留意。"玄宗深重之，赐号"宗玄先生"，后归隐。

忽一日，在兴庆宫沉香亭消夏纳凉的唐明皇与杨贵妃，一时兴起，宣李白进宫撰新词助兴。李白借着酒力让宦官高力士脱靴，又唤杨贵妃磨墨，成《清平调》三章："云想衣裳花想容，春风拂槛露华浓。""一枝红艳露凝香，云雨巫山枉断肠。""名花倾国两相欢，长得君王带笑看。"端的是软玉温香，句句浓艳，字字凝香。杨玉环心花怒放拿七宝杯斟满西域葡萄酒敬于李白。玄宗见爱妃欢喜，也不觉喜形于色，让李龟年歌咏，梨园弟子伴奏，亲自吹笛，一时间，弦歌绕云，莺声燕语，流韵妙响，达于万方。然而好景不长，两年后李白被赐金放还，变相撵出长安。更加满怀怨愤，写了三首古风名为《行路难》。

这三首诗，联系紧密，不可分割，说穿了，只是一首长诗的分段换韵而已："金樽清酒斗十千，玉盘珍羞直万钱。停杯投箸不能食，拔剑四顾心茫然。欲渡黄河冰塞川，将登太行雪满山。闲来垂钓碧溪上，忽复乘舟梦日边。行路难！行路难！多歧路，今安在？长风破浪会有时，直挂云帆济沧海。""大道如青天，我独不得出。羞逐长安社中儿，赤鸡白雉赌梨栗。弹剑作歌奏苦声，曳裾王门不称情。淮阴市井笑韩信，汉朝公卿忌贾生。君不见昔时燕家重郭隗，拥篲折节无嫌猜。剧辛乐毅感恩分，输肝剖胆效英才。昭王白骨萦蔓草，谁人更扫黄金台？行路难，归去来！""有耳莫洗颍川水，有口莫食首阳蕨。含光混世贵无名，何用孤高比云月？吾观自古贤达人，功成不退皆殒身。子胥既弃吴江上，屈原终投湘水滨。陆机雄才岂自保？李斯税驾苦不早。华亭鹤唳讵可闻？上蔡苍鹰何足道？君不见吴中张翰称达生，秋风忽忆江东行。且乐生前一杯酒，何须身后千载名！"

王维的《少年行》在前，李白的《少年行》和《侠客行》《行路难》均迟于王维的诗。王维《少年行》"纵死犹闻侠骨香"，李白《侠客行》"纵死侠骨香"。王维的"新丰美酒斗十千"与李白的"金樽清酒斗十千""斗酒十千恣欢谑"，何乃相似？说明李白读过王维的诗，潜移默化受到了王维诗的影响，甚至有抄袭王维诗的嫌疑。这也许就是王维长住长安，李白前后两次来长安，还同朝为官一段时期，可是在史料之中，却没有查到两人交往唱和的蛛丝马迹，两人互不理睬，如同隔朝隔代的陌路人。于情于理不合，何以如此？也许这就是猫腻。

另外，笔者还有一个发现，对否，先说在这里。"新丰美酒斗十千"与"金樽清酒斗十千"，加上李白在《将进酒》一诗中的"斗酒十千恣欢谑"，一律解释为："斗酒十千。一斗酒价值十千钱，意即名贵。"窃以为是错误的，斗有两个读音，升斗，斗争，是不同的。斗酒十千应为斗酒，十千是个数量词，乃是斗酒十千回的形容之词，而非泛指酒的价格是十千钱。诸君不妨细细揣摩前后语意，就此打住。

这又是几句闲话。但闲话而外还有后话。

三、蓬莱塘畔管弦暗

据说大明宫初建之时在蓬莱池掘出一面青锈斑斓的古铜宝镜，魏征考证这面古铜宝镜是秦始皇曾经用来清除异己的镇国之宝：秦镜。传说秦镜的奇处是可以鉴见人的五脏六腑，照出忠奸和国运兴衰。真假不知，但大明宫竣工之后，秦镜就被高悬于朝堂之上，以震慑害国的妖邪，之后才有了"明镜高悬"的说法。

其实，大明宫与未央宫之名，均出《诗经》。

《诗经·大雅·大明》篇《毛诗序》按："文王有明德，故天复命武王也。文王、武王相承，其明德日以广大，故曰大明。"意味深长在以勤政贤明的周王为镜为鉴为自我鞭策。朝堂之上有华光四射的宝镜高悬，故称为大明宫。正大光明才是大明宫的点睛之笔。

大唐盛世，从无到有，与这四个字有极深的渊源，这大约便是魏征当年考证秦镜的良苦用心。让后人觉得可惜的是，大明宫于唐昭宗乾宁三年（896）毁于唐末战乱。这是后话。现在时是，一场大唐噩梦，从渔阳出发，已经攻洛阳、陷潼关，渐次逼近长安，正在汹汹然袭来。大明宫中高悬日月的秦镜所昭示的正大光明正在黯淡。大唐明镜即将不镜。

尽管时属仲夏之晨，却分明有晚秋的萧瑟诡异之气，笼罩了巍峨壮观的大明宫，也笼罩了等候在大明宫前准备上朝的一群噤若寒蝉的文武百官。置身于百官群中等候早朝的王维，已经察觉到贾至和许多熟面孔不在周遭，心里不免就咯噔了一下。细察，发现戴红巾报晓的鸡人脸上也不见了往日的精气神。不时传来深而长的喘息声和叹息声，忽然就有了一种惶兮惘兮的感觉，也不由自主发出一声长叹：唉——

偏就六月的霞光依旧，六月的翠色如故，六月的晨鸟依然啼啭得如痴如醉。我们的传主王维，与大明宫前等候早朝的文武百官，即将面对一条历史的分岔路口。大明宫金红色的两扇大门，已经在发出吱吱呀呀嗯嗯隆隆的开启声，开启的不仅是森严的皇家气象，还有两条决定生死的路。这个开启过程吞噬了鸟鸣、尘嚣和街声，肃然了文武百官的神情。宫门的开启声中，王维仿佛听见了自己的心跳声，还有一阵铮铮的琵琶声。难道是逼着楚霸王与虞姬自刎于乌江的铁琶银板奏出的《十面埋伏》吗？哦，不是，那是什么呢？是《郁轮袍》。

《郁轮袍》，是一个相关王维的传奇，不能回避。

关于《郁轮袍》的说法，至少有四种：一、《郁轮袍》是王维早年自己创作的一首仿古乐曲，很适宜琵琶独奏，只是曲子不知何以失传。二、《郁轮袍》是杂剧名。明代王衡作。这个剧主要是演绎王维的故事。三、《郁轮袍》是琵琶套曲中《霸王卸甲》的别名。四、《郁轮袍》是唐人薛用弱在《集异记》中对王维生平的一则记述。

这个记述得到了很多人的认可。薛用弱，字中胜，"唐河东人"，与王维是河东老乡，生卒年不详。据有关史料考证，薛用弱长庆时为光州刺史，大和初自仪曹郎出守弋阳，为政严而不残。是位文士兼良吏。与历朝历代相似，薛用弱官做得小，故而相关史料也少得可怜。

相反他的作品《集异记》，不光收入了晁公武《郡斋读书志》，还被收入了《新唐书·艺文志》著录三卷，《宋史·艺文志》著录一卷，卷数虽然有所不同，但内容完整，并无缺轶。这则记述很是精短，原文如下：

王维右丞，年未弱冠，文章得名。性娴音律，妙能琵琶。游历诸贵之间，尤为岐王之所眷重。时进士张九皋，声称籍甚。客有出入于公主之门者，为其致公主邑司牒京兆试官，令以九皋为解头。维方将应举，具其事言于岐王，仍求庇借。岐王曰："贵主之强，不可力争。吾为子画焉。子之旧诗清越者，可录十篇；琵琶之新声怨切者，可度一曲。后五日当诣此。"

维即依命，如期而至。岐王谓曰："子以文士，请谒贵主，何门可见哉？子能如吾之教乎？"维曰："谨奉命。"岐王则出锦绣衣服，鲜华奇异，遣维衣之；仍令赍琵琶，同至公主之第。岐王入曰："承贵主出内，故携酒乐奉宴。"即令张筵，诸伶旅进。维妙年洁白，风姿都美，立于前行。公主顾之，谓岐王曰："斯何人哉？"答曰："知音者也。"即令独奏新曲，声调哀切，满座动容。公主自询曰："此曲何名？"维起曰："号《郁轮袍》。"

公主大奇之。岐王曰："此生非止音律，至于词学，无出其右。"公主尤异之，则曰："子有所为文乎？"维即出献怀中诗卷。公主览读，惊骇曰："皆我素所诵习者，常谓古人佳作，乃子之为乎？"因令更衣，升之客右。维风流蕴藉，语言谐戏，大为诸贵之所亲瞩。

岐王因曰："若使京兆今年得此生为解头，诚为国华矣。"公主乃曰："何不遣其应举？"岐王曰："此生不得首荐，义不就试。然已承贵主论托张九皋矣。"公主笑曰："何预儿事，本为他人所托。"顾谓维曰："子诚取解，当为子力。"维起谦谢。公主则召试官至第，遣宫婢传教。维遂作解头而一举登第矣。

文言翻成白话，大意如下：

后来当了大唐右丞的王维，在不到二十岁时，写文章的名声就已经传遍天下。他不光熟知音律，还弹得一手好琵琶，在长安游历的时候，许多显门大族的人都与他交往，这些人当中，唐睿宗第四子岐王李范最是看重他。当时传闻说，有个叫张九皋的，名声很大，经常出入公主的家，所以公主已经告诉主持进士考试的主考官员，今年的进士一定要给张九皋。王维听说之后便急忙去找岐王李范帮忙。

岐王李范想了想说："公主定了的事谁也变不了，不可力争，只能智取。不过我可以帮你谋划，你把你写的诗抄上十余首；再把有哀怨之声的琵琶曲，最好是她没听过的，给她弹上一曲。五天后你过来找我，我们一起去见公主。"王维依命行事，回去后准备好一切，五天后他去找岐王李范，岐王见了王维，觉得有点不妥，就支招说："如果一位诗人贸然想求见公主，怕公主不会见你，因为想见公主的人太多了。你按我说的做可以吗？"王维说："听王爷的吩咐。"

于是，岐王就拿出几件华丽的演出服，上边有大朵的花、奇异的图案，让王维穿上，扮成伶人的样子。然后让王维怀抱琵琶，一起来到公主的府第。岐王进府对公主说："听说公主回来了，我特地带了酒菜和伶人给公主请安。"公主很高兴，马上让人张罗布置筵席，并把伶人们请入府中。王维少年英挺，肤色洁白，风姿绰约，站在前排，很是抢眼。马上就引起了公主的注意，问岐王说："这是谁？"

岐王见机赶紧回答道："这是个难得的非常精通音律的人。"

并让王维马上独奏一个公主没有听过的曲子。王维是有备而来，便怀抱琵琶，不慌不忙，抢指一划，铮铮然起奏，高、低、缓、疾、弹、拨、撩、挑，五音抑扬顿挫，起伏哀切，十指灵动优雅，从容自如，率领听者即刻步入乐境，收弦之后，曲声犹自绕梁，众人如痴似醉。公主大为赞赏，问王维："这个曲子叫什么名？"王维起身作答："《郁轮袍》。"公主啧啧称奇，觉得这么好听的曲子，自己竟然没有听过，简直太奇怪了。岐王趁机就说："王公子不光精通音律，诗也写得好，公主要不要看看？"公主问："带了写的诗了吗？"

王维见公主问，赶紧从怀中掏出早已准备好的诗卷呈给公主。公主喜欢诗文更胜音乐，读的过程中花容失色，忽然就撇下众人径自离席而去。座中人等满头雾水，王维也不免惶然，只有岐王神色自若。

过了会儿，却见一个打扮得像仙女似的公主，盛妆而来，并重开宴席，让王维坐在自己身边。众人这才明白。公主说："方才不知公子大驾光临，妆容不整，还望公子见谅。不瞒公子，这上面的诗，都是我平日里喜欢念诵的，以为是古人写的，没想到真人就在面前！"

王维福至心灵，与公主语言相谐，侃侃而谈，妙语如珠，幽默风趣又不失礼仪，使在座的王公大臣们为之羡慕不已。岐工见时机已经成熟，就说："要是今年的进士给这个年轻人，那可是国家的福气。"

公主笑道："让他去考就是了！"岐王说："他有志气，要是不能得头等的进士，就宁肯不去考了。我听说今年的进士公主已经吩咐过考官，要给那个张九皋，所以他今年就不考了。"公主沉吟笑道："我只是受人之托。"爱才怜才之心使公主立改初衷，笑望王维道："好好儿去考，我这边给你使个大力。"王维听公主应允，赶紧起身致谢。

公主立即召来主考官，也没有亲自说，只让贴身宫女，出去传达公主的旨意。宫女对主考官说：公主改主意了，前些时所说张九皋头名状元的事儿不作数了，公主要让王维诗人中头名状元，记住了，就是写'每逢佳节倍思亲'的那个王维……这回公主可是认了真的！

公主果真不是凡人，在朝中比岐王说话灵光多了。这一年，王维真就得遂所愿，得了头名进士，一举登第，光宗耀祖了。

没有不透风的墙，坊间纷纷流传，便有了这则记述。

时光荏苒，到大明朝，有个叫王衡的人，把这则记述，经过艺术构思，自家想象，吸收了更多市井传说，有模有样编成一出儿杂剧，名叫《郁轮袍》。并交梨园子弟粉墨去演，也不知演了千回万回，至今还流传不衰。剧中所写内容，太过冗长，我这里只能缩写摘编几节，让大家好生知道一下，我们的传主王维当年如日中天的盛名。

生于明朝嘉靖四十一年（1562）九月九日的王衡，字辰玉，号缑山，别署蘅芜室主人，江苏太仓人，也非等闲之辈。是否王家后人，待考。王衡是万历年间首辅王锡爵之子，明末清初画家王时敏之父。万历十六年（1588）顺天乡试王衡中举，被言官弹劾说他作弊，孰料复试又得第一，可言官们不依不饶。为避免父亲王锡爵陷入更大党争，王衡只好在父亲执政期间放弃科考。待他爹退休后，王衡再次考试，真金不怕火炼，依旧考取了第二名榜眼，当了翰林院编修。但恶气犹然在胸。

王衡也是少年成名，因门第所累，备受科举大痛，催生了这部取材于唐代薛用弱《集异记》中有关王维科考记载的《郁轮袍》，剧中揭露了科举考试的诸种弊端。以今天的眼光来看，这些弊端历千年而依旧，在当下的我们的高考当中，也不乏其例，不妨看来：

〔冲末扮岐王上〕江渚歌滕阁，河间揖献王。交辉棠棣萼，奕叶自相当。则我今皇帝睿宗之子，岐王范是也。虽则是生于富贵丛中，平生喜得是读书赋诗，招集天下文人墨士。这边有一个王维秀才，论着他的诗文，我拜他也是肯的。争奈我累次降礼去请他，他只是不来。今年科场大开，我姑娘九公主，他权倾一世，嘱托的风也般行。明日我诸王去他家做寿，不免写书与王秀才，在公主前施些伎俩，这状头可是拾芥的易也！当直的何在？〔当直上〕好个仆斋，生得胎孩。只会吃饭，不会走差。爷，那壁厢使用？〔应俱下〕

王维来长安，还带了好友裴迪，来干什么？一曲《点绛唇》道破："捻断吟髭，咬疼食指书中死。汲汲孜孜，只为这一个功名字。"

又一曲《混江龙》唱尽科考的荒唐："博得到云生两翅，都不过三分钱、二分命、一分诗。只是那妖神索食，借一个孔子为尸。消不得大功劳，才带这黑貂蝉。真贤良，才穿这白鹭丝。读残书干鳌鳌饿杀北窗萤，走便门稳当当受用王门瑟。有什么锋头利钝，舌底雄雌。"

王维竟然也要对裴迪大诉其苦，说做文章难，裴迪说："文有五色四科，诗有四声八病。曹丕、陆机，说不尽的，真是好难也。"

王维摇头："不是这个难，这是死法儿。学来学去，野蚕也会做茧。怕的是半白半黑，主司的眼睛；忽青忽黄，纱帽的面孔。秀才家在他面前，擷不得斤，播不得两，高不就，低不凑。这个难哩！"

这时岐王的差人叩门找王维，王维一听岐王差来的，就说，你认错人了！差人让王维先看书信，岐王在信上说："来日九公主设宴，让王维扮作乐工，随岐王进去，呈诗献技，取他那个状元。"

王维和裴迪商量说，不义而富且贵，于我如浮云。岐王多次请我我都拒绝了。这一回莫非就为了科考应承他？如同那烈妇贞女嫁了二夫？一时委决不下，便草草打发差人走了。于是就出了岔子。

敢问，类似王维的倨傲，岐王的礼贤下士，今天还有吗？

倨傲与下士，一样会生出恶果。只因为王维一时的含糊，便让一个名叫王推的人知道，竟然冒了王维的名去见岐王。岐王从没见过王维，便带王推去九公主府，上演了一连串的荒谬闹剧，因王维斯时诗名甚隆，王推的胡言乱语竟然也无人怀疑，九公主下旨让王推中了头名状元。结果这个真王维，反而被主考官百般地奚落批驳。

考官念王维的考卷："绛帻鸡人报晓筹，尚衣方进翠云裘。九天阊阖开宫殿，万国衣冠拜冕旒。日色才临仙掌动，香烟欲傍衮龙浮。朝罢须裁五色诏，佩声归到凤池头。"不通不通！开殿罢了，开了宫，直进直出的，是甚模样！见如今只得九州岛，你数还我万国来！

虽然，最终还是水落石出，真王维中了头名状元，但真王维已是心灰意凉，便唱着《得胜令》："身入闹蜂衙，文章救不得。脚踏鲍鱼肆，心事信不及。曲直，牛斗还如蚁。"索性就弃官放手了这个烦人的富贵，去辋川找那个看破了红尘的裴迪，过隐士的生活去了。

以上全剧很长，除头一段儿引用，其余简略缩写。

《集异记》所记共十六则小故事，被后人引用、改编、流传甚广。王之涣、王昌龄、高适旗亭饮酒听伶人唱诗之事也来自其中。故《四库总目》称薛用弱为"小说家之表表者"。也即有虚构成分。

有人认为绝非实录。笔者以为，从古迄今，历史本就是一笔糊涂账，莫要苛求其精准如笔记。笔握在他人之手，许多细节多出于不同人等，连带合理杜撰和猜想势所难免。如写《史记》的司马迁，何以能如同蛔虫，钻入前人腹中，无处不在，窥知了那么多他人的机密之事，并写得那么逼真生动？不仅被后世人夸，还习之为经典。

《资治通鉴》中记载，太极宫中的武皇后常做噩梦，王皇后和萧淑妃面目狰狞，夜夜出现在武后梦中，司马光倒是怎么知道的耶？

相关王维的《郁轮袍》故事的这一番天马行空的演化，很是能印证王衡在他的杂剧中所说"真王维折不倒假王维"，"老王维又孕得个小韩维"，在这世上，真与假不过是"隔肚皮差不过一丢儿相去"，"世上人，若要寻那真王摩诘呵！则不如烧诗句碎琵琶慢慢去觅"。

时过千年，底里与现在的高考，相去不遥。说来唱去，还是那一根儿独木桥。《集异记》和杂剧所述岐王百般想要结交王维以及九公主怜才下旨，等等，从来都被时人视为一笑置之的野史。真实的情况又如何呢？本书会有类似的如实还原，请诸君耐心儿往下看。

说起来，个中曲折和心酸，与时下，也没有两样。

这里再说回少年王维。那天晚饭后，老家人许昌出去闲逛，王维独自一人在屋看书写字。天黑将下来，遂点起油灯。这时，便听见有人轻轻叩门，开门处见来人二十岁上下，身材瘦高，相貌清秀，风度潇洒，一望而知是个读书人。来人却是个眼神乖巧的，说话也老到爽快，先就作了一揖说："在下綦毋潜，就住在公子对面屋里，听店家说公子姓王名维，故不揣冒昧前来拜会，罪过，不知公子正在用功！"

王维见来人言语恳切，先就对他有了几分好感，回了一礼，连忙让座。两人便攀谈起来。綦毋潜自报家门道："某，字孝通，行三，荆南人，来京师投考谋职，已经住了半年多。这案上的书稿，想必是公子的新作吧？可否拜读以开眼界？"

王维无可无不可，嘴里一边谦让着，一边双手递上诗稿。綦毋潜接过诗稿瞟得一眼，注目之时，先就被王维那一笔清秀潇洒的行楷惊了一下，说："哎呀，这字可真的不像是个十五岁的孩子写的！"再看诗文，忽然就笑起来说，"啊，果真不错，还真让俺猜对了。"

王维不觉一怔。綦毋潜笑道："贤弟怕是不知道吧？这首《题友人云母障子》，俺已经在朋友处看到过了，这首诗前些时已经在长安城里传开了，说这诗是那个九岁能属文的小神童写的，还说不到十五岁时写的。老夫人们还拿你来激励俺这些年长者，情何以堪！"

说着，綦毋潜的眼睛脱离诗稿，曼声吟哦道：

"君家云母障，时向野庭开。自有山泉入，非因彩画来。"

吟完，笑望王维，似乎有些得意。王维赶紧夸奖："仁兄真是过目不忘！""云母者，矿石也，我们家乡那里的人唤它作千层纸。"綦毋潜卖弄道，"以云母喻美石屏风，的确很恰当。把云母一样好看的美石屏风放在庭院野旷处晒太阳，让石头花朵在阳光下盛开，又是一件美事。阳光照在美石上，使石头花纹看起来像清泉溪水迂回曲折地流淌，儿能听见叮叮冬冬的泉水声，岂是彩绘能画得出来的？这是天工开物的结果！我解得对？"綦毋潜是个自来熟，这般连珠炮般的说话，使王维只有听的份和诺诺的份。王维也是真心佩服了綦毋潜这位仁兄的颖悟，觉得此人委实是心直口快，爽朗得可爱，颇可交结。

綦毋潜说完，接着又看王维的《过始皇墓》，反复看了几遍，脸上阴晴不定，似乎拿不定主意，却终于击节："啊呀，贤弟，你的这首诗，真的让愚兄左右为难了！"王维却是淡定，以为自己的这首诗不入綦毋潜的法眼，就率然本色地说："綦毋兄但说无妨！"

綦毋潜长叹一声道："唉，贤弟的这首诗，让愚兄十分惭愧，十分汗颜，说好吧，心里酸酸的，说不好，这心里又猫抓狗咬，不是滋味。这么工稳的对仗，这么贴切的用典，这么新异的想象，意思又好得超绝，起承转合如此自如，平仄上一丝不苟，愚兄自愧弗如！"

王维忙做谦虚状："尊兄过誉，小弟愧不敢当，还请不吝赐教。"

"某从不谀人。"綦毋潜正色，"大唐建国以来，诗家辈出，但诗法未严。直到武后朝的沈佺期、宋之问二人大力提倡顺黏格式，诗的格律才定型。因其初定，能写出全合格律之诗的人，当今委实不多见。公子小小年纪，就能写出如此上乘的律诗，令人佩服！"

话题一转，又道："某比公子痴长几岁，有几句心里话，不知该说不该说？"王维连忙做恭敬首肯状。綦毋潜郑重其色道："某在长安已经有段日子，知道一些世道的险恶。贤弟诗作虽佳，但要金榜题名，无钱打点，步入仕途，尚非易事，怕是难遂其愿啊！"

见王维闻之神色转黯，綦毋潜似有不忍，又赶紧宽慰他道："以公子的学业和才情，投考入仕，是迟早的事。公子是名门大姓，不知可认得当朝的贵人？如果有几个当朝的贵人向有司打个招呼，举荐一下，那会胜过十年寒窗苦读，何不去拜谒权门以求进取？"

王维面有难色。綦毋潜又道："现今宰相中最红的是姚崇，不过听说此人不好接近，且又不喜好文学。我倒是听说有几个王爷很喜欢交游。犹以岐王和宁王两个，最是好文，还喜欢礼贤下士。以公子的名声，说不定会得到他们的赏识，这状元就是你的了！"

毕宝魁认为綦毋潜是王维来长安认识的第一个朋友。

綦毋潜，生卒年月不详。开元十四年（726）前后进士及第，授宜寿尉，迁右拾遗，终官著作郎，安史之乱后归隐，从此不知所终。他是唐代诗人，与李颀、王维、张九龄、储光羲、孟浩然、卢象、高适、韦应物等人过从甚密，其诗清丽典雅，恬淡适然，后人认为他诗风接近王维。《全唐诗》收录其诗一卷，共二十六首，内容多为记述与士大夫寻幽访隐的情趣，代表作《春泛若耶溪》选入《唐诗三百首》。据毕先生掌握的资料线索，王维被綦毋潜说得心动，次日便去了岐王府。

时已入秋，秋风萧瑟，落叶满街。岐王府坐落在安兴坊东南角，与兴庆宫隔街而望，和宁王府只隔一道墙。岐王府高大的门楼前蹲着一对大石头狮子。门内有照壁。王维向门人一揖，彬彬有礼地自我介绍了一番，可是门人石塑木雕也似，连眼皮都没抬。王维只好又耐着性子介绍了一回，依旧无果，便疑心这人泥胎也似，是否还有命在？就伸手碰了碰那门人。门人身体还是没动，眼皮却抬起来，恶狠狠地瞪了他一眼，然后又恢复入定的模样。王维便只好把名刺留给门人，门人收下也没有多话，只是瞄了一眼，便重新入定了。王维只好离去。

跟綦毋潜说起，綦毋潜大笑，说："贤弟，你毕竟年纪小，出门少，经验不足。你想想看，人家门人正打瞌睡，猛不丁来个人，絮絮叨叨说一堆话，还说的不是人家长安的官话，是你自己的老家话，听懂听不懂还在其次，吓人家一跳总是有的……何况你还推人家，瞪你一眼都是轻的……你那名刺太过简单，愚兄教你一个法子。你索性就写个拜帖，把你家要紧人物显赫的头衔全写上，再写上一些慕名拜望之类的话。见门人也不必多话，把名帖交给门人，他自然会呈给岐王看，我想岐王一定知道你，必定会马上吩咐门人说，快请王公子……"

綦毋潜这一番话，说得王维不恼反笑。于是决定明天再去。

岐王李范，是唐睿宗四子，与唐玄宗是同父异母兄弟。李范父亲唐睿宗李旦，史书说他"谦恭孝友，好学，工草隶，尤爱文字训诂之书"，今藏于陕西西安碑林博物馆著名的景云铜钟铭文，还有今藏于咸阳的武则天母亲杨氏顺陵的墓碑，都出自睿宗的手笔。父母都做过皇帝，自己一生两次做皇帝的，在历史上只有睿宗和中宗弟兄俩。

女诗人武则天共生有四子：李弘、李贤、李显和李旦。李弘、李贤一个被母亲毒死，一个被母亲逼杀。武则天让李显即位为中宗，成为唐朝的第四位皇帝。但没过多久李显就被废为庐陵王。又让李显的弟弟李旦即皇帝位为睿宗，改元文明，是大唐的第五位皇帝。却让他"居于别院"不许理政，管事的还是武则天。后来武则天终于还是觉得这样不过瘾，索性就废了儿子的帝位，自己要认真过一把真皇帝瘾。这一回不再是提线操纵傀儡，而是来真的，提线人从后台走到前台，改国号为大周，自拉自唱，自导自演，不再演木偶戏，而是真人秀。

睿宗被封为皇嗣，不姓李而改姓武。文无定法，武无定拳，戏无定式。这个会写诗的女皇帝，确有超人才能和非常的想象力，敢想敢做还做成功了。以她的能力和野心，若从容谋划，足以让大唐从此姓周永远姓周，但她出于对自己儿子的亲情猝然收手。史书上说是因为朝中重臣和羽林军将领以及太平公主等皇族的突然发难，趁她卧病之机攻入她的住处，把她请下了台，迎还了中宗，去掉武周的国号，仍称为大唐，使中断了二十余年的大唐，得以继续。但我宁肯相信前者。

唐中宗李显复位后，边患不断，灾荒连年。韦后却怂恿中宗纵情奢华日夜享乐。传言大唐另一位女诗人上官婉儿与武三思私通，韦皇后耐不住宫中寂寞，请上官婉儿牵线搭桥与武三思私通。武三思被中宗拜为宰相。武三思的儿子还娶了中宗的爱女安乐公主为妻。正直的朝臣遭到贬逐。安乐公主在中宗和韦后纵容下，屡屡凌辱大臣，贪污受贿，骄奢淫靡，并多次向中宗索要土地湖泊。更有甚者，她竟逼着中宗立她为皇太女。皇太子李重俊细思感到极恐，景龙元年（707）七月发动兵变，杀死了武三思等人并想杀掉韦后、安乐公主和上官婉儿。

此事被中宗化解，太子逃到鄠县（今陕西西安市鄠邑区），被随从杀掉。

太子之乱后不久，安乐公主续嫁新夫武延秀。韦后派安乐公主给中宗进献毒饼，中宗食后，毒发而死。中宗暴死，韦后秘不发丧，待一切布置妥当以后，才发丧并宣布伪造的中宗"遗诏"，让年幼无知的太子李重茂在中宗灵前即位，尊韦后为皇太后，由皇太后临朝摄政。韦后野心比武则天更大，可惜的是，能力却不如武则天的一个脚指头。

紧要关头李旦的第三子李隆基出场了。

四、龙首峰头疏冕旒

大明宫设计者史书没有记载。丹凤门是大明宫的正门南门，门前是宽达一百七十六米的丹凤门大街，丹凤门以北依次是含元殿、宣政殿、紫宸殿、蓬莱殿、含凉殿、玄武殿等组成的南北中轴线，宫内的其他建筑，也大都沿着这条轴线分布。引龙首渠水入城形成湖泊者即太液池。王维在《和贾至舍人早朝大明宫之作》中曾写过大明宫早朝的盛况：

> 绛帻鸡人报晓筹，尚衣方进翠云裘。
> 九天阊阖开宫殿，万国衣冠拜冕旒。
> 日色才临仙掌动，香烟欲傍衮龙浮。
> 朝罢须裁五色诏，佩声归到凤池头。

装扮如同雄鸡的报时官头戴红巾手执更筹报晓，更衣官给皇帝穿戴华美的袍冠，层层叠叠如同九重天的金碧辉煌的红色宫门吱呀呀洞开，大明宫前万国使臣躬身朝拜皇帝，远远望去，日光在华丽的旌扇上晃动，皇袍上的金龙在香烟中缭绕浮沉。贾至时为中书舍人，与其父贾曾都曾为朝廷掌执文笔，也就是替皇上写诏书的人。贾至与王维、杜甫、岑参的唱和诗名为《早朝大明宫呈两省僚友》："银烛朝天紫陌长，禁城春色晓苍苍。千条弱柳垂青琐，百啭流莺绕建章。剑佩声随玉墀步，衣冠身惹御炉香。共沐恩波凤池上，朝朝染翰侍君王。"

贾至摹春色连天的早朝，王维写穿翠云裘的拂晓，应该为早春二月。王维诗只和其意，不步其韵。故明代胡震亨《唐音癸签》说"盛唐人和诗不和韵"，此之一斑也。奇怪的是，此时，这位曾被玄宗赞为"两朝盛典出卿家父子手，可谓继美"之人，被杜甫赞曰"雄笔映千古"者，既不在文武百官中等候早朝，也不在大明宫内起草诏书。

这位春风得意的贾至，究竟去了哪里呢？

却说，有了计较的王维，次日竟起了个大早，天还麻麻黑，心想着，要赶早儿去把岐王堵在府里。便急忙梳洗一番，也不肯带着家人，竟自一个往岐王府里去。那时的街上哪里会有路灯，走夜路的人只能提了灯笼照亮。远远望去，便有点鬼影幢幢的感觉。好在天已经有了些微亮。去到府门前时，方听得鸡啼两遍，见得天亮了。鱼肚白的晨光中，远远便见岐王府里，有一干人马出来，绝尘而去，便急忙小跑上前，冲两个准备关门的门人行个礼，待要说话时，其中一个门人瞅瞅王维，先行开了金口："怎生又是那个你？昨日你不是来过吗？这绝早的天，又跑了来。你又不认得俺家王爷，莫不是想打俺家王爷的秋风？""这厮真个无礼，竟然以为本公子是来打秋风的，怪道昨儿个那般对我，真是狗眼看人低！"王维心想着，却赔起笑脸，按綦毋潜所说，也不多话，只是打了一躬，双手将名帖递将上去，说了一句："请大爷把我的名帖，呈交王爷，王爷一看，自然知道！"

门人在晨光里惺忪起瞌睡的眼睛，傲然不去接拜帖，顾自大伸一个懒腰，打了个大大的哈欠道："你不是自己看见了吗？王爷刚刚去上朝了，你要是想等，就一边儿等着去吧！"说完，便不再理睬王维，与另一个门人顾自走进大门里，把大门从里边轰隆隆关上，还上了闩。莫非还想睡个回笼觉？王维被关在门外，好不烦恼，心想，这厮好无礼，简直是成心败坏岐王礼贤下士的门风，等我见了岐王说上一说，看岐王如何应对？唉，也怪店里的鸡儿，叫起来竟自声低，大不如家里那头雄鸡昂昂然。真是在家样样好，出门处处难啊！

眼前便浮现出家里的马影鸡声种种惬意光景。也只是一瞬，便淡定下来，心想，既然这大早儿的都没有把王爷堵在府里，若是回去再来，还不如守株待兔，在府门前等王爷上朝回来，也可以乘机温习一下近日所学篇什，岂不是一举两得。主意一定，王维便走到岐王府门前的石狮子面前，左右看了看，觉得两只石狮子面相虽然都不善，却还洁净。便使两个手儿交叉袖在胸前，斜靠在一只石狮子的身上，吹着深秋大早上的西北风，听着树叶飘飘匝地发出的萧瑟之声，眯起眼儿，心里呢呢喃喃默诵着近日修习的功课，静等着王爷下朝归来。

没想这一等，竟然等到了日上三竿，并不见王爷回来，也不见大门开启。冷且饿的王维，蹒跚上前拍了一回大门，又拍了一回大门，寂然无人回应。墙头上，岸然独步着几只岐王府养的鸽子，并发出咕咕的叫声，似乎在炫耀王府的尊荣。岐王府大门檐头上，有一窝儿麻雀也喳喳地乱叫，它们住王府的屋檐上，自然瞧不起落在街上啄食马粪的一群族类，它们不屑于与街上的麻雀为伍，觉得自己俨然也是王府的一分子，鸽子吃剩的残渣，足以饱它们的腹。

连麻雀都这样，何况人乎？王维这才知道"侯门深似海""王府门人七品官"的说法，不是寻常说着玩的，而是的确如此。王维想了想，便把装拜帖的信封顺着大门的缝儿塞了进去，转身怏怏不乐地往回走。抑郁中，痛定思痛，不觉越想越气，有孩子心性的赌气，也有耻于为五斗米折腰的豪气，便暗自儿决定：就不信凭一己之力考不了个状元！

这一意气用事，却让王维与岐王，晚见面了三年。

上官婉儿（664—710），生于唐高宗麟德元年（664）。复姓上官，小字婉儿，又称上官昭容，陕州陕县人，祖籍陇西上邽。唐中宗昭仪，武则天心腹女官，权势很大，后人称她为"巾帼首相"。与武则天一样是唐代女诗人，有《唐昭容上官氏文集》行世却已散佚。相传婉儿出生时，其母郑氏梦见一个巨人给了她一杆秤道："持此称量天下士。"以为是个男孩，生下的却是个女儿。满月时郑氏抱婉儿于怀戏语："汝能称量天下士么？"婉儿还咿呀相应。后来竟然应验。但可见附会在后。

上官婉儿的祖父上官仪因替高宗起草将废武则天的诏书，被武后所杀，家族籍没。上官婉儿与母亲郑氏同被配没掖庭。仪凤二年（677）上官婉儿因有文名而被武则天召入宫中，当场命题，让她依题作文。上官婉儿一挥而就，武则天看后，觉得这小女子不仅诗文好，书法也秀媚如簪花。想起自己因为上官仪奉命写了个诏，就又杀又籍没的，顿生愧悔，惺惺惜惺惺，下令免其奴婢身份，竟然还敢将与自己仇深似海的上官婉儿，留在身边，还使之成为心腹。也不怕她加害自己，上官婉儿若是投个毒什么的，易如反掌。可见这个女子的心有多大。

武则天对婉儿信任无以复加，所下制诰，多出于婉儿手笔。连床榻事也不避忌她。但武则天是有原则的，有一天上官婉儿与武则天的相好调情说笑，武则天怒而掷金簪扎伤上官婉儿左额并道："汝敢近我禁脔，罪当处死。"这话一看就是文官的杜撰，大唐人寻常说话法绝不是这样。武则天肯定是打骂了婉儿，但绝不会使用"禁脔"这样的字眼。"禁脔"俗称槽头肉，是猪项下的肉，极具侮弄之意，以武则天的文化和心智，断不会把情人说成槽头肉，让自己沦为一个爱吃槽头肉的女人。但据说婉儿额头处的确有伤，便在伤疤处刺了一朵红色梅花以遮掩，谁知益加娇媚。宫女纷纷效仿，竟流行成红梅妆。

此事没有影响武则天对婉儿的信任，可见武则天的心胸。婉儿也愈加小心伺候，曲意迎合，参决政务，权势日盛。她和中宗皇帝偷情成功后，被册封为婕妤，母郑氏封为沛国夫人，还给其祖父上官仪平反追谥。上官仪，字游韶，早年曾出家为僧。贞观年间得到扬州都督杨仁恭器重，中进士，被授为弘文馆直学士，累迁至秘书郎。

唐太宗常命上官仪起草诏谕，让他参与宫中宴集，侍宴赋诗。贞观二十二年（648），宰相房玄龄、褚遂良等人修成《晋书》。上官仪因曾参与《晋书》修撰工作，被改授为起居郎。唐高宗继位，上官仪升任秘书少监、太子中舍人。龙朔二年（662）上官仪升任西台侍郎、同东西台三品，成为宰相，又加银青光禄大夫，仍兼弘文馆学士，可见得宠。

麟德元年（664），唐高宗因对武则天有诸多不满，意欲将武则天废为庶人，便密召上官仪商议，上官仪坦言，祸从口出："皇后专横，海内失望，应废黜以顺人心。"高宗便命上官仪起草废后诏书。正自笔走龙蛇，武则天闻讯而来，高宗便顺水推舟说，这全是上官仪的主意。

过后，武则天便指使亲信许敬宗诬陷上官仪图谋叛逆。那时唐高宗已大权旁落，朝政由武则天掌控。上官仪被处死，家产抄没。类似此等沉冤者，根本不可能昭雪。但上官婉儿竟然办到，不仅为祖父平了反，还追赠上官仪中书令、秦州都督、楚国公，并被以礼改葬。

由此可见上官婉儿的不同凡响和冰雪聪明。

那日从岐王府回到店中，王维没有先回房间，而是径直便去对面叩綦毋潜的房门，他不愿与家人许昌诉说，却想和綦毋潜发发牢骚，消消胸中的块垒。不料叩了半天门，却不见应门。便去问店家，方知昨天半夜时分，綦毋潜家里来人送信，綦毋潜收拾行头，连夜跟家人回老家去了。王维神色间不免就有点怅然。回房间，却见案上有綦毋潜留下一纸，字迹潦草，大意是母病危，就此别过，他日再见，云云。

没想到的是，綦毋潜这一去，就是两年多不见回来。

这两年多，王维也没有闲着，为了省钱，寻租了一处宅子，长住下来，认真苦读用功。长安是个名流高人荟萃之地，王维遇有诸如文章、书画、音韵方面的难解之处，不时去诸如吴道子李先生等老师的府上讨教一番。同时他也与长安许多高士名人有了来往，常吃酒酬唱，切磋诸艺。两年下来，诗、书、画乃至音乐、见识和学问，更见精进。

那日重阳佳节，几个诗友过来，邀王维出游。几个人骑马，独王维骑驴。唐时的重阳节也是个大节，街上三五成群，或夫妻相携，或兄弟相从，或成群结伙，游园赏菊，登高纵酒，好不热闹。随行几个友人家在长安居住，其中不乏风雅之士，新丰少年，五陵游侠，个个挥金如土，玩兴浓厚。大唐诗风浓烈，酒酣耳热，不免酬唱一番。

菊花金黄，长空一碧，北雁南归，声声凄婉。登高远望，触景生情，倍觉惆怅，睹物思人，情更依依，王维诗成《九月九日忆山东兄弟》，诗成后众友传阅无不惊叹，便有人洪声诵之：

> 独在异乡为异客，每逢佳节倍思亲。
> 遥知兄弟登高处，遍插茱萸少一人。

此人声洪，颇通吟诵之道，诗声一起，竟引得山回谷应，游人瞠目，博得好一番众人艳羡。大唐那会儿，只要是好诗文，虽没得平媒微信之类现代劳什子，仍可以不胫而走，不翼而飞。何故如此？只因为，圣上真心喜欢，婉儿倾力倡导，市井各处流行，百姓便教孩儿们珍惜字纸惜墨爱诗。

这首诗至情至性，情意笃笃却又深藏不露，极易引起寻常人等的情感共鸣。兼之气韵生动，格律高华，一句"每逢佳节倍思亲"便打动了烟火人心，易"每"为"人"，便是"人逢佳节倍思亲"，暗合了不同人等的心思，便成了人人之诗。也就难怪一时间口口相传，茶楼、酒肆、勾栏间、教坊里，上自宫廷贵胄，下至贩夫走卒，人人津津乐道，念之、诵之、唱之、弦乐之、谝达之，不日便传遍长安，流布天下。王维诗中所说山东，不是齐鲁之地，而是指华山之东，河东蒲州所在之处，举目远望，可见华山山脉，王维有《华岳》诗写道：

西岳出浮云，积雪在太清。
连天凝黛色，百里遥青冥。
白日为之寒，森沉华阴城。
昔闻乾坤闭，造化生巨灵。
右足踏方止，左手推削成。
天地忽开坼，大河注东溟。
遂为西峙岳，雄雄镇秦京。
大君包覆载，至德被群生。
上帝伫昭告，金天思奉迎。
人祇望幸久，何独禅云亭。

遍观王维的诗文，篇篇都在平易中见新奇，于表象上从不作惊人语、离奇句，但细细品味，却是句句空灵蕴秀，曲径通幽，首首别有洞天，越往深处把玩，越耐人寻味。十七岁所写之诗，还只是神龙出涧，初露头角，全身尚蜿蜒于云遮雾绕。书画作品也一脉相承。

这首诗，使王维名声更是大振，慕名前来拜访求见者如过河之鲫，络绎不绝。王维先还见见，后来不胜其扰，便让僮仆回说自己不在家。

可唐时也不乏狗仔队，门前有人盯着，也不能总是打诳语吧？时已临冬，钱也快花尽，加上思乡心切，便动了回家的念头。

恰在此时，僮仆来报，说是有人来访，王维刚待又要回绝时，却见那人已微笑着径自走进门来，瞅着似觉有些面善，细看不觉又惊又喜，来人竟是綦毋潜。忙迎上前去，执住綦毋潜的手怨道："以为再见不到兄台，没想到还有见面的一天，让兄弟我盼得好苦！"

綦毋潜叹气说："唉，家母病重，回家后日夜服侍，也没有留住老人家……守丧两年回来，公子已离开客店。好在公子这两年来声名益隆，我老家都有人在背诵'新丰美酒斗十千''每逢佳节倍思亲'，长安更是无人不晓。所以也好打听，这不，就自己找上门来了！"

"这首诗兄弟十分喜欢，只是从诗句看，心中颇多郁闷，莫非诸事不顺？"綦毋潜似乎未卜先知。王维便把自己两年前那天去岐王府的情形大略叙述了一遍。"这就难怪了，"綦毋潜道，"一定是门人做了手脚。明天你可再去，给门人千钱，以你现在的声名，一定可以得遂所愿！"

"谢兄台美意，"王维毅然道，"不过，恕难从命。两次闭门羹已经足够小弟寒心，断不可再有第三次。小弟已经拿定主意，不吃嗟来之食，要凭一己之力。明日小弟要回家探母，此事以后再说了！"

綦毋潜明显有些失望，到底还是爽快之人，便坦言道："实不相瞒公子，在下家世和现在的声名，都远逊于公子，原本是想让公子拜见岐王后引见给在下。既然公子已心灰意冷，那在下只好另行设法了。"

綦毋潜和盘托出，倒让王维一时委决不下了。

王维回到家中，一家人自然欢喜。黑驴咴咴地叫了两嗓子，腾空身子，便撒蹄儿往磨房里跑。替它拉磨的是旧相识，那是一头矮个头的草驴，免不了两头驴儿挨挨蹭蹭亲热一番。惹得家人跑去看，一边看一边儿笑。崔氏便拉着儿子的手笑说："看，连驴儿都想家了！"

崔氏年已四十岁，却风韵犹存，寒暄过后，便问王维："维儿，不好好儿地在京城里跟老师们读书，怎么好端端地就回来了？"

王维就诉说了一番思念之苦，却不料被崔氏轻怜痛惜地责怪了一番道:"维儿,看看,都长成大人了,走街上娘都不敢认了,还是孩子气……这两年,娘也很是想你,可都忍下了,为啥?娘不能因为想你就唤你回来……那会耽误你的前程。你想家,娘心里也高兴,想家好,家是你的根,无论你走多远,有娘在就有家在这儿。只是想家是个奢侈事,太耽误工夫,这工夫,娘和你,都是耽误不起的!"

这番话说得王维心里沉甸甸的,心知肚明崔氏话里有话,一时不知如何应答,只是唯唯而已。王缙连忙给王维解围道:"哥,快给娘讲讲这两年你在京城的所见所闻,也让我们开开眼,长点见识!"

弟弟妹妹围成一圈听王维说话。王维从头讲起,几个时辰没有人插话。待讲到两次去岐王府都因没有孝敬门人而吃了闭门羹的事,弟弟王缙插话说:"哥,我觉得这就是你的不对了,还是人家綦毋潜说得对,得给门人孝敬,咱们这块儿叫例钱,要不谁给你白跑腿呀!"

崔氏点头又摇头,道:"孔夫子说,非礼勿视,非礼勿听,非礼勿言,非礼勿动,维儿做的是对的。不过,这两年娘诵习《摩诃般若波罗蜜大明咒经》,也渐渐明白:色空,故无恼坏相;受空,故无受相;想空,故无知相;行空,故无作相;识空,故无觉相。"

又说:"世间事不可过于执着,要随缘而动,无可无不可。水到处自然渠成,我儿自可斟酌去办。娘也想明白了,这功名的事,也不能太执着,你既然已经回来,这也是天意,就安心多待些天,在家里看书写字弹琴,也是好的,有什么难处,兄弟们也可一起切磋。"

王维诺诺。王缙颔首。弟妹们也似懂非懂地点头。

这里要补充和说明的是,学界以为王维只有一个妹妹,笔者却从王维的诗中发现,王维有两个妹妹。还有,排下来最小的那个,不是妹妹,而是一个小弟弟。王维是个感情细腻的人,那年回到家中之后小弟不认识他,颇多感慨,临行写了两首诗,名为《别弟妹二首》:

两妹日成长,双鬟将及人。已能持宝瑟,自解掩罗巾。
念昔别时小,未知疏与亲。今来始离恨,拭泪方殷勤。

小弟更孩幼，归来不相识。同居虽渐惯，见人犹未觅。

宛作越人语，殊甘水乡食。别此最为难，泪尽有余忆。

　　说话间，年关过去，冬去春来，转眼将到清明。

　　王维和弟弟王缙奉母命去太原祁县为父亲扫墓。这时候，黄河已经冰渐雪化，沛然又入壶口，漫山遍野青葱一片。神营鬼造的黄河乾坤湾，阴阳八卦阵俨然，太极图鲜活。天地调元，日月烹春。黄河壶口，湍奔若黄绢千匹，起伏似秋稻万顷，一里之外，已闻声声雷鸣。远望，有如弥天白雾直冲云际，近观，则有点点虹彩四射迸溅。

　　似龙蛇狂舞，得道乎？像沸汤添薪，粱熟否？不得而知。

　　春秋时只有长河或大河，唐之初黄河还是清流一派，因其水量充沛，纵有泥沙也是清流中汩汩涌动的泥沙，是可以看得清的。

　　现在，旧时大河的模样，今时只有在洽川的瀵泉方可见到。《列子·汤问》造字"瀵"，读粪音："有水涌出，名曰神瀵。"洽川瀵泉还有七处遗存，大小泉眼无量数，小者如蚁穴，中者若儿头，大者似车轮。入水者肥瘦皆不沉，泉涌沙动，如丝绸拂身，似纤指点体。泉水喷涌，冲起无量金黄细沙，沙动若汤沸，动静似蝶阵，煞是好看。

　　初唐农垦使水土流失，大河逐渐变黄。盛唐时，大河已被一些人称作黄河，如王之涣"黄河入海流"。但程度还不危重，纵在壶口这样急流澎湃处，颜色也只是皇家本色，杏黄而已。诸如老牛湾、娘娘滩、乾坤湾以及黄河众多的拐弯处、流缓处，若非风雨交加之时，黄河还是清澈可人的，人们还要天天汲取河水维生活命养殖浇灌。

　　史书说宋朝后大河才不可恢复地变成黄河。王维生活在大河还没有完全变黄的盛唐，有幸居于河东见证了清流如蓝的大河，他的诗书画才会清逸空灵，少龌龊混浊。若是唐时大河便如今日模样，他的诗书画中必然会镜映客体真象，见证具体。"长河落日圆"的诗句自然不复存在，而代之以啜土饮沙断流的黄河。有道是存在决定意识，意识决定诗文，诗文从来都是自然的灵魂，现实的倒影，大千的写真。

　　两兄弟正自观望，忽然听得一阵歌声飘来，歌词清晰可闻：

"嗨哟喂，黄河九曲呀十八道道湾，浪戏波翻呀三百六十五层层。游列国，熬时光，孔夫子也垂垂老矣。屈灵均，以泪洗面还在思慕美人，穿一袭烂皮袄，吼一曲没来由，扑簌簌，这泪蛋蛋，厮跟起，就往那大河里流……"

歌声回肠荡气，穿云裂谷，声韵悲切却不乏诙谐，听得王维不觉心旌摇曳，刚想和王缙说话，不料歌声忽抖抖的，如风一般又起：

"嗨哟喂，人心从来都没个够，小妹妹让人卖到长安城里头，贫哥哥拉不住妹妹的手，浇块垒也没钱买浊酒，把住大河的壶口喝了个够，少年人喝成个糟老叟。拍马扬鞭随着大河走，这一去，从此后，就再也没回头……"

何方高人？王维和王缙想寻个究竟，便拍马往歌声处赶去。歌声忽然断绝，只见山环水绕处，一群羊儿，兀自在青青岸坡上吃草，一个穿烂皮袄的牧羊人，正自有滋有味地啃一个大白馍。王维便下马上前去施了一礼道："敢问兄台，刚才唱歌的可是你？"

牧羊人点了一下头。王维又道："那歌儿可是兄台编的？"牧羊人又点了下头。王维刚想夸赞一声，牧羊人却赧然笑了，说："庄户人家，瞎编瞎唱哩，给自个儿解心宽哩，让公子见笑了！"

王维夸道："词儿有趣，调门儿拿捏得也好，唱得更是响遏行云，这得多好的嗓子才能不劈，宫、商、角、徵、羽，五音俱齐，听着就是个高人，敢问兄台是……"

"俺哪懂啥的棍上棍下的，"牧羊人诙谐地笑道，"就是打小儿听村上先生说咱大唐天子好这一口，诗文好就能升官儿。打小儿俺背过《诗经》，这个风那个风的，就想着俺也编几句，唱达唱达。你看这野豁豁的，不唱也不能，不唱几句，一个人害怕哩！"

王维以为发现了隐于野的高人，不料是个放羊娃。

叙谈间知道，牧羊人姓黄，河南人氏。世代务农，往来无鸿儒，家中皆白丁，偏就生下个过目不忘的儿子，起名六儿，不是排行而是想让儿子顺顺溜溜活人。六儿小时大河泛滥，父母被大水吞噬，撇下六儿一人，从河南逃荒要饭过来，被村上好心人收留下，打小儿便以放羊为生。王维唏嘘叹气，竟将自家满腹的经纶忽然就看得轻了。心想，这天地间的灵气，弥散于万类万物之间，并非独钟吾辈。若六儿生在富贵的人家，打小儿，就有学可上，有书可读，也能中个状元，这世间，岂不会又多一个贺知章、宋之问、沈佺期么？

聊够多时，互道珍重，匆匆辞别。上马前王维想起，便从马背上的行囊中拿出一千钱给六儿，六儿缩着手儿不肯接，王维只好置于他脚前笑道："六儿，也不能老是把住壶口喝长河里的水，这些聊充酒钱，等我们兄弟俩回程，定来寻你喝酒，听你唱曲儿！"

说罢了，也不由六儿分说，便翻身上马，蹄声嘚嘚，已然绝尘而去。忽然听得背后六儿发出一声急问：莫非兄台就是那个"新丰美酒斗十千"的王维王公子吗？王维勒缰回转马头，冲山坡上的六儿挥挥手，表示就是，然后，便同王缙打马，一溜烟似的向去路驰去。

驰出约摸一箭之遥，却听得背后又传来了六儿高亢的歌声。凝神细听，唱的竟是王维所作五言《送别》。这是王维在长安时，为一位连年名落孙山心灰意冷的归隐者所写，只因被六儿添加了语气词和连续的重叠，又以民歌风唱出，听起来便更多了悠悠远意：

"嗬哟喂，下马饮君酒呀，问君何所之，何所之。君言不得意，不得意，归卧呀，南山陲，南山陲。但去莫复问，莫复问呀，白云无尽时，无尽时呀，无尽时。"

王维万没有想到，一个大河边上的放羊娃，竟然知道自己，竟然喜欢这首自己在不经意间写出的五言诗，并能即刻随性把这首诗唱得如此有意蕴有情致，这让王维大感意外也大生好感。只那时还没有察觉，王维这首诗暗含玄机：小六儿三迭歌吟，十八拍一诗成谶。

缘也，时也，命也。

五、皇辇嫔妃娥惆见

大明宫宫门十分沉重，开启时会发出尖涩的声音，如果是寻常人家，必会招人诟病，但之于皇家，却是另一种威风凛凛的感觉。每每听到这个开门的声音，王维脑海里便滑过家院里黑驴在磨道里拉磨的场景：蒙了眼的驴子四蹄着力，四只蹄子把磨道捣得乱响，拉碾子时似乎要好一些，拉磨时上下两扇石磨互相磨擦，发出的就是现在开门时让人心悸的声音。头一回早朝时，王维忍不住想：为啥门官不往门轴上多抹点油？但很快王维就习惯并为自己早先的想法觉得天真和好笑。因为文武百官没有任何人想过或是提出过这个问题，是真的压根没有想过？还是想过之后又悄悄儿将之化于无形？怕同僚笑话自己没见识？自从有了大明宫就有了这开门的声音，它已经响了好多年，它已经成为皇家威仪之一种！你家有这么大这么重这么金黄的大门吗？这可是皇帝家的大门，开门这种小事管它做甚？这里可是天下呀！

天下是什么？是江山？是社稷？是天空？是草木、禽兽、稼田、百姓。没有微尘会有泰山？没有水滴能有大海？没有水土岂有江山？没有小事安有天下？务虚能务来吃喝？故填《陌上花》新韵两首曰：

闲花适季，乱云应雨，时无羁旅。风月琳琅，金绽粉凋红闭。活香鲜色匆匆替，生猛让春失计。鸟啄虫啃易，虎吞鲸噬，鼠存蝗寄。　　大千同一世，刺玫谱系，美在天人合体。楚戟秦戈，撞响莽刀乾币。这朝那代依芳序，唐落宋开元去。魏晋多睿语，土肥德仁，水荣情义。

羽毛配偶，卉茵吐萼，鳞螺结影。牝牡雌雄，谐尽母驰公骋。物喧类舞遭梳弄，三界四方得逞。待婉约受孕，犷达临场，再添荒憬。　　盏酌清照酒，品咂柳永，容若纳兰犹哽。伉俪离心，晴暖必逢阴冷。劝君莫被盈亏苦，知否团圆割饼？勿破它意境，趁韶光景，赶炎黄岭。

大而无当只能是空空如也。大唐帝国的江山，是真刀真枪杀出来的，大明宫也是一根根木一块块砖筑起来的。王维诗书画三绝的盛名也非一日之寒冻出来的，而是千锤百炼而来的。历代官员头上的羽翎也不是凭空飞上帽檐的，光说这天天早朝，就很是一番对人的熬炼。

王维记得，头一次早朝时候，怕迟到，早早就来到了大明宫外。等待的过程和心情他写在一首五言诗里：

> 皎洁明星高，苍茫远天曙。
> 槐雾郁不开，城鸦鸣稍去。
> 始闻高阁声，莫辨更衣处。
> 银烛已成行，金门俨骖馺。

译成白话是：

> 启明星仍在高天悬挂，地平线才有隐隐光明。
> 夜色中槐树烟望雾视，树鸦惊起时绕城飞鸣。
> 鸡人报时声这才传来，朝服更换处模糊不清。
> 上朝的人已灯笼成行，宫门前俨然车水马龙。

王维正想的当儿，宫门已经大开，却不见往日列队走出的内侍前来导引百官，却乱纷纷地从里边拥出一群惶惶然的宫女，这十几名宫女个个衣衫散乱，花容失色，蓬头垢面，神色慌张。却毫无例外的是人人都或背、或抱、或拖着一个包包裹裹，出门后便四处逃开。

百官见状，连忙上前打探消息，便听一位宫女嘶哑干涩的嗓子尖声回道："不得了啦！大半夜的，皇上和宰相大人以及三宫六院的嫔妃从北门跑了。已经都跑了两个多时辰了。各位大人也快跑吧！"

正自说的当儿，却传来一声好事者的严厉叱咤："大胆，休得妖言惑众，玄宗皇帝昨日还登上勤政楼对臣等说，朕要领兵亲征，而且当时还就调兵遣将，要亲自带兵去剿灭叛逆，怎么会……"

叱咤声还未落地，却被宫女的尖声喝断："啊呀大人，这可是奴婢亲眼所见，皇上和贵妃娘娘众姐妹、皇太子、亲王、妃嫔、皇孙、杨国忠、韦见素、高力士、魏方进、陈玄礼以及亲近宦官、宫人等，在两个时辰之前就走了，是往咸阳方向去的……信不信由你！"

大明宫前，霎时鸦雀无声，一片死样的寂静。

喊喊喳喳之声再起却已无人怀疑，代之以一片惊惧惶惑的议论之声，众大臣交头接耳或是凑在一起七嘴八舌议论了一会儿，有的人说要马上集合，大家一起去追赶圣驾，所谓赤脚板撵朝廷，那叫一个忠心。却马上就有人提出，皇上并没有明确下诏让大家追随，说不定是另有旨意，违旨去追，会让皇上怪罪云云。莫衷一是。这个当儿便有人折中提议，说，大家不要吵，如今之计，不如以不变应万变，各位大人暂且先各回各府，等皇上有了旨意，咱们再伺机行事云云。

于是，大臣们便各自东西，云奔星散。

祁县位于太岳山北麓，汾河东岸，古为黄土高原之上太原盆地的一处沼泽。东有板山，西有白寺岭，形成天然关隘，是进出上党之门户。据考证，王维祖籍在祁县东南乡，后来举家迁入祁县城内居住。

若从地理地貌说，无论是出生处、迁居地、安身立命处、葬身所在，这俩兄弟都没有逃出秦晋之地，而秦晋之地是典型的黄土高原，乃是天阳地阴、天公地母、皇天后土的所在。庙在汾阳，手拿绳子掌管四方的土神后土，辅佐黄帝在核心地带统率天地，调停山川。后土是唯一的女性神，与主持天界的玉皇大帝婚配，被称为大地之母。

地质年代的石头因骤冷骤热被蚀成粉尘，西北风千百万年来辛苦吹送，粗砂送给蒙古高原，细土赠与甘、秦、晋、青、宁、豫，成功堆积成一片面积广达四十一万平方公里，黄土厚达一百到二百米的高原。随后或是同时黄河之水天上来，在广袤厚重的黄土高原上蜿蜒流动奔行五千四百六十四公里入海，俯瞰流路呈"几"字形，若龙的图腾。在仓颉造字的时代，此地仍然森林茂盛，植物苍郁，禽兽繁多，有大象出没。

炎黄子孙诞生于伊甸园，华夏文明的童年是金色的。

"当尧之时……草木畅茂，禽兽繁殖，五谷不登，禽兽逼人……尧独忧之，举舜而敷治焉。舜使益掌火。益烈山泽而焚之，禽兽逃匿……""坎坎伐檀兮，置之河之干兮，河水清且涟猗。""伐木丁丁，鸟鸣嘤嘤。""六王毕，四海一，蜀山兀，阿房出。"垦殖面积因而剧增，大肆砍伐森林，屯垦成边，草原变成了农耕区。青龙逐渐变成了黄龙，先秦佚名诗曰："用乱之故，民卒流亡。俟河之清，人寿几何？"

西汉将大片林牧区变成了农耕区。宁、蒙、陕、贺兰山森林遭大破坏。唐朝林牧区垦田数十万亩。每丁耕田有二三百亩，建宫殿陵寝耗用木材无数。因水土流失切割蚀刻，岇与塬开始出现。经流水长期切割，黄土地始现沟与壑，地表开始破碎，只是唐时程度尚浅。

生于斯的王维与王缙，当为地道的黄土高原子孙。

两兄弟到祁县后，便催马直奔老宅，到门前下马，兴冲冲地上前拍门，门开处却不是两兄弟想见的人。王家老宅去河东不久便卖给了刘家。刘家原本先人也是做官的，到这一代却改做了生意。刘家就在王家隔壁，刘家育有一对双胞胎姐妹，姐叫玉儿，妹名翠儿。翠儿总喜欢噘着花蕾般红润的小嘴，向大她五岁的王维诉苦，抱怨老天爷偏心眼："维哥哥，气人不，只差一眼眼（点点），就多了个姐管着……"

那年王维九岁，父亲还没有去世，那天早上王维正自背诵《诗经·国风·邶风·击鼓》，却被隔墙玉儿和翠儿姐俩的童声打断了：

> 击鼓其镗，踊跃用兵。土国城漕，我独南行。
> 从孙子仲，平陈与宋。不我以归，忧心有忡。
> 爰居爰处？爰丧其马？于以求之？于林之下。

王维便爬上墙头窃笑，已经五岁的玉儿和翠儿，正在花园里的桃李树下手拉手背诗，见了墙头上的王维也不理他，背诵得更起劲了：

> 死生契阔，与子成说。执子之手，与子偕老。
> 于嗟阔兮，不我活兮。于嗟洵兮，不我信兮。

王维便笑问："你俩知道这诗里说的是什么意思吗？"

翠儿娇笑："维哥哥，我姐和我也是三岁启蒙，先生教我们也不是一天两天。哥哥们敲着皮鼓练兵打架，骑上战马追坏人，追进了树林里。共同上战场，互相握住手，生死不分离，兄弟们不忘记嘛？"

王维"噗哧"一声笑出了声儿。玉儿腼腆道："翠儿快别说了，让维哥哥笑你……"翠儿却不服气道："姐，我哪一点儿说错了？"

王维笑说："敲鼓打架，骑马追坏人，马跑了，他追马追进了树林里，都对，可是进了树林之后，就不对了……去问你爹吧！"

翠儿噘起红唇，委屈地问："维哥哥，你说，怎么就不对？"

"那是大人们的事，小孩子不需要懂。"王维说。翠儿却不依不饶，王维道："这里可以有两种解释的，一个是这个士兵在林子里遇见了一个女子，就像你爹遇见了你娘……说好俩人要互相拉住手一起变老。可是……还有说，那士兵在树林里忽然想起……就像你爹想起了你娘，在没有打仗前他们就认识了……但还没有成亲……"

但最终王维在小姐俩的追问下，赧然败下阵来，语焉不详终于没有解说明白。至今想起还觉对不住两个天真无邪的幼年童伴。想到现在已在家门前，阔别多年，即将可以见面，不觉心旌为之摇曳起来。

没想到得到的回答却是："老刘家三年前就搬走了。"

兄弟俩相视茫然。王维就问王缙："不是年年咱娘都回来这里上坟吗？回去就没有和你说起过吗？玉儿和翠儿，一家究竟都搬去哪里了？"王缙摇摇头道："娘的性子，这你也是知道的，从不说东家这个长，西家那个短，有什么想知道的，回去问娘吧！"

兄弟俩快快不乐离开，不免唏嘘了一番。

翌日便去东南乡给父亲上坟烧纸。完事后策马太原王家祠堂给父亲的灵位烧了三炷香，看望了王家的几位长辈，呈上礼物，自然有一番亲热和寒暄，吃这吃那，这一勾留就是好几天。好在大唐时的太原城也很有一些看头。兄弟俩先去看汾河。汾者，大也，汾河因此而得名。汾河是黄河第二大支流。隋唐时期，太原西、中、东三城跨汾河相接，"涺汾环城，树柳固堤"。"城槐临渚"，"林塘沛泽"。"松风远更清""谷静禽多思，风高松易秋，远林才有色"。如今却不复唐时光景，汾河源头水锐减，平时只有污水一脉。不得不假橡皮坝两头闸起，中间蓄水，以为人工风景，年年换水要花一大笔钱，苦不堪言。

如今城市，若逢雨水之季，平地起水。映以旧时记载，更多感慨恓惶之至，唐朝以前，"汾河不闻有泛决之急"。枯水季水"深丈余"可通航。"漕汾晋之粟，以给京师（长安）。"唐末徐彦伯《汾水新船赋》曰："载运泛流，行舟乃乘素波，假道于河……负重以致远。"

唐太宗《晋祠铭》载："绝岭方寻，横天耸翠……松萝曳影，重谷昼昏，碧雾紫烟，郁古今之色……霓裳鹤盖息焉，飞禽走兽依也。"

太原托赖汾河福荫，俨然塞上江南，水色清澈，沛然大河，还可以通海船。后来宋朝建设开封城，伐秃吕梁山的原始森林，汾河水量减少，河里只能通一般的船了。明朝汾河还能把砖和去北京述职的官员送到北京，装船地址在今天汾河的铁板堰。我曾因古今殊异而填《河传》曲词以挽《今日之汾河》曰："大唐汾水，巨桅通苍海，天承地载。开封宋建，两岸古株樵毁。绝外洋，航内汇。　明清排运依然，谀砖述官，旧址装船在。博弈几番，绿水青山成醢。悔常言，胡不改？"

当河流变成传奇，人类将成为遗迹。这并非闲话。

学界有据唐代张彦远《历代名画记·王维传》中说王维"年十九进士擢第"，认为张彦远同王维生活年代相距不远，应该有可能搜集到王维比较准确的资料。张彦远也是河东蒲州人，和王维是老乡，有可能从王维的亲戚和后人那里搜集到更准确的资料。张彦远在《历代名画记·王维传》中说王维"工画山水，体涉古今。人家所蓄，多是右丞指挥工人布色，原野簇成远树，过于朴拙，复务细巧，翻更失真。清源寺壁上画辋川，笔力雄壮，尝自制诗曰：'当世谬词客，前身应画师。不能舍余习，偶被时人知。'诚哉是言也。余曾见破墨山水，笔迹劲爽"。可见他曾亲眼见过王维的绘画作品并进行了认真研究。所以《历代名画记》中记载的"年十九进士擢第"应该是可靠的。

那么，推算下来，他应该生于武则天长安三年，即七〇三年，卒于唐代宗宝应元年（762），享年六十岁（虚岁）。如果此说成立，那么王维十九岁状元及第，更加说明王维的少年才俊。唯一遗憾的是寿短乃尔。大胆假设，小心求证，不失为一种很好的方法。但比较容易走偏，如果他并没有通过老乡关系去细搜，只是以讹传讹怎么办呢？

我查了下长安三年（703）出生的名人，竟然有安禄山。王维如生于这一年，就与安禄山同岁，而按毕宝魁先生所说的六九九年，则要比安禄山大四岁。安禄山是大唐的劫，也是杨玉环的劫，更是王维的劫。

安禄山早年丧父，随母在突厥部族讨生活。开元初年部族破落，他逃离突厥，冒姓安氏名禄山。安禄山好学还有语言天赋，通晓六种语言。后因骁勇被张守珪收为义子。开元二十八年（740）任平卢兵马使。用厚礼贿赂往来官员为他说好。天宝元年（742）唐玄宗又任命安禄山为代理御史中丞、平卢节度使，可直接入朝上奏议事。

史载，安禄山晚年益肥壮，腹垂过膝，重三百三十斤，每行以肩膊左右抬挽其身，方能移步。至玄宗前，作胡旋舞，疾如风焉。

以上记述因语序颠倒，常遭人诟病。依理推之，练成一个大胖子，也非一日之功。三百三十斤所说，是安禄山晚年的胖度，而在玄宗面前作胡旋舞之时，却是初见唐玄宗的时候，那时安禄山还没有三百三十斤，正是年富力强之时。史载，此人悍泼骁勇，蛮横异常，是个力量型的人，兼之人高马大，胡旋起来，疾如风，也并非不可能。

胡旋舞亦名胡腾舞，有诗记曰："乱腾新毯雪朱毛，傍拂轻花下红烛。酒阑舞罢丝管绝，木槿花西见残月。"情致风韵可见，更有具体描述："胡腾身是凉州儿，肌肤如玉鼻如锥。桐布轻衫前后卷，葡萄长带一边垂。帐前跪作本音语，拾襟搅袖为君舞。安西旧牧收泪看，洛下词人抄曲与。扬眉动目踏花毡，红汗交流珠帽偏。醉却东倾又西倒，双靴柔弱满灯前。环行急蹴皆应节，反手叉腰如却月。丝桐忽奏一曲终，呜呜画角城头发。胡腾儿，胡腾儿，故乡路断知不知。"

想那王维，安史之乱前已经是五品官儿，经常出入大明宫中，除了朝见皇上，还参加各种宫中活动，常与玄宗厮混，若说是从来都没有见过安禄山，肯定说不通。否则新旧唐书王维传中便不会都说，"禄山素知其才"，"禄山素怜之"，早就知道，久已喜欢，不仅知道，而且见过，甚或还有过交往，也未可知。何以王维诗中竟然没有相关安禄山胡旋舞、杨贵妃之类的应制诗，甚或与之相关的片言只语呢？

窃以为，只有一个原因：个人好恶。

王维从太原扫墓归来，去时是两人两马，回来时身边却多了一个人。怕母亲会因此而不高兴，所以王维见了崔氏，便上前急忙先就请罪道："母亲大人容禀，孩儿这回在去太原祁县的途中，结识了这一位朋友，名叫六儿，有极高的天分，过目不忘，曲子也唱得好，跟孩儿很是投缘。想要今年大考回长安时带上他做我的僮仆，也有些可以聊天之人。事出仓促，孩儿擅自做主，还请母亲大人恕罪！"

没想到崔氏却十分豁达大度，见那个六儿样貌老实巴交，虽然对王维所说六儿的能耐还是半信半疑，但见儿子喜欢，行事又如此果敢，反生欢喜道："都十八九的人了，凡事早该自己做主了！"

替王维捏把汗的王缙这时已经放下心来，撺掇六儿赶紧上前拜见崔氏，并撺掇六儿给崔氏献唱个曲子。六儿也不认生，大大方方上前去跪下给崔氏磕了个头，爬起身，一仰头脸，便唱了起来，唱的是王维的《九月九日忆山东兄弟》。也没有逞能耐改词儿，老老实实地唱将来，声震屋瓦，唱得崔氏直掩耳朵，却是满面笑容："太高了太高了，这音儿拔得太高了，真是好嗓子，难怪维儿会喜欢你！"

趁母亲高兴，王维便上前说了一遍此行经过。说完后就问玉儿和翠儿的事。崔氏叹了口气说："可怜见的，几年前，你刘家伯伯做生意亏了本钱，天天有人上门讨债，你刘家伯伯又是个好强之人，一时间，急火攻心，暴病身亡。玉儿娘带着姐俩撑不住家，便索性卖掉宅子还了人家的债，带着两个女儿去长安投奔在朝为官的大哥去了。

"住在长安什么地方不知道，可他大哥是个有头有脸的人，只要一打听，不难找到母女仨，要是能见着，也代娘问个好，就说娘也惦记她们。对了，维儿，这次你进京，除了带上你的六儿，也带上缙儿一起，他也该应考了。缙儿，就和你哥哥一起去，先历练一下！"

王维和王缙相视一笑，两人都心里高兴，六儿笑道："主母尽管放心，俺平时能招呼百把，这才俩，俺肯定能招呼好他们！"

崔氏惊道："一个人招呼百把人？你也太能了？"

"不是招呼百把人，"六儿道，"是招呼百把头羊！"

"什么，你这是把我孩儿当羊招呼了？"崔氏愕然。

"说笑哩，"六儿上前一躬，"想逗主母笑笑哩！"

崔氏开心一笑。王维和王缙也为之莞尔。

王维从十五岁入长安游学，这期间曾经去过洛阳，还在洛阳有过一段时间的勾留。他去洛阳干什么呢？有人说他是去做生意，挣点钱以补贴家用。他一边游学一边做生意，但生意做得很不顺利。

这个时候他写下了一首七言古歌行体叙事诗《洛阳女儿行》：

> 洛阳女儿对门居，才可颜容十五余。
>
> 良人玉勒乘骢马，侍女金盘脍鲤鱼。
>
> 画阁朱楼尽相望，红桃绿柳垂檐向。
>
> 罗帷送上七香车，宝扇迎归九华帐。
>
> 狂夫富贵在青春，意气骄奢剧季伦。
>
> 自怜碧玉亲教舞，不惜珊瑚持与人。
>
> 春窗曙灭九微火，九微片片飞花琐。
>
> 戏罢曾无理曲时，妆成只是熏香坐。
>
> 城中相识尽繁华，日夜经过赵李家。
>
> 谁怜越女颜如玉，贫贱江头自浣纱。

这首诗，词藻清丽，晓畅通达，语意如同白话。说的是王维在洛阳住所的对门，有一位容颜美丽的十五六岁的女子，然后描写她丈夫家多么有钱，从马、器具、食物、楼阁、花木、车子、仆从、彩帐、姬妾、骄奢、彻夜寻欢作乐……最后两句突然收笔点题：谁来怜惜貌美如玉的越女，身处贫贱，只好在江头独自洗纱。诗中不乏艳羡、愤懑、讥讽，甚或可以疑心王维是在借越女以自况。意味可谓深长。

据说这首诗写于王维十六岁，估计也是推测，十七、十八，都有可能。这说明王维为了养家糊口也尝试过经商，不过，很快他就发现自己不是经商的材料。在洛阳做生意的这段日子，让他饱尝了人性的奸诈、人间的酸辛，否则就不会有诗中的怨怼和感慨。这种愤世嫉俗过早地出自少年王维的诗中，肯定是有一番不可言说的经历的。

王维谦谦君子的表象之下，藏着一颗恃才傲物之心。靠亲戚接济的日子并不好过。他不甘于衣食无忧地寄人篱下。以王维的个性，若不到山穷水尽，断不会结交权贵，轻易求人。但想法是丰满的，而现实是骨感的。不是你改变现实，就是现实改变你，没有殊途。现实遭遇和诸般的不如意，折了王维的锐气，使王维不得不学了些乖。

科举制诞生于隋，唐以后继续实行。每年分期举行的叫常科，由皇帝临时下诏举行的考试为制科。常科有秀才、明经、进士、俊士、明法、明字、明算等五十多种。唐太宗还扩大了科考的国学规模。史载，大唐朝近三百年，进士开科二百六十四次，录取进士不足七千人，平均每科仅录取进士二十六人。天宝十二载（753）录取进士最多，也只有五十六人。唐代宗大历十二年（777），仅录取进士十二人。当时便有"三十老明经，五十少进士"之说，可见其难。比王维小好多岁的与贾岛齐名的孟郊，史称"郊寒岛瘦"，两试进士不第，四十六岁时才中进士，考中之后欣喜若狂，有诗《登科后》曰："春风得意马蹄疾，一日看遍长安花。"

不同的皇上有不同的科考。在武则天主政时增设了武举，开创了殿试，便于更好地选拔文武人才。在唐玄宗开元年间，玄宗把诗赋作为科考主要内容，这和他个人的爱好息息相关，无形中繁荣了唐诗，符合了时代潮流，有利于唐朝统治。玄宗还在长安和洛阳的宫殿，八次亲试应试者，提高了科举考试的历史地位，打压了世家子弟皇亲国戚垄断国家官职的气焰，录取了不少在当时有真才实学却出身低微的英才。科考于唐玄宗开元年间的王维是幸运的，否则他也得和后学孟郊一样，皓首穷经大半辈子，哪里还有工夫去长安游学做生意。

盛唐科考采用的是考试与推荐相结合的录取制度。考卷优劣只占一半，举荐者占了另一半。应试者为增加自己应举的砝码，往往会把自己的诗文写成卷轴，托关系呈送有地位的人以求推荐。这就是王维设法认识岐王的真实原因。毕宝魁在他的书中，写到王维见岐王，因为没有塞钱给门人，前后被门人拒绝、戏弄了八九次之多，以为似乎太过残忍，也不大符合王维的个性，因而做了一些淡化处理。

毕先生的设想并非不可能，但现实比他的设想更骨感。

唐朝是我国诗歌创作发展的黄金时期，流传至今的有两千多位诗人的近五万首诗歌。这和唐玄宗以诗赋作为科考主要内容的措施分不开。玄宗下令群臣访求历朝遗书，共觅得图书近五万卷。玄宗对儒生十分地友好优厚，为选拔人才，亲自殿试考核吏部新录取的县令。

王维的老乡武则天退位后，还政于唐，唐中宗、睿宗期间，朝局风雨飘摇。武氏诸王、韦皇后及其女儿安乐公主，还有武氏的女儿太平公主，都喜欢参预朝政。门派林立，互相排挤，政变频仍。人性之恶演绎得淋漓尽致。王夫之《读通鉴论》："唐自高宗以后，非弑械起于宫闱，则叛臣讧于肘腋，自开元二十余年粗安而外，皆乱日也。"

开元元年（713），正值意气风发之时的唐玄宗即位，即位之初便以迅雷不及掩耳之势，一举剪除了武氏诸党、韦皇后以及太平公主等人的羽翼，余党加以杀戮或贬斥。冗余官员一律裁撤。宰相从十余人减为两三人。恩威并施于同胞兄弟，无论忠奸，诸般优待却从不给实职。自恃有功的臣子若想邀求权位，玄宗也一律予以严厉贬斥。任贤不疑，先以姚崇为相，后用宋璟、张说、韩休、张九龄等，皆为名相。

唐玄宗深知，在功名利禄面前，人性脆弱如金碧辉煌的琉璃，明知会碎，却偏要试探能否打碎，却忘了一旦打碎，再难合成完璧。所以限制兄妹和臣子的权力，是对他们真心的呵护，避免打碎。

为了稳定政局，玄宗还采取了内外互调的方法，选取京官有能者外调为都督刺史，又选取都督刺史升为京官。将全国分为十五道，于各道置采访使，以监督和考察地方州县官员政绩。对科举制度做出以诗赋取士的改革，并限制进士科及第的人数，减少冗官出现。

玄宗还颇为注重鼓励农耕，有记载说，使许多"高山绝壑，耒耜亦满"。但并没有全然破坏和影响生态，因为那时的农耕，还没有机械、化肥农药、草甘膦、转基因等从根本上毁灭生态环境的科技手段。传统垦植，发再大的力，破坏也是十分有限的。又是几句闲话。

杜佑《通典》记载：开元十三年（725），米斗至十三文，青齐谷斗至五文。两京米斗不至二十文，面三十二文，绢一匹二百一十文。天下无贵物，随处皆"夹路列店肆待客，酒馔丰溢。每店皆有驴赁客乘，倏忽数十里，谓之驿驴"。东西南北驿通处，皆有店肆以供商旅，远适数千里，不持寸刃。道路畅通，物价低廉，行旅安全，商业繁荣。

还清查了全国逃亡户口及籍外田地，共查得八十多万户，增加了税收及兵源。更为可贵的是节俭，全国各地均不得开采珠玉、制造锦绣。规定三品以下的大臣，内宫后妃以下者，不得佩戴金玉制作的饰物，并且遣散宫女以节省开支。一改武则天以来后宫的奢靡之风。

六、国戚细软夜潜逃

却说那天，王维从大明宫回到自己在道政场的私家宅院，进得门来，便急忙吩咐六儿笔墨伺候。六儿年纪比王维大一岁，如今已经是王维辋川别业的管家，他当众时叫王维为王公而背后却叫王维"公子"甚或是"贤弟"，无视王维正五品官员的头衔。而王维也乐得他这样，当众唤他六儿，背后也还他一声"兄台"。由此可见，两人关系异乎寻常。

六儿虽然胸无点墨，模样生得也有些粗糙，却一点儿也不蠢，心细如发，过目的字儿不忘，却不知其意。还天生一条好嗓子，唱高八调儿易若吐气，张嘴就来。更难得的是六儿做起事来，手脚麻利，悄无声息，经常会让王维忘记了他的存在。这样的好处是很少打断或是干扰王维的诗思和诵经功课。王维视他为兄长，他视王维为恩主。

待笔墨准备好了，王维便拿起毛笔，在一张纸上，飞快开了一个药方，交给六儿即刻去药铺抓药。六儿二话不说，拿了方了就出门而去。这时李娘已端来一瓯稀饭、两碟小菜和两个冒着热气的白馍。王维这才想起，肚子有些饿了，便坐下来，就着小菜吃馍喝稀饭。

李娘却并不走开，站在王维对面，痴痴盯着六神无主的王维。王维也不抬头，只默默地喝稀饭吃小菜，嚼关中麦子蒸的白馍，腹中空着却心不在吃上，一口馍，在嘴里嚼半天却咽不下去，往日的麦香和清甜，消失得些许也无。便连李娘做的香葱拌豆腐，也似乎失去了往日的嫩软香滑，塞入口中似土如泥——那可是往日王维的最爱。

李娘是个中年妇人，眉清目秀，白白净净，粗布衣服穿得熨熨帖帖，人长得虽然说不上多么美貌，却是精精神神的。此刻，她静静望着王维，清澈美丽的眸子里全是关切，几次启动嘴唇，想说什么又咽了回去，终于还是忍不住，婉声道："老爷，今儿是怎么啦？"

王维听问，方知失态，索性就放下筷子，直直地望着李娘，忽然就叹了一口气，款款说："唉，李娘，这兵荒马乱的世道，皇上又跑了，估计长安城很难守住，攻入长安城……你和六儿避一避吧！"

话音未落，便听见门外传来了六儿进门的脚步声，李娘听了猛然一惊，急忙抬手拭了拭眼角，便上前端起凉了的饭菜，说："饭菜都已经凉了，待奴婢热热，老爷再吃不迟，不然吃了会肚子疼。"

说话间，六儿已急冲冲拎着一包药进门，一反常态地大着嗓门冲王维喊："公子，不好了，不好了，街上全乱了，人们都抢着往城外跑，说是皇帝和娘娘都逃跑了，那个胡儿攻进长安来了……"

"不会这么快吧？"王维强作镇静。

"说是好多人追圣驾去了……那胡儿带兵正往长安进发……估摸后晌就要攻进长安了，还有人说已经到了……见人就杀……渭河的水都红了……乱纷纷的也不知真假，说什么的都有。街上乱得不成样子，要是俺步儿慢些个，这药可就抓不到了，店铺都关门了……"

王维情知现在京都群龙无首，若指望朝廷的军队守住京师，恐怕已难。但还存有一丝儿侥幸，不信那么多尚书、侍郎、左右仆射都在京师，焉知不出几个人物力挽狂澜？万一韦见素带回皇上的旨意，朝廷有什么举措，若是此时逃回辋川躲起来？何异于临阵脱逃……

六儿又说："李记药铺也是要关门了……好在被俺抢了个先，央告了半天，才肯抓药给我。李掌柜的还说，这是虎狼之药，使劲问我给什么人吃的……这到底是什么药啊？不会是……"

王维先是脸红，倏地，又转而铁青，怒目六儿，示意不要当着李娘说这个。六儿见了，便不敢再说，却还是满脸惶然。王维叹了口气，望了望满脸担心的李娘，断然对六儿道："你马上收拾一下东西，和李娘一起回辋川去，赶紧地，不然，怕是真的要来不及了……"

"老爷不走，李娘也不能走，走了谁给你做饭？"

王维凄然苦笑："朝廷危难，为人臣子的，能走吗？"

"老爷要是不肯走，我和李娘也不能走，大不了死一搭儿！"六儿也说。"六儿，都这个时候了，你还胡说八道？"王维勃然大怒，举起手戟指六儿，厉声喝道，"六儿，你要不听我的话，我就没你这么个兄弟，你不怕死，还要顾着李娘，你给我马上收拾东西，带上李娘，马上给我回辋川去，走、走、走！迟了怕是来不及了！"

王维是个重礼仪的人，这么多年过来，从未和六儿红过脸，说过这么重的话，说明这天真的是要塌了。六儿不觉为之动容。便长叹一声，说："唉，听你的，俺马上送李娘去辋川，送完了，俺还是要过来寻你……俺不在的这些天，你自己诸事小心点……"

说完，六儿便使了个眼色，领着李娘出去了。眼瞅着六儿和李娘出了房门，王维还不放心，又跟过去在门口盯着，眼见得六儿收拾好东西，和李娘两个人走到院子里。又侧耳听着马儿咴咴地叫，显然是六儿在套轿车。这才放下心来，长叹一声，回身坐下，潸然泪下。

李娘与六儿和王维的故事，便是后话了。

从祁县回到长安宅子，留守老家人许昌已守候多时。

许昌本来是王维父亲的生前贴身家人，年纪与身份都大，见忽然来了个陌生的新僮仆，有点意外，脸色便不那么好看。六儿却是厚道乖巧的人，见面就唤许昌为许爷，几句亲热话说过，老家人脸上就有了容光和笑意。一夜无话。次日起来，老家人许昌带王缙去京都长安各处名胜走动，王维带着六儿去找人打听玉儿和翠儿的下落。晚上王维和六儿先回来，却不见王缙和老家人。六儿便跑去厨间，动手做饭？

王维笑说："六儿，你一个放羊娃，哪会做饭！"

"公子，小看人哩！"六儿说，"俺放羊是主业，村上若是有红白喜事，俺还得去帮厨，大厨不在，俺就是主厨，山珍海味没做过，寻常饭菜，只要是家里有的，俺是有啥做啥。公子不信，等会儿瞧！"

天黑透时，才见王缙和许昌兴兴头头地回来。老家人许昌忙着要下厨，却被六儿拦住，说："许爷，里边请，饭等着呢！"果真桌上六菜一汤已经摆好，香气四溢，王维满脸笑容在那儿正自品菜，品一道，夸一道。王缙坐下也挨个尝了尝，满脸上堆笑，连声说好。

"这么多菜，都来吃吧！"王缙心情好，就招呼六儿说。

六儿却把头摇了摇："俺和许爷的饭菜都各样留着在后厨，两位公子慢用，有甚事吼俺一声，我和许爷也去吃饭了！"

"哥，真值了！"王缙边吃边喜滋滋地悄声对王维说，"哥真是好眼光，想不到六儿还能烧这么一手好菜，一千钱买个大厨，值！"

"我原本是想让六儿跟我一起读书的，"王维皱眉道，"以六儿的天分，让他做饭那是糟践，是对天地钟灵毓秀的大不敬！"

朝代远了，类似王维这样诗书画三绝的诗佛，因为遥远和景仰很容易被神化，变得不是个人。其实他也有七情六欲，也不是一说话就酸酸地掉书袋子，也得一日三餐吃饭。也不是顿顿都是玉盘珍馐。王缙的诗比王维烟火气，诗中披露："金盘五色瓜。""松下饭胡麻。"

在我小时候的印象里，胡麻是北方山区常种的一种开蓝色小花的植物，结的果实如同一个个好看的小铃铛，熟透干燥之后的果实，摇起来有沙沙的细响，捏碎便露出芝麻一样的种子，油油地透亮。

这些籽儿被送入油坊，在四射的热力与油槌的双重压榨下，油便流出来，装入瓶中。油渣压成大饼，被拿去喂牲口，称之为麻剩。在饥饿的年代常被馋嘴的孩子们拿来当零食吃。胡麻似乎来自胡地，始种于东汉，举凡高寒北地皆种得有它。它是黄土地百姓煎炒烹炸的主油，有一种特别的香气，迄今为止，只有吃用胡麻油炸出的油糕，我才能吃回童年味道。六儿给大家做的主食，就是这种胡麻饭。

"可曾打听到玉儿全家人的消息？"王缙问。

"问了几个人，都摇头，不仅不知玉儿和翠儿的名字，他们几个连玉儿娘家哥的名讳也不知道，胡乱虚应些故事，连影儿也无。"

王维有些泄气。也急不在一时。王缙安慰了王维几句，就开始说他这一日的长安见闻。临了，还说他远远地往那个岐王府窥探了一番，门楼气派，但也赶不上皇上吧？家人许昌见了就说，这不是岐王府么？他和父亲去过岐王府，还有个老乡，叫什么胡二。

"怎么没听许昌说过？"王维听得大惊。"我也责怪许昌，怎么不告诉我哥？你猜人家说什么？"王缙讥讽地大笑道，"家人许昌撞天冤，说你根本就没有和他提过这回事，他压根儿就不知道你想见岐王。还说你做事从来都是一个人，他是任凭什么都不知道也！"

"我怕家人笑话，"王维赧然，"也不是什么好事儿！""这就是哥你的不对了，"王缙说，"成大事者不拘小节，历朝历代皆如是，怕狼怕虎，拖泥带水，是迂腐。娘不是说过么，世间事不可过于执着，要随缘而动，无可无不可。咱听娘的。明天就去见岐王，如何？"

话说到这个份儿上，王维也无可无不可，只能点头应允。

同为女诗人，上官婉儿的诗与武则天的诗有很大的不同，《全唐诗》录存其诗三十二首。绝大部分都是应制诗，即便在应制诗中，上官婉儿也保有自己的个性。五律《彩书怨》全然抒发个人情感："叶下洞庭初，思君万里余。露浓香被冷，月落锦屏虚。欲奏江南曲，贪封蓟北书。书中无别意，惟怅久离居。"据说这首诗是写给被废太子李贤的。明明白白地表达了对远在万里之外的意中人的思念之情。仄起首句押韵，首句便点明作者身在洞庭，思念万里外的意中人，中间四句，则细写思念情状，并告诉读者意中人此刻在蓟北，"书中无别意，惟怅久离居。"收尾两句，则点明了主旨，可谓一气呵成。

若是才情足够，应制诗中也有佳作，如五律仄起式《奉和圣制立春日侍宴内殿出翦彩花应制》，起承转合之间，顺风顺水，对偶也有意想不到的妙处，如"不谬"对"知虚"，"由来发"对"未肯疏"，等等，既自然又贴切，应制诗创意受限，但拈字功夫照样可以出彩。

密叶因裁吐，新花逐蔂舒。

攀条虽不谬，摘蕊讵知虚。

春至由来发，秋还未肯疏。

借问桃将李，相乱欲何如。

又如这首五律《九月九日上幸慈恩寺登浮图，群臣上菊花寿酒》，平仄押韵合于律度，对仗工稳，用字讲究，黏连从容，可见功夫。

帝里重阳节，香园万乘来。

却邪萸入佩，献寿菊传杯。

塔类承天涌，门疑待佛开。

睿词悬日月，长得仰昭回。

我发现上官婉儿的诗偏爱仄起式，有首《驾幸三会寺应制》诗是律诗写法，却比五律多出四句，连续精当的对仗，堪称为排律。尤其是中间四句对仗："驻跸怀千古，开襟望九州。四山缘塞合，二水夹城流。"皆为佳句，不可多得。足见上官婉儿是个极有才情的女子。

类似佳句，还有五绝中的"不应题石壁，为记赏山时""斗雪梅先吐，惊风柳未舒""石画妆苔色，风梭织水文""势如连璧友，心似臭兰人"。七绝"遥看电跃龙为马，回瞩霜原玉作田""凭高瞰险足怡心，菌阁桃源不暇寻。余雪依林成玉树，残霙点岫即瑶岑"。

武则天的诗超越女流，非胸中有大丘壑者不能为。上官婉儿则以天真一派见长，两个女诗人各有所长，各臻其妙。虽然流传下来的诗都不多，但在女诗人中，仍然各领风骚。盛唐诗家层出不穷，光焰万丈，也与武则天的鼓励嘉许、上官婉儿持之以恒的倡领分不开。

上官婉儿把皇室的审美意趣从奢华和鸡斗狗争引向了自然。出游山水，赋诗田园，亲近万物，唤起人类天性中久违了的美好情感，暂时忘记你死我活残酷无情的宫斗党争，无形中促成了人与人相互情感的回归。这种回归，不知在有意无意之中，忽略和漠视了多少起阴谋诡计，淡化和消解了多少君臣之间的冷漠与距离，甚至还可能抹杀和抑制了已在萌芽的腥风血雨。山灵水秀，皇室起而咏之，群臣发声和之，琴之瑟之，天人谐之，还有什么放不下的？四海之内皆兄弟，君臣本是一家人，让一步海阔天空。正如张说所述："每豫游宫观，行幸河山，白云起而帝歌，翠华飞而臣赋，雅颂之盛，与三代同风，岂惟圣后之好文，亦云奥主之协赞者也。"这里的奥主就是上官婉儿。

婉儿利用大明宫特殊身份和权力扩大书馆，增设学士，搜罗英俊，天下词客名流都聚集在她的门下。她策划了文学活动，制定诗作标准，催使朝廷开设并扩大了修文馆，组成了阵容庞大的宫廷诗人集团，应酬唱和的诗歌活动成为风流儒雅的盛事，成为时髦和流行。诗人之间争奇斗胜，每每"忘君臣礼法"而逸出颂圣诗的呆板，多有佳作。

据《新唐书》本传、《唐诗纪事》记载，中宗赐宴赋诗，大臣赋诗唱和，醉不思归。中宗令上官婉儿评定，头名赏赐金爵，骚人墨客云集。中宗让上官婉儿登上彩楼评诗。百官交的卷子都在上官婉儿手上，婉儿读一篇扔一篇，诗歌如雪片般纷纷飘落。最后，只剩下沈佺期与宋之问的诗篇尚未发落。过一会儿，沈佺期的诗歌先飘落下来，宋之问此次比赛夺魁，上官婉儿给出点评："两诗功力相仿，但沈诗结句气势已竭，而宋诗仍然不减，因此宋之问胜出。"众人对此评断心服口服。说婉儿"执秤秤天下，怀书书汉秦"极确。

若无盛唐诗风大炽，何来王维、李白、杜甫等诗人辈出？

这一回去岐王府，是事先就想好了的，这一点弟比兄有见识，所以日上三竿，方施施然来在岐王府的门前。这时早朝已毕，饭口已过，正是有事儿还未出门办事，无事闲坐一会儿的当儿。门人吃饱了也不会打瞌睡，正自咂摸牙齿上的残剩食物，精气神饱满的时候。朗照的阳光下，两个石头狮子，嘴巴依旧张着，却因吃饱，面就善了。

王府养的鸽子虽然还是那么骄傲，却已经不在墙上踱步，是在天上飞，拉响驮在身上的鸽哨给主人听。啄食马粪的麻雀不见了，因为马粪被拾走送去肥田。黄土大道上似乎还洒过清水，净泥无尘。

门人还是那个王维认识的门人，瞅见王维，脸上掠过一丝若有若无的阴笑，等着王维上前搭话。让门人意外的是王维却没有上前，王缙也没有上前，却从两个人身后，闪出一个人，上前去冲那门人就是一拳："好你个胡二，当了岐王的差，就连你三叔也不认了？"

门人肩膀上挨了一拳，正待发怒却定睛一看，顷刻间脸上就笑开了花："呀，是三叔呀！您怎么来了？哎呀呀，还正想您呢！"

"三叔自从前几年来过，有好些年没来了，你爹还好？"许昌笑着。胡二却黯然道："俺爹前些年就过世了，临死还念叨您呢！"

许昌和门人聊得亲热，却冷落了旁边的兄弟俩，门人是个明白人，就止住话头，冲两人满脸堆笑地一揖，主动问："两位公子是要见岐王爷吧？要不三叔这样，俺先去通禀王爷，看王爷方便见二位公子不，要是见，就二位公子去见，俺和三叔再好好聊，您看行不？"

许昌眉开眼笑，容光焕发，好不有面子，便将一包东西和两个拜帖明晃晃地递给胡二大声道："那你还不快去，这是拜帖！"

"拉倒吧！俺哪敢收三叔……爹知道也不饶俺……"胡二只接过拜帖，冲王维鞠了一躬道，"王公子要是早说三叔是给您当差的，还用费那么多周章……您前年塞门缝的帖子，俺也呈给王爷了，王爷一直在等着您来，可您从那之后再没有来过……这就怨不得俺了！"

王维目瞪口呆。王缙却一点也不感到意外。

《新唐书》说王维"开元初，擢进士"，《旧唐书》则具体为"维开元九年进士擢第"，还特地提了一句："多士推之。"《唐才子传》说王维于"开元十九年状元及第"，与新旧唐书所说"开元初"和"开元九年"状元及第差了十年，显然不对。如果开元十九年王维才状元及第，斯时的王维已经人到中年，与唐诸多记载不合。《唐才子传》成书于元代，疑其无意中在"开元九年"误加了个十，成了十九。

王维从十五岁到二十三岁中间，这七年时间王维是否年年参加科考？没有资料证实未必就没有。因为，找不到任何理由为王维六年不参加科考辩解。也许他不止一次、两次甚至三次名落孙山，要知道那时的潜规则并不比现在少，只不过史家为"尊者隐"不说而已。

开元七年（719），时年王维二十一岁，他在京都长安参加了京兆府试，京兆府开出的试题是《清如玉壶冰》。王维以《赋得清如玉壶冰》为题，写了一首五言排律。此诗堪为试律诗中命题状物之上乘佳作，王维在诗中通过不同角度对玉壶之冰作了描摹，赞扬了玉壶冰清珠润的特点，以及如霜雪一样的品格、似月光一样清明的节操。全诗环环相扣，意境幽思，可谓深远，在同类作品中出类拔萃。以实力拔了京兆府解元府试的头筹，时称解头，解元之头也。诗曰：

> 玉壶何用好，偏许素冰居。
> 未共销丹日，还同照绮疏。
> 抱明中不隐，含净外疑虚。
> 气似庭霜积，光言砌月馀。
> 晓凌飞鹊镜，宵映聚萤书。
> 若向夫君比，清心尚不如。

据说京兆府的解头非同小可，举凡京兆府贡送的举子十有七八都能登科，而头名解元自不待说。王维自信满满，以为在来年部试中进士易如反掌。孰料却在开元八年（720）二月的部试中不幸落第，成为京兆府百年以来屈指可数的几名落第的解元之一。原本以王维自身的才情，以京兆府解元的身份，不说高中状元，名列三甲应该不在话下。

意外的落榜使王维认识到，原因是自己的荐举人不够硬。所以，王维才会在王缙的鼓动下，重新去见岐王。这期间王维除与岐王、宁王交往之外，还游览了武陵源，写下了七言歌行《桃源行》游记：

> 渔舟逐水爱山春，两岸桃花夹古津。
> 坐看红树不知远，行尽青溪不见人。
> 山口潜行始隈隩，山开旷望旋平陆。
> 遥看一处攒云树，近入千家散花竹。

樵客初传汉姓名，居人未改秦衣服。

居人共住武陵源，还从物外起田园。

月明松下房栊静，日出云中鸡犬喧。

惊闻俗客争来集，竞引还家问都邑。

平明闾巷扫花开，薄暮渔樵乘水入。

初因避地去人间，及至成仙遂不还。

峡里谁知有人事，世中遥望空云山。

不疑灵境难闻见，尘心未尽思乡县。

出洞无论隔山水，辞家终拟长游衍。

自谓经过旧不迷，安知峰壑今来变。

当时只记入山深，青溪几度到云林。

春来遍是桃花水，不辨仙源何处寻。

王维的这首诗既有陶渊明《桃花源记》与《桃花源诗》中所表达的对没有压迫、没有剥削，人们自耕自食、自由自在的人间乐园的向往追求，还有机地渗入了一些佛教、禅宗与道家的神仙思想，写得虚幻离奇。但仍有烟火气，在艺术上有新的创造。诗中展现出王维作为诗人、画家、音乐家的写景、抒情、驾驭音律的非凡才华，一幅幅流动变幻的画面，一层层随画面递进的情境，一波波抑扬顿挫的音韵，读来恍若身临其境，若得其触，似聆其声。诗的结构自然紧凑环环相扣，语言华美、流畅、生动活泼。诗人用律入古，骈散相间，平仄交错，转韵自由，诗画音乐冶于一炉，而且炉火纯青。恰如陶文鹏先生在他的著作《王维、孟浩然诗选评》（三秦出版社，2004年版）中所说："整首诗也宛若一条阳光照耀落英缤纷、浪花如珍珠迸溅的桃花溪，在诗情画意中弥漫着青春的色彩和浪漫的气息。"亦如清代王士禛在《带经堂诗话》卷二语："唐宋以来，作《桃源行》最佳者，王摩诘、韩退之、王介甫三篇。观退之、介甫二诗，笔力意思甚可喜，及读摩诘诗，多少自在。二公便如努力挽强，不免面红耳热。此盛唐所以高不可及。"

叙事长诗，许多诗人会选取古风，如李白，而王维动辄以排律韵之，句句对仗工稳，字字拈放得体，漫不经意，却又天衣无缝。五律与七律不仅要合乎平仄，中四句还要承接对偶，而排律更是要联联对仗，句句关联，意思还要递进，没有炉火纯青的功夫，很难为之。

再看王维的这首《李陵咏》，仍为歌行体：

汉家李将军，三代将门子。
结发有奇策，少年成壮士。
长驱塞上儿，深入单于垒。
旌旗列相向，箫鼓悲何已。
日暮沙漠陲，战声烟尘里。
将令骄虏灭，岂独名王侍。
既失大军援，遂婴穹庐耻。
少小蒙汉恩，何堪坐思此。
深衷欲有报，投躯未能死。
引领望子卿，非君谁相理。

从"汉家李将军"一笔切入，便如大河直泻，飞流而下，夹叙夹议，毫无滞涩，把李陵重大事迹括入诗中。善骑射的李陵是西汉名将李广之孙。武帝以为有李广之遗风，八百骑深入匈奴两千余里，不见虏还。拜为骑都尉。率步卒五千人出居延，单于以骑八万围击，陵杀伤匈奴万余人，矢尽道穷，只好投降了匈奴。王维为李陵发出不平的感叹：难道只有苏武才能理解李陵的不幸和痛苦？一气呵成了"足令鬼神饮泣"的全诗，"鬼神饮泣"句系清代黄周星《唐诗快》评语。

王维做梦也没有想到他也会遭遇与李陵一样的窘境。

岐王，原名李隆范，为避玄宗名讳而省去隆字，单名一个范。他是睿宗李旦的第四子，崔孺人所生，是玄宗的四弟。岐王收藏的书画，都是世上的珍品。隋朝灭亡后所有的珍本图书，在皇宫大内的仓库里胡乱堆放，蛛网、尘灰、湿气洇染漫漶，湮没得已快要不成模样，唐兴瞅着稀世珍宝毁坏心疼得直掉泪，就悄悄仿制调换了一批设法带出宫去，收藏在自家密室中。长安初年，张易之奏请朝廷请来了天下最好的匠人临摹了一批，这时部分书画已洇湮败坏不可分辨，张易之从中挑选了一些书画真迹收藏在自己家中。后来张易之被杀死，收藏在家中的书画都被薛稷取去。后来薛稷事发，这些书画悉数落入岐王之手，却因保管不慎被一场大火焚毁。

这成了李范心中的痛，也使炎黄文明因此受损，

玄宗表面友爱兄弟，暗地却禁止大臣跟他们来往结交。因此而被贬官的也不是少数。如光禄少卿、驸马都尉裴虚己，因与岐王李范经常游宴，还私谈谶纬之事，被玄宗流放并判公主和他离婚。万年尉刘庭琦、太祝张谔，多次与岐王范饮酒赋诗，也都被贬了官。只是对岐王却毫无责怪之意，跟大臣们说："我们兄弟之间本来没有隔阂，只怪阿谀小人趋炎附势而已。但我决不为此而责怪自己的兄弟。"

《唐书》说岐王李范好学，工书，爱儒士，不分贵贱，都一视同仁。当时王毛仲出身贫贱，后来忽然富贵，过去不理他的王公见了都要特别对他优礼，只有岐王还和过去一样，该咋还咋，举止自如。

岐王曾任并州大都督，认识王维的父亲汾州司马王处廉，这个却是王维不知道的。而且胡二也的确呈上过王维的拜帖，岐王也吩咐门人留意着，来了就请。只是王维却再没有露面。岐王好诗文，举凡当下有名声的诗文，都要寻来看看。不光知道王维，也知道王缙，听说二位来访，正在逗一只红嘴黑羽八哥的岐王自然是一声："请！"

"请！"八哥儿小头一扬，也跟着学舌。

年轻时的唐玄宗，饱读诗书，聪慧过人，又兼性格英武，胸怀大志。中宗暴毙、韦后临朝称制的消息传来时，玄宗即刻派人与太平公主联系以策内应，然后率兵从封地奔袭长安并与太平公主儿子薛崇简的羽林军会合，率骑突出玄武门，冲上太极殿。韦后连外衣也来不及穿即被乱兵杀死。安乐公主描眉之时被士兵从后斩作两截。上官婉儿急中生智写了一张让李隆基的父亲李旦登基的诏书，率宫女列队迎接，献上诏

书，希望能免一死。年轻时的李隆基却是个不饶人的主，让随从把上官婉儿立斩于当下。后人怜香惜玉者曰：上官婉儿以才色奉事于人，不当之事皆因不得已而为之。情有可恕，罪不该死。《全唐诗》中收有她诗作三十二首并有诗集行世。还有后话。

按例，睿宗即位后应立大儿子李成器为皇帝，但三儿子李隆基又有讨伐韦氏之功，因而犹豫不决。大儿子李成器却是个看破世事顾全大局的人，就对父亲说："国家安则先嫡，危则先有功，臣死不敢居隆基之上。"不知是当腻了还是当怕了，睿宗李旦于公元七一二年，主动让位于三儿子李隆基，自己当了太上皇。司马光意味深长地评价睿宗："相王宽厚恭谨，安恬好让，故经武、韦之世，竟免于难。"

弦外之音是，若睿宗不能"宽厚恭谨，安恬好让"，恐一样不得好死。这真是一帖蚀骨销魂的春药，只要中了这个春药的毒，生死亲情都不在话下，天地万物皆敢发情，仁义礼智即刻被打回原形。只要这春药还在，无论是谁当了皇帝，都一样会学坏，李隆基也不例外。

当了皇帝的李隆基，后来也开始追念上官婉儿的才华，下令收集其诗文，辑成二十卷，还让张说为婉儿写了序："敏识聆听，探微镜理，开卷海纳，宛若前闻，摇笔云飞，成同宿构。古者有女史记功书过，复有女尚书决事言阀，昭容两朝兼美，一日万机，顾问不遗，应接如意，虽汉称班媛，晋誉左媪，文章之道不殊，辅佐之功则异。"贞元时吕温曾做《上官昭容书楼歌》，也能见其文学生活的片段。《旧唐书》《新唐书》的"后妃传"中，都有上官婉儿的专篇记载。

但后话后边还有后话，二〇一三年九月有消息称，考古人员在西安咸阳国际机场附近清理一座唐代墓葬时，发现了一块被泥土重重掩盖的墓志，擦去泥土，墓志上赫然刻着"大唐故昭容上官氏铭"。考古人员发现上官婉儿墓葬等级并不高，被大范围系统性毁坏，墓室顶部全部塌陷，铺地砖全部被揭起，更奇怪的是墓穴中棺椁、尸骨全然不翼而飞，除了一些陶制品外，空空如也。唯一庆幸的是有一块写有九百八十二字的墓志，上面包括上官婉儿的世系、经历、死因、葬地等信息。

专家们得出的结论是，据张说所著《唐昭容上官氏文集序》，并结合出土墓志铭的内容推测，搜集上官婉儿诗文的主意是太平公主出的。太平公主谋反事泄，唐玄宗将太平公主逼入寺庙令其自杀。认为婉儿与太平公主是一伙的，就派人毁了她的墓，并从世上收回了上官婉儿的诗集销毁。一代才女诗佚、墓毁、尸骨无存，让人扼腕感叹。

类似事件，在安史之乱中，也亲历在王维身上。

七、洛阳鼙鼓西都怅

天宝十四载（755）十一月初八安史之乱爆发。次年六月攻下潼关，直逼长安。玄宗惧怕安禄山攻进长安，遂产生弃长安幸蜀的念头。

六月十二日玄宗在勤政楼对百官表示要领兵"亲征"，并煞有介事地调兵遣将，却是放了一个烟幕弹。十二日晚唐玄宗即命龙武大将军陈玄礼整顿禁军，挑选了良马九百余匹，以供出逃时保驾。六月十三日凌晨即率三宫六院及要紧的皇亲国戚、要紧大臣包括贾至，悄悄向咸阳方向逃去。事前瞒得风雨不透，玄宗跑路时，行至皇宫内的左仓库时，杨国忠建议焚烧掉仓库。玄宗却在这时候就忽然想起被自己抛下的长安百姓，摇头充满怜悯地说："要是叛贼抢不到东西，必定要搜刮百姓们。不如留给他们，不要再给我的子民们加重负担了。"

王维和百官在大明宫等候早朝时，唐玄宗率领的逃亡队伍已匆匆过了渭水便桥，杨国忠下令毁桥断路以阻追兵。玄宗怒斥杨国忠："百姓们也要避贼求生，为什么要断绝他们的生路？"马上命令把桥上的火扑灭，还特别要高力士留下监督，待火扑灭后再赶上来。

前来早朝的王公大臣以及王维都知道国家面临危难，所以按时早朝，原本就是来替皇上分忧出力的，但始料未及的是，玄宗皇帝竟然不见了。宫中随之哗然，长安城因之大乱，自然也是不可避免的。

崔光远与王维母亲一样也是博陵崔氏的后人，《新唐书》说他"系出博陵，后徙灵昌。勇决任气，长六尺，瞳子白黑分明"。因和杨国忠关系好，多次升官后任京兆府少尹。他去吐蕃吊祭归来时，正好遇到玄宗西逃，玄宗当即授勋命崔光远任京兆尹、西京留守、采访使。

这时皇帝车驾已出京，京城骚乱，有人放火烧左藏大盈库，还有人骑着驴子进宫殿去运财宝。崔光远招募官员代理府、县职务，守卫宫殿，并杀死了十多人，平定了骚乱。又派他的儿子去拜见安禄山假装投降。安禄山此前已任命张休为京兆尹，为笼络崔光远，就又派人追回张休，任命崔光远为京兆尹，镇守长安。这是后话。

崔光远，并非本书传主，先行打住。

王维兄弟来到客厅。已届而立之年的岐王，锦袍华裳，器宇轩昂地迎上前来，一番寒暄客套，这才分宾主之位坐下，两个妙龄丫环见礼上茶。岐王这才把目光从王维脸上收回道："二位公子的声名本王早已耳闻，今日得见，足慰生平，大驾光临，不知有何见教？"

王维道："素知王爷工诗擅文，书法也上乘，家中收藏有世所罕见的书画，小生也是诗书画学了些皮毛，特来向王爷求教则个！"

"别则个了。"岐王笑道，"跟本王不要拘礼，更不要拿捏，又不是廷对，咱们就说寻常话。二位公子小小年纪，已经了得，本王日前还选了公子的几句诗习字，论诗文不能与公子比，若说书法，本王还真敢在二位面前献丑……你们几个，去书房把本王前日个写的几幅字拿来让二位公子过目。哈哈，还望二位不要笑话，不吝赐教啊！"

王维料不到岐王会这么说，脸红的当儿，却对岐王的诙谐豪气生出了十分的好感，竟把怕人小看的计较心都放下了，当即道："不劳众位，书纸薄脆，稍不留意就会破损，还是我和二弟自己去看！"

"哈哈！"岐王见状大笑，"确是如此，多没有裱，二位自去看最好，本王有客人要去迎候，你们带二位公子前去，好生伺候！"

说话间，岐王起身，先自出门，往人门口走去。

王维后来知道，此时的唐玄宗率领的一众人等，已经到了远离长安的马嵬坡。玄宗在皇辇之中，正依在杨玉环肩头假寐，心里诸多懊恼烦忧。心想这家贼倒是防住了，可这家外的贼却没有防住，悔不该不听杨国忠的话，除了那个大肚皮里装满奸心的蛮子，寡人待胡儿不薄，胡儿却如此辜负寡人，实在是可恼、可恨，也可笑啊！

这么想的当儿，脑子里不免便走马灯也似闪过许多初见安禄山时的情形：憨厚可掬，大腹便便。不由苦笑：这胡儿骗得寡人好苦。有一回在众臣面前，玄宗戏谑地指着安禄山的肚子调侃："这么个大肚皮里，装的有什么东西，怎生大成这个模样？"安禄山高声答："什么都没有装，只装了一颗赤心而已！"玄宗心花怒放。玄宗命安禄山晋见皇太子李亨，安禄山问："皇太子什么官？"玄宗说："我死后他可以代替我！"安禄山说："臣愚昧，只知有陛下，不知有皇太子！"

玄宗竟然信以为真，对装傻充愣的安禄山更加宠信。胡儿竟然提出要让杨贵妃收他为养子，说："臣是胡人，胡人把母亲放在前头而把父亲放在后头。"贵妃竟然真就举办了一个认养仪式，胡儿竟然真就扎了朝天小辫，戴上红布肚兜，扮成小儿，前来拜见母后。

有记载说，天宝十载（751）正月三日是安禄山的生日，杨贵妃别出心裁替这个"大儿子"举行洗三仪式。安禄山装扮成婴儿坐在大大的澡盆中，众宫女为他嬉笑着洗澡，洗完澡之后，又用斑斓锦绣料子特制的超大襁褓，团团包裹住安禄山，让宫女们把他放在一个彩轿上抬着游行，并在后宫花园中转来转去，众人口呼"禄儿、禄儿"，嬉戏取乐。

天宝六载（747），安禄山被提拔为大夫。李林甫时任宰相。李林甫善于揣摩安禄山的心思，安禄山想说未说的话，李林甫总能先说出来。贼人胆虚，这让安禄山非常害怕，认为李林甫无所不知，隆冬见到李林甫也惶恐得汗流浃背。李林甫却曲意笼络他，带领他到中书厅，用披袍盖在他的身上，安禄山将计就计，喊李林甫"十郎"。平素时朝廷有人过来，他安禄山必先问："十郎说了些什么？"有好话就喜得蹦高儿，如果说"好好查核一下"，他就反手撑胡床说："哎呀，俺死定了！"

李林甫不免得意。唐玄宗常拿这事逗笑取乐。李龟年还模仿其状以逗众人笑。众皆以安禄山为开心宝，开心宝却在被窝里偷着乐。

安禄山在长安的住宅，宏伟华丽到极点，笼子筐子筲箕等物都用金银做。唐玄宗还在勤政楼自己座位的左边，竖立一块用金鸡羽毛做装饰的大屏风，屏风左边放张木榻让安禄山坐，他批阅奏章时，安禄山就在榻上坐着，为方便说话，有时还会卷起或干脆拿掉屏风上的帘子。

天宝十载，安禄山进宫朝拜唐玄宗，主动请求担任河东节度使，唐玄宗就授给了他。安禄山有十一个儿子：大儿子安庆宗，任太仆卿；小儿子安庆绪，任鸿胪卿。安庆宗又娶皇太子的女儿为妻。

王维想：胡儿也是人，不该肆意调笑，玄宗可曾知悔？

管天管地，管不住纷纷人心，管不住悠悠众口，明知安议朝廷会被官家杀头，百姓却管不住自己的好奇的心、多事的嘴。王维和王缙是亲密无间的兄弟，自然互相不避讳，时常也议论几句朝政。究竟议论过什么，当然也只有兄弟俩知道，不好妄加揣测，所以就此打住。

唐玄宗生怕五位皇兄与诸大臣联合起来，专门赐宅于兴庆坊，让五位兄弟集中居住，便于监督管理，亦号"五王宅"。李范的宅第位于安兴坊东南。五兄弟得每天从大明宫的侧门上朝拜见玄宗，归宅之后，就歌舞奏乐纵饮玩乐，犬马声色击球斗鸡任凭尔等。或是到近郊擎苍牵黄，放狗追兔，纵鹰搏禽，日子过得纸迷金醉。目的就是让诸皇兄玩物丧志。岐王长史郑繇在《失白鹰》一诗中，记述了一次岐王放出最喜爱的一只白色猎鹰，腾飞九天后一去不返，李范因之十分惋惜，诗中这样写道："白锦文章乱，丹霄羽翮齐。云中呼暂下，雪里放还迷。梁苑惊池鹜，陈仓拂野鸡。不知寥廓外，何处独依栖。"

王维侧身其间，亦多有随行，有《观猎》诗记将军射雕曰："风劲角弓鸣，将军猎渭城。草枯鹰眼疾，雪尽马蹄轻。忽过新丰市，还归细柳营。回看射雕处，千里暮云平。"陶文鹏先生在《王维、孟浩然诗选评》中称赞有加曰："诗起得奇险，收得洒脱，承转有序，一气呵成，写景写人，生动传神，字字锤炼，句句得法，笔力雄劲，意境壮阔，确是五言律诗中的杰作。正如清代沈德潜所评'神完气足'（《说诗晬语》卷上），'章法、句法、字法俱臻绝顶，盛唐诗中亦不多见。'"（《唐诗别裁》卷九）

又特别提点说：王维虽以写山水田园诗著称，但其游侠诗、边塞诗也数量不少，且质量上乘。他的《从军行》《老将行》《陇西行》《陇头吟》等出塞诗，比盛唐的边塞诗人早了好些年。

透过王维二十一岁时所写七言长诗《燕支行》可见一斑。此诗取材《史记·匈奴列传》："汉使骠骑将军去病将万骑，出陇西，过焉支山千余里，击匈奴，得胡首虏万八千余级，破得休屠王祭天金人。"故取名《燕支行》。全诗采用烘云托月的夸张手法，表现了汉朝大将霍去病英勇杀敌的报国壮志。诗曰：

汉家天将才且雄，来时谒帝明光宫。

万乘亲推双阙下，千官出饯五陵东。

誓辞甲第金门里，身作长城玉塞中。

卫霍才堪一骑将，朝廷不数贰师功。

赵魏燕韩多劲卒，关西侠少何咆勃。

报仇只是闻尝胆，饮酒不曾妨刮骨。

画戟雕戈白日寒，连旗大旆黄尘没。

叠鼓遥翻瀚海波，鸣笳乱动天山月。

麒麟锦带佩吴钩，飒沓青骊跃紫骝。

拔剑已断天骄臂，归鞍共饮月支头。

汉兵大呼一当百，虏骑相看哭且愁。

教战虽令赴汤火，终知上将先伐谋。

王维的《少年行》与此《燕支行》相映生辉，可谓合璧之作。

两兄弟经行王府不免感慨。王府的旖旎风光在张谔所作《岐王山亭》诗中有描写："王家傍绿池，春色正相宜。岂有楼台好，兼看草树奇。石榴天上叶，椰子日南枝。出入千门里，年年乐未移。"

岐王府中，傍着一泓好水，楼台亭阁假山船坞，草奇花异，石榴花红似火，叶子遮天蔽日，还种得有在长安难得一见的从海南岛移植来的椰子树。岐王交游广阔，出入千门万户，年年快乐无疆。

张谔还有一首诗叫《岐王席上咏美人》:"半额画双蛾,盈盈烛下歌。玉杯寒意少,金屋夜情多。香艳王分帖,裙娇敕赐罗。平阳莫相妒,唤出不如他。"张谔是岐王的座上客,以为傍上岐王,眼福和口福不会浅,是一种荣耀,殊不料后来因此而被玄宗贬官。

纵情声色还嫌不够,因为人生苦短,玄宗还以长生不老丹分送众皇兄并书曰:"昔魏文帝诗云:'西山一何峻,高高殊无极。上有两仙童,不饮亦不食。赐我一丸药,光耀有五色。服药四五日,身轻生羽翼。'朕每思服药而求羽翼,何如骨肉兄弟天生之羽翼乎!陈思有超代之才,堪佐经纶之务,绝其朝谒,卒令忧死。魏祚未终,遭司马宣王之夺,岂神丸之效也!虞舜至圣,拾象傲之愆以亲九族,九族既睦,平章百姓,此为帝王之轨则,于今数千载,天下归善焉。朕未尝不废寝忘食钦叹者也。顷因余暇,妙选仙经,得此神效方,古老云'服之必验'。今分此药,愿与兄弟等同享长龄,永无限极。"

这些事王维与王缙也听说过,私下里免不了议论几句,感叹皇家也有难念的经。羡慕和淡然,出于两人不同心性,也无可厚非。说话间到了后花园岐王的书房,进门去,见四边墙挂满岐王的书法作品,中间一张紫檀大几,上面铺着一方大大的羊毛毡子,毡上文房四宝俱全,件件都是名品古董,让兄弟俩为之啧啧连声。

不久前西安碑林博物馆发现了两方岐王李范书写的《章怀太子墓志》和《李嗣庄墓志》,从中可以看出李范在唐代众多的皇子中有较高学养。通过《章怀太子墓志》和《李嗣庄墓志》,可以窥见李范的书法概貌。两个墓志均为楷书,但书法风格差异较大。从中能看出岐王李范不仅师法二王——东晋大书法家王羲之和王献之父子的书法,还师承了诸多唐之前和唐当时书法大家的书法风格。

这就是岐王李范之所以敢以书法傲人的原因。

岐王匆匆前去大门口迎接的客人不是别人,就是当年把皇位继承权主动让给平叛立有大功的三弟唐玄宗的李成器。为避昭成皇后的尊号,改名为宪,封为宁王。他是唐睿宗李旦的长子,也是排行老四的岐王李范的大哥。史载,宁王李宪能诗歌,通音律,尤善击羯鼓、吹笛。恭谨自守，从不胡乱交结，从不干预朝政。嗜好声色光影，酷爱养花弄草，大摆筵席所点蜡烛明暗不定，吃酒时暗，筵席结束又光明如初，时人称奇。怕雀鸟糟践花朵，就给花枝系上金铃，让人拉动铃铛以驱之，成为流行。唐玄宗最倚重的就是他，口口声声叫大哥，若有什么好吃好玩的都要与他分享，别的兄弟也跟着一起沾光。

宁王李宪与四弟岐王关系最近，岐王也对大哥李宪恭敬有加，只要李宪说来，准会在门口迎候。宁王李宪此次前来，是想和四弟说几句体己话。所以见了岐王就屏退从人，进一间密室兄弟俩嘀嘀咕咕了半天。那一日宁王独自在后花园闲逛，无意中发现有双明眸在花丛间偷窥自己，怕是贼人行刺，便大喝一声，喝声未落，花丛中却站起一位风姿绰约的佳人，眉眼清秀，面容姣好，娇柔不胜，状若惊鸿，抖作一团，令宁王顿生怜爱之心，便好言抚慰。方知此女竟是街上饼师新过门的媳妇儿，饼师待之如宝，媳妇儿贪耍想进宁王府观看，饼师与宁府人等素来相熟，便央告门人带媳妇儿去逛逛。门人见宁王独自前来，撇下饼师的媳妇儿撒了丫子，害得饼师的媳妇儿好不恓惶。

过后宁王李宪却忽然对其牵肠挂肚几不能自持，宁王已经是姬妾成群，个个都是有门第的，怕自己忽然就娶了个饼师的媳妇儿，事情传出去让诸王兄弟和外人家笑话，很是纠结，无奈便向四弟讨主意。

岐王听了便说："怕什么笑话？怕什么饼师的媳妇儿没门第？难得大哥喜欢，有什么不可以的，给饼师钱让他另娶一个不就结了？三弟纳儿媳为妃还不怕人笑话，大哥娶个饼师的媳妇儿算什么？三郎他要是敢笑话大哥，老四我就跟他没个完……"吓得宁王连忙抬手捂岐王的嘴巴道："这话要让三郎听见了，怕是真的和你没个完了！"

岐王哈哈笑着换了个话题，说起王维和王缙两兄弟这会儿正在书房里观摩，问宁王想不想见？宁王李宪问："四弟所说可是写'每逢佳节倍思亲'的王维？听说这个王公子是协律郎的长孙，在音乐上比他爷爷还要厉害，丹青也得，我得了一画，正想请教请教……"

这情形却是在书房里看书法的王维兄弟俩不知道的。

西汉麻纸是绢丝类纤维制成，是以手工漂絮法制取而来。具体是捣碎布帛蚕衣等纤维之物成浆状，放入清水中使之混浊，然后使一个大长方形的丝竹网罗从水中平平捞起，待滤得水干，丝竹上便铺了一层白色的薄浆，贴到火墙上烘干，便是麻纸。上世纪六十年代在中国一些地方还在使用，我小时候亲眼见过工人制作麻纸，还用这样的麻纸写过信。唐之前的书法、图画、诗稿，除了可以写画在绢帛等物之上，也只能写在这样的麻纸上，皇家也不例外。麻纸质地也有上乘与下乘之分，制作方法却并无二致。没有麻纸就没有诗书画的繁荣发展。

唐代的造纸业已趋向成熟，据说江西临川出薄滑纸，扬州出六合笺，广州出竹笺，均属上等纸品。宣纸产自宣州府，起初用青檀树皮制纸，后逐渐扩大到用桑、竹、麻等十几种原料。宣纸的特点是质地绵韧，纹理美观，洁白细密，经久不坏，可以充分表现笔墨的浓淡润湿的变化。诗人誉之为"滑如春冰密如茧"，并被称作"纸中之王"和"纸寿千年"。岐王书房墙壁上的书法作品就写在这种宣纸上。

这些作品当中有一幅字写的是王维的诗。如果当时有相机，王维一定会拍下来。岐王把王维的诗用书法表现得淋漓尽致，似乎每一个字都是一个人。这些人手脚并用，以舞蹈的动作，参差不齐地爬到山顶上。稚气未脱的两个小妹，采了绿色芳香的茱萸，挨个儿插到四个哥哥的衣襟上，只少了远在长安的大哥。新鲜的墨迹里浮动着亲情的怅然。这让王维对岐王李范生出了好感。这样的权贵的确堪为知己。

王维和王缙回到前厅，坐中不仅有岐王，还有宁王。便重新行过礼坐下。看了岐王的书法，王维和王缙便免不了要夸上几句，王维说得比较客观，夸得头头是道，却有分寸。王缙的行草也是极好的，所以对书法也颇多心得，称赞起来自有章法，与王维不同的是，多有不实溢美之辞。岐王听得很是受用却偏要客气。宁王便插话道：

"听说王公子不仅诗写得好，书法好，还精通音律，更难得是于丹青之道也有过人之处。本王新近得了一幅《按乐图》，图上也没有什么题识，不知画的是什么，想请公子看上一看，帮本王鉴识一下……"

王者气派，自然也不容得王维说不，一拍手，便见等在侧室的两个家人捧着一幅画出来，却原来宁王知王维在岐王府，事先便让人回府里取来的。这幅《按乐图》的确无题识,但自有一派气象,画中是一些乐人在吹奏,每一个乐工的神情、姿态、裙带,都栩栩如生。

岐王也凑上来看,摇头表示茫然,王缙也看不出什么,不免替哥哥捏把汗。宁王看过多次了,自然不动声色。王维起初也茫然,但看了一回,已是了然于胸,又细细看了一回,便徐徐道:"此画上乐工所奏乃当今圣上玄宗皇帝所作《霓裳羽衣曲》第三叠最初拍也!"

宁王愕然,却让岐王传乐工。王缙见宁王如此较真,便为王维担心,王维却面不改色。说话间,一队乐工便施施然拿着乐器鱼贯而入,坐于大堂下首。宁王吩咐了几句,便让乐工各自操家伙奏《霓裳羽衣曲》。笙管笛箫,筝瑟琵琶,锣鼓钟钹,样样俱全,乐声悠然起处,不知就里就有一队舞女盛装而入起舞,却让宁王一袖挥将下去。

王缙此时紧张得脸都发黄了,额上有汗水涔涔地渗出来。王维却自信满满,岸然不惧。这首《霓裳羽衣曲》是玄宗早年创作的乐曲,王维曾用多种乐器演奏过。玄宗自称《霓裳羽衣曲》是月宫神仙托梦给他而成此曲,但王维却知道此曲乃是从印度《婆罗门曲》演化润色改编而来,但不管如何说法,此曲确实是不可多得的传世佳作。

乐曲演奏到第三叠最初拍时,宁王大喊一声:"停!"

弦管应声而止,乐工个个按宁王吩咐保持固定姿势不变,宁王与岐王便双双持图,按图画上乐工的姿势,一一对照。这时候,大堂里一片寂静,只有画纸被拂动的沙沙声。王缙已汗下如雨,想着万一有什么不测,该如何应对。王维却负手而立,神色自若。宁王脸上的神情渐渐缓和下来,岐王则是一脸的阴晴不定。天呀!对照下来,竟然纹丝不错。宁王这才含笑冲王维一揖:"本王佩服,公子真乃神人也!"

王维忙不迭地还礼:"宁王休得如此,折杀小生了!"

以上故事来自《新唐书·王维传》:"维工草隶,善画,名盛于开元、天宝间,豪英贵人虚左以迎,宁、薛诸王待若师友。画思入神,至山水平远,云势石色,绘工以为天机所到,学者不及也。客有以《按乐图》示者,无题识,维徐曰:'此《霓裳》第三叠最初拍也。'客未然,引工按曲,乃信。"《旧唐书·王维传》也有载:"人有得《奏乐图》,不知其名，维视之曰：'《霓裳》第三叠第一拍也。'好事者集乐工按之，一无差，咸服其精思。"新旧唐书上均有记载，说明确有其事。考校王维的都是好事者，我把故事放在宁王身上，是为了使故事显得更加真实、合理、生动。类似的移花接木，司马迁和司马光都干过。

但不能胡编乱造。唐人薛用弱《集异记》和明代王衡《郁轮袍》杂剧中，都写到王维与这位神通广大的公主大同小异的故事。不同的是《集异记》只说是公主，而《郁轮袍》中却点明是九公主。作品结尾也有所不同，《集异记》中王维得遂所愿，《郁轮袍》中王维则被冒名顶替落了第。原本王衡是以个人经历作蓝本，翻改王维故事来抒发愤懑，揭露科举考试的弊端与黑暗，却不料给王维抹了一身黑。时过多年这位公主又被一部热播剧误为太平公主。太平公主开元元年（713）被玄宗赐死，王维开元九年（721）中举，其时太平公主已死去八年，让死人为活人中状元说话，还演绎出一番缠绵悱恻的情爱，真个也荒唐。

那么，真实的情况究竟如何呢？待笔者慢慢道来。

那日，从岐王府回到宅中，兄弟俩有一番谈话。王缙脸上明显有洋洋得意，道："今日之事足以证明綦毋兄的判断正确，岐王真是个重才之人。'君子喻于义，小人喻于利。'对待屑小之辈，得以利取。"

王维道："我觉得还是要多与君子为伍，不能与小人为朋。不以利啖人，更不能阿谀奉承。若是君子当政则仕，小人当政则隐。"

王缙笑道："君子有志，各行其是，我当然不会强兄所难，不过我们兄弟二人不妨一试，看我们二人，哪一个仕途更顺？如何？"

王维笑道："这个为兄哪敢与缙弟相比呢？缙弟比为兄心眼儿活泛，肯定是缙弟要比为兄今后的仕途通达。不过，有一点我等切不可忘记，方法可以有万法，可归宗一句话：永远不可做昧心事！"

"这个当然！"王缙笑道，"还有一句，也请兄长记得，无论荣辱贫富，手足之情永不可忘，为弟有难时，大哥切不可袖手旁观！"

"这话还用说吗？"王维道，"我们之间可是骨肉亲情啊！"

"防兄弟像防贼似的。"王缙坏笑，"我说的是岐王的哥哥……还有宁王他家里的兄弟……那些不能说的乱事，还敢说骨肉亲情吗？"

王维黯然，许久方道："为兄的倒是有些担心你，会行事是好的，可也要小心，别把自己行在里边。我是长兄，会看顾弟妹到永远，若是有个万一，哥拼上性命也要保你周全。"这话说得王缙眼里都湿润了。

可世事难料，以为王缙心性使然，有一天自己或许真要出手帮一把王缙。让王维想不到的是，稳妥如他者，却会接连遭遇不测。一切都拧了，屡屡搭帮王维，并最终把他从死人坑里拉上来的，竟是在王维眼里太无可无不可的王缙。是自己错了？还是王缙对了？

当然这是后话。后话是今非昔比，长安上流社会的大门已经向兄弟俩络绎敞开。势利的门人见了兄弟俩无不笑脸相迎。兄弟俩出入诸王府如履平地。"诸王、驸马、豪右、贵势之门，无不拂席迎之。宁王、薛王待之如师友。"无数上流名士为之倾倒，声名鹊起。

几乎隔几天就有一次宴请，或是游玩，或是行猎。

一回岐王得新妓佳丽，宴请诸友雅集，作卢女赏。王维在此次宴饮初识了崔颢。崔颢时年二十八岁，比王维大五岁，汴州人，却比王维中状元晚了三年，玄宗开元十一年（723）中进士，后来官至太仆寺丞，天宝中为司勋员外郎。后人评其"少年为诗，意浮艳，多陷轻薄。晚年变体，风骨凛然。一窥塞垣，状极戎旅，奇造往往并驱江、鲍"。后游武昌时成千古名作《黄鹤楼》一诗："昔人已乘黄鹤去，此地空余黄鹤楼。黄鹤一去不复返，白云千载空悠悠。晴川历历汉阳树，芳草萋萋鹦鹉洲。日暮乡关何处是，烟波江上使人愁。"

据说后来李白来此，因之搁笔，发"眼前有景道不得，崔颢题诗在上头"的浩叹。李白念念在心，后来也仿照《黄鹤楼》写下了《登金陵凤凰台》："凤凰台上凤凰游，凤去台空江自流。吴宫花草埋幽径，晋代衣冠成古丘。三山半落青天外，二水中分白鹭洲。总为浮云能蔽日，长安不见使人愁。"此类事，个性使然，王维断不会为之。

《全唐诗》共收录崔颢诗凡四十二首。

王维与崔颢在岐王府见面之时，两人都还是布衣一介，王维较之崔颢，已是名满京都，崔颢却文名才著。但二人均有求于岐王，也彼此惺惺相惜，相谈甚洽。王维记得那天岐王的新妓年方二八，如新蕊初绽，似黄莺才出，体态婀娜，顾盼生春，声色均佳，歌之舞之，婆娑如杨柳，甚得好评。崔颢生性风流，自然不会错过。有诗《岐王席观妓》（又名《卢女曲》）曰："二月春来半，宫中日渐长。柳垂金屋暖，花发玉楼香。拂匣先临镜，调笙更炙簧。还将歌舞态，只拟奉君王。"

卢女是三国时期曹操手里的一个舞女，很可以让人联想到当时杨贵妃的得宠。我没有找到王维此宴的应制诗，却见到他《扶南曲歌词五首》中，竟然也有卢女字样，写宫中佳丽的悲欢，与歌舞声色之妓也无大区别。从中可见王维心中的那份不同寻常人等的同情和悲悯：

> 翠羽流苏帐，春眠曙不开。
> 羞从面色起，娇逐语声来。
> 早向昭阳殿，君王中使催。
> 堂上青弦动，堂前绮席陈。
> 齐歌卢女曲，双舞洛阳人。
> 倾国徒相看，宁知心所亲。
> 香气传空满，妆华影箔通。
> 歌闻天仗外，舞出御楼中。
> 日暮归何处，花间长乐宫。
> 宫女还金屋，将眠复畏明。
> 入春轻衣好，半夜薄妆成。
> 拂曙朝前殿，玉墀多佩声。
> 朝日照绮窗，佳人坐临镜。
> 散黛恨犹轻，插钗嫌未正。
> 同心勿遽游，幸待春妆竟。

岐王府的繁华光景从以上可知。王维所写诸多应制诗中也可见一斑。如岐王带领王维等人同游杨氏别业并命他们写诗纪行。王维所作五律诗虽属应教，依旧异于常人：

杨子谈经所，淮王载酒过。

兴阑啼鸟换，坐久落花多。

径转回银烛，林开散玉珂。

严城时未启，前路拥笙歌。

杨子即西汉人杨雄，贫寒，嗜酒。淮王即淮南王刘安，西汉人，喜好学术，门客达数千人。借汉喻唐，以淮南王比岐王，以杨子喻杨氏。赞扬岐王的礼贤下士。车马穿过树林发出好听的铃声。城门还没有开启，但大家仍然余兴未尽，前边又有人吹笙和唱歌。

"兴阑啼鸟换，坐久落花多。"清代王士禛在《带经堂诗话》中赞其"自然入妙"，成为广为传诵的名句。

又如这首五律《从岐王夜宴卫家山池应教》：

座客香貂满，宫娃绮幔张。

涧花轻粉色，山月少灯光。

积翠纱窗暗，飞泉绣户凉。

还将歌舞出，归路莫愁长。

穿貂裘的座客，穿梭于绮罗纱幔的美艳小宫女，轻花、月光、积翠、飞泉、绣户，即将上演的绮丽的歌舞，谁还会在乎归路漫长。

八、锦绣斜晖似梦遥

王维安顿李娘和六儿回辋川，不放心还跟出去，眼瞅着六儿赶着轿车轧轧地载李娘走远，才关上院门返回，进入佛堂，上了三炷香，默祷了一会儿，便坐下诵玄奘法师翻译的《般若波罗蜜多心经》：

菩提萨埵，依般若波罗蜜多故，心无挂碍，无挂碍故，无有恐怖，远离颠倒梦想，究竟涅槃。三世诸佛，依般若波罗蜜多故，得阿耨多罗三藐三菩提。故知般若波罗蜜多，是大神咒，是大明咒，是无上咒，是无等等咒，能除一切苦，真实不虚。故说般若波罗蜜多咒，即说咒曰：揭谛揭谛，波罗揭谛，波罗僧揭谛，菩提萨婆诃。

《新唐书》载，开元初，玄宗崇尚儒、道，对佛教多方限制，曾经颁布了一系列制约佛教的敕令。后来，渐次薄弱了励精图治的龙马精神，也没有了节俭的继续，喜欢上了长生不老的炼丹之术。转而信佛，亲自注释《金刚经》，还为《孝经》和《道德经》加注。宰相张九龄称玄宗的宗教政策是"三教并列"。玄宗批曰："三教无阙。"

同时玄宗越来越喜欢声色享乐，成了个风流皇帝。开元二十五年（737）武惠妃病死，三宫六院挑不出个让玄宗满意的嫔妃，听说自己和武惠妃所生的儿子寿王李瑁的妃子杨玉环香艳可人，便不顾天下人笑话，竟然堂而皇之地将自己儿子的媳妇儿杨玉环招进宫来侍寝。

杨玉环，懂诗文，识音律，擅歌舞，美貌绝伦，艳丽无双，冰雪聪明，桃李解言，风流赋形，妩媚生春。更有传闻，杨贵妃是天地间自然造化的尤物，粉面朱唇，秋波善睐，翘首低回，顾盼生辉。体态丰肥却又轻盈娉婷，峰壑跌宕起伏，线条玲珑曲张，仪态万方。肩背浓丽细腴，玉臂肤腻脂滑，通体玉温翠软，娇柔浑若无骨，呼吸如兰似麝。每有汗出，红腻多香。淋漓拭之，香汗湿透罗巾，汗香气透帕外，犹然袭人。唐玄宗为她修了一座沉香亭，迄今尚存兴庆宫。

天宝四载（745）八月，儿媳被公爹正式册封为贵妃。至此玄宗便与过去的辉煌划清界线一刀两断：六宫粉黛无颜色，从此君王不早朝。

为了讨贵妃欢心，玄宗费尽心机。让七百人专门给她做衣服。史载："妃嗜荔枝，必欲生致之，乃置骑传送，走数千里，味未变已至京师。"荔枝摘下过几天会变味儿，为让贵妃吃上不变味的荔枝，专门开辟了从岭南到京城长安的几千里贡道。杜牧《过华清宫》："长安回望绣成堆，山顶千门次第开。一骑红尘妃子笑，无人知是荔枝来。"

　　杨玉环的堂哥杨国忠，也平步青云，做上了唐朝宰相。兄妹二人权势炽天，免不了贪赃枉法鱼肉百姓这些套路。唐朝开始混乱，影响了社会经济。玄宗却丝毫不放在心上，反而频繁地发动了一系列边界战争。西边和吐蕃关系恶化，西南与南诏国冲突升级，先后战死病死唐兵达二十万之多。元代张养浩赴陕西救灾路经潼关，填《山坡羊·潼关怀古》："峰峦如聚，波涛如怒，山河表里潼关路。望西都，意踌躇。伤心秦汉经行处，宫阙万间都做了土。兴，百姓苦；亡，百姓苦。"

　　上溯春秋战国，中有秦汉唐宋，后有元明清，无不如此。

　　开元七年（719），宁王府张灯结彩，大排宴席，宴请诸王与亲近的名人文士，王维兄弟俩自然也在应邀之列，与另外十多名文士一起坐于贵宾席。甫一落座，便听得邻座有人窃窃私语，隐约听得说，知道今日宁王之庆是为什么吗？乃是宁王为去年所得的那位饼师的媳妇儿过周年，听说宁王对这个女子百依百顺，从不嫌弃她出身低贱，知道原因何在吗？是因为模样儿长得酷似武惠妃云云。

　　这武惠妃是武则天的侄孙女，寿王李瑁的母亲，杨玉环曾经的婆婆。与王维一样生于圣历二年（699）。武惠妃是武则天堂侄恒安王武攸止的女儿。原本是金枝玉叶，却因父亲病逝，被送入宫中交由武则天抚养。武周王朝垮台，沦为小宫女。唐玄宗即位时小宫女已经长成亭亭玉立的少女，芙蓉颜面，豆蔻年华，风姿绰约，容光照人，举手投足间可见武则天风范，使唐玄宗怦然心动，便与之相濡以沫。开元十二年（724）废王皇后而册封二十五岁的武氏为惠妃，成为唐玄宗最宠爱的女人。惠妃性情乖巧，善于逢迎，大得玄宗欢心，为玄宗一口气产下了四男三女，大都中途夭亡。让玄宗和惠妃不由得生疑，便将四子李瑁寄养于大哥宁王李宪府，由宁王妃元氏亲自哺乳，并对外宣布他是宁王与嫡妃之子。武惠妃免不了经常出入宁王府来看儿子，作为宁王府的常客，有许多门客自然也见过具有妖媚面容、柔美风姿的武惠妃，公认武惠妃是天下美人。王维和王缙对其也有过惊鸿一瞥。

　　开元二十二年（734）七月，唐玄宗的女儿咸宜公主在洛阳举行婚礼，杨玉环应邀参加。咸宜公主之胞弟寿王李瑁对杨玉环一见钟情，唐玄宗在武惠妃的要求下当年即册立杨玉环为寿王妃。让唐玄宗做梦也想不到的是开元二十五年（737）十二月武惠妃病逝，终年三十八岁。取代武惠妃成为唐玄宗专宠的美妃者，竟然会是她的儿媳妇杨玉环。

当然，开元七年（719）离寿王李瑁娶杨玉环还有五年，距武惠妃驾崩还有十八年之多，此时的武惠妃，还在宫里得宠。所以说宁王喜欢上一位长相酷肖武惠妃的美人，王维和王缙两兄弟是一点也不意外。

正自揣想之时，乐曲声中，宁王已从后堂缓步走出。此时宁王刚过四十岁，正是男人最具气度和风彩之时。只见宁王春风满面，风流倜傥，手挽一位美人走将出来，众宾客的目光聚光灯也似扫射向那个女子，只见那女子华服丽裳，珠光宝气，眉眼之间，真还有几分与武惠妃相似之处，众人不免就凑趣似的喝一声彩。宁王向来宾席依次扫视一回，笑道："本王喜得爱姬周年之庆，请诸君同贺，感谢光临！"

诸王笑语喧哗，众人便跟着喝彩。便听得岐王笑道："大哥有此周年之庆，本王也是居功者，大哥得让你的爱姬好生敬小弟三杯！"

"呵呵，当然，当然！"宁王侧脸对美人笑道，"爱姬，这位是我家四弟，最是好酒，没有让你相见，就是怕四弟闹酒，让爱姬应对不了。这不，讨酒的来了。这一年来，本王对爱姬宠爱无比，享尽荣华富贵。为何还愁眉不展？莫非，莫非，还在想念那个……"

宁王先还微笑着说话，说到后边神色和语气忽就变得恻恻，最后几句话一出，堂内气氛陡然全变。诸王愕然，宾客瞠目，一时间，全场鸦雀无声。却见那个柔美人，蛮首低垂，蛾眉含烟，花容月貌，难掩满脸悲戚愁苦之色，咬住银牙，以默然不语，面对宁王咄咄逼人之诘问，竟然不惜当众使宁王尴尬难堪，使王维心头不觉为之一震。

美人的无言无畏让王维想起了一个春秋故事。

众人都知道宁王的美人原是王府左侧一个瘸腿饼师的妻子，宁王爱其姿色，买回府中做妾。饼师敢怒不敢言。宁王邀客宴饮，本想炫耀一番，没想到美人愁容惨淡，让宁王好不尴尬。索性就派人把饼师召来。饼师不知就里，惶恐万状，一眼看见阔别一年的浑家，不觉百感交集，哽咽失声。美人见了可怜巴巴的丈夫，也忍不住泪如泉涌。

宁王心中似有不忍，便讪笑着对岐王道："本王当年也是听了四弟的劝，为了逞本王一己之爱，没想却拆散了这对小两口。断没料到爱姬视荣华富贵如粪土，时过一年还在念旧……诸君都是当今的风流才子，均可七步成诗，今日便以此事为题，各赋一诗如何？"

宁王语出良久，不见座中有诗成者。何故？只因众人皆不知宁王心事，怕因此惹祸上身。只有王维略一沉吟，案前铺纸，片刻赋得一诗。王缙觉得不妥，暗中向王维递眼色。王维却是坦然一笑，便把诗交由下人递将上去。宁王接过诗来展看，眉头先是皱起，再而又舒展开来。侧目望向美人与饼师，却见美人泪如雨下，与可怜巴巴的饼师痴痴相望，由于哽咽又不敢发声，珠光宝气的一个美人儿竟然抖得像风中的一枚黄叶。宁王的心痛得如同针扎。便拿起王维的诗，清一下喉对王维也对众人道："王公子，这息夫人的故事，本王是知道的，想来诸位也是知道的。息夫人乃是春秋四大美女之一，为保全其夫息侯的性命，嫁给了楚文王，为楚文王生了两个儿子，但从未主动和楚文王说过话，楚文王问她何以如此？息夫人说：'我一个女人，伺候两个丈夫，即使不能死掉，又有什么话可说的呢？'这分明就是借息夫人来比本王的爱姬嘛。本王的爱姬岂非当年的那个息夫人？"

宁王语气平缓，神色凝重，却是目光炯然。

台下的人无不为王维捏一把冷汗。便连岐王也有些不安，注目王维，怕王维慌乱，却见王维正襟端坐，神色不动，只是冲宁王行注目礼并微微额首。却是王缙，已经紧张得神色惶然，有些坐卧不安。

宁王却走向满脸是泪的饼师，饼师见状惊恐后退，一个踉跄，跌倒在地。没想到宁王却是拱手一揖，道："君虽然不是息侯，命里却有息夫人，老天待你真是不薄也，今后切勿辜负了本王的爱姬！"

说完，转身又走向已经哭成泪人抖作一团的美人，不胜柔情地开口道："本王虽然恩宠你逾过常人，想要长久地护爱姬周全，孰料爱姬情烈竟如息夫人，奈何本王不是楚文王，你惆怅，本王也惆怅，算是本王福薄，也证明本王没有看错你，本王敬你好似息夫人，既然你如此钟情于前夫，本王就成全你们……你现在就跟他……回去吧！"

说到后边宁王已经嘶声，挥了一挥手，以大袖掩面，蓦地背过身去。却见那美人此时不哭也不抖了，缓缓起身，徐步到宁王身后，深深施了一礼，欲语又咽，终于无言，扶起倒地的饼师，与饼师互相挽扶着，从容走了出去。宁王转身默然目望二人远去，长叹一声，把王维的诗丢给众人传看，自己却飘然走入内厅，一会儿再出来时如同换了一个人，与众诸王兄弟以及众宾客，笑语酬答，尽欢而散。

短短四句诗，众人传阅过后，竟然无人敢再动笔。此宴此事此诗一时传遍长安以及天下，王维的诗声因此而愈加鹊起，大盛天下。

并非空穴来风。唐时有个姓孟名棨的，字初中，生卒年和籍贯皆不详。与王维相比，孟棨是小字辈，却十分了得。孟棨著有《本事诗》一书，此书使很多唐朝诗人的故事和佚诗得以流传后世，弥足珍贵。比如崔护脍炙人口的"人面桃花"一诗即来自此书："去年今日此门中，人面桃花相映红。人面不知何处去，桃花依旧笑春风。"

关于《息夫人》一诗，孟棨《本事诗》中如实记录："宁王宪（玄宗兄）贵盛，宠妓数十人，皆绝艺上色。宅左有卖饼者妻，纤白明媚，王一见属目，厚遗其夫取之，宠惜逾等。环岁，因问之：'汝复忆饼师否？'默然不对。王召饼师使见之。其妻注视，双泪垂颊，若不胜情。时王座客十余人，皆当时文士，无不凄异。王命赋诗，王右丞维诗先成，云云（按即《息夫人》）。……王乃归饼师，使终其志。"

王维在诗中究竟写了什么？竟能让宁王忍痛割爱成全一对恩爱夫妇？事实上王维只是写了一首五绝，诗名《息夫人》，诗中没有一句涉及宁王与美人的话，只是讲了一个息夫人的故事而已。息夫人名息妫，又称桃花夫人。历史上写息夫人的诗多指摘之语，杜牧有七绝诗："细腰宫里露桃新，脉脉无言几度春。至竟息亡缘底事？可怜金谷坠楼人。"绿珠是晋代石崇的宠妓，石崇因不愿将她转让丁权奸孙秀而获罪，故绿珠从金谷别馆跳楼而死以明志。杜牧以"绿珠金谷坠楼"的典故对比，褒扬绿珠的刚烈而苛责桃花夫人的柔弱。王维则慈悲为怀，对息夫人抱以全然的理解和同情，写出了如下感人的诗句：

莫以今时宠，能忘旧日恩。

看花满眼泪，不共楚王言。

　　《新唐书》列传《诸帝公主》有一段玉真公主的记载："玉真公主字持盈，始封崇昌县主，俄进号上清玄都大洞三景师。天宝三载，上言曰：'先帝许妾舍家，今仍叨主第，食租赋，诚愿去公主号，罢邑司，归之王府。'玄宗不许。又言：'妾，高宗之孙，睿宗之女，陛下之女弟，于天下不为贱，何必名系主号，资汤沐，然后为贵？请入数百家之产，延十年之命。'帝知至意，乃许之。薨宝应时。"王维弟弟王缙所撰《玉真公主墓志》称："公主法号无上真，字玄玄。天宝中更赐号持盈。中宗时封昌兴县主，睿宗时封昌兴公主，后改封玉真。进为长公主。元年建辰月卒。"玉真公主的年龄诸书失载。根据陆耀通的《金石续编》中收录蔡玮撰《玉真公主祥应记》推算，生于公元六九〇至六九五年之间，卒于公元七六一至七六二年之间，终年七十岁左右。

　　道教在唐朝作为国教，公主入道不算稀奇。太平公主也是少女入道，是唐朝公主修道的典型代表。有一位名叫魏华存的女子，是古代女子修道贡献最大的女道士，上清派第一代宗师，她的作品《黄庭经》和老子的《道德经》、庄子的《南华经》被并称为道家三大经典，是内丹学里面最重要的作品。她得道飞升后被称为紫虚元君，侍女麻姑成为女寿星，她的弟子女夷成为花神。金仙公主和玉真公主同时入道。入道后，五次授箓，老而弥坚，终生清修。玉真比姐姐金仙多活了二十多年。

　　玉真公主修道的地方，比王维小十八岁的大历十才子之一的卢纶曾有《过玉真公主影殿》一诗，这样细致委婉地描写道："夕照临窗起暗尘，青松绕殿不知春。君看白发诵经者，半是宫中歌舞人。"

　　玉真公主系唐睿宗第九女，生得"清骨凝照，琼胎洞虚"。与唐玄宗、金仙公主，都是窦德妃所生，从小儿在一起长大，感情自然深厚，尤其是对乖巧的玉真公主更加疼爱。天宝二年（743）玄宗曾委任玉真公主代巡各名山大岳，《玉真公主受道灵坛祥应记》称："明年春三月既望，乃诏上清玄都大洞三景法师玉真长公主有事于谯郡御真宫，洎名山列岳，靡不展口，将以伸诚敬……遍索群岳，得于兹山焉。"

《全唐诗》载有玄宗之诗《同玉真公主过大哥山池》："地有招贤处，人传乐善名。鹜池临九达，龙舳对层城。桂月先秋冷，蘋风向晚清。凤楼遥可见，仿佛玉箫声。"可见玄宗与玉真公主兄妹感情之笃。

玉真公主别馆在终南山楼观南山之麓。

唐玄宗去玉真公主的别馆时所带近臣中就有王维，王维应玄宗之命，在玉真公主的山庄，写了《奉和圣制幸玉真公主山庄因题石壁十韵之作应制》，诗中对玉真公玉的山庄和本人可谓赞颂备至：

> 碧落风烟外，瑶台道路赊。
>
> 如何连帝苑，别自有仙家。
>
> 比地回銮驾，缘溪转翠华。
>
> 洞中开日月，窗里发云霞。
>
> 庭养冲天鹤，溪留上汉槎。
>
> 种田生白玉，泥灶化丹砂。
>
> 谷静泉逾响，山深日易斜。
>
> 御羹和石髓，香饭进胡麻。
>
> 大道今无外，长生讵有涯？
>
> 还瞻九霄上，来往五云车。

碧落、瑶台、洞中、云霞、汉槎、洞天、仙鹤、泥灶、白玉、丹砂、御羹、胡麻饭、五云车、九霄上，等等，有虚拟也有实写，比如胡麻饭，南朝后盛传天台遇仙溪流上漂来的便是胡麻饭。此诗用词用典贴切中规，形象鲜明，表现了山庄之美和公主修道生活的不凡情趣。

玉真公主当时成了朝廷与在道人士与朝廷联系的中介。也确有诸如李白这样的名士因为玉真公主的举荐而获得玄宗皇帝的青睐。魏颢《李翰林集序》称："白久居峨眉，与丹丘因持盈法师达。白亦因之入翰林，名动京师。"推荐李白的不仅是玉真公主一人，其实还有吴筠和贺知章。

李白有《玉真仙人词》一首献给玉真公主，诗曰："玉真之仙人，时往太华峰。清晨鸣天鼓，飙欻腾双龙。弄电不辍手，行云本无踪。几时入少室，王母应相逢。"又有《玉真公主别馆苦雨赠卫尉张卿二首》，其一："秋坐金张馆，繁阴昼不开。空烟迷雨色，萧飒望中来。翳翳昏垫苦，沉沉忧恨催。清秋何以慰，白酒盈吾杯。吟咏思管乐，此人已成灰。独酌聊自勉，谁贵经纶才。弹剑谢公子，无鱼良可哀。"其二："苦雨思白日，浮云何由卷。稷契和天人，阴阳乃骄蹇。秋霖剧倒井，昏雾横绝巘。欲往咫尺涂，遂成山川限。滮滮奔溜闻，浩浩惊波转。泥沙塞中途，牛马不可辨。饥从漂母食，闲缀羽陵简。园家逢秋蔬，藜藿不满眼。蟏蛸结思幽，蟋蟀伤褊浅。厨灶无青烟，刀机生绿藓。投箸解鹔鹴，换酒醉北堂。丹徒布衣者，慷慨未可量。何时黄金盘，一斛荐槟榔。功成拂衣去，摇曳沧洲旁。"

于是有人就断言，以上几首诗足以为证，玉真公主是王维与李白的共同情人。一个是诗仙，一个是诗佛，原本是一伙的，之所以老死不相往来，互不理睬，盖因二人乃是情敌，关系微妙，而且尴尬。

任人涂脂抹粉的历史，现已沦为尸解，可随意组合了。

开元八年（720）仲夏，关中平原已出现暑热兆头。王维兄弟应岐王之邀，随从岐王车驾来到凤翔府境内的麟游县西郊九成宫避暑游玩。岐王时任岐州刺史，九成宫在他辖区之内，所以所到之处，自然有许多地方官员以及各色人等的迎候礼仪，一切如仪，略过不说。

九成宫原本是隋文帝时所建，当时叫仁寿宫，山环水绕，环境优美，夏日清凉，是避暑胜地。隋末废弃，唐太宗贞观五年（631）修复，因其周围山岭连绵，层峦叠嶂，有九层之多，故更名为九成宫。

进入宫门，王维立觉神清气爽，赏心悦目。只见宫殿高峻，金碧交辉，长廊曲折，台榭参差。奇花异草，点缀其间，珍石怪树，尤增情味。岐王偕同至一个碑亭前，笑曰："九成宫风景虽然还不算天下殊胜，但九成宫的镇山之宝，却是天下的稀世珍宝，二位可知是什么？"

王维早有所闻，九成宫的镇宫之宝乃是前代书法大家欧阳询的手迹。上前一看，果然见是石碑文巍然，依例竖行排列，上款题是"九成宫醴泉铭"，次行缩一字，署名为"秘书监检校侍中钜鹿郡公臣魏征奉敕撰"。果然就是如今流传天下的唐代三个正楷字帖中的《欧体九成宫标准习字帖》的原作。王维兄弟俩酷爱书法，见此碑文自然喜不自胜，便急忙上前瞻仰，只见碑文笔力遒劲秀美，结构匀称而有变化，颇具神韵，便仔细揣摩品鉴。岐王见状，介绍说："此碑乃太宗皇帝贞观六年所立，魏征撰文，欧阳询书。文奇书妙，可称双绝。"

岐王也是雅爱书法之人，三人凑在一起，切实议论一番，欣赏一番，又赞叹一番，竟然情不自禁，毫无去意。正自忘我之时却有下人来报，说宫中来人，请王爷接旨。岐王忙去接旨。兄弟俩便走去偏殿喝茶等候。时间不长，岐王面露喜色回来道："圣上降旨，要到此宫里避暑。因宫在岐州境内，旨意上称借用。这也是圣上的自谦之意。"

王缙即刻在一边笑说："噢，王爷与圣上既是君臣，又是兄弟，圣上对王爷如此客气，也可看出王爷深受圣上宠眷，可喜可赞。"

岐王听罢，哈哈大笑，得意道："这倒也是实情。皇兄下圣旨九成宫避暑，自当认真准备。此乃大事，不可无诗，公子大才，不妨以此为题赋诗一首，我皇兄素来雅好诗文，届时也可请皇兄一阅。"

"谨遵王爷之命！"王维马上应诺。岐王大喜，便命文房四宝伺候。下人即刻开始忙碌，磨墨的磨墨，铺纸的铺纸。王维则负手而立凝神构想。待下人铺得纸好，磨得墨浓，便走到案前，拈笔在手，铁钩银划，墨迹淋漓，先写《敕借岐王九成宫避暑应教》，然后信笔写了头两句："帝子远辞丹凤阙，天书遥借翠微宫。"岐王颔首道："这起句便不凡，竟把原委都写在里边了，好！"往下看又赞道，"即刻以景承之四句铺排，'隔窗云雾生衣上，卷幔山泉入镜中。林下水声喧笑语，岩间树色隐房栊。'四句承转把我的九成宫写活了，云泉林阁都在其中，间以笑语，活色生鲜，好，好！且看你如何收笔！"

七律的收笔，如同画龙点睛，最是见人的提纲挈领功夫。王维滚得笔饱，略一凝思，便大笔挥去，待写完最后一个字时，直把岐王乐得手之舞之，足之蹈之，连说了三个"好"，道："'仙家未必能胜此，何事吹笙向碧空。'想我这九成宫山水，也是天造地设之景，与那仙家景象也有得一比。更何况我盛唐皇家风范更多殊胜，身居于此境，又何必学那周灵王太子晋吹笙成仙，我们已经是仙人了啊！好、好、好！"

众人尽皆称妙。王缙不失时机地向岐王一揖道："我兄写得妙，用典妙，收束也妙。岐王您解得也妙，在下对王爷也十分地佩服！"

岐王愕然后大笑："呵呵，王缙公子捧得也妙！"

玉真公主晚年定居王屋山。王屋山在唐代为道教名山。司马承祯为当时名望最高的道士。现存灵都宫意义非寻常小庙可比。玄宗有《王屋山送道士司马承祯还天台》："紫府求贤士，清溪祖逸人。江湖与城阙，异迹且殊伦。间有幽栖者，居然厌俗尘。林泉先得性，芝桂欲调神。地道逾稽岭，天台接海滨。音徽从此间，万古一芳春。"

玄宗天宝三载（744），玉真公主向玄宗提出要把自己所享有的租税，归还朝廷，去除自己的各种封号，完全与世俗红尘断绝，所以在世的最后十八年中，是在将封号、财产捐掉后度过的。宝应元年（762）玉真公主在入道清修五十一年之后羽化，可见道心虔诚。

历史上玉真公主墓其实早已有了定论，真墓位于陕西，旧属万年县宁安里凤栖原。其墓志早年即已出土，收录于李清照的丈夫赵明诚著《金石录·卷二七》，是王维的弟弟王缙撰的文，其侄棨（李棨）所书。可惜此墓志今已亡佚，仅存赵明诚的跋，又过于简略。今尚存玉真公主为其胞姊金仙公主所书《金仙公主墓志》，惜乎笔者未见。

另一说是，玉真公主的墓，在今济源市王屋山风景区的玉阳山尚书谷灵都观，这是玉真公主晚年修真的地方，说不定还真是玉真公主墓的所在。最让人觉得不可信的是说，玉真公主墓位于今安徽省宣城市敬亭山。只因为敬亭山和李白《独坐敬亭山》诗曰："众鸟高飞尽，孤云独去闲。相看两不厌，只有敬亭山。"

这里不仅有玉真公主墓冢，墓前还有玉真公主的塑像，更有一座新竖的墓碑和新撰写的《玉真公主墓志铭》，竟然以假乱真，煞有介事，毫无愧色。如下："玉真公主（？—762），系唐朝睿宗皇帝李旦第十女，明皇李隆基胞妹。降世之初，母窦氏被执掌皇权的祖母武则天害死，自幼由姑母太平公主抚养。受父皇和姑母敬奉道教影响，豆蔻年华便入道为女冠，号持盈法师，进号上清玄都大洞三景师，封崇昌县主，食租赋。入道后，云游天下名山，好结有识之士。尤垂青才华横溢的平民道友李白，力荐李白供奉翰林，为圣上潜草诏诰。李白傲视权贵，遭谗言，而赐金还山。玉真公主郁郁寡欢，愤然上书去公主号，罢邑司。据传，安史之乱后，她追寻李白，隐居敬亭山，直至香消玉殒，魂寄斯山。百姓称其安息之地为'皇姑坟'，世代祭拜。'众鸟高飞尽，孤云独去闲。相看两不厌，只有敬亭山。'李白赞美敬亭山的这首诗，蕴含着对玉真公主的深切怀念之情。"

天宝三载（744），四十四岁的李白的确是"上疏请还山，玄宗赐金放还"。而此时的玉真公主一直在修行，并没有去敬亭山追随李白隐居，而李白在安史之乱后也并没有隐居敬亭山。李白一生七次游览宣城。五绝《敬亭山》作于七五三年秋游宣州时，是李白离开长安后，经过了长达十年的漫游之后，来到宣城时所写。此时的玉真公主还在王屋山修行，七六二年才去世。李白跑到敬亭山去怀念活着的玉真公主又是发的什么疯？真是辱没斯文，贻笑大方，自点白鼻，自黑其面。

还有说玉真公主与李白、王维是三角恋爱关系，两人都爱玉真公主而不得。水性杨花的玉真公主是玩弄男人的高手，先与李白春风一度，后舍李白与王维相好云云。佐证这一切的是，李白写给玉真公主的诗以及《玉真公主别馆苦雨赠卫尉张卿二首》，还有王维随玄宗去看玉真公主的应制诗。反证则是，王维与李白终身都没有相互交往和酬唱的记载，因为二人是情敌云云。窃以为这种穿凿附会捕风捉影已经到了无以复加的程度，加诸玉真公主这样虔诚的修道人身上实在是残忍和大不敬。如果玉真公主泉下有知，一定还会气活过来。不过也不奇怪，历朝历代已经有许多古代人物被气得死去活来几次了。

所以，为王维立传，玉真公主是个绕不开的人物。

第二章 蟠争螭斗已成妖

一、安禄山狂天宝黄

安禄山外表憨愚，内藏奸诈，善于谄媚逢迎，骗得唐玄宗、杨贵妃等人团团转。但他也有惧怕的人，这个人竟是杨国忠。时为右相的杨国忠比安禄山还要狡诈，正所谓知坏人者莫过于坏人，坏人度坏人之心，自然一度一个准，杨国忠多次对唐玄宗说：安禄山一定会反！

说得多了，唐玄宗也有点生疑，就派中官辅趋琳去察看，没想到被安禄山笼络贿赂，回来后大讲安禄山如何忠心耿耿。杨国忠又对唐玄宗说："召他进京，他一定不会来。"以为他不来，他却来了。还倒打杨国忠一耙，哭诉说："臣是外族人，不识汉字，皇上越级提拔臣，招杨国忠嫉恨，以致想要杀臣。"唐玄宗就责杨国忠多疑并任命安禄山为左仆射。安禄山又请求任命自己为闲厩使、陇右群牧等都使，任命吉温为武部侍郎兼中丞，当他的副手，又请求主持总监事务。

胡儿不识字，治国不行，但他会养马，替大唐养养马，总比闲着好吧？表面看这个闲厩使、群牧等都使是闲官，也符合安禄山人生所好所会。万没有想到的是，这几个衔头的官儿合在一起，就已经把大唐所有军马场一网打尽。上等好马都被安禄山暗地里挑选出来，用来装备他的骑兵部队，那时的骑兵部队如同现在的装甲兵团，十分厉害。

安禄山在范阳郡城，战马已有一万五千匹，牛羊也相当于这个数目。他网罗了一批人在身边，在朝中潜伏了自己的谍报人员。安禄山利诱人们向他进献驴子骆驼战马猎鹰猎犬。还前后四次诱骗养马的奚人、契丹人，人家来给他送马，他却在款待他们的酒里放麻醉草药莨菪子，预先挖好土坑，等人昏迷了，砍下头埋掉，动辄杀数千人。

天宝十一载（752）八月，安禄山奉玄宗之命，统率河东兵马五六万，号称十五万人，讨伐契丹。连日冒雨急行军，日行军达三百余里，懵懵懂懂，竟然把自己的队伍开到了契丹统帅的军营里。霎时间杀声四起，士兵疲惫不堪，仓促应战，弓箭被雨浸湿，软不塌塌地射不出去，结果伤亡数千人。安禄山被人一箭射断头上的玉簪，逃命之时又掉进了一个陷马坑，偌大一个胖子，被儿子安庆绪等人吃力地拖出，搀扶着逃回平卢城。安禄山因之大怒，整顿后再次出兵攻打奚、契丹，击破奚、契丹，俘获奚王李日越，将俘获的勇猛强壮的人派去云南。

这年三月一日，他被玄宗批准离开长安回范阳。如同网破逃出的鱼儿，急忙出了潼关，每天赶路三四百里，回到了守地范阳郡城，这才长出一口大气，心想：总算苍天有眼，让俺安禄山还有命在！

天宝十四载（755），唐玄宗又召他进京，安禄山生怕玄宗听杨国忠的话杀他，再不敢充大头，便推说生病没有来。过后，唐玄宗给安禄山的大儿子安庆宗赐婚，将宗室女荣义郡主赐婚给他，婚后让安庆宗在京城长安担任太仆卿定居长安。唐玄宗郑重命令安禄山必须亲自出席观礼，但安禄山怕这又是一个圈套，自己有去无回，所以还是推辞了。究竟是不是玄宗设下的人质圈套，似乎有这个因素。七五七年安禄山反叛当年夏，十一月二十一日，玄宗就下令腰斩安禄山长子安庆宗，并将所娶荣义郡主赐死，遭受株连而被杀的还有安庆宗之母康氏等人。可见玄宗的恼羞成怒。只有安禄山的堂兄弟安思顺，因之前曾多次进言安禄山的反状，故而在安禄山反叛之后，免坐株连之祸。

天宝十四载十一月九日，身兼范阳、平卢、河东三镇节度使的安禄山，诈称奉玄宗旨意讨伐逆臣杨国忠。率领各族精锐骑兵、步兵十五万，号称二十万，半夜行军，黎明吃饭，一天前进六十里。势如破竹，仅一月就渡过黄河，攻破东京洛阳。太平日子过长了，听到安禄山叛乱，朝野乱作一团。唐军大将封常清一败再败，只好与东征元帅高仙芝退保潼关，据险而守。恰如白居易《长恨歌》所写："渔阳鼙鼓动地来，惊破《霓裳羽衣曲》。九重城阙烟尘生，千乘万骑西南行。"

据说，安禄山的小儿子安庆绪看到哥哥安庆宗被杀的布告，泣告于父，安禄山闻之痛哭说："俺儿何罪要杀他！"狂怒之下，让投降的官军自相砍杀，不互杀就被杀，一时血肉横飞，当场杀死六七千人。

这些王维已经知道：种因者必然得果。

那天在九成宫，岐王李范扯住王维说了不少体己话。王缙诸人也知趣回避。过后，王缙问王维岐王说了什么，王维道："也就是问我科考准备得如何？还说他对我十分地钦敬，认为以我的学识才思必可蟾宫折桂。还说要亲自找主考官保荐我。我自然是连连道谢，还提了綦毋潜的事儿，他不是前些时来求过我吗？他也想让王爷保举。"

王缙听了跌足道："哥也太实诚了吧？这个节骨眼上，还想着别人？凡事总也得分个轻重吧？待兄长高中了再让王爷保举綦毋兄也不迟的。王爷面子再大，保举的人多了，这面子也就会摊薄了啊！"

王维摇头道："允人之事，不说是不可以的，何况綦毋兄待我也很是不薄！我不说也对不起綦毋兄！不过，王爷不知为何竟然和你是一个意思。他说，我一人举荐两个人，似为不妥，不太好说话。说今年就保举我一个人，綦毋潜等下次再说。竟是没有答应为兄所请！"

"这就对了！"王缙笑道，"还是人家岐王爷办事老到，做事有计较。王爷终非皇上，说话也不是金科玉律，说多了也不好使！"

王维也自然无话可说。次日回话给綦毋潜时，也只能如实叙说一回。綦毋潜听了虽然神色间有些失落，却也无可奈何，性情使然，对王维也毫无埋怨，倒是有所激励，想着要靠自己的实力取胜，明知强手如林，更加地不敢怠慢，便匆匆地告辞，回去加紧用功。王维也是如此，虽然说有岐王全力举荐，也不敢丝毫懈怠，加紧研练功课。王缙的书法和时文可与王维比肩，只是自知诗赋还未精熟，便没有与兄一起报考，乐得还可以逍遥一番，便四处偕友游玩，出入名门，王维推托不去的宴饮，王缙是次次不拉，长安的人头比王维还熟。

眼见正月已临，再过半月考试便要正式开始。王维此时该准备的功课已经烂熟于胸，反而轻松起来。不料此时却见綦毋潜神色张皇地访上门来，甫一见面，便对王维说："为兄有一事见告，听说已经有人把今年的新科状元许了张九龄的亲弟弟了，维弟可曾听说过？"

王维甫一听张九龄的大名，便先吃了一吓，很是有些意外。张九龄，字子寿，韶州曲江人，西汉留侯张良之后，西晋壮武郡公张华十四世孙。七岁知属文，唐中宗景龙初年进士，始调校书郎。玄宗即位，迁右补阙、官中书侍郎等。开元六年（718）春，拜左补阙，主持吏部考试选拔人才，他与右拾遗赵冬曦四次奉命参与评定等第，都能公允服人。开元七年（719）改任礼部员外郎，开元八年（720）又升迁司勋员外郎。开元九年（721）也就是王维科考这年，新任宰相张说与张九龄论谱叙辈，好得不可开交。此事还真不敢小觑。想想又释然，觉得岐王李范也不会因为一个张九龄，就把一个状元拱手相送吧？

"关键还不是张九龄。"綦毋潜又道，"张九龄员外郎，为人忠耿尽职，秉公守则，直言敢谏，选贤任能，不徇私枉法，不趋炎附势，清廉贤能。他弟弟找人帮忙，估计那人也是看张九龄的面子，这事儿也许张九龄未必知道。关键是他找的这个帮忙的人，是玉真公主！"

王维一听玉真公主，就觉得头大，顿觉迷茫。

王维终其一生品行甚笃，为人诟病处有二：一是源自《集异记》中所叙，走了玉真公主的后门而得中解头；二是安史之乱时被授以伪职，成为一生中的污点。王维在开元七年中了京兆府的解头，却在开元八年二月的部试中不幸落第，成为京兆府百年以来屈指可数的几名落第的解元。既然有玉真公主的大力荐举，何以还会落第？窃以为这里有误会处。以为京兆府解元考试，是王维靠一己之力得中的。意外落第之后才不得已出入豪门之中厮混。玉真公主帮忙应是在开元八年落第之后，也即是开元九年（721）。这时候的王维已经是宁王、岐王府中的常客，应制诗也写了不老少了，《息夫人》故事已经传遍了京都，宁王因此还担上了贤达的名声，所以诸王爷们才会待王维如师亦友。

听了綦毋潜乌鸦嘴报来的坏消息，王维把一腔要靠实力取胜的豪情霎时抛洒个干净，兹事体大，为了不会因为玉真公主的干预而再次名落孙山，让自己自恃才高却颜面扫地，才不得不去求助岐王。

何以不去找宁王？因为宁王是个不爱管闲事的人，不如岐王好说话，也就是说相比宁王，岐王更加倚重王维一些。岐王一听玉真公主把新科状元许了别人，便有些作难。玉真公主与玄宗一母同胞，是玄宗最疼爱的小妹，与同父异母的岐王不可同日而语。所以岐王才支了一招，让王维回家去写个忧怨的曲子，再把自己觉得最好的诗抄录十来首，五日后再来府上见面，届时带他一起去找玉真公主说项。

王维回家后真就潜心写了一支曲子。盛唐之前，西周、春秋、战国流行吹笙、吹竽、鼓瑟、击筑、弹琴等器乐，涌现了师涓、师旷等琴家和著名琴曲《高山》《流水》等。秦汉时行鼓吹乐，魏晋流行清商乐，隋唐时髦琵琶，有《十面埋伏》《霸王卸甲》等一些曲子，与现在的套曲有很大不同。但只要是那时有的，王维无一不熟，无一不知。以古人为土壤，种下自家感受的种子，使之秀枝发叶，生花开萼结实，借曲子以抒自己的胸臆。便有了一个果子，名为《郁轮袍》。

王维早已听说过玉真公主出家的事情。说起来玉真公主也是个苦孩子，她生在帝王之家，本是武则天的孙女儿。可她却没有穷人家孩子的温馨童年，从小在战战兢兢中度日。玉真公主出生不久，就没了母亲。奶奶武则天生怕有人对己不利，对自己立的太子，从来都是不放心的。武则天的婢女诬陷皇嗣妃刘氏和窦氏，说她们经常半夜三更在屋子里装神弄鬼地念咒下蛊，诅咒武则天早日殡天。武则天就派人将太子的嗣妃杀死然后抛尸。玉真公主当时只有三岁左右。唐玄宗当皇帝后曾四处探寻他们兄妹三人的亲生母亲窦德妃的下落，无果。

两姐妹成长之时，宫斗愈益剧烈，亲眼所见宫里许多人等都不得善终。所以玉真公主从小就羡慕游历八极不畏生死的仙人，向往宫外无拘无束的凡人生活，宁肯放弃公主优厚的生活待遇，而潜心于慕仙学道，为的是远离宫廷，延命于浮生。王维把个中的苦情幽怨全部融入了曲子之中。曲成后先奏给六儿听，六儿是个唱曲儿的高手，虽然不识字却是天生的曲儿王，免不了一番切磋，直到信口唱出来为止。再给王缙和许昌听，二人听得入迷，却不知好在哪里，只能一迭声儿说好。

六儿唱："好好价拧，好好价筛，给咱格拧回个状元郎！"

五日期到，王维便去岐王府。进了门，却见宁王也在，二位王见了王维便呵呵笑，笑得王维满头雾水，讪笑着作揖。岐王见王维不知所措，就道："你可知我俩笑什么？"王维摇头。"我大哥刚才正说你心高气傲，满腹经纶，不会把这种'行卷'的勾当放在心上。我跟他说，你别不信，王公子还真急眼了。他不信，我说你等着……话还没说完你就满头大汗进门来了。呵呵，来人，赶紧给王公子看茶！"

"本王也就是随口一说，不是故意的。"宁王见王维神情尴尬就打圆场道，"四弟央我给你助拳，要是寻常人，本王就推了。王公子有所不同，本王欠你一个人情……得要还上。你看你小小年纪，这面子得有多大呀？不过，话又说回来了，以王公子的才具，这个忙本王该帮，不为了四弟也不为王公子，是为咱大唐的江山社稷嘛！"

"难得大哥这么说话！"岐王拊掌笑道，"他刚刚还夸你的《西施咏》写得骨肉停匀，同一个西施，'朝为越溪女'时就贫贱，'暮作吴宫妃'后就尊贵，受到恩宠就趾高气扬，这种人在咱朝廷里多多，还有很多的东施效颦，为博个打赏扭捏作态，反让人觉得下作！"

二王这一番说话，却让王维觉得脸上有点搁不住。莫不是自己也正往二王话里的那些小人的身边靠？繁华威翎光景之下莫不是也有个孔雀的屁眼儿？小人把持朝廷大权，纨绔子弟飞黄腾达，斗鸡走狗之徒得到君王恩宠，才俊之士却屈居下层，二王莫非也有腹诽？

岐工的高谈阔论明显让宁工有些不快，估计是埋怨这些兄弟俩说的私房话不该说给王维听，妄议朝廷里的事情，可是犯忌的。宁王便起身道："四弟，你和王公子先去，我先回府，随后去找你们！"

这里要做个说明。王维《西施咏》创作于天宝年间，放在这里只为引出宁王的一番说道而已。所以诸君勿求全责备。全诗如下：

> 艳色天下重，西施宁久微。
>
> 朝为越溪女，暮作吴宫妃。
>
> 贱日岂殊众，贵来方悟稀。
>
> 邀人傅香粉，不自着罗衣。
>
> 君宠益娇态，君怜无是非。
>
> 当时浣纱伴，莫得同车归。
>
> 持谢邻家子，效颦安可希。

　　沈德潜在《唐诗别裁集》中评价王维这首诗时说："写尽炎凉人眼界，不为题缚，乃臻斯诣。"天赐西施以艳丽，自然不会让天赐久处低贱卑微。早晨是越溪的浣纱女，晚上就成了吴王的妃子。贫贱时人们对她的美貌不以为然，富贵了才被万人瞩目以为天下少有。得到君王宠爱身价百倍，天未假颜色者也想效颦西施，诚不自量也。

　　越溪位于今诸暨市城南浣纱村，古苎萝时有东西二村，夷光居西村，故名西施。西施常浣纱于溪。王维去越溪游玩时写下了此诗。李白去越溪也留下两首诗，视角与王维不同："西施越溪女，出自苎萝山。秀色掩今古，荷花羞玉颜。浣纱弄碧水，自与清波闲。皓齿信难开，沉吟碧云间。勾践征绝艳，扬蛾入吴关。提携馆娃宫，杳渺讵可攀。一破夫差国，千秋竟不还。""西施越溪女，明艳光云海。未入吴王宫殿时，浣纱古石今犹在。桃李新开映古查，菖蒲犹短出平沙。昔时红粉照流水，今日青苔覆落花。"

　　两两对比可见二者殊异，前者用的是春秋笔法，微言而大义，禅机在诗里蕴含。后者辞浓情豪，典尽人知，着重于表意。我却要借机在此发个诘问：如今越溪安在哉？如果在，也肯定被污染得不成样子了吧？难怪美人少了。越溪沦亡后，天地的好生之德，也就随山水去了。

　　过后王维追问岐王："宁王怎么会说欠我一个人情？"

　　岐王笑道："告诉你也不打紧，你的确是帮了宁王一个忙……宁王真心喜欢那个女子，可架不住一年到头那女子总是摆一副愁眉不展的脸子给人看，久了总会腻歪不是？又不忍伤害于她，怎么办？还给人家不就得了？但总得有个由头吧？你的《息夫人》就是由头……"

这却是王维万万没有想到的。不觉恍然大悟。

据说，大唐共有二百一十位公主，入道者就有十三位，入道动机可归纳为慕道、追福、延命、逃婚、避世，以及夫死舍家。睿宗的八女儿金仙公主、九女儿玉真公主，是以为祖母武则天祈福的名义出家入道的。公主出家当了女冠，本身就惹人注目，加上初度入道之时，金仙和玉真公主，正值年方二八，体态窈窕，貌美如花，还喜欢舞文弄墨，写诗赋词，弹琴听曲，多才多艺，属于现在人们追捧的时尚达人。

因此，流言绯闻，便如苍蝇，不招自来。

唐代女子入道，不叫女道士，而称女冠，亦称女黄冠。女冠可区分为修真女冠及宫观女冠两类，宫观女冠，专门指公主女冠。

女冠自然是要戴冠的，道号"上清玄都大洞三景师"的玉真公主李持盈，出来见岐王和王维时，戴的就是玄宗皇帝哥哥赐给她的束发如意紫金冠，上边镶了大粒的珍珠和上等的黄玉。知道这顶道冠来历的人不多，但知道的人若是见了这顶冠子，便如同看见了唐玄宗，有如朕亲临的威势。岐王当然是知道的，便不敢摆四哥的身份，上前去先行向同父异母的九妹作了一揖，笑声朗朗地对还了一礼的玉真公主道："听说你从山上回府上，我和大哥过来给你接风，大哥忽然府上有事，要晚一点到。人我是给你带来了，中不中意你自己看！"

这话不仅说得玉真公主满脸狐疑，便连王维也满头雾水，却又不知说什么好，腾地红了脸，却又不便说什么，便上前去，向玉真公主深深作了一揖。玉真公主却睃着"妙年洁白，风姿郁美"的王维，没有即刻还礼，只是嗔怪地使一双妙目剜了岐王一眼道："四哥，还是那么不拘形状，每回见了面，都要打趣小妹！哪里又惹着你啦？"

"呵呵，九妹言重，这紫金道冠儿戴在头上，四哥哪敢打趣。要怪你自己……上回你不是说《息夫人》的诗写得好，能让好色如大哥者也幡然悔悟，成全了一对夫妇，是无量天尊还是功德无量？四哥记不住了，说要见见这人，四哥可没忘……九妹这话大哥还不知道，说过就不提了，不然大哥一会儿来了，再说，大哥脸上准会臊一层皮……"

玉真公主这才恍然大悟，嗔道："瞧这圈子绕的……哎呀，原来是王维王公子大驾光临——大哥人呢？不是说大哥也来吗？"

玉真公主回嗔作喜，边问边给王维还了个礼。王维也忙不迭地给玉真公主还礼，心说岐王，原来玉真公主想见我，这岐王竟一点风声不透。见玉真公主如此看好自己，不免就将先前那些小家子气的紧张和拘谨，抛到九霄云外去了。说起话也变得坦然自如，幽默风趣了。

闲聊的当儿，宁王便急匆匆、器宇轩昂地走进门来，毕竟是许久没见的兄妹，不免又是一番见礼和说笑。坐下之后，宁王喝了一口茶便问岐王道："四弟、九妹，不会是我这个大哥还没来，你们就把王公子新曲子听了去吧？大哥今个可是专门冲这支新曲子来的！"

"什么曲子？"玉真公主惊问。

"大哥不到，哪敢呢！这不，我还没有和九妹提这事呢！"岐王笑道，"这曲子可非同小可，是王公子用了五天的时间，专门给玉真公主你写的，咦，四哥可没有骗你，不信你自己问王公子！"

玉真公主眼神瞄住王维，王维觉得岐王这话说得也对也不对，一时觉得很难回答，只好含含糊糊地"嗯"了一声。玉真公主见王维"嗯"了一声，便以为是了，不觉为之喜笑颜开，道："大哥也来了，那就让府里的乐工伶人奏来听听，也让他们开开眼，跟公子学学……"

"听听学学是可以的，演奏就大可不必了！"岐王笑道，"光会写曲子，让别人演奏，那是本事但不是大本事，我们这位王公子不仅诗好、画好、书法好、音律好，乐器也无一不精，他能自谱自奏！"

"哎呀，那可是全才了呀！"玉真公主钦佩道，"不知王公子擅长古琴呢，还是古筝？我这里乐器一应俱全，尤其是我那张古琴，有人说那是师旷当年用来弹过高山流水的，说是无价之宝啊！"

"师旷生而无目，自称盲臣，是春秋时著名乐师，他的乐韵是从道化出来的。他的琴艺已超凡俗，他用过的琴，已经不可以用来做寻常的弹奏，是应该摆在案上，天天熏香供养，那已经是仙品了！"

"公子说得是！"玉真公主听王维夸自己的琴愈加欢喜，急切地问王维，"那公子究竟要使用何种乐器演奏？"

王维笑道："那我就献丑以琵琶演奏此曲吧。"

玉真公主马上发声道："来人，把本公主的玉琵琶呈给王公子！"

"谢公主，不必了。"这时王维已经从岐王家人手里接过了自带的一把半梨形的乌黑透亮的檀木琵琶。这把琵琶，做工精细，桐木面板，象牙相，琵琶头上镶嵌着一块团形的汉白玉蟠螭饰物，四个青犀牛角轸子年长日久已磨砺得晶莹剔透。王维轻拨琴弦，醇厚甜美的音声铮然穿透人的耳鼓。怀抱爷爷的老琵琶，王维显得卓尔不群，情不自胜，也不忘向公主和众人炫耀一下："这把琵琶是家祖传下来的，家祖在高宗皇帝那会儿任朝廷协律郎，被称为天下第一琵琶！"

玉真公主不由得发出一声惊呼："难怪！"

琵琶为弹拨乐器之一种，据说是从秦时的弦鼗和公元四世纪由西域传入的曲项琵琶、五弦琵琶的基础上演进而成。东汉、魏晋时期琵琶已相当流行。唐代无论形制还是演奏技巧都有了突飞猛进，王维的祖父王胄作为朝廷的协律郎，自然也是可以居功的。时至王维手上更是如虎添翼，琵琶的表现品位增加，从原九相十三品，增加到二十三至二十五个，可奏十二个半音，转十二个调，表现力更加丰富。从中唐诗人白居易的《琵琶行》中可以见出，在盛唐时教坊女子便可以娴熟自如地掌握弹、挑、分、撇、拂、扫、轮指、捻揉等演奏方法了。

"转轴拨弦三两声，未成曲调先有情。"王维似乎也是这样。

白乐天把相关琵琶的事已经写绝了，故不敢班门弄斧，笔者只想借乐天的诗句再现王维弹琵琶的精彩："弦弦掩抑声声思，似诉平生不得意。低眉信手续续弹，说尽心中无限事。轻拢慢捻抹复挑，初为《霓裳》后《六幺》。大弦嘈嘈如急雨，小弦切切如私语。嘈嘈切切错杂弹，大珠小珠落玉盘。间关莺语花底滑，幽咽泉流水下滩。冰泉冷涩弦凝绝，凝绝不通声暂歇。别有幽愁暗恨生，此时无声胜有声。银瓶乍破水浆迸，铁骑突出刀枪鸣。曲终收拨当心画，四弦一声如裂帛。"我亦技痒，续七言两首效颦，依律押中华新韵，后一首诗反转平仄，押了仄声韵：

"角羽宫商弹挑惊，撩得帝女泣啼生。分摄殿冷童情黯，拂扫皇妃仙意明。轮指红尘延苟苟，捻揉公主掷轻轻。君弦不断琵琶怨，轸轸都结万岁冰。　　摩诘信手燃青烛，抑郁高低纵所欲。三界春秋魔梦萌，九朝芳菲道家济。深深魂破吐蚕丝，寂寂花开泪蜡炬。演者伤怀亦有悲，哀声绕室莫能去。"

曲终之后，王维不觉潸然，再看公主，已是泪流满面了。

在座的宁王和岐王，也神情恻然，公主府上的伶人乐工，也恍然若失。竟然没有人鼓掌叫好，只有嘘唏之声不绝于耳。寂静中只听玉真公主颤声问道："这是什么曲子，小虫儿一样，一声声地往人心里头钻，让人心里头不好受，不过这曲儿真是好听，叫什么名？"

"《郁轮袍》。"王维道。

"《郁轮袍》，这名儿起得也好听，只是有点怪。"玉真公主泪眼花花地笑问王维，"为什么要叫这么个名儿？有什么典故出处吗？"

"没什么典故，"王维回道，"只是与在下当时的心境有关。"

郁者，草木茂密貌、浓郁、抑郁，郁郁乎文哉？心存积郁乎？轮者，圆也、轮回、回转，方正行不动，轮以圆转而行之。袍者，锦绣物，遮体蔽寒，以喻功利也。郁兮轮兮皆为争此袍兮，不穿此袍无以济世兮，欲穿此袍便得抑郁内心，圆滑个性，故叫《郁轮袍》也。此曲不仅是琵琶曲，琴、筝、瑟、箜篌、弦管，可弹可吹还可以唱，且各臻其妙。真实原因不能说。说了公主和二王都会不高兴。

玉真公主还想继续追问，却被岐王截住了话头，说："这个与九妹有关，大哥和我，都是知道的，这首曲子，也是因九妹而起！"

"四弟又在绕九妹了。"宁王笑道，"这事儿，没有四弟说的那么玄乎，是这么回事，王公子与我兄弟二人，亦师亦友，他不知听谁说了，今春科考头名状元，九妹许给了一个名叫张九皋的……"

"这种没影儿的事，两位王爷也信？"玉真公主摇头，嘲讽地笑道，"张九皋确是来找过我，我问他，是张九龄让你来的吗？他回说不是，我就说你这么做就不怕我上奏皇上，说令兄徇私舞弊……"

"二位哥哥可曾听说过九妹给谁说过情吗？"宁王和岐王面面相觑，尴尬地摇头。玉真公主对岐王道："四哥，你知道三哥为什么对我和大哥好？没别的，是因我俩不爱管朝廷的闲事，从不给三哥添乱！"

"这什么事啊！"岐王解嘲，"这不把我也绕进来了？"

"能让本公主落泪，"玉真公主笑望王维，"就冲这个，王公子的忙，本公主这回要破一次例。王公子，有什么需要的，尽管说来！"

王维颇富豪情地作了一揖道："公主宅心仁厚，小生已是感激不尽，也是小生误信传言，既然并无此事，就不劳公主费心了！"

玉真公主颇觉意外却眉眼间忽盈喜气，道："王公子的诗才画功本公主早已仰慕，平时所喜诵的诗，得有一半是公子的。今日得见真人，得聆音律又听公子亲奏，更是钦佩得紧了。小妹要为这个向大哥和四哥道一声谢了！大唐有公子这样的人才，是国家之幸，朝廷之福，自然要荐举给朝廷……大哥、四哥，既然王公子信心满满，本公主也相信凭公子大才定可高中……我们兄妹就一起做个见证，盯住这一科状元，若有人敢枉法徇私，不公平擢拔人才，定当不饶！"

王维也是醉了，除了连连作揖，再无话说。

但在开元九年（721），王维还没有完全开悟，他还斤斤计较于考上头名状元，进入仕途，为国家尽力的同时，挣一份俸禄，光耀门楣还在其次，供养年纪尚小的弟妹和老母，承担起长子的责任却是首要的。还有的就是青年人都有的愤愤不平，他在偶尔作五言诗中这样写道：

赵女弹箜篌，复能邯郸舞。

夫婿轻薄儿，斗鸡事齐主。

黄金买歌笑，用钱不复数。

许史相经过，高门盈四牡。

客舍有儒生，昂藏出邹鲁。

读书三十年，腰间无尺组。

被服圣人教，一生自穷苦。

不学无术的纨绔子弟，花天酒地，纸醉金迷，犬马声色，花钱不用数，而诸如王维这样，被圣贤书教化出来的学子，却无官无职，注定了一生的穷苦。这太不公平了吧？逆来顺受怎么行？王维当然不只是明白，也会做出自己的回应。但回应是多种多样的，不会仅仅如《集异记》和《郁轮袍》为揭露科举考试的诸种弊端而误伤王维。个中情况薛用弱又怎么会知道？想来也无非就是时下常有的那种汹汹然的捕风捉影以讹传讹的小道消息，添油加醋，传得跟真的似的，便被好事者借力打力，竟成了王维身上的一个污点。这事儿岂不冤得慌？王维找过玉真公主没有？也许真的找过。但如我所述是另一个结果。不是卡夫卡的甲虫《变形记》，而是尤涅斯库情理中的《秃头歌女》。

毕竟王维在开元七年（719）靠自己之实力考中了京兆府头名解元，虽然在会试中名落孙山，但按概率，论才华王维夺状元虽然不是易如反掌，但稳入前三名应该不成问题，没有必要非要让玉真公主帮忙推荐自己。佐证这件事的是，王维素来对张九龄钦佩不已，他在仕途上得益于张九龄良多，如果这件事是真的，必然会在王维心中投下阴影，事实上连蛛丝马迹也无，说明这件事根本不存在。张九龄对王维也从来欣赏有加，不仅极力提拔王维，还与之多有酬唱。若是真有其弟打着他的名义去找玉真公主，一来有辱张九龄形象，二来张九龄不是那种人。传说张九龄负责科考时，连玄宗皇帝的面子都不给，怎么会容许自己的弟弟败坏自己的清誉呢？更何况张九龄的仇敌多如牛毛，如果确有其事，又哪里会饶得过张九龄？张九龄和王维也断不会成为至交好友。唐朝科考多有黑幕，但以野史异记为根据说王维科考作弊，纯属无中生有。当然这只是我个人的一点看法而已。

最大一个子虚乌有是，张九皋并非等闲之辈。除了是开元名相张九龄的弟弟而外，他自己也不含糊，是唐代著名作曲家，也是元代名臣滨国公张养浩的二十三世祖。据记载：张九皋于中宗景龙三年（709）明经及第。曾做过南康郡赣县令、南康郡别驾、殿中大监、襄阳郡太守兼山南东道采访处置使、南海太守兼五府节度经略采访处置使、摄御史中丞，赐爵南康县开国男、益封开国伯。景龙是唐中宗李显的年号（707—

710），共计四年。景龙四年（710）唐中宗被韦后和安乐公主合谋毒死，韦氏立温王李重茂为皇帝，政变被玄宗粉碎。也就是说张九皋于中宗景龙三年明经及第时，王维才三四岁，莫非张九皋非要在开元九年王维二十三岁时，自己再来一次状元及第，专门给王维捣个乱，抹王维一身黑吗？所以，关于张九皋托人或自己找玉真公主之事纯属子虚乌有。

在为王维正名时，还得为玉真公主和张九皋辩诬。

既然玉真公主称，并没有把辛酉科的状元许给任何人，还要盯住本届科考，可见玉真公主是知道科考黑幕的。作为玄宗皇帝最宠爱的胞妹，玉真公主自然更愿意玄宗皇帝的江山坐得稳稳的，这就需要大量真正的人才来辅助方可，所以她自然会乐意助王维一臂之力。但自恃才高的王维，骨子里其实是个自尊心颇强且要面子的文人，故尔回掉公主的好意也是自然而然的，接下来认真备考，也就顺理成章了。

考试那天，艳阳高照，风和日丽，没有后顾之忧的王维，自然是全力以赴，各种试题考卷大都是一挥而就，答得既快又好。据说，这一年的主考官姓裴，字明复，不过我没有查到此人任何资料，姑且存疑。这一科共录取进士二十五人，王维中了头名，可谓状元及第。

大唐时的进士及第称登龙门，第一名曰状元或状头，要穿红袍骑白马游街三日。同榜人要凑钱举行庆贺活动，以同榜少年二人在名园探采名花，称探花使。集体到杏园参加宴会，叫探花宴。宴会以后同到慈恩寺的雁塔下题名以显其荣耀，所以又把中进士称为雁塔题名。

始料未及的是，万千坎坷和烦恼，从状元及第开始。

二、马嵬坡绕玉环香

王维此刻不知道的是，仓惶出逃、在皇辇中正自六神无主的唐玄宗，此刻也在反省自己。玄宗被大唐频仍的宫廷政变吓怕了，所以对身边人的防范之心才会如此之强。但正如汉高祖所着急上火的"安得猛士兮守四方"，内部人靠不住，转而寻求外部人。刘邦用人有道而玄宗用人无术，始料未及地上了胡儿的当。这让玄宗百感交集。

　　堡垒最容易从内部攻破。这是时过许久之后，一个伟人从中总结出的历史经验教训。被从内部攻破是耻辱的，而被外敌攻破则似乎比较容易接受。这就是"先安内，后攘外"的原委，也是"宁与外人，不与家奴"的因由。殊不知这是古今中外人性深处最黑暗的一面。

　　王维是对佛教思想禅宗理念有极深研究和修为的一个人，他看待事物用的是辩证法。许多人以为辩证法是近代才有的，殊不知东晋太元八年（383）后秦一位名叫鸠摩罗什的混血僧人翻译的佛教经典中，就已经频频出现了辩证这个词。佛家运用的基本思维方法，就是辩证法、逻辑推理、三段论式。现代哲学这个方法那个方法，大多脱胎于其中，无非是改头换面了一番，无出其右。只是前提变了。

　　现代量子力学已经颠覆了唯心与唯物的认同，认为意识是和物质相对立的另一种存在。意识也是一种物质，只不过看不见而已。意识反过来对物质有能动作用。如果量子纠缠真能产生鬼魅般的超距作用并且可以应用。爱因斯坦认为量子纠缠违反了宇宙间所有逻辑。如果以上一切不虚，人类瞬间移动将不再是神话和想象，而是真实存在。

　　匪夷所思的是，已经有人这么认为，物理学已步入缘起性空的禅境，宇宙起源终结于佛学，科学家千辛万苦爬到山顶，佛学大师已经在此等候多时。宇宙中还有百分之九十五的人们不知道的物质和能量，从这个视角研究王维的诗书画乐，可否说空灵和禅意也是一种物质呢？

　　王维的思维方式思维触须是多角度全方位的，他能洞悉常人不能洞悉的事物和道理。中年之后他更臻成熟。所以他的诗思、画构、书法、乐奏，具有不同凡俗的微妙之处。对人对事对万物均有独特的视角。他是否会想，如果安禄山被人们尊重，杨国忠也没有怀疑安禄山，是否历史会重写？虽然没有史料支持，但是并不能证明他当年没有这么想过。

　　遭遇这么大的变故，是否玄宗也这么想过？不得而知。

　　也就是在这时，玄宗的胡思乱想突然被辇外传来的纷乱打断，他睁开双眼，发现杨玉环正扒开黄色绫罗的帘子往辇窗外边张望，雪白粉嫩如天鹅颈项的脖子和裸露出的半痕雪背，让玄宗怦然心动。都什么时候了，还有这个心情。玄宗暗自惭愧，却并不说出，只是凑过去与贵妃一同向外张望。纷乱是从辇车前正在行进的队伍尽头传来。

"前边怎么啦？"玄宗问骑在马上的高力士。也在马上翘望的高力士急忙如礼回道："禀皇上，奴才也是刚刚听到，不知……奴才这就去前边替皇上看看！"见玄宗微微首肯，高力士便策马向前。

"这是什么地方？"玄宗随意问几个大臣。有知道的也有不甚知道的，但总归还是有人知道："禀皇上，这个地方叫马嵬驿，说是东晋名将马嵬，曾在此筑城，所以得名。也有叫马嵬坡的。这里离刚过不久的兴平有二十三里，距离京都长安已经出去一百多里。"

问答时玉环便缩了回去。玄宗"嗯嗯"了两声，也缩回脸子，放下帘子。却见杨玉环又转到另一边的辇窗向外边张望。玄宗就笑问："看什么呢？"贵妃回头嫣然一笑，虽然年已三十八岁，仍然妩媚如故，娇柔异常，粉嫩腻滑的双颊，洁白如玉光彩照人。一双剪水秋瞳只是轻轻那么一扫，便扫去了玄宗心头的惆怅。玉环举手作了一揖，轻启朱唇莺啼燕啭道："禀皇上，奴家在宫里待太久了，野地里的景致都快要忘怀了。现在一看，觉得比宫里的景色还美，让奴家想起儿时光景了！"

"这大半夜的，饭也没得吃，爱妃饿了不曾？要不停下找个地方吃点东西？"玄宗道。玉环摇头："皇上都不饿，奴家哪敢说饿？不过还是不要吧。这儿离那个胡儿还不够远，还是赶路要紧！"

正自卿卿我我，却听得外边忽然就乱作一团，只听得蹄声嘚嘚、呐喊声声："反了，反了……皇上救我，娘娘救我……"

玄宗和玉环闻之，面面相觑，不知如何是好。

王维是个孝顺之人，科考如此煞费辛苦，其中一半缘丁家母和弟妹，高中意味着从此之后会有一份固定的收入，可以养家糊口了。所以第一件事便是让六儿急马飞报河东家人。六儿自然是屁颠屁颠地一路策马狂奔而去，风尘仆仆到得蒲州县城之内便在马上吼喊："王公子高中了，王维公子得了本科状元啦，是第一名状元啊……"

　　蒲州县城里的人等，听得六儿吼喊无不忙足，许多人是知道王维名头的，所以便有人发出呐喊，还有人放起了鞭炮，衙门里的报子也没有六儿的马快。只是六儿临近王府时却不哼不哈了。驰到近前时，却见王府大门口已经是张灯结彩。太原王府是何等人家，朝内自然多有耳目，却早已在发榜之前，便已有人透露了王维高中的消息。王家人早已成群打伙地前来给崔氏道喜，王府早已经是贵客盈门了。

　　六儿临行前王维还担心大喜会让母亲禁受不住，不让六儿大呼小叫，嘱咐六儿要婉转言说。这一来根本不劳六儿费心了。崔氏多年清修，早已看淡了人间悲欢离合，喜则喜矣，心情却是十分地平静。似乎长子王维的高中早在她预料之中，一点也不觉得惊喜。倒是家中的几个弟妹欣喜若狂，喧闹雀跃，还闹着要即刻动身前去寻自己的大哥讨要些喜钱，却被崔氏拦住，说："这一阵子你们大哥恨不得长三个头六个臂，正是分不出身子的时候，你们去只是给他添乱。过一会儿官府也会上门来道贺，还有乡邻们，也会络绎前来，有你们忙的！"

　　这时便听得院里驴叫，原来连家中的那两头驴儿也得知了王维中状元的消息，广灵那头黑驴便想起驮王维进京时的那些繁华光景，免不了与草驴儿讲述一番，说到好时候，便忍不住大笑：哎哎哎。

　　这时被六儿吼喝惊动的人，赶趁头一拨儿道贺，所以已经是络绎不绝，亲的疏的远的近的平素从不来往的也都来道喜了。崔氏送往迎来忙得飞飞的，都没有时间理六儿。六儿便想既然已经知道，长安那边只有许昌伺候，肯定是忙不过来，还不如赶紧儿赶回长安去也。

　　正想上马离开，却被崔氏一眼看见，便在人堆里冲六儿招手，六儿赶过去，崔氏对六儿说："是个晓事的，回去跟维儿说，给王家争了大光，也给崔家争了大光，娘高兴，弟妹们也都高兴！不过，你还要和他说，前些时有个和尚给娘一首偈，记住了，念给维儿听：空手把锄头，步行骑水牛。人在桥上走，桥流水不流。记住了吗？"

　　六儿笑道："主母放心，六儿记性好，一字不会忘！"

　　说完之后便上马离去。少不了晓行夜宿往长安赶，回到长安，见了王维，把崔氏所说的话原样复述一遍给王维。

王维红袍冠带，因为喝探花酒喝得红头涨脸，有些飘飘然。

听了六儿一番传话，却忽然收起满脸得意洋洋，若有所思。

六儿问："六儿不明白偈是什么意思？公子说道说道。"

王维道："娘是在拿这偈子棒喝我，中个状元没什么稀罕。这世上的事得反正看，福兮祸之所伏，祸兮福之所倚。这是南朝梁代禅宗傅翁的偈，说白了，把不住的锄头空不下的手，走不完的长桥骑不住的牛，人走桥时桥走人，水自不流桥自流，无空无实无止休！"

"不就四句词儿吗？怎么整出这么多意思？"六儿还没来得及弄明白，便又有人上门来道贺。王维急忙着走去招呼，却把满脸的自得之色收起，顺手装入襟袖口袋。来人竟是本科落榜的綦毋潜。王维自然免不了相拥之，宽慰劝解了半天。末了还这样说："綦毋兄不必灰心，此科不中还有下科，下科我一定要再去拜请岐王荐举兄台！"

"王公子不必多心！"綦毋潜苦笑，摇头摆手道，"公子今科金榜高中，不也是刻意不要荐举吗？反而是兄弟我，实不相瞒，考前偷偷找了个不比岐王差的人，为我荐举，不还是名落孙山了？这说明兄弟太过迷信和指望荐举这一头，而忽略了自己的功夫和才情，说起来也怨不得谁来。今某已无意科考，特向公子辞行，明天要打道回府了。"

自知无以为劝，王维只好说："明早小弟灞桥相送！"

灞桥在长安东十公里的灞水之上。原名滋水，春秋时秦穆公为炫耀霸业，将其改为灞水，并在水上建桥，称为灞桥。汉代时在原秦桥之南又建一桥，也叫灞桥，是出入京城的要冲。桥头设置驿亭，稽查来往行人。隋文帝开皇三年（583）在秦桥、汉桥之南又建一桥，桥身长三百八十米，宽七米，桥面上两侧有石栏杆。桥下有十二孔，各孔跨度由四米到七米不等。共有桥柱四百零八根，用圆石排垒而成，异常坚固。此桥历代重修，保存完好。唐时灞桥驿已成为送别之处。

王维与綦毋潜先相对共饮一杯说："现在的圣上英明，重用姚崇为相，政治开明，已出现升平气象，正是英雄用武之时。我希望綦毋兄回去之后再整旗鼓，一定要卷土重来，明年登科及第！"

綦毋潜举杯道："贤弟，借你吉言，某定当努力，勿念！"

二人又是一饮而尽。王维道："兄长落第东归，豪气未减，小弟感慨颇深。别离之际，成诗一首，吟之权当给兄送行了！"

五言一首《送綦毋潜落第还乡》，王维朗声清吟道：

> 圣代无隐者，英灵尽来归。
>
> 遂令东山客，不得顾采薇。
>
> 既至金门远，孰云吾道非。
>
> 江淮度寒食，京洛缝春衣。
>
> 置酒临长道，同心与我违。
>
> 行当浮桂棹，未几拂荆扉。
>
> 远树带行客，孤城当落晖。
>
> 吾谋适不用，勿谓知音稀。

吟声方落，对面一桌忽然就站起一位书生打扮的人，走向王维，一边打量，一边躬身进前问道："贵公子可是太原祁县王维吗？"

王维也自端详道："在下正是。"猛然脱口，"莫非尊上是祖三？"

祖三大喜："正是！十多年不见，还能认出在下，难得难得！"

王维笑道："哪里，要不是你先认出，我还真不敢认了！"

祖三与王维执手相对，艳羡地说："你是大名鼎鼎的新科进士，骑马披红在大街上兜风，谁人不知，何人不晓？我又怎能认不出？"

祖三，大名祖咏（699—746），唐代诗人，洛阳人氏。少年时便有文名，擅长诗歌。他的外祖父家在太原祁县，和王维家恰好相邻。从小便与王维相识，是王维少年时的诗友。祖咏这次也是来长安参加进士考试，但和綦毋潜一样金榜无名。祖三此时犹然不知，三年后，也就是开元十二年（724），他也会进士及第，只是仕途比王维更坎坷。

金榜题名，他乡遇故，自然欢喜。王维便介绍綦毋潜给祖三，祖三也把自己的朋友卢象介绍给王维。四人年纪相仿，大有相见恨晚之意。于是重新摆酒开宴，高谈阔论，直到太阳偏西，才依依惜别。王维当时还没有想到，祖三介绍给他的卢象，将成为他今后的好友。

按照当时规定，状元及第并不可以马上安排差事，而是在一个月之后，还要到吏部参加例行的选试。对新录取的进士、明经等进行面试，内容是"身""言""书""判"四个方面。全部通过方能授予官职。没有通过者即被淘汰，这就是当年祖三所以没有能够安排差事的原因。还好王维以优等顺利通过，故被授予了太乐丞的官职。

太乐丞，又名大乐丞，秦时开始设置，汉时继续。秦汉初属于奉常，汉景帝中元六年（前144）改属太常。东汉改称大予乐丞，助令掌伎乐，及国祭祀。唐时太乐丞，为太乐令之副，从八品下，掌管朝廷各种仪式乐典和乐人籍簿。太乐署是太常寺下设的部门，归属太常卿领导。当时太常卿是崔日知，属博陵崔氏，与王维外祖父是同宗。崔日知历任中外之职，明敏干练，但没有任过八大座之职。崔日知当了太常卿之后便奏请皇上，在都寺厅后边建了一座高楼，与北面的尚书省大楼遥遥相望，均在皇城之中，时人艳羡地称为"崔公望省楼"。太乐丞官虽然不大，却意味着王维就此走入朝官行列，身着官服可出入皇宫了。

然而，如崔氏所言，世事难料。福祸要反着看。

唐代太乐署的官员共设有太乐令一人、太乐丞一人，职责是具体组织实施朝廷举办的各种音乐活动，负责管理梨园弟子教坊伶人的乐籍、校准各种乐器、整理歌词等工作，必须由精通音乐的人担任。太乐令是七品下，相当于县令，八品下的王维，只是个副县团干部。

但王维已经很满意，品位虽然不高，但毕竟有了一份固定的俸禄养家糊口，少吃一口嗟来之食就会少一分在亲戚面前的愧对。何况不同于外省的官，而是一个在皇宫里公干的朝官，可以施展自己在音乐方面的才能，大展拳脚，这比什么都重要。加上太乐令刘贶是位多才多艺之人，博通天文、律历、音乐、医占之术，对王维礼遇备至，太乐署珍藏的所有乐谱任王维随意观看，连伶人的乐舞，也交由王维改编。最难得的是从不指手画脚，从不干预，王维视其为知己。

时年，玄宗皇帝正热衷于把来自西域的波斯乐和来自北方的燕乐，结合入宫廷乐舞中去，自己还亲自动手改编不少乐曲。圣上如此，朝野自然随之。王维夙兴夜寐，宫商羽角，以度新声，编排指导，组织乐工彩排，不辞辛劳。还不时与雷海青、李龟年、李彭年、李鹤年等乐工一起切磋音律，结下了深厚友谊。尤其是雷海青还有后话。

李龟年兄弟三人创作的《渭川曲》受到唐玄宗特别的赏识。王公贵族经常请他们入府演唱，每次所得赏赐成千上万。李龟年多年受到唐玄宗恩宠，与玄宗的感情非常人能及。安史之乱后，唐宫中的乐人四处逃散，流落异乡。李龟年后来流落到江南，唐时江南指的是湖南，在湘中采访使举办的宴会上李龟年唱了王维的《江上赠李龟年》：

红豆生南国，春来发几枝？
愿君多采撷，此物最相思。

这首借物起兴寄相思的五绝，一扫寄相思诗词的陈陋套语，以红豆意象直接介入。李龟年人在江南，江南是红豆生长的地方，龟年兄可否留意今春红豆比往年多生了几枝？那是红豆对我思念的感应，你要多采些，每一粒红豆都饱含着我对你的思念。此诗大朴无华却自得风流，真水无香却醇厚无比，大韵平易却回肠荡气。可断痴男怨女之寸寸柔肠，亦可生江湖清流之粒粒思念，夺人七情六魄。可谓五言绝句中的巅峰。也就难怪李龟年每唱此曲便引得座中人潸然泪下。

李龟年唱的另一首歌也是王维的诗，名为《伊川歌》：

清风明月苦相思，荡子从戎十载余。
征人去日殷勤嘱：归雁来时数附书。

《明皇杂录》载："每逢良辰胜景，为人歌数阕，座中闻之，莫不掩泣罢酒。"李龟年最后一次唱这两首诗时，突然玉山倾倒，吊着一口气昏死了四天才醒，对家人说："我做了一个梦，梦见二位妃子令我教她们的侍女兰苕唱超度亡灵的被祿歌，教了四大她们就让我回来了。"二妃是帝舜之妻娥皇和女英。唐代诗人高骈有诗写道："帝舜南巡竟不还，二妃幽怨水云间。当时珠泪知多少，直到于今竹尚斑。"好事者就在李龟年昏倒的地方建了一座"二妃庙"以示纪念。

又过了几年这位大唐著名乐工郁郁而死。

王维在当太乐丞之前，已经在岐王府认识了李龟年。岐王府的乐工们排演新曲首场演奏，那天客人中也有王维。李龟年到了之后，岐王府的乐师们便开始演奏。乐声刚起，李龟年便说："这是秦音的慢板。"听了一会儿又说："现在正演奏楚音的流水板。"懂音乐的岐王在一旁频频点头称是。音乐甫一结束，岐王便让手下人端来了两大匹"破红绡、蟾酥纱"丝织品，李龟年对这些珍品丝毫不感兴趣，撇下岐王和端丝织品的宫女，径自走去掀起隔开宾客与乐人的帷幕，从擅长弹奏秦音的乐人沈妍怀中把琵琶夺过来，便抱在自己怀中尽情拨弄起来。李龟年喜爱音乐已经到了目中无人的地步。岐王李范毫不怪罪他，还笑对王维说："奇人都无状，甚至疯癫，不然就没趣了！"

王维与李龟年在岐王府相识之后，又在太乐丞成了同事，并因此认识了雷海青等众多乐工们，从他们身上学到了不少东西，对王维多方位融会贯通深化对音乐的理解起了重要作用。安史之乱后，王维与李龟年相遇江上，便写了《江上赠李龟年》这首脍炙人口的五绝。

安史之乱一乱就是八年。李龟年流落江南后以卖唱为生。擅吹铁笛的李暮在鹫峰寺大会结识了这位前辈，学习继承了《霓裳羽衣曲》的全谱。有一出彰显昆曲老生唱工的名剧，曲调苍凉感人。"家家收拾起，户户不提防"，去干吗？去听《千忠戮·惨睹》的戏。这出戏唱的是玄宗与贵妃的爱情，表的却是李龟年当年的狼狈模样：

> 不提防余年值乱离……受奔波风尘颜面黑，叹衰残霜雪鬓须白。今日个流落天涯，只留得琵琶在！揣羞脸上长街，又过短街。那里是高渐离击筑悲歌？吓哈倒，倒做了伍子胥吹箫也那乞丐……俺只待拨繁弦传幽怨，翻别调写愁烦，慢慢地把天宝当年遗事弹……恰正好喜孜孜霓裳歌舞，不提防扑通通渔阳战鼓……霎时间画就一幅惨惨凄凄绝代佳人绝命图……破不喇马嵬驿舍，冷清清佛堂倒斜，一代红颜为君绝，

千秋遗恨滴罗巾血……这琵琶曾供奉开元皇帝，重提起心伤泪滴……俺只为家亡国破兵戈沸，因此上孤身流落在江南地。凭官人絮叨叨苦问俺是谁，则俺老伶工名唤做龟年身姓李……今日个知音喜遇知音在……待俺慢慢地传与恁一曲霓裳播千载。

无独有偶的是向南行走的杜甫在湖南潭州也遇到了李龟年，并听到了他演唱。故人相聚，感慨万分，杜甫即席赋诗一首："岐王宅里寻常见，崔九堂前几度闻。正是江南好风景，落花时节又逢君。"

诗佛王维的五绝与诗圣杜甫的七绝，可谓异曲同工，相得益彰。有这两首诗在，就有李龟年在。李龟年九泉之下亦堪欣慰了。

不幸的是，太乐丞的椅子刚坐暖，王维就出事了。

前边说过便连《资治通鉴》也说玄宗"上素友爱，近世帝王莫能及。初即位，为长枕大被，与兄弟同寝。诸王每旦朝于侧门，退则相从宴饮、斗鸡、击球，或猎于近郊，游赏别墅，中使存问相望于道。上听朝罢，多从诸王游，在禁中，拜跪如家人礼，饮食起居，相与同之。于殿中设五幄，与诸王更处其中，谓之五王帐"。诸王中宁王李宪"尤恭谨畏慎，未曾干议时政及与人交结，玄宗尤加信重之"。即便如此仍不放心，"然专以衣食声色畜养娱乐之，不任以职事"。

岐王李范由于生性爽快，时有逾矩处，玄宗也不以为意。反在寻常人看不在眼里的情事上表现得很严厉。据说宫里的黄狮子舞专门演给皇帝看，只有皇帝在场或者得到皇帝特批才能表演，违则僭越。也是合该出事，初秋，从暑热中走出来的岐王，被小凉风一吹之下，忽然就来了兴致，在岐王府大摆宴席，邀请诸方宾客宴饮并娱乐。

为了娱乐，岐王还请了朝中的太常卿和太乐署的官员，让他们率宫中的伶人前来奏乐、舞蹈、表演以助兴。酒过三巡，酒酣耳热的岐王忽然兴致大发，点名要看黄狮子舞，众人说黄狮子舞按例只能是皇上一个人看。岐王却不乐意，也许心里想，既然皇上看得，皇上的兄弟自然也看得，有什么了不起，不信皇上还会拿这等小事来败坏自己仁爱诸皇兄弟的清誉。遂有恃无恐，执意要看黄狮子舞，催促不休。

王维自知不妥却不能吱声，因为直接上司太乐令刘贶在座，而刘贶的上司太常卿也在座，还有朝中几名更大的官在场，根本轮不到王维说话。岐王已经喝得大醉，见黄狮子还未上演，便怒声大叫。演此舞的伶人往王维这边乱看，王维却不敢表态，只能眼巴巴地瞅着刘贶看，刘贶见众大臣木雕泥塑全无表情。岐王又不依不饶，知道如果不演肯定会得罪岐王，岐王是皇上的四弟，跑到皇上面前奏上一本，自己肯定没有什么好果子吃。演是祸，不演也是祸，那还不如索性应付一下场面，未见得皇上就会知道，岂不对大家都好。便点头示意。

舞狮子的鼓乐响起，随着音乐声，便见两个由人扮成的黄狮子腾挪着小碎步颠上场来，一个披绿戴绿的宫廷小丑，举个大红球走在前边，步态踉跄，丑态百出，作为引导。两个黄狮子随着节奏起舞，在大红球的引逗下，闪转腾挪，忽上忽上，忽前忽后，忽高忽低，忽急忽缓，不住地变换身法、步法、扭法，一会儿张开血盆大口，一会儿又抖擞毛衣，一会儿踩上长板，一会儿滚绣球，技艺十分精湛。

岐王大呼小叫，应声却寥寥，多数人沉默不语。

那天，舞罢席散后，绕梁的余韵声中，岐王虽然已经大醉，却还是跌跌撞撞地相送如仪。云集而来的冠盖们，又云奔星散而去。众官踏着如水的月色，吹着初秋的小凉风离去，身上畅快无比，各人的心里揣着不同的小九九。谁能想到这群人里竟然藏有玄宗的耳目。

一夜无话。次日按时早朝，见玄宗处理朝事一如既往，王维也心怀侥幸，心想着大家都不说出去，也就蒙哄得过去了，也就一颗心落了肚。朝事将散之时，玄宗突然龙颜震怒，痛斥昨晚岐王府中舞黄狮子一事，并严厉斥责参与的大臣。岐王此时已经酒醒，见皇帝哥哥震怒，自己犯了僭越之罪，吓得魂不附体，哪里还敢主动承担责任。

结果，太乐令刘贶当场受到了严重处分，王维也被当场中斥，贬出京师，到两千里地以外的济州去任司仓参军。司仓参军者，实乃军粮的仓库管理员，属于正九品头衔，副县团即刻被降成了科级。

过后知道，同时被贬的不仅仅是刘贶和王维，还殃及了刘贶的父亲刘子玄。刘子玄，名刘知几。唐高宗永隆元年（680）举进士。武则天长安二年（702）开始担任史官，撰起居注，历任著作佐郎、左史、著作郎、秘书少监、太子左庶子、左散骑常侍等职，兼修国史。长安三年（703）与朱敬则等撰《唐书》八十卷，神龙（705—707）时与徐坚等撰写《武后实录》。玄宗先天元年（712）与谱学家柳冲等改修《氏族志》，至开元二年（714）撰成《姓族系录》二百卷，四年（716）与吴兢撰成《睿宗实录》二十卷，重修《则天实录》三十卷、《中宗实录》二十卷。是中国著名的史学大家。

刘子玄被贬的真正原因是，刘子玄参与修撰《则天实录》和《睿宗实录》，玄宗想做些改动他坚持不肯。玄宗早已对刘子玄嫉恨，只因此公忠义与学问之名大，未敢轻动。此次刘贶被贬出京师，老头子以为是小题大做，竟然还跑去找玄宗辩理，正好给了玄宗一个贬他安州别驾限期离京的理由。岐王也被玄宗毫不留情地贬为华州刺史，也是限期离京。此乃杀鸡儆猴，做给宁王和薛王诸皇兄看。玄宗传达的是这样一个口信：诸位皇兄弟小心，不要以为是朕的皇兄弟就可以为所欲为，甚至还想与朕平起平坐，僭越者，如岐王，严惩不怠。

这便是张垍所说黄狮子事件。黄狮子只是由头而已。

三、曲穷羽角红流泪

人心肮脏，世事就肮脏了。玄宗有病，国家就生病了。国家生病了，众生就有了苦痛。众生正在遭受苦难，王维也不能例外。所以此刻的王维，就想起了自己的名字，想起了母亲崔氏最喜欢的一部《维摩诘经》，最喜欢的一个儿子：摩诘，也就是王维。无力的王维，不能前去解皇上的困厄于万一，只能在千里之外的佛堂，盘坐如仪，神情肃然，为国家，为玄宗，为众生，遥遥助力，默诵《维摩诘所说经》：

心垢故众生垢，心净故众生净。……一切法生灭不住，

如幻如电，诸法不相待，乃至一念不住；诸法皆妄见，如梦
如焰，如水中月，如镜中像，以妄想生……维摩诘言：从痴有
爱，则我病生；以一切众生病，是故我病；若一切众生得不病
者，则我病灭。所以者何？菩萨为众生故入生死，有生死则
有病；若众生得离病者，则菩萨无复病。譬如长者，唯有一
子，其子得病，父母亦病。若子病愈，父母亦愈。菩萨如是，
于诸众生，爱之若子；众生病则菩萨病，众生病愈，菩萨亦
愈。又言是疾，何所因起？菩萨疾者，以大悲起……

这段话翻成白话文的意思是：众生都有心，心里肮脏，众生也就肮脏，心里干净，众生也就洁净了。世间一切的法都是生灭不定的，如同幻影和闪电，所有的法都不会等你，连一个念头都不会停留。然而，这一切又是不存在的，是因为妄见才生出来，如梦幻似火焰，如水中的月亮，如镜中的映像，以妄想生。维摩诘说：人因为痴迷而生贪爱，我的病也是由此而生。大家都因贪爱而生病，所以我随之也生了病。假如所有人的病都消除了，那么我的病也就消失了。为什么会这样？因为我是菩萨，而菩萨是为度众生才出入生死的，有生死则有病苦。如果众生能脱离病苦，菩萨也就不会有病苦了。比如富翁的独生子得了病，他的父母也会随之病倒；儿子的病痊愈了，父母的病也就好了。菩萨也是如此，对于一切众生，爱之如同子女，故众生病则菩萨病，众生若病愈，则菩萨亦病愈。你问菩萨神通广大何以也会生病？那么我告诉你，菩萨生病的原因是因为他的大悲心导致的。

大悲心就是爱心和怜惜之心，也就是仁义和慈善之心，心生恶则为恶，心生善则为善，肉身只是皮囊，只是具体行动者。如同皇上下令，刽子手杀人一样。佛家的心，是量子力学里纠缠不休的薛定谔盒子里的那只猫，而科学世界中的人脑，却是物质和逻辑共同合成的产物。也就是说，心即是脑，而脑却不是心。心不能取代脑，脑也不能取代心。二者纠缠不休却又各行其是。这就是唯心和唯物的不同。

这也是诗佛王维和诗仙李白、诗圣杜甫的不同。

先是王维灞桥驿亭送别刘贶。刘贶是个爽朗之人，见王维情绪低落，反倒安慰王维说："昨日个岐王离京，他是悄悄儿走的，没有让人送他。岐王离京前，也许是过意不去，临行前去见了我父亲一面，只是作了一个揖，说了两个字：惭愧！我父亲也说了两个字：保重！然后两人就匆匆分手了。知道为什么吗？这个时候，已经什么也说不得了，到处是耳目，说什么都是罪，见个面也是罪。我等何须纠结，有道是天心难测，更何况世事难料，孰能晓，塞翁失马，焉知非福！"

然后是王缙和崔兴宗、卢象、裴迪，在灞桥送王维。

崔兴宗是博陵崔氏一族，王维称之为内弟，此内弟曾让人误会是内人之弟，事实并非如此。只是崔氏族内人，不是外人而已。早年隐居终南山，与王维、卢象、裴迪等游览赋诗，曾任右补阙，官终饶州长史。《全唐诗》录存他的诗只有五首。王维有《送崔兴宗》诗曰：

> 已恨亲皆远，谁怜友复稀。
> 君王未西顾，游宦尽东归。
> 塞迥山河净，天长云树微。
> 方同菊花节，相待洛阳扉。

还有一首《秋夜独坐怀内弟崔兴宗》诗，言语关切，云："夜静群动息，蟋蟀声悠悠。庭槐北风响，日夕方高秋。思子整羽翰，及时当云浮。吾生将白首，岁晏思沧州。高足在旦暮，肯为南亩俦。"

崔兴宗有《留别王维》一诗道："驻马欲分襟，清寒御沟上。前山景气佳，独往还惆怅。"还有一首《同王右丞送瑗公南归》："行苦神亦秀，泠然溪上松。铜瓶与竹杖，来自祝融峰。常愿入灵岳，藏经访遗踪。南归见长老，且为说心胸。"从中可见二人交往的真切。

卢象，字纬卿，汶水人。颇有才情，自视甚高，开元中与王维齐名。仕为秘书郎，转右卫仓曹掾。卢象所写的山西绵山相关介子推《寒食》一诗，脍炙人口，至今流传："子推言避世，山火遂焚身。四海同寒食，千秋为一人。深冤何用道，峻迹古无邻。魂魄山河气，风雷御宇神。光烟榆柳灭，怨曲龙蛇新。可叹文公霸，平生负此臣。"

卢象那日由祖三介绍王维认识之后，两人相交甚笃，经常出去同游，酬答之诗甚多。那日《同王维过崔处士林亭》有诗记之曰："映竹时闻转辘轳，当窗只见网蜘蛛。主人非病常高卧，环堵蒙笼一老儒。"

王维有《与卢员外象过崔处士兴宗林亭》："绿树重荫盖四邻，青苔日厚自无尘。科头箕踞长松下，白眼看他世上人。"对主人崔兴宗的描写可谓入骨三分。崔兴宗也有《酬王维卢象见过林亭》，诗中生动传神地表达了他对王维和卢象二人意外来访时的喜悦之情："穷巷空林常闭关，悠然独卧对前山。今朝忽枉柴荆生驾，倒屣开门遥解颜。"

裴迪是王维新近结识的朋友。

黄狮子事发前，他还和王缙应邀去裴迪终南山的农庄小院，吃过地道的农家饭，喝过他家自酿的桂花稠酒。王维与裴迪相谈甚洽，相见恨晚，互相引为知己，成为有生之年往来最密切的朋友之一。

王维有诗纪游《登裴秀才迪小台作》：

> 端居不出户，满目空云山。
>
> 落日鸟边下，秋原人外闲。
>
> 遥知远林际，不见此檐间。
>
> 好客多乘月，应门莫上关。

好友聚在一起，免不了推杯换盏，三巡酒过，除了唏嘘话别，也不敢妄议朝中诸等情事，黄狮子的事更是如同禁脔不能提。王缙便安慰说："大哥放心去济州任职，外官也是官。我在长安备考求仕，家里的事有我。这些日子常有人请我撰书碑文，润笔收入颇丰，省着用也还够家用！"众人听了也纷纷抖擞江湖义气，要王维尽管前去，家里若有不敷用度之处，自有兄弟们帮忙应对，大可以放心，云云。

王维见该嘱咐的已经嘱咐过了，便苦笑着吟了一首颇带自嘲意味的五言诗《初出济州别城中故人》，以圆满灞桥送别聚会，诗曰：

微官易得罪，谪去济州阴。

执政方持法，明君照此心。

闾阎河润上，井邑海云深。

纵有归来日，各愁年鬓侵。

吟完诗后，六儿便牵过马来，王维与众人洒泪惜别，上马而去。六儿也骑上了那匹被重新派了用场的广灵黑驴，尾随在王维后边，一主一仆的身影，便在黄叶逐次飘零的萧瑟景色之中，消失在路的尽头。

秋声渐浓。灞桥之上，几个朋友默默目送王维远去。

安史之乱伊始，李白决定南下避难，他先到浙东的剡中地区，不久又西上庐山隐居，日子过得很是逍遥快活，"日照香炉生紫烟，遥看瀑布挂前川。飞流直下三千尺，疑是银河落九天"的诗句就是在隐居避难之时所写。如果他一直隐身于此，也不会有后边的遭遇，但性格决定命运。为抑制新皇帝李亨，当了太上皇的唐玄宗将第八子永王李璘封为四道节度都使，总管江南军事。永王李璘引兵东巡，为扩大影响，将隐居在庐山心在庙堂的李白请了出来，李白写了十一首《永王东巡歌》，诗刚写完，企图割据江东自立为帝的李璘的军队就被唐肃宗李亨的军队打败。李白大难临头，被以从逆之罪关进了大牢。

杜甫生于公元七一二年，比王维小十三岁，比李白小十一岁，时值四十三岁，年富力强，还不是诗圣，只是个既没有官位，声名还不卓著的穷酸诗人。他把妻儿家眷从陕西蒲城送到富县羌村安置下来，闻知肃宗皇帝已经即位并正在灵武指挥平叛，就独自北上延州，经芦子关奔灵武，路上被安禄山叛军俘获。如《新唐书》所说"数尝寇乱，挺节无所污"。

因无官职也无卓著声名，反而成全了杜甫，既没有被下狱，也没有被逼受伪职，却被当作贱民充实京城，不必像留在长安的王维，要么选择接受伪职，要么选择被杀头的考验，因此逃过了一劫。

在此非常期间，杜甫写下了诸如《春望》："国破山河在，城春草木深。感时花溅泪，恨别鸟惊心。烽火连三月，家书抵万金。白头搔更短，浑欲不胜簪。"《月夜》："今夜鄜州月，闺中只独看。遥怜小儿女，未解忆长安。"《哀江头》："少陵野老吞声哭，春日潜行曲江曲。江头宫殿锁千门，细柳新蒲为谁绿？"《哀王孙》则充满了对皇家子孙的怜悯："长安城头头白乌，夜飞延秋门上呼。又向人家啄大屋，屋底达官走避胡。金鞭断折九马死，骨肉不待同驰驱。腰下宝玦青珊瑚，可怜王孙泣路隅。问之不肯道姓名，但道困苦乞为奴。已经百日窜荆棘，身上无有完肌肤。高帝子孙尽隆准，龙种自与常人殊。豺狼在邑龙在野，王孙善保千金躯。不敢长语临交衢，且为王孙立斯须。昨夜东风吹血腥，东来橐驼满旧都。朔方健儿好身手，昔何勇锐今何愚。窃闻天子已传位，圣德北服南单于。花门劵面请雪耻，慎勿出口他人狙。哀哉王孙慎勿疏，五陵佳气无时无。"等著名的诗篇。

杜甫先到长安怀远坊大云经寺跟佛教信徒混在一起，等时机成熟便从长安城西的金光门逃出，直奔凤翔。不敢走大道，只能抄小路，终于逃到了凤翔。其间写下了《自京窜至凤翔喜达行在所》三首：

西忆岐阳信，无人遂却回。
眼穿当落日，心死着寒灰。
茂树行相引，连山望忽开。
所亲惊老瘦，辛苦贼中来。

愁思胡笳夕，凄凉汉苑春。
生还今日事，间道暂时人。
司隶章初睹，南阳气已新。
喜心翻倒极，呜咽泪沾巾。

死去凭谁报，归来始自怜。
犹瞻太白雪，喜遇武功天。
影静千官里，心苏七校前。
今朝汉社稷，新数中兴年。

唐肃宗因此感动了没有？似乎没有，他只是授予了杜甫从八品左拾遗一职，小小言官，是否拂了杜甫一片的报国之情？没有，杜甫很感激，有《述怀一首（此已下自贼中窜归凤翔作）》，备述感激之情：

去年潼关破，妻子隔绝久。
今夏草木长，脱身得西走。
麻鞋见天子，衣袖露两肘。
朝廷愍生还，亲故伤老丑。
涕泪受拾遗，流离主恩厚。
柴门虽得去，未忍即开口。
寄书问三川，不知家在否。
比闻同罹祸，杀戮到鸡狗。
山中漏茅屋，谁复依户牖。
摧颓苍松根，地冷骨未朽。
几人全性命，尽室岂相偶。
嵚岑猛虎场，郁结回我首。
自寄一封书，今已十月后。
反畏消息来，寸心亦何有。
汉运初中兴，生平老耽酒。
沉思欢会处，恐作穷独叟。

这段时间杜甫所写《三川观水涨》《晚行口号》《玉华宫》《避地》《得舍弟消息》《羌村三首》《北征》《彭衙行》《喜闻官军已临贼境》《收京三首》等，奠定了杜甫忠君爱国和诗圣的地位。

相比王维和李白，杜甫求仕之心最重，偏偏时运最不济。

皇家从不讲情义，一个"僭越"的由头，便贬了岐王，还株连了刘贶和他爹，带累王维被贬出京都，去济州当了粮仓管理员。这样的事情，对刚刚状元及第当了太乐丞八品官正自春风得意想要大展拳脚的王维，不啻迎头给予了一记痛击。悲愤抑郁无奈的滋味，是寻常人无法理解的。人生之初，这仕途经济功名利禄荣华富贵之想，是个个人等都不能避免的。所以渐次由浓而淡，由积极而懈怠之，终至于顿悟，是一个渐进的过程。没有天生的隐逸和神仙。佛家度人从不强求，且让你逍遥耍子，自有世事无常折损你，一挫必有一悟。而人世中别个不多，折损却是多多。折得人没有脾气之时，自然就看破人生，看破了，就会进入佛家禅宗的队伍。这便是佛家禅宗不战而胜的法子。

王维此时愈加明白了母亲的棒喝，临行嘱咐王缙："北禅宗的大照禅师普寂正在东都洛阳做住持。如果方便，尽可能在洛阳附近购买或租赁一处住宅，把娘和弟妹接到洛阳来，以便让娘更加方便学佛。"

王维骑马，六儿乘驴，主仆二人先到洛阳，看望了祖咏。祖咏自然盛情款待，免不了劝勉一番。王维临别竟然没有诗以赠之，可见此时心情之郁闷，在长安时祖咏来访还留住一晚，写诗《喜祖三至留宿》：

门前洛阳客，下马拂征衣。

不枉故人驾，平生多掩扉。

行人返深巷，积雪带余晖。

早岁同袍者，高车何处归？

可见诗是心境的产物。次日东行到郑州地界，夜宿虎牢关。寒馆孤灯，好生凄凉。王维感慨良多，诗因心生，写下《宿郑州》一诗：

朝与周人辞，暮投郑人宿。

他乡绝俦侣，孤客亲僮仆。

宛洛望不见，秋霖晦平陆。

田父草际归，村童雨中牧。

主人东皋上，时稼绕茅屋。

虫思机杼悲，雀喧禾黍熟。

明当渡京水，昨晚犹金谷。

此去欲何言，穷边徇微禄。

前路苍茫，越走离家和故旧越远，"他乡绝俦侣"，举目无亲，"孤客亲僮仆"，此乃实感。更有"此去欲何言，穷边徇微禄"。这样抛家舍友的长途跋涉，只为了去一个贫穷的边地挣一点点小钱，值吗？

如同鸡肋，食之无味，弃之可惜。

但也由不得王维，姑且只能捧着鸡肋，聊当珍馐。盼着有一天这鸡肋忽然就长回到鸡身上，或者原本就在鸡的身上，不能因弃鸡肋而舍掉一只鸡吧？循鸡肋求索便可达鸡脯、鸡腿、鸡翅、鸡脖甚至鸡头。这种得寸进尺，乃普天之下所有人都有的心态，也怨不得王维。

翌日早晨乘客船咿咿呀呀渡水，经荥阳东北的敖仓口，进入荥泽地面。水光山色，倒也怡人，加上王维和六儿也是亦仆亦友，虽然六儿不懂那些三坟五典，却对天地万物，山川河流，草木田野，知之甚多，也让王维从中受益不浅。王维一路上也讲些经史子集给六儿听，把不准教出个状元来，但六儿一听就打瞌睡，直叫王维徒唤奈何。

两千余里路程，那时需晓行夜宿长途跋涉一个多月，辛苦只有古人知道，今人是难以体会了。出发时是秋天，到达济州已经是万象萧瑟。唐时济州只是个小小州府，辖五个县，即卢县、平阴、阳谷、东阿、长清。州治在卢县，地处黄河南岸，外城城墙与黄河南大堤紧紧相连。城中只有一条十字大街。唯州衙门是座二层小楼建筑，其余皆为平房民居，其中最大的院落也赶不上长安的普通宅院。王维旅途劳顿，疲惫不堪，又见济州如此清冷，体乏心寒，便小病一场。

好在司仓参军的具体职务是管理仓廪、庖厨、财物、市廛等务。属员赵化素仰王维才华，且忠厚本分，明敏练达，庶务都是他做，王维却也省心，更多了时间读书、写字、画画、弹琴、吟诗。

王维在济州，恪守职分，与人为善，做了不少事情。

这期间，王维也在济州结交了当地许多朋友，有些还是颇有来头之人。诸如武则天时期在朝为官的崔录事，因看不惯周兴、来俊臣等人而辞职还乡。以及曾在京师相王府里做过文学侍从官的成文学，还有赵化的父亲赵老汉，皆谈吐不俗，且见解深刻。那日赵老汉设宴款待王维等人，家养鸡、黄河鲤之类。

王维那天喝高兴了，先口占一首《崔录事》："解印归田里，贤哉此丈夫。少年曾任侠，晚节更为儒。遁世东山下，因家沧海隅。已闻能狎鸟，余欲共乘桴。"崔录事大喜，连叫："好诗才，好诗才。什么时候能和我一起隐居啊？"王维笑道："我们现在不都在隐居吗？"

不偏不倚，面对酒兴甚豪的成文学，王维以《成文学》为题朗声道："宝剑千金装，登君白玉堂。身为平原客，家有邯郸娼。使气公卿座，论心游侠场。中年不得志，谢病客游梁。"成文学见王维把自己比成司马相如，大为欢喜，连连叫好。

赵老汉眼羡道："这种当场作诗的情景，老汉我还是头一回看见，王参军，能否给老汉我也来上一首？"

这时却有两个人进门，一个姓郑，一个姓霍，能诗善文，只因出身卑微又不肯巴结权贵，靠卖药看病谋生。二人说："公子高才，可否给我二人来一首？"王维已羽化其中，开口就来《郑霍二山人》：

> 翩翩繁华子，多出金张门。
>
> 幸有先人业，早蒙明主恩。
>
> 童年且未学，肉食骛华轩。
>
> 岂乏中林士，无人荐至尊。
>
> 郑公老泉石，霍子安丘樊。
>
> 卖药不二价，著书盈万言。
>
> 息阴无恶木，饮水必清源。
>
> 吾贱不及议，斯人竟谁论！

崔录事道破道："参军说的极是，那些胸无点墨、脑满肠肥的王孙公子，凭借先人的势利就高官得做，骏马得骑，而郑霍二公这样的才士却不为世用，真是太不公平了。"郑霍二山人开怀大笑。

王维笑道："四位客人都是济上豪贤，这三首诗就叫《济上四贤咏》。

在下再为赵叟口占一首，诗题《济州过赵叟家宴》。

虽与人境接，闭门成隐居。

道言庄叟事，儒行鲁人余。

深巷斜晖静，闲门高柳疏。

荷锄修药圃，散帙曝农书。

上客摇芳翰，中厨馈野蔬。

夫君第高饮，景晏出林间。

　　过去只知道王维为皇上和达官贵人写应制诗，如今方知王维也给山野之间的小人物应邀赋诗，且不敷衍了事，字里行间情真意切，写出了应制诗没有的境界。仅此可知王维是个有平民意识的人。在他眼里人无贵贱，个个都是侯嬴、朱亥、雷海青，是值得人们尊重的。

　　这也是玄宗狎谑安禄山群臣捧哏哄笑时王维不笑的原因。

　　肃宗给杜甫的官虽然不大，品与王维的太乐丞相似，却可以和肃宗直接对话，对杜甫来说是一个入仕的好开头。孰料却因为房琯事件急转直下。房琯被玄宗于幸蜀途中任命为宰相之后，太子李亨灵武即位为唐肃宗，遣使入蜀通报玄宗，玄宗只好退位为太上皇。玄宗命房琯与左相韦见素以及门下侍郎崔涣前往灵武，正式册封唐肃宗为皇帝。十月，房琯在顺化郡拜见唐肃宗，陈述玄宗让位之意，并提及当前形势，言辞慷慨。唐肃宗十分欣赏，以为房琯素有盛才名，故对房琯倾心相待。房琯也自负才华，以天下复兴为己任，上表肃宗，请求亲自率军收复两京。唐肃宗便任命他为持节、招讨西京兼防御蒲潼两关兵马节度等使，让他与郭子仪、李光弼等大将一同征讨叛军，并同意他自己选择幕僚。房琯任命邓景山、李揖、宋若思、贾至、魏少游、刘秩等人为幕僚，唐肃宗又命兵部尚书王思礼做他的副手。

　　房琯泥古不化采用春秋时期的车战之法，以牛车两千乘进攻，命马步军护卫。叛军顺着风势，扬尘纵火。唐军大败，人畜相杂，死伤多达四万，仅有数千人逃出。次日又率南军与叛军交战，结果再次大败，杨希文、刘秩等人投降叛军。房琯逃回行在，向唐肃宗肉袒请罪。

唐肃宗虽然生气，但还是饶恕了他，仍像从前一样待他。房琯因为虚浮而心胸小，连连犯错，肃宗对他日渐疏远。终因房琯的琴师董庭兰被人弹劾收受贿赂事而致肃宗大怒，便任命谏议大夫张镐为宰相，将房琯贬为太子少师，担任散官。房琯是杜甫的好友，杜甫的个性哪能坐视不理，他为房琯做脱罪辩护说"罪细，不宜免大臣"。

结果触怒了唐肃宗，差点拉出去砍头。好在宰相张镐在一边为杜甫求情，才让杜甫免去责罚。但杜甫并不肯就此罢休，又以言官身份向肃宗上疏，表面上是向肃宗请罪，语言间却讽刺肃宗贬斥房琯的行为。唐肃宗对杜甫心生厌恶，杜甫的政治生涯，也就此走到尽头。

城门失火，殃及池鱼，个人命运与国家命运可谓休戚相关。最不幸的当属王昌龄。王昌龄字少伯，京兆长安人。早年困于农耕，年近不惑，始中进士。初任秘书省校书郎，又中博学宏辞，授汜水尉，因事贬岭南。开元末返长安，改授江宁丞。被谤谪龙标尉。擅写七绝，诸如："秦时明月汉时关，万里长征人未还。但使龙城飞将在，不教胡马度阴山。""闺中少妇不知愁，春日凝妆上翠楼。忽见陌头杨柳色，悔教夫婿觅封侯。"诗作多多，被誉为七绝圣手。贬官湘西后有诗为"不护细行"辩诬："寒雨连江夜入吴，平明送客楚山孤。洛阳亲友如相问，一片冰心在玉壶。"身居扬州的李白闻之作诗以寄关切之情曰："杨花落尽子规啼，闻道龙标过五溪。我寄愁心与明月，随风直到夜郎西。"

公元七五六年，王昌龄离开湘西，想回乡里以避安史之乱，未料途经今安徽亳州时，却被当地的刺史闾丘晓无端地杀害。闾丘晓，生年不详，死期可考。史载："晓素愎戾，驭下少恩，好独任己。"王昌龄被杀使朝野震惊。公元七五七年睢阳张巡告急，河南节度使张镐传檄闾丘晓，引兵火速出救，闾丘晓畏敌不进，导致睢阳被安禄山属下将领尹子奇攻陷。张镐下令杖杀闾丘晓，闾丘晓以有父母亲要养乞怜饶命！张镐冷冷回他一句："那王昌龄的父母亲又靠谁来养？"闾丘晓哑口无言，呆呆怔怔，被兵丁一顿乱棍打死。张镐为王昌龄报了仇。

覆巢之下，安有完卵。时年五十六岁的王维也在劫难逃。

一冬无话。春来时王维应朋友之邀，从济州坐船往清河县去游玩。唐贝州治所清河县在今河北清河西。唐济州属河南道，贝州属河北道，由济州治所，渡长河也即是黄河向西北行，即可至清河县。此行王维有纪游诗《渡河到清河作》颇有意境，录在这里欣赏。诗曰：

> 泛舟大河里，积水穷天涯。
> 天波忽开拆，郡邑千万家。
> 行复见城市，宛然有桑麻。
> 回瞻旧乡国，淼漫连云霞。

王维伫立于舟中，舟行于长河之上，大水汇积，远接于天地，似无边无际。突然从水天相接的天涯裂开一道豁口，现出参差十万市井房舍人家，城邑沿河分布络绎闪过之后，又见桑麻田畴。回头瞻望我的故乡京洛之地，却茫然不可见，只有漫漫长河连接着远处浩渺的云霞。

清明后，王维带赵化等人下县督查。那日到东阿县境，见县城东南处重峦叠翠，绿树成荫，山环水绕，甚是秀美。赵化说："这山名为鱼山，也叫鲁条山。说是曹子建特别喜欢此山景致，还派人给自己在这里营造了墓室，死后真就葬在了这里。参军请看那大土包，就是曹子建墓。"王维肃然，默诵《洛神赋》，前往凭吊，只见坟丘上长满荒草杂树，牛羊上上下下，才高八斗者，也难逃如此，不胜唏嘘。

循声往鼓声咚咚处去时，赵化说："鱼山神女智琼爱慕貌美才高的济北郡史弦超，下山与弦超幽会，夜来晓去，不料被同僚发现，向太守报告，说弦超与一女子苟合，有伤风化。弦超无奈说出实情。太守不信，派兵吏于夜间监视此室，智琼再也未来，弦超也未被处分。五年后弦超奉命到洛阳出差，出济北郡到达鱼山时，见前面车中女子仿佛智琼。近前一看果然就是。二人重叙旧情，同乘而到洛阳，结为伉俪。据说直到西晋太康年间，还有人在洛阳见过这对神话夫妻。"

鼓箫声中，神女祠前，女巫翩然起舞，如屈原楚辞中的山鬼一样装束，一样顾盼多情，祈求神女降雨。春旱最是可怕，种不下种子便会颗粒无收，百姓饿馁，粮仓空虚。作为司库的王维与女巫自然感同身受，便也闭目默诵佛经，助力于女巫祈雨。晚上在昏黄烛光之下写成《鱼山神女祠歌二首》，这两首诗，可谓上承楚辞风致，下开词曲之雏形，在王维所存诗歌中并不多见，所以录在这里，以供知者赏：

上半阕《迎神》：坎坎击鼓，鱼山之下。吹洞箫，望极浦。女巫进，纷屡舞。陈瑶席，湛清酤。风凄凄兮夜雨，不知神之来兮不来？使我心兮苦复苦！

下半阕《送神》：纷进舞兮堂前，目眷眷兮琼筵。来不言兮意不传，作暮雨兮愁空山。悲急管，思繁弦，神之驾兮俨欲旋。倏云收兮雨歇，山青青兮水潺潺。

从这首诗可以见出王维一直在尝试诗体创新。

司库官虽然微贱卑小，但民生在胸重如千钧，仅此可见王参军的为人。迎神降雨，不知其允与不允，不是女巫心苦，而是王维自家心苦，可见王维已把民生与自己合为一体。所盼非天恩浩荡，给自己加官晋爵，唯一雨尔。当黎明之时，沛然有雨从天而降，王维霍然惊起，喜极而泣，向神女长揖致谢，并与神女互道仰慕之情，也是有的。

开元十二年（724）秋，王维三年秩满。但像王维这样的小官，早被皇帝和吏部大员们忘在脑后了。职务调动的信息也无。唯一的变化是旧刺史被调走。新来的刺史名叫裴耀卿，八岁举神童，弱冠即为朝官。来济州前曾任长安县令，与王维在长安见过面。裴耀卿处事果断，不出一月，衙门风气焕然。裴耀卿在长安时就知道王维的诗名与才气，又都是从朝廷下来的，同气相求，非常投缘。王维也安下心来。

裴耀卿召王维议事。议的是圣上秋天来泰山封禅，要求沿途各州县做好准备。开列了届时过路人员、车辆马匹的大致数量。王维把公文递还给裴耀卿道："下官想先听听裴公的高见。"裴耀卿说："历代封禅，多有扰民之弊。如今圣意已决，挽回已无可能。当臣子的只能尽力去做。

既要保境安民，减轻百姓负担，又要保证圣驾及随行人员的物资供应。找你来，就是要听听你的意见，也需要你的支持。"

王维主管物资仓储，对哪些物品够用，哪些物品需补充，了如指掌，自然是说得头头是道，言无不尽。裴耀卿非常高兴，责成王维具体到各县落实。王维根据本州道里程，设置三梁十驿，每处都有相应物资储备，一处短缺，他处运输补充，作了周密布置。秋时，封禅大典如期举行。规模浩大的皇家仪仗、警卫、御马、文武百官、贵戚、四夷酋长的车队，络绎不绝，绵延百里之遥。封禅结束，皇帝返跸。到达宗州时，宴飨扈从官员。玄宗与宰相张说谈起这次封禅，称赞裴耀卿设置三梁十驿，科敛均省，不扰百姓，处置妥帖，政绩可嘉。

济州官员猜测裴耀卿马上要升迁。

升迁诏书还未下达，济州连下十多天连阴雨，眼见黄河水位持续上涨，裴耀卿带领王维几名官员登上济州城北黄河大堤视察水情。黄河沿岸近些年垦殖太过，水土流失严重，黄河泥沙增多，堤坝逐年加高，水位不断提升，黄河水平面比大堤外的济州城还高。大雨还没有住的意思，水位还在涨。河堤已出现小面积滑坡。如不及时抢修河堤，就会从中间垮塌，济州城将成为汪洋，百姓将沦为水族。

裴耀卿立即召集几名相关属员商议，提出要动用国库存储的粮财物资，组织民工加固大堤，保护济州城安全。司马认为没有请得朝廷同意擅动国库物资易得罪名。裴耀卿力排众议："即刻派人快马请旨，即刻打开国库发放物资，动员民众上堤抢险，官民齐心，保住济州城。苟利社稷，生死以之，有天大罪名我一个承担！"

百姓听说刺史如此，人同此心，无分男女老幼皆投入了保家卫城的抗洪之中。瓢泼的大雨之中到处都是忙碌的身影。两天两夜的抢险过去，破损的大堤补好了，但大雨还在继续，大水还在上涨。忽报圣旨到，裴耀卿让王维暂为负责，自己立即回衙接旨。片刻之后回来，面色凝重地告诉王维："朝廷调我出任宣州刺史。"王维喜道："那是大大的擢升啊！"裴耀卿摇头道："这个时候，我绝不能离开，否则会人心浮动！"这时大堤忽然出现了溃决，情况危急，王维道："这里太危险了，请裴公快走，属下带人组织抢险，请裴大人放心。"

"堤在我在。"裴耀卿说，"有胆的跟我上！"说完便率先向溃决处奔去。溃决足有几丈长，洪水如同猛兽，将人们投入水中的装满石块泥土的草袋即刻吞噬掉，嘶吼如雷。大雨倾盆中，周遭的人等已经发出绝望的叫声，甚至已经有人在痛哭。裴耀卿和王维等人出现，使慌乱的人群忽然就有了主心骨，此时紧急调来增援的兵丁也跑步来到，裴耀卿吼道："就是用我们血肉之躯也要保住大堤，保住我们的家园！"

王维派赵化率人搬运巨石，百十块巨石同时向溃决处投入，紧跟着再同时抛下上千个沙土袋。一层石头接一层沙土袋，不间断地往下投。巨石挡住了沙土袋避免被洪水冲走，堆叠而起，终于堵住了溃决口，逼退了洪峰。这时已经过去了三天三夜。裴耀卿和王维也已经三天三夜没合过眼了。裴耀卿这才宣布圣旨，向众位属官告别。众官员无不感动。堤上的几千百姓听说，都不约而同地来到大帐前，一位老者端着一碗酒，步履蹒跚地走到裴耀卿面前，深情地说："裴公本来有了圣旨，可一走了事。却冒着生命危险留下率我等保堤，情同再生父母。临别之时老朽代表济州几万百姓，敬裴公一碗酒，请裴公赏脸喝下。"

说罢，老泪纵横，扑通一声，双膝跪地，双手举起酒。百姓见状齐刷刷跪了一大片。裴耀卿泪流满面，二话不说，也扑通一声双膝跪地，接过那碗酒一饮而尽。这才洒泪而别。过后知道，魏、怀、卫、郑、滑、汴、濮等地黄河均有决口，淹没城区田舍，冲毁良田无数。济州最为险要之地竟然丝毫无损。百姓自发募捐竖起一通《裴仆射济州遗爱碑》，碑文为王维手笔。碑文中记述了玄宗泰山封禅，济州考核天下第一，然后详述抗洪救灾诸般事，文中也写到自己："维也不才，尝备官属。公之行事，岂不然乎？维实知之，维能言之。"

毕宝魁先生由是断定：王维离开济州是在裴耀卿调走之后，即在开元十四年（726）的秋天。如之前离去，王维便不会如此历历在目地撰写此碑文，更无复有以上那几句自述了。毕先生感慨：中国的百姓是最讲良心的，只要当官的为他们办一点事，他们感恩戴德，永世不忘。

莫道文人无行，类似裴耀卿、王维者，并非孤例。

时过千年，细读王维所撰《裴仆射济州遗爱碑》一文，笔者亦从中受益多多。此碑文之状物文字、叙事才情、博学典识，迄今犹能启人心智，发人思考，故不揣冒昧择录在下边，以儆那些不敬者：

夫为政以德，必世而后仁；齐人以刑，苟免而无耻。则刑禁者难久，百年安可胜残；德化者效迟，三载如何考绩？刑以佐德，猛以济宽，期月政成，成而不朽者，惟公能之。……居无何，诏封东岳，关东列郡，颇当驰道。至于牺牲玉帛，资粮扉屦，其或不供，为有司所劾。因而厚敛，非天子之意，丰省之度，多不得中，故二千石有不能受事于宰旅者矣。季孙请鲁视邾滕，涛涂恐师出陈郑，抑为是也。公尽事君之心，且曰从人之欲……大驾还都，分遣中丞蒋钦绪、御史刘日政、宋珣等巡按，皆嘉公之能，奏课第一，公未受赏，朝而归藩。

天灾流行，河水决溢。蝗虫避境，虽马棱之化能然；洪水滔天，固帝尧之时且尔。高岸峉以云断，平郊豁其地裂。喷薄雷吼，冲融天回。百姓巢居，主客有其家室；五稼波殄，沼毛荒于畎亩。公急人之虞，分帝之忧。御衣假寐，对案辍食，不候驾而星迈，不入门而雨行。议堤防也。至则平板干，具糇粮，揆形略趾，量功命日，而赤岸成谷，白涛亘山，虽有吕梁之人，尽下淇园之竹，无能为也。乃有坏防之馀，冲波且尽，仅在而危同累卵，将坠而间不容发。公暴露其上，为人请命，风伯屏气以迁迹，阳侯整波而退舍，又王尊至诚，未足加也。然后下密棵，搴长茭，土簣云积，金锤电散，公亲巡而抚之，慰而勉之。千夫毕饭，始就饮食；一人未息，不归蘧庐。惰者发愤以踔勤，懦者自强以齐壮。成之不日，金堤峨峨，下截重泉，上可方轨，北河回其竹箭，东郡郁为桑田。

先是朝廷除公宣州刺史，公惜九仞之垂成，恐众心之或怠，怀丝纶之诏，密金玉之音，率负薪而益勤，亲执扑而弥励。既成，乃发书示之，皆舍畚攀辕，废歌成泣，泪雨济泽，袂阴鲁郊，哀哀号呼，不崇朝而达四境。噫！公之视人也如子，人之去公也如父，宜其升闻于天，司我五教。公之富人也以简，简则不扰，而人得肆其业，非富欤？公之爱吏也以严，严则畏威，而吏不陷于罪，非爱欤？是其大旨也。至若沛郡谓为神明，淮阳谢其清净，尊经于学校，鲁风载儒；加信于儿童，齐人不诈。明闲视听，其察奸也无全；晓习文法，于决事乎何有。六义之制，文在于斯；五车之书，学半于我。其为身计，保乎忠贞；将为孙谋，贻以清白。熊轼之贵，子弟夷于平人；龙门则高，宾客不遗下士。非礼不动，出言有章。语曰："恺悌君子，人之父母。"其是之谓乎？

维也不才，尝备官属。公之行事，岂不然乎？维实知之，维能言之。况夫妇男女，思我遗爱者，吟咏成风；耆艾人吏，愿颂清德者，道路如市。则王襄所讲，奚斯之颂，美政盛德，缀词之士，固未尝阙如也。维敢拒之哉！颂曰：

童子何知兮，公迈成人。大不必佳兮，公德日新。天生德于公兮，遗此下民。天子命我兮，守兹东郡。人谓公以谪去兮，不能致训。公曾不私己兮，政声益振。惟岁十月兮，帝封岱宗。千乘万骑兮，行幸山东。小郡之赋兮，再粒万邦。丰不盈俭不陋兮，公之举也得中。河为不道兮，离常流以痛毒。不用一牲兮，不沉一玉，身当中流兮，冯夷感而避贤。敕阳侯兮，使却走夫洪涟。板筑既具兮，薪又属。庶人欣以就役兮，高岸崛起于深谷。人降丘宅土兮，桑田郁以载绿。行无五马兮，食不载味，惠恤鳏寡兮，威詟黠吏，公之德兮，曾无与二。人思遗爱兮泪淫淫，岁久不衰兮至今。性与天道吾不得闻兮；志其小者近者兮，已是过人之德音。

公名耀卿，字焕之，河东闻喜人也。王维又多了个山西老乡。裴耀卿走后，日子又一如既往，恢复了庸常。唯一让王维高兴的是祖三来访。祖三在王维及第之后的第三年，也进士及第。只是及第之后，长期没有被授予官职。后来好不容易入仕，又遭上司迁谪，仕途落拓，后归隐于汝水一带讨生活。听说王维来济州，祖三便从汝水赴济州来看望王维。祖三和王维均已不似洛阳相见时少年英俊，时近而立之年，不免摇头叹气，依依惜别，有诗《济州送祖三》：

> 送君南浦泪如丝，君向东州使我悲。
> 为报故人憔悴尽，如今不似洛阳时。

想来祖三不止一次来济州看王维，王维也不止一次与祖三相聚相亲。这时的祖三，不仅仕途不得意，而且也贫病交加。王维为之十分地心痛感慨，却又无可奈何。只能尽自己的所能尽量招待祖三，天天陪祖三游玩吃酒说话，还在济州官舍写五绝五首以赠，《赠祖三咏》道：

> 蟏蛸挂虚牖，蟋蟀鸣前除。
> 岁晏凉风至，君子复何如？
>
> 高馆阒无人，离居不可道。
> 闲门寂已闭，落日照秋草。
>
> 虽有近音信，千里阻河关。
> 中复客汝颍，去年归旧山。
>
> 结交二十载，不得一日展。
> 贫病子既深，契阔余不浅。
>
> 仲秋虽未归，暮秋以为期。
> 良会讵几日，终日长相思！

祖三最后一次来济州时，也了解了王维无止境的等待，觉得一直等下去不值。故在临行之前，很婉转但也直言不讳地点醒并劝告王维说："此地太过荒芜冷清，不宜久居。朝廷那边又不见动静，那些官老爷，八成是把你这个人给忘了，王兄也该自己拿个主意了！"

王维无语，心知祖三所料不错。二人在长河边上难分难舍，最终还是要洒泪而别。王维感慨莫名，涕泣涟涟，《齐州送祖三》诗曰：

> 相逢方一笑，相送还成泣。
> 祖帐已伤离，荒城复愁人。
> 天寒远山净，日暮长河急。
> 解缆君已遥，望君犹伫立。

此时王维已经在位于黄河下游的济州城待了五年，与好友相别之后，发愁自己又要独自走入这座清寂凄凉的荒城。时已天寒，远山逶迤于天际，斜阳下长河奔流如同时光。祖三的船已经远去，王维犹在怅然翘望。暮色苍茫中的长河岸边长久伫立着一个惶然孤独的身影。

裴耀卿走后，王维重陷精神危机。

东晋时期陶渊明做彭泽县令本来好好的，偏来个检查工作的督邮，偏又是陶县令的同乡无赖，这才使这位千古高隐来了脾气，宁可不当七品芝麻官，也不肯"向乡间小儿折腰"，挂冠封印，飘然而去，成就了一段千古佳话。旁观者说起来好容易，辞官后的日子的艰辛，个中甘苦只有陶潜知道。给陶潜一个后悔的机会，历史可能会重写。既然已经没有后悔药可以吃，而且又博得了众人喝彩，便只能硬撑到底了。

开元十五年（727）王维年已二十九岁。三年贬期已满，又苦等了两年，这一段时间王维往长河边码头上去的次数越来越多，只要是从洛阳上游过来的客人，看见了便觉得亲切，他有诗《寄河上段》曰：

> 与君相见即相亲，闻道君家在孟津。
> 为见行舟试借问，客中时有洛阳人？

绵绵无尽期的旅愁，缕缕不断绝的乡思，交相攻袭这个困居荒城的羁旅人，委实让人难以消受。每见一个故乡人，王维都会想起故乡的母亲和还没有长成的弟妹。这些体现在他的《杂诗三首》之中：

> 家住孟津河，门对孟津口。
> 常有江南船，寄书家中否？
>
> 君自故乡来，应知故乡事。
> 来日绮窗前，寒梅着花未？
>
> 已见寒梅发，复闻啼鸟声。
> 愁心视春草，畏向阶前生。

诗中孟津河，夏为孟涂氏封地，商为内畿地，周朝称邑，秦代设县，因扼守黄河要津而得名。王维诗中的孟津河指的是黄河要津，当为洛阳代称或是河东蒲州津的借代，都是黄河津渡。渭河、黄河、汾水、涑水古代相通联运，由蒲坂经蒲州津渡黄河，沿涑水流域北至安邑。

王维的耐心已经耗尽，忽然就发了诗人任性使气的野鹤脾性。一个管仓库的小小参军，官小得几乎无印可挂，也无什么冠袍抛置。就悄不言声地写下一纸休书，索性就休了朝廷的官职，炒了皇上的鱿鱼。

也没有通知任何人，自然也无任何人相送。六儿已先行离去，归途只有王维独自趱程。长路漫漫，举目萧然，倍觉孤零。寒食时行到汜水，陆路转水路，搭舟而行。时逢寒食，想起介子推"割股奉君"功莫大焉，在评功摆好时隐居而"不言禄"，实则不肯同流合污，与自己辞官也颇相类似，不觉百感交集，口吟《寒食汜上作》诗曰：

> 广武城边逢暮春，汶阳归客泪沾巾。
> 落花寂寂啼山鸟，杨柳青青渡水人。

氾水依黄河，虎牢关有三千多年历史，号称中州之枢，传说为周穆王畜虎之地。古时唯有西南一深壑幽谷通往荥阳洛阳，是九朝古都的门户。此诗头一句会让当代人疑猜多多，不得其解。王维从泰山脚下的汶阳走水路过来，莫非路经山阴县的广武城？南辕北辙，不可想象。寒食发源地就在山西绵山。山阴县桑干河过去不断改道，如今流入洋河后称永定河，然后注入海河，流入渤海。陶文鹏先生后来告诉我，此广武城在今河南荥阳东北广武山，山上有东西两城，隔河相对，楚汉相争之时，项羽刘邦各占一城对峙。由此可见中国历史之博杂，也可见王维诗中，句句都有来处，字字都不是虚话。

声犹未落，便听有人唤他，循声望去。不禁大喜过望，原来是前舟之上一个两年前结交的朋友房琯。房琯是洛阳人，是开元天宝年间的一名干吏，后来成为杜甫最要好的朋友。杜甫为他险些被杀头。开元十二年（724）王维初见时任卢氏县令的房琯，曾有诗《赠房卢氏琯》戏曰将来有可能到他手下谋个差事，房琯自然满口答应。王维诗曰：

> 达人无不可，忘己爱苍生。
> 岂复少十室，弦歌在两楹。
> 浮人日已归，但坐事农耕。
> 桑榆郁相望，邑里多鸡鸣。
> 秋山一何净，苍翠临寒城。
> 视事兼偃卧，对书不簪缨。
> 萧条人吏疏，鸟雀下空庭。
> 鄙夫心所尚，晚节异平生。
> 将从海岳居，守静解天刑。
> 或可累安邑，茅茨君试营。

不必上岸踏歌，只须两人并一舟，多日不见，自有一番亲热。房琯调任淇水之滨的卫县任县令，回洛阳稍作安排即去赴任。房琯知王维辞官，旧话重提："如不嫌僻远职卑，不妨到我那里谋个职如何？"

回到长安。见了家人，唏嘘说话，也就了了。不久后，王缙考中了"高才沉沦草泽自举科"，却迟迟没有被授官职。王维赋闲，便不时去裴迪以及朋友家里小酌，与长安友人宴饮，同王缙出去游览长安周边胜景。不出游便读书、赋诗、画画、写字、弹琴，也自有一番闲趣。但毕竟心存不甘，入仕之情犹浓，闲极无聊，就想起房琯有话邀他去卫县谋职。静极思动，一时兴起，王维真就赴卫县去寻房琯了。

王维与房琯的命运交集，牵动了月老手中的红线。

四、韵尽芭蕉翠断肠

王维能做的也只有在自己的佛堂里虔诚地诵经。这部《维摩诘经》使王维折服的不仅是明澈智慧的佛法，还有说法叙事行文的方法，也让王维痴迷。看起来似乎千篇一律，所述如同一个一个小故事，因因果果，步步设伏，环环相扣，层层递进，条分缕析，从容叙来，没有一点含糊敷衍，烟望雾视之中，总有一个道理等在那里，照亮人的痴愚。维摩诘以生病为由引来了数千人，并就此向他们宣说正法：

> 诸仁者！是身无常、无强、无力、无坚、速朽之法，不可信也！为苦、为恼，众病所集，诸仁者！如此身，明智者所不怙；是身如聚沫，不可撮摩；是身如泡，不可久立；是身如焰，从渴爱生；是身如芭蕉，中无有坚；是身如幻，从颠倒起；是身如梦，为虚妄见；是身如影，从业缘现；是身如响，属诸因缘；是身如浮云，须臾变灭；是身如电，念念不住；是身无主，为如地；是身无我，为如火；是身无寿，为如风；是身无人，为如水；是身不实，四大为家；是身为空，离我我所；是身无知，如草木瓦砾；是身无作，风力所转；是身不净，秽恶充满；是身为虚伪，虽假以澡浴衣食，必归磨灭；是身为灾，

百一病恼；是身如丘井，为老所逼；是身无定，为要当死；是身如毒蛇、如怨贼、如空聚、阴界诸入所共合成。

维摩诘说："诸位朋友，人生在世，身体无常，很快朽坏，是靠不住的。肉体是盛放痛苦、烦恼和疾病的容器。这样的身体，智慧的人是不会依赖它的。这肉身如水中的泡沫瞬间破灭；如吹出的气泡不能持久；这身体是从欲念渴爱生出的海市蜃楼；这人体如同芭蕉的树干，层层剥开中间却是空的；这皮囊好像魔术师玩的幻术；如同梦中的情形；是前业留下的身体的倒影；仿佛山谷里的回声过后便消失；这身体如同天际浮云转瞬即散；这身体如同闪电只有刹那间的停留；这身躯并无主体只是大地尘埃；这身躯没有自我如同火焰没有质感和形状；这身躯不能长寿如风过隙百年一瞬；这身躯并无主权是随器赋形；这身躯不是实体而是地、水、火、风的合成；这身躯如风如火如地如水离散后归于空；这身躯并无知性如木如草如瓦砾；这身躯不能自主运动是如风车般被拖着转；这身躯不洁净是脓和粪的聚结物；这身体是虚伪地存在注定要分化；这身体是灾难的汇集处有诸般病痛和苦恼时刻干扰；这身体如一丘古井因年久而不断崩塌；这身体的寿命从不确定只有死灭是确定的；这身体依靠四大和合，五官、六触所接受到的信息而自我感觉存在，而四大、五官和六触就像毒蛇、怨贼和空城，让身体虚拟存在，这肉身其实是一个集结有形无形的载体……"

王维恍惚无主的心智在默诵中恢复了安详和平静。人以脆弱的肉身承载无常的生命病痛、无常的人生变化，只有灵魂如灯，在无时无刻地烛照幽微苦涩的自我。佛法是点亮意识之灯的那一星石火。这一星来自天上的石火，是王维灵感的捕手，他善于捕捉灵感的火花并培养它长大，使它千叶离披，光彩四射，成为人类历史上的奇异花朵。

灵光一闪，王维施施然起身，走回书房，来到画案前，在铺好的大号宣纸上，用写药方的残墨，开始创作一帧在中国历史上极负盛名的画。这幅画后来不知怎么流落到北宋沈括之手。沈括出身于仕宦之家，幼年随父宦游各地，不仅是一位官员，还是一位终生致力于科学研究的科学家，在众多学科领域都有很深的造诣和卓越的成就，被誉为中国整部科学史中最卓越的人物，代表作有《梦溪笔谈》等。沈括对这幅画的激赏，引起了广泛注意并掀起了一场大讨论，使这幅画成为一桩公案，成为中国绘画史争论最大最多最持久的一幅画。

这幅画名为《袁安卧雪图》。

卫县，《史记》谓之"殷墟"。《淮南子》云"墨子不入朝歌"中的"朝歌"就是这里。这里不仅是朝歌之故地，殷武乙所都，纣王所居之处。最吸引王维的是卫州先民善音乐，《诗经·卫风》为古卫地的生活写照。《氓》是《诗经·卫风》中一首叙事长诗，诗中以弃妇自诉形式讲诉了自己的婚姻悲剧。全诗六章，每章十句。王维可倒背如流：

氓之蚩蚩，抱布贸丝。匪来贸丝，来即我谋。送子涉淇，至于顿丘。匪我愆期，子无良媒。将子无怒，秋以为期。

乘彼垝垣，以望复关。不见复关，泣涕涟涟。既见复关，载笑载言。尔卜尔筮，体无咎言。以尔车来，以我贿迁。

桑之未落，其叶沃若。于嗟鸠兮，无食桑葚！于嗟女兮，无与士耽！士之耽兮，犹可说也。女之耽兮，不可说也。

桑之落矣，其黄而陨。自我徂尔，三岁食贫。淇水汤汤，渐车帷裳。女也不爽，士贰其行。士也罔极，二三其德。

三岁为妇，靡室劳矣；夙兴夜寐，靡有朝矣。言既遂矣，至于暴矣。兄弟不知，咥其笑矣。静言思之，躬自悼矣。

及尔偕老，老使我怨。淇则有岸，隰则有泮。总角之宴，言笑晏晏。信誓旦旦，不思其反。反是不思，亦已焉哉！

氓就是民或人的意思，一个年轻人假意怀抱布匹来换丝，其实是想和女子谈婚论嫁，女子嫌他没有媒人，让男子秋天迎娶。二段说，女子爬上土墙，看不见情人急得掉眼泪。看见情郎从复关下来，卜卦求神没有凶兆，就要男子赶着车子来，搬运嫁妆。三段是奉劝年轻姑娘，别对男人太多情。男人恋上你想不要就不要，女人若是恋上男子要想解脱不容易。四段是说嫁给男子，穷苦受煎熬。不是做妻子的有差错，是男人太奸刁。反复无常，变心缺德。五段是说婚后三年恪守妇道不辞辛劳，起早睡晚，忙里忙外，家业已成，男人却对女人施以拳脚，伤心落泪。六段是说当年发誓偕白头，如今未老心先忧。海誓山盟在耳，哪料反目成仇。还和别的女人相好，既然已经这样，那就只好离婚了。

《卫风》中更有一首描写隐居的诗《考槃》，王维想来喜欢：

考槃在涧，硕人之宽。
独寤寐言，永矢弗谖。
考槃在阿，硕人之薖。
独寤寐歌，永矢弗过。
考槃在陆，硕人之轴。
独寤寐宿，永矢弗告。

考槃是在山涧结庐筑屋而独居，无从与人说，不欲与人道，无言与人道。木屋虽小天地宽，独自一人睡，独自一人醒，独自一个人说话，恍然忘世，凸现出一个鲜明生动的隐者形象。王维应觉此诗堪为隐逸诗之宗。此风：诗中有景，画里有人，物我共体，天人合神。

房琯，字次律，今河南偃师人。生性淡泊，风仪沉稳，好学，曾与吕向隐居在洛阳陆浑山十几年潜心读书。王维在济州接待玄宗诏封东岳时，房琯撰写了一篇《封禅书》进献给皇帝。中书令张说非常欣赏房琯的才华，举荐他为秘书省校书郎，后调任冯翊县尉。不久，房琯辞官，参加"堪任县令科"考试，被任命为卢氏县令。他兴办对百姓有利的事，深受卫县百姓的爱戴，逐渐传出能吏的名声。

淇水属于海河水系，卫县在淇水之滨。魏大本有诗赞明朝时的淇水曰："隆虑山下水，冲突七盘隅。涧道东南注，滩声日夜呼。蛟龙潜洞壑，鹳鹤老江湖。绿竹千年种，临流想卫都。"由此可以想见唐朝时的淇水，水量水貌比明时更加丰沛明丽。现在又如何呢？

房琯并不知王维心里在想什么，见王维奔自己而来，自然便十分地欢喜，设宴让卫县官员以及城内的士绅名流与王维相见。宴会上吃的是卫县的土特产，并不奢华，但酒却管够，也免不了吟诗作赋。

宴会上，影响王维终生的大事，就此发端。

从安禄山造反，作为五品命官的王维，便密切关注时局。天宝十五载（756）正月僭越称帝，国号大燕，年号叫圣武。那时王维还觉胡儿可笑，以蜉蝣之力撼大唐铁柱，安禄山只能是以卵击石。

尤其"玄宗闻河朔变起，欲以皇太子监国，自欲亲征"，对廷臣鼓励颇大，御驾亲征，士气必然大振，胡儿来势虽猛但立足未稳，御驾亲征必举倾国之兵力，荡平叛军，指日可期。遗憾的是玄宗"谋于国忠，国忠大惧，归谓姊妹曰：'我等死在旦夕。今东宫监国，当与娘子等并命矣。'姊妹哭诉于贵妃，贵妃衔上请命，其事乃止"。

于是玄宗只好让"素有雅称，风格秀整"的太子李琬，挂名征讨大元帅，并起用了已经退休多年的原河、陇节度使哥舒翰任东征军副元帅出镇潼关。太子李琬代父皇出征也许会挽回颓势，但蹊跷的是，在这个节骨眼上太子却"忽然殂谢"。这让王维也让满朝文武若有所失。

接任李琬为皇太子的是李亨，哥舒翰成了皇太子先锋兵马元帅。这也没什么，如果皇太子李亨代皇帝统兵东讨，不掺杂个人野心，与御驾亲征几乎一样，必可挽大唐于危难。但让王维痛心的是并非如此。

五月，南阳节度使鲁炅所率荆州、襄州、黔中、岭南兵卒十万余人全军覆没。六月，李光弼、郭子仪从土门路出征，在常山郡东部的嘉山大败叛军，叛军控制的河北各州郡中有十多个地方归降朝廷。这一战让安禄山产生了害怕心理，打算退兵回守范阳。王维觉得这是一个不错的转机，只要据关坚守避其锋芒以待天下之援即胜局在望。

王维早有耳闻，潼关守军王思礼与哥舒翰是太子李亨的势力，王思礼想要劝哥舒翰率兵回长安诛杀杨国忠。哥舒翰没有答应。王思礼又说要带领三十余骑，入长安把杨国忠劫持到潼关杀了。这些消息传得飞快，引起了宰相杨国忠的警觉。他奏请玄宗选了三千人，还招募新兵一万人，名义是为抵抗叛军，实际是防备哥舒翰回兵杀他。

太子李亨控制了征讨大军，哥舒翰上表要求把杨国忠控制的武装由潼关统一指挥，玄宗批准后哥舒翰马上就找了理由把指挥这支军队的杜乾运处死。杨国忠听说后对儿子杨暄说："吾死无日矣。"史书记载以上情形时，还特意留给后人一句伏笔："翰自是心不自安。"更有记载称，长安沦陷前龙武大将军陈玄礼也"欲于城中诛杨国忠"未果。

时人王维不知。后人如我者明白：此乃历史含混处。

王维只知朝廷不该三番五次催逼哥舒翰弃守为攻，率潼关八万兵与叛军将领崔乾祐决战于灵宝以西，几至全军覆没，向潼关逃奔时哥舒翰也被哗变的部下抓住，献与叛军。潼关失守，长安必然不保。玄宗重提御驾亲征，却是虚晃一枪，弃天下于不顾，逃往西蜀避难。

明知此乃宫斗党争之恶果，王维却只能徒唤奈何。

那天晚上，房琯在酒宴上将王维隆重推荐介绍一番之后，便开始介绍自己的卫县治所和卫州胜景。其实不说王维也早已知道。卫州境内有大伾山，系太行山余脉，东西宽零点九五公里，南北长一点七五公里，面积约一点六六平方公里，海拔高度一百三十五米，平地高起七十米。不属于丛山拔峻岭，而是平原突兀而起的一座孤峰。相传当年大禹治水之时曾登临此山眺望奔腾不羁的黄河，并思谋好了如何给黄河套上羁绊的法子，被载入我国最早的史书《尚书·禹贡》篇中，被历代称为"禹贡名山"。摩崖题刻随处可见，汉唐古柏四百余株。始建于北魏的天宁寺规模宏大，后赵时依山凿就的大石佛，高二十二点七米，俗称"八丈佛爷七丈楼"。禹王庙等建筑，皆各有其妙，为大伾山增光添彩。

房琯还告诉王维："我们卫县古代是藏龙卧虎之地，今日也一样人才济济。淇水河边，隐居着一个年轻人，他的名字叫高适，有人推荐他的诗给本官看，本官很是喜欢，公子乃是高人，不妨看来！"

说着便让从人递上一本诗册。房琯官场做派，先是清谈，然后才上菜。此时酒菜还没有上来，众人闲聊。王维便拿起册页细细从头检看。先有几句简单文字介绍：高适，字达夫、仲武。隐居于淇上读书至今。诗大题为《自淇涉黄河途中作十三首》。

其一

川上常极目，世情今已闲。

去帆带落日，征路随长山。

亲友若云霄，可望不可攀。

于兹任所惬，浩荡风波间。

其二

清晨泛中流，羽族满汀渚。

黄鹄何处来，昂藏寡俦侣。

飞鸣无人见，饮啄岂得所。

云汉尔固知，胡为不轻举。

其三

野人头尽白，与我忽相访。

手持青竹竿，日暮淇水上。

虽老美容色，虽贫亦闲放。

钓鱼三十年，中心无所向。

其四

南登滑台上，却望河淇间。

竹树夹流水，孤城对远山。

念兹川路阔，羡尔沙鸥闲。

长想别离处，犹无音信还。

其五

东入黄河水，茫茫泛纤直。

北望太行山，峨峨半天色。

山河相映带，深浅未可测。

自昔有贤才，相逢不相识。

　　读完以上几首，王维顿生好感，觉得起承自如，律浅而韵深，意绪颇有不凡处。兴会处，心旌摇曳，觉得房琯慧眼识人，便又往下浏览。

其九

朝从北岸来，泊船南河浒。

试共野人言，深觉农夫苦。

去秋虽薄熟，今夏犹未雨。

耕耘日勤劳，租税兼乌卤。

园蔬空寥落，产业不足数。

尚有献芹心，无因见明主。

其十一

我行倦风湍，辍棹将问津。

空传歌瓠子，感慨独愁人。

孟夏桑叶肥，秾阴夹长津。

蚕农有时节，田野无闲人。

临水狎渔樵，望山怀隐沦。

谁能去京洛，憔悴对风尘。

其十二

朝景入平川，川长复垂柳。

遥看魏公墓，突兀前山后。

忆昔大业时，群雄角奔走。

伊人何电迈，独立风尘首……

看到此时，王维已觉此人胸怀无高下，悲悯有心，济世蓄志，且自视甚高，颇堪引为同道，始才击节，不觉为之大赞道："伊人何电迈，独立风尘首。好句！"房琯一旁见了大为高兴，眯了眼睛，拊掌大笑道："呵呵，公子击节，可见本官所言不虚，是个人才吧！"

王维已然心仪，故频频点头，待要往下再看。

这时，下人将酒菜却已上齐，房琯便只好下令开席。一时间觥筹交错。酒过三巡，坐中便有频频顾盼王维的老者，向王维一揖道：

"敢情公子便是太原祁县王家的后人王维王公子。我家侄女不时提起公子，她俩也听说了公子大才和状元及第。她俩说幼时曾与公子家是隔壁邻居，也曾与公子青梅竹马，不知公子还记得吗？"

王维大惊道："老人家莫非说的是双胞胎姐妹玉儿和翠儿吗？"

"正是，"老人家唏嘘叹气道，"唉，难得王公子还记得俺那俩苦命的侄女儿。王公子人中龙凤，待老儿先敬上王公子三杯！"

"这可真是奇遇，"房琯在旁喜道，"这位是我们卫县有名的李云李员外，他大哥原本也是朝廷的大员……呵呵，这个姑且先不说，他乡遇青梅，王公子就先干了李员外这杯酒，也算是正式认识了！"

吃惊过后王维便喜不自胜，一仰脖干了三杯酒，也不避讳众人的不快，便移座到李云身边。房琯见王维失态，便替他解围道："王维王公子乃是本官至交，诸位多担待则个，本官先敬大家一杯！"

"敢问李员外，翠儿和玉儿，现身在何处？"王维迫不及待动问道。李云却长叹一声道："唉，公子，房琯大人说得对，这事儿还真是说不得！先喝酒，喝酒，一醉解千愁，来，给老夫换大杯！"

王维丈二金刚摸不着头脑，只好陪李云喝酒。李云年纪虽大却是个善饮的，换大杯陪王维喝，也应付裕如。王维却不胜酒力，喝得红头赤耳，在众人赞叹敬仰声中，心境使然，吟旧作《不遇咏》道：

北阙献书寝不报，南山种田时不登。

百人会中身不预，五侯门前心不能。

身投河朔饮君酒，家在茂陵平安否？

且此登山复临水，莫问春风动杨柳。

今人作人多自私，我心不说君应知。

济人然后拂衣去，肯作徒尔一男儿。

上书朝廷等不来答复，躬耕南山五谷没有丰登。朝廷盛会不知能否请我？心不让我去求那些权贵。在河朔寄居你家时，你牵挂茂陵家人的平安。山水登临寄情处，心如春风吹杨柳。今人只为自己想，你我心里都非常鄙视。相约济世后隐退，既不枉男儿此生，也不与浊世同流合污。似乎千年之后的今天，与唐时也没有两样。物质丰富了，精神贫乏了。大唐时王维的感慨与今人何其相似："今人作人多自私，我心不说君应知。"与时俱进的是更加自私了！何故如此？

只是众人却不肯饶他，要他再吟一首有趣的。王维大醉，拂不过众人的面子，只得吟了一首《晚春闺思》。是素日见一个女子思春而想起玉儿和翠儿，不知二人如今还待字闺中未？心境何如？诗曰：

新妆可怜色，落日卷罗帏。

淑气清珍簟，墙阴上玉墀。

春虫飞网户，暮雀隐花枝。

向晚多愁思，闲窗桃李时。

吟完之后，王维已是烂醉如泥，便被房琯着人扶去房中休歇。众人也都心满意足，酒足饭饱，纷纷挑着大拇指，说笑着，议论着，在夜色之中点起灯笼，像一些萤火虫儿，去散播王维来了的消息。那时的诗人王维也颇似今日的当红明星，是一个让外省人追捧的人物。

王维尚且不知，大伾山上，已有佳人向他翘首。

王维画《袁安卧雪图》之时，马嵬坡前，皇辇突然停下，一阵马蹄声近来，神色张皇的高力士翻身下马，凑近辇窗，气喘吁吁地道："禀皇上，六军将士因为饥疲闹事，不肯往前走。陈玄礼认为杨国忠作乱才导致安禄山谋反，请李辅国转告太子，想杀杨国忠……"

《旧唐书·肃宗纪》载其事云："六军不进，请诛杨氏。"《旧唐书·玄宗纪》略详："次马嵬驿，诸卫顿军不进……兵士围驿四合，及诛杨国忠、魏方进一族，兵犹未解……"《旧唐书·杨国忠传》记载："军士饥而愤怒……乃围驿擒国忠，斩首以徇。"《旧唐书·韦见素传》亦载："军士不得食，流言不逊……玄礼等军围行宫，尽诛杨氏。"唐人姚汝能《安禄山事迹》也有类似记载。似乎说马嵬之变是因六军饥不得食而偶发的一起群体性事件。但《旧唐书·王毛仲传》写到陈玄礼"及安禄山反，玄礼欲于城中诛杨国忠，事不果，竟于马嵬斩之"的文字。禁军在杀杨国忠时还高呼"勿伤韦相公"，可见目标明确，杀杨国忠早有预谋。

陈玄礼在任神武军果毅都尉时，曾随唐玄宗起兵诛杀了韦后及安乐公主，因其有功，玄宗即位后让其宿卫宫中。此次从长安幸蜀，就是陈玄礼统率六军保驾。明明是出逃却偏说是幸蜀，这就是皇家的厚脸皮。因为沿途地方官员逃亡，行到咸阳时因"官员骇散，无复储供"，在饮食困难士兵饥疲的情况又行至马嵬坡驿站，没有饮食供给的数千人的逃亡队伍，终于爆发了骚乱。率领六军的将领陈玄礼素来对杨国忠身兼多任、恣威弄权不满，此次安禄山起兵又打出"诛杨"旗号，朝内所有人等几乎都认为"兵满天下，毒流四海，皆国忠之召祸也"，"中外群情，不无嫌怨"。陈玄礼于是对将士说："国忠挠败国经，构兴祸乱，使黎元涂炭，乘舆播越，此而不诛，患难未已。"众将士见主将如此，自然群情激愤，便呐喊着要杀杨国忠，兵变即起。

《资治通鉴》载："丙申，至马嵬驿，将士饥疲，皆愤怒。陈玄礼以祸由杨国忠，欲诛之，因东宫宦者李辅国以告太子，太子未决。会吐蕃使者二十余人遮国忠马，诉以无食，国忠未及对，军士呼曰：'国忠与胡虏谋反！'或射之，中鞍。"杨国忠见状便急忙策马往皇辇这边逃，玄宗和贵妃听到的，便是杨国忠发出的大呼小叫。

当时的情形是，杨国忠没逃几步就被乱兵拦住，只好拍转马头往马嵬驿的西门方向去，结果被众将士追上，乱刀斩落马下，顷刻之间被肢解。一颗血淋淋的人头被割下，挑于长枪之上，一路血淋淋地举着，所到之处，见者全是骂声和称快声，可见其不得人心。

这当儿，玄宗与贵妃已被高力士等贴身亲卫护送入马嵬驿之中严密保护起来。这些贴身护卫都是玄宗的心腹，自然不随乱兵行动，而是要拼死保护皇帝。这时，游行的驿外兵将把挑于长枪之上的血淋淋的杨国忠的首级，竖立在了驿站门口，杀瓜者与吃瓜者，同声欢呼。

马嵬坡之乱随杨国忠同时被诛杀的还有户部侍郎杨暄、韩国夫人、秦国夫人和魏方进等。消息传开后杨国忠的妻子裴柔以及儿子杨晞、虢国夫人及其子裴徽，也在陈仓被县令薛景仙杀死。无一幸免。

可见这个世界上所发生的一切都不是偶然的。

李云家在当时卫县可谓名门大户。王维走去叩门时，应门的是昨日随李云前去的年迈苍头。苍头见了王维之后，觉得有些意外，似乎又不意外，便掩口窃笑道："俺家老爷大清早上就起身去大伾山的青坛紫府洞了，临走有话，要是王公子来了，也有意的话，就请王公子随后追赶于他。俺还有点子不信，没想到王公子果真就来了……"

王维满腹狐疑地问："李员外，还有别的话吗？"苍头笑道："俺家老爷还说了，要是公子有意，就去紫府洞找他；要是无意，就权当没有这档子事。候他回来，择日去房琯大人府上拜望公子！"

王维愕然之余，老苍头回身指着院内拴马桩上一匹剪尾荡蹄的青斑马道："这不，我家老爷把马都给公子备好了，公子上了马，这马自会把公子驮去大伾山青坛紫府洞，这是小姐的马儿，常去那里！"

王维心头一亮，便急忙进门去从拴马桩上解下青斑马，也不待多说，翻身上马。那马儿似乎通人性，不用王维催策，嘶鸣一声，便迈开四蹄，出得门来，径自往大伾山方向，颠颠儿地往前跑去了。

驰骋之中，王维的耳边便传来玉儿和翠儿稚嫩的童声：

死生契阔，与子成说。

执子之手，与子偕老。

于嗟阔兮，不我活兮。

于嗟洵兮，不我信兮。

翠儿委屈的声音："维哥哥，你说，怎么就不对？"

王维的声音："这个士兵在林子里遇见了一个女子，就像你爹遇见了你娘……说好俩人要互相拉住手一起变老……还有说，那士兵在树林里忽然想起……就像你爹想起了你娘……那时你爹你娘还没有成亲……"

青斑马驮着王维一路飞奔。正值早春，万物萌生，淇水汤汤，芳草郁郁，杨柳依依。稼田片片新绿，房舍点点琉翠。香车宝马，燕翼剪剪，路边有女子折柳拧笛，吹出音声，竟似黄鹂啼啭。柳枝上有鸟声应和，韵味绮丽。王维触景生情，借物起兴《早春行》曰：

紫梅发初遍，黄鸟歌犹涩。

谁家折杨女，弄春如不及。

爱水看妆坐，羞人映花立。

香畏风吹散，衣愁露沾湿。

玉闺青门里，日落香车入。

游衍益相思，含啼向彩帷。

忆君长入梦，归晚更生疑。

不及红檐燕，双栖绿草时。

前行处，忽现大片茂篁修竹，竹林中遍地春笋，从腐枝败叶掩盖的暗土里尖尖峭峭地拱将出来，雪白青嫩。青斑马被吸引得忽然就慢下蹄脚，缓行起来，并斜向路边，低下头尖起白色的口唇，去啃食那些路边的嫩笋。王维身脸便被那些横逸的竹枝和竹叶扫到了，不得不抽缰牵引贪吃的青斑马。眼前景色令王维恍然大悟《诗经·卫风·淇奥》诗，何以三章九句，章章以淇水、绿竹开篇："瞻彼淇奥，绿竹猗猗。有匪君子，如切如磋，如琢如磨。瑟兮僴兮，赫兮咺兮。有匪君子，终不可谖兮。　　瞻彼淇奥，绿竹青青。有匪君子，充耳琇莹，会弁如星。瑟兮僴兮，赫兮咺兮。有匪君子，终不可谖兮。　　瞻彼淇奥，绿竹如箦。有匪君子，如金如锡，如圭如璧。宽兮绰兮，猗重较兮。善戏谑兮，不为虐兮。"

诗以竹的笔直、空心、有节、挺拔、苍翠、浓郁来赞颂卫武公的修身好学九十岁不辍，就是因为淇奥之地多竹林，娴于此物而以此物起兴，方有此诗。淇水原本是黄河支流，东汉建安九年（204），曹操为水运得以通粮道，于淇水之出口处做堰，不让淇水流注入白沟，致使淇水成为了卫水的支流。没有淇水，想来也滋养不出如此之多的竹林吧？

袁安是东汉人，字邵公，今河南商水西南人。

《后汉书·袁安传》记载说："时大雪积地丈余，洛阳令身出案行，见人家皆除雪出，有乞食者。至袁安门，无有行路。谓安已死，令人除雪入户，见安僵卧。问何以不出。安曰：'大雪，人皆饿，不宜干人。'令以为贤，举为孝廉。"一连几天暴雪，雪霁之时，积雪足有一丈多厚，不仅封路堵门，低矮的房屋几乎都被掩埋在雪里了。洛阳的官员赶赴灾区访贫问苦赈灾送粮，见灾区百姓已经在自救，家家户户，都铲开堵门雪，扫出雪中路，四处寻找吃喝。只有袁安家仍然掩埋在白皑皑的大雪之中，屋顶上也积满了雪，没有道路可以通行过去。

洛阳令以为室内的人已冻馁而死，便命人凿冰除雪破门而入，入得门中，却见袁安僵卧在床，奄奄一息。洛阳令上前急忙扶起袁安，问他为什么不出门去找吃的，袁安无力却安详答曰："这样的大雪天，人人都又饿又冻处于危难之中，个个都已经无暇他顾，我实在不忍心再分他们的吃食，给他们添麻烦！"这话让洛阳令听了感动得流下了眼泪。为了嘉许袁安这种大爱舍己为人着想的品德，便荐举袁安成为孝廉。"孙宝行秋霜之诛，袁安留冬日之爱"，成为朝廷要天下人学习的两个榜样之一。袁安遂平步青云、扶摇直上，成为了汉室的社稷之臣。

陶潜《咏贫士七首》诗曰："袁安困积雪，邈然不可干。阮公见钱入，即日弃其官。刍藁有常温，采莒足朝餐。岂不实辛苦，所惧非饥寒。贫富常交战，道胜无戚颜。至德冠邦闾，清节映西关。"

关键在于袁安当官没有变质，清正廉明，属下怕他又爱他。在职十年，京师肃然，名重朝廷。窦太后临朝后，窦宪兄弟专权，民怨沸腾。袁安多次直言上书，弹劾窦氏种种不法，为窦太后忌恨。但袁安节行素高，窦太后无法加害于他。袁安在是否出兵讨伐北匈奴的辩论中，为国家民生计，力主怀柔，反对劳师远涉、徽功万里，免冠上朝力争达十余次。后来"汝南袁氏"成为东汉有名的世家大族。

王维在危急关头画《袁安卧雪图》自然是以袁安自勉。袁安临暴雪之饿馁而不改怀爱于天下之情，王维处叛军之重围犹存忠君报国之心。预先给自己设计了装聋作哑的法子，下了毅然赴死的决心。为了彰明《袁安卧雪图》内蕴的高洁之志，还特特儿在图中的显眼处，画下了一株翠绿怡人、大叶披离的芭蕉树，傲然青于大雪纷飞之中。

《袁安卧雪图》因此又被后人誉为《雪中芭蕉》。

卫人写诗赞美卫武公，借竹咏人，始于《淇奥》篇。西汉东方朔《七谏·初放》："便娟之修竹兮，寄生乎江潭。上葳蕤而防露兮，下泠泠而来风。孰知其不合兮，若竹柏之异心。"借竹子之特性为自己与屈原鸣不平。魏晋南北朝时朝野名士爱竹已蔚然成风。东晋王徽之性情卓尔不羁，吴中一士大夫家有好竹，王徽之坐车直奔那儿，吟啸良久，主人洒扫请坐，他也不理不睬。又曾经寄居在空宅里，就下令种竹子，别人问起，他说："何可一日无此君耶！"自是"此君"成了竹子的雅称。鄙弃世俗、与竹为伴，就成了君子的时尚标志。嵇康、阮籍等高士"相与友善，游于竹林"，是为著名的"竹林七贤"。

中国水墨画中最先画竹的传说：唐王维始画竹。唐之前是否也有之？肯定也有，但多为摹写，无技巧和章法，不成气候。唐王维始画竹是以章法画竹的开始。长安竹林与淇奥自不能比，纵能见到也不成规模，而淇奥之地是著名竹乡，王维知竹、惜竹、爱竹，始而画竹启于淇上这一段居留。苏东坡《观王维吴道子画》记录了自己在凤翔普门、开元寺观摩二人遗作所见所感："摩诘本诗老，佩芷袭芳荪。今观此壁画，亦若其诗清且敦。祇园弟子尽鹤骨，心如死灰不复温。门前两丛竹，雪节贯霜根。交柯乱叶动无数，一一皆可寻其源。"可见在开元寺东塔这幅王维壁画里，就有雪竹作为祇树给孤独园的背景的一部分。壁画今虽已不存，但王维画竹的技艺之高超却可见一斑。

禅宗以"青青翠竹，总是法身；郁郁黄华，无非般若"来以竹而喻佛、喻禅。王维诗篇中涉竹也甚多，如"独坐幽篁里""松竹有遗处""有地竹林多""竹外峰偏曙""暮持筇竹杖""隔牖风惊竹""看竹到贫家""庖厨出深竹""嫩竹含新粉""徒闻竹使荣""焚香竹下烟""映竹解罗襦""月夜竹林眠""看竹何须问主人""肯过精舍竹林前""近入千家散花竹"等，说明王维对竹的宠爱。

王维率先画竹起到了引领的作用，使画竹成为独门画作题材，并逐渐出现专门画竹的名家，如中唐萧悦便是发扬光大者，他以双钩敷色专擅画竹。白居易得他赠画后，写了一首《画竹歌》备极推崇赞叹："植物之中竹难写，古今虽画无似者。萧郎下笔独逼真，丹青以来唯一人。人画竹身肥臃肿，萧画茎瘦节节竦。人画竹梢死羸垂，萧画枝活叶叶动。不根而生从意生，不笋而成由笔成。野塘水边碕岸侧，森森两丛十五茎。婵娟不失筠粉态，萧飒尽得风烟情。举头忽看不似画，低耳静听疑有声。西丛七茎劲而健，省向天竺寺前石上见。东丛八茎疏且寒，忆曾湘妃庙里雨中看。幽姿远思少人别，与君相顾空长叹。萧郎萧郎老可惜，手颤眼昏头雪色。自言便是绝笔时，从今此竹尤难得。"此诗使白居易成为中国最早对画竹进行艺术评论的人。

把画竹推向图腾和象征意味的是宋元明清诸朝诗人和画家。苏轼反对"节节而为之，叶叶而累之"的画法，提出"画竹必先得成竹于胸中，执笔熟视，乃见其所欲画者，急起从之，振笔直遂，以追其所见，如兔起鹘落，少纵则逝矣"。竹在士大夫生活中的地位与象征愈益明显突出。苏东坡甚至说："宁可食无肉，不可居无竹。无肉令人瘦，无竹令人俗。人瘦尚可肥，士俗不可医。旁人笑此言，似高还似痴。若对此君仍大嚼，世间那有扬州鹤？"元朝黄潜的《题高公画竹石》诗："木叶萧萧半欲空，竹竿袅袅不成丛。绝怜意匠经营处，都在风烟惨淡中。"诗、书、画三位的最终合体，逐渐对绘画本身形成了制约，过分宥于成法，过分执着的同时，忘了佛家所说法便是空。

这当是王维寄情于竹并动手画竹时所始料未及的。

唐玄宗闻杨国忠已死，自然也无可奈何，心知兹事体大，性命攸关，只能赞同众将士们的处置，并下令赦免众将士兵变之罪。但将驿站团团围住的六军却迟迟不肯退去。《旧唐书·后妃传》记载说："既而四军不散，玄宗遣力士宣问，对曰：'贼本尚在！'盖指贵妃也。"

《资治通鉴》载："上杖屦出驿门，慰劳军士，令收队，军士不应。上使高力士问之，玄礼对曰：'国忠谋反，贵妃不宜供奉，愿陛下割恩正法。'上曰：'朕当自处之。'入门，倚杖倾首而立。"

玄宗穿着麻鞋拄着龙头拐杖走出驿门，发声慰劳军士，令他们将队伍收回营中，可是军士们不听。皇上派高力士问他们，龙武大将军陈玄礼如实说："杨国忠阴谋反叛已久，贵妃不应该再在皇上身边侍奉，希望陛下割舍恩爱以正法典。"玄宗情知情况凶险，如果自己不同意请求，会激起兵变，那时不仅贵妃还是难逃一死，便连自己的性命也会难保，便道："朕将自己处置她。"说完就回到了驿馆之中。

玄宗低头伫足，靠在拐杖上，潜然泪下。

《资治通鉴》载："久之，京兆司录韦谔前言曰：'今众怒难犯，安危在晷刻，愿陛下速决！'因叩头流血。上曰：'贵妃常居深宫，安知国忠反谋！'高力士曰：'贵妃诚无罪，然将士已杀国忠，而贵妃在陛下左右，岂敢自安！愿陛下审思之，将士安，则陛下安矣。'"

韦谔磕头流血也没有打动唐玄宗，玄宗认为杨贵妃入宫后从来没有干预过朝政，虽然举荐杨国忠入宫当官，也是亲情使然，属于无心之过，罪不该死。何况她根本没有得罪过陈玄礼和将士们，为什么非要苦苦相逼呢？玄宗没有意识到，不久前杨贵妃曾"衔上请命"而劝阻玄宗亲征，太子因此未获监国，已经卷入了宫斗党争。高力士所言也是，杨国忠之祸，根在贵妃。斩草不除根，春风吹又生。杀了杨国忠，留下杨贵妃，保不齐哪天贵妃会为杨国忠报仇雪恨。所以，必杀杨贵妃，众将士方可心安，不杀兵变还会继续，恐激变成大祸。

玄宗原本是个多情坯子，对贵妃打心眼里有一百个好，但陈玄礼及韦谔丝毫不肯通融，驿站外呐喊声一浪高过一浪地催逼。玄宗纵有千种柔肠，万种不舍，也架不住左右人等软硬兼施。在江山社稷与红粉佳人之间反复权衡之下，再加上自家的性命，终于不胜凄然地败下阵来。《资治通鉴》载："上乃命力士引贵妃于佛堂，缢杀之。"缢杀，是他人使绳子勒玉环颈而硬杀之。《旧唐书》载："力士复奏，帝不获已，与妃诀，遂缢死于佛室。时年三十八，瘗于驿西道侧。"

蔡东藩《唐史演义》载："却说杨贵妃选闻凶耗，心似刀割，已洒了无数泪痕；及高力士传旨赐死，突然倒地，险些儿晕将过去，好容易按定了神，才呜咽道：'全家俱覆，留我何为？但亦容我辞别皇上。'力士乃引贵妃至玄宗前，玄宗不忍相看，掩面流涕。贵妃带哭带语道：'愿大家保重！妾诚负国恩，死无所恨，惟乞容礼佛而死。'玄宗勉强答道：'愿妃子善地受生。'说到'生'字，已是不能成语。力士即牵贵妃至佛堂，贵妃向佛再拜道：'佛爷佛爷！我杨玉环在宫时，哪里防到有这个结局？想是造孽深重，因遭此谴，今日死了，还仗佛力，超度阴魂。'说至此，伏地大恸，披发委地。力士闻外面哗声未息，恐生不测，忙将贵妃牵至梨树下，解了罗巾，系住树枝。贵妃自知无救，北向拜道：'妾与圣上永诀了。'阅至此，也令人下泪。拜毕，即用头套入巾中，两脚悬空，霎时气绝，年三十有八……"

《唐国史补》说："高力士把杨贵妃缢死于佛堂的梨树下。"这就变成了吊颈而杀，中国人俗称吊死，西方人说是绞刑。似乎还是高力士动的手。佛堂里怎么会有一棵梨树？《杨太真外传》则记述唐玄宗与杨贵妃诀别，贵妃还"乞容礼佛"，容许她在佛前做祷告。不知绝代佳人临死前向佛诉说了什么？是失望于三郎情不如钗坚？把一个黑乎乎死巴巴的江山看得比活生生美艳艳的天生尤物还重？还是怨怪天下所谓大男人们何其薄幸无能，每遇天下祸乱必推责于区区妇人？殊不知此乃狗扯羊皮也，那狗子们要扯，何以反怪得羊皮哩？

画《雪中芭蕉》的王维料定不空便会杀人或被杀。

此时青斑马已载着王维啼声嘚嘚上了大伾山。离大伾山不远处还有一座浮丘山，也是一座在平原上峻峭而起的秀丽山峰，如同王维的儿时玩伴玉儿和翠儿，当为双峰并峙的兄弟山或曰姐妹山。只是浮丘山没有大伾山著名，仿佛玉儿和翠儿在王维心中，轻重各有不同而已。

大伾山是一座秀丽的石头山，因其并不高峻，上山的路也舒缓平坦。千年风化只能产生一寸的泥土，只有苍松古柏方可在裂石缝隙间扎下须根，顽强生长，翠竹却没有这个本事，几乎看不到了。故而松梅竹菊四君子之中，松是翁，梅是妪，竹是君，菊是姑。四者之中，王维尤爱松翁，因其古迈也。正自观看时，却见路边一棵不知其几多岁的古柏，从树根底部开裂处，竟长出一株细细的槐树，槐树虽然尚未着花，却已经抽枝长叶，葱绿的枝条在微风中婆娑，柔嫩的叶片在光影里披拂，被树冠蓊郁的古柏抱于怀中，宛若娘怀里的小儿。

自然如此神奇，王维忍不住下马细看，疑猜是风吹来了槐树的种子，落入柏树的根裂处，然后便生长出来，还是山上的僧道有好事者蓄意移栽而成？无论是前者后者，都得托赖天地的好生之德，使得柏中之槐得以共生，造成了这个天地间的奇观。假以千年又当如何？果如王维所料，这两棵同根共生的柏槐树，在如今的大伾山，生长得郁郁葱葱，遮天蔽日，被时人称为柏抱槐，可惜王维看不到了。

王维正自观想之时，被撂在一边的青斑马，却忽地兀自发出一声清越的嘶鸣，竟是脱缰飞奔而去。王维一惊，心想好生了得，这识途的马儿自去了，却把个生疏人撂在野山上，这该如何是好？便撇下柏抱槐，撒腿去追青斑马。只见青斑马扬着一缕细尘，扑奔去得前边不远处，一个小小的亭子前，玉立着一个穿青色无领道袍的腰身窈窕的女冠子，头戴一顶黄色的道冠，正冲扑奔向前的青斑马不住招手。

何以为女冠子？《唐六典》卷三《户部尚书》云："凡道士给田

三十亩。女冠二十亩，僧尼亦如之。"女子出家，朝廷给二十亩田地以充俸禄，出家女子称"女冠子"，因其头戴黄色道冠，亦称"女黄冠"。比王维小二十多岁被誉为大历十才子之冠的钱起，即"曲终人不见，江上数峰青"的作者。他有诗专写女冠子曰："古也忧婚嫁，君能乐性肠。长男栖月宇，少女炫霓裳。问尔餐霞处，春山芝桂旁。鹤前飞九转，壶里驻三光。与我开龙峤，披云静药堂。胡麻兼藻绿，石髓隔花香。帝力言何有，椿年喜渐长。窅然高象外，宁不傲羲皇。"

同样是太原祁县的晚唐诗人温庭筠，是王维的后辈，他也有词赞过《女冠子》："含娇含笑，宿翠残红窈窕。鬓如蝉，寒玉簪秋水，轻纱卷碧烟。 雪胸鸾镜里，琪树凤楼前。寄语青娥伴，早求仙。"更有五代时的山西老乡薛昭蕴也有词赞《女冠子》，其一："求仙去也，翠钿金篦尽舍。入岩峦，雾卷黄罗帔，云雕白玉冠。 野烟溪洞冷，林月石桥寒。静夜松风下，礼天坛。"其二："云罗雾縠，新授明威法箓。降真函，髻绾青丝发，冠抽碧玉簪。 往来云过五，去住岛经三。正遇刘郎使，启瑶缄。"

女冠子的由来和缘起以及穿衣装束丰韵神采由以上诗词可见。如同玉真公主也似，这是唐朝特有一种现象。但这些与王维记忆的玉儿翠儿全无关系，所以王维望见女冠子时，不觉心头怔忡而且茫然。便听得从亭子间那边飘来了一水儿清脆的喊声："维哥哥——是你吗？"

喊声没有山回谷应的跌宕，因为大伾山名气虽大，可山的四围却没有了群山的依托，声音便没有被山谷放大或变形，竟是原汁原味毫无遮拦，穿越时光，穿越岁月，从童年时传入了而立之年的王维的耳鼓。还用多说吗？除了翠儿还会有谁能够这么肆无忌惮地唤他呢？

王维满腹疑惑，却如闻天籁，霎时间就醉了。

杨贵妃死后，空如芭蕉的尸体，还被玄宗给多人鉴看。《资治通鉴》载："與尸置驿庭，召玄礼等入视之。玄礼等乃免胄释甲，顿首请罪，上慰劳之，令晓谕军士。"唐玄宗还召陈玄礼等将士验看。玄宗这样做，对爱美的杨玉环可谓一种极大的亵渎与伤害。

缢杀者多半会从口中吐出紫绀肿胀的长舌，口角、鼻孔、眼睛，会憋出缕缕道道的鲜血，腹中遗秽也会因失控而淋沥。以龙武大将军陈玄礼一大拨大男人，见生前"回眸一笑百媚生"的杨玉环，这位绝代佳人死后竟然会如此的狼藉，于心是否会有所不忍、有些怅然若失？《旧唐书》载："玄礼等乃免胄释甲，顿首请罪，上慰劳之，令晓谕军士。玄礼等呼万岁，再拜而出，于是始整部伍为行计。"

《唐史演义》载："力士见贵妃已死，遂将尸首移置驿庭，令玄礼等入视。玄礼举半首示众人，众乃欢声道：'是了是了。'玄礼遂率军士免胄解甲，顿首谢罪，三呼万岁，趋出敛兵。玄宗出抚贵妃尸，悲恸一场，即命高力士速行殡葬，草草不及备棺，即用紫褥裹尸，瘗诸马嵬坡下。适值南方贡使，驰献鲜荔枝，玄宗睹物怀人，又泪下不止，且命将荔枝陈祭贵妃，然后启行。先是术士李遐周有诗云：'燕市人皆去，函关马不归。若逢山下鬼，环上系罗衣。'第一句是指禄山造反，第二句是指哥舒翰失关，第三句是指马嵬驿，第四句是指玉环自缢，至此语语俱验。国忠妻裴柔，与虢国夫人母子，潜奔陈仓，匿官店中，被县令薛景仙搜捕，一并诛死，这且不必絮述。"

马嵬之变是太子乘玄宗出逃之机除掉对手杨国忠，并借机灵武即位的一招大棋。后人不甘大戏草率散场，颇多追问，何以太子李亨策动马嵬坡政变没有对玄宗皇帝下手？反纵龙入海让玄宗平安入蜀，且来年又重返京师呢？关键在于龙武大将军陈玄礼，李辅国在太子指使下对陈玄礼进行拉拢甚至胁迫，但陈玄礼并没有依附太子或任何一方势力，而是恪尽职守，忠于玄宗皇帝。玄宗宽恕陈玄礼，并允许他继续护驾入蜀，长安收复后仍旧让他伴驾返回京都，就是因为玄宗知道内幕。兵变后太子李亨分兵北上，玄宗得以平安入蜀。太子很快就在灵武登基称帝，玄宗也只能徒唤奈何。陈玄礼次年重返京师不久即被唐肃宗李亨勒令致仕，便是有力的反证。遗憾的是正史与《资治通鉴》等文献对马嵬之变的记载事多曲隐，留下许多的不解之谜。

陈鸿，字大亮，唐贞元二十一年（805）进士。唐文宗大和三年（829）官尚书主客郎中。曾以七年之力撰编年史《大统记》三十卷，今不传。唐宪宗元和初与白居易同游时，说起唐玄宗和杨贵妃的事情，白居易写了《长恨歌》，陈鸿写了《长恨歌传》。二者均以史料而起兼铺张渲染，寓有劝诫讽喻之意。陈鸿写到杨贵妃之死时这样叙述："六军徘徊，持戟不进。从官郎吏伏上马前，请诛晁错谢天下。国忠奉牦缨盘水，死于道周。左右之意未惬，上问之。当时敢言者，请以贵妃塞天下怒。上知不免，而不忍见其死，反袂掩面，使牵而去之。仓皇展转，竟就绝于尺组之下。"尺组乃唐朝小官腰间所系绶带。王维被贬之后也有诗叹之曰："读书三十年，腰间无尺组。"白居易在《长恨歌》中写到贵妃之死时，用的是欲擒故纵婉转铺陈的手段以夸张："翠华摇摇行复止，西出都门百余里。六军不发无奈何，宛转蛾眉马前死。花钿委地无人收，翠翘金雀玉搔头。君王掩面救不得，回看血泪相和流。"

陈鸿《长恨歌传》与白居易《长恨歌》相辅相成，相得益彰，流传颇广。北宋乐史撰长篇传奇《杨太真外传》就取材于此传和白诗。后世演为戏曲者尤多。以元代白朴的《唐明皇秋夜梧桐雨》杂剧及清代洪昇的《长生殿》传奇最为著名。其实又岂止这些。

我有七言平水仄声韵以寄古今这等人与物的悲剧曰："丽质天生何自弃，只因选在帝皇侧。芭蕉雪禅遗清响，驿马花容成绝色。倾国倾城倾社稷，覆山覆水覆关塞。如今妖媚可怜减，多少风流看不得。"

五、身陷胡尘音律恨

安禄山没想到玄宗会如此之快地逃离长安，他命崔乾祐兵留潼关驻守。十日后方命叛军孙孝哲率骑兵攻入长安，并以张通儒为西京留守，崔光远为京兆尹，安守志率兵驻扎苑内，以监督关中诸将。叛军进入长安以后，以为大功已经告成，遂"日夜纵酒，专以声色宝贿为事"，不想西出追击，故玄宗"得安行入蜀，太子北行亦无追迫之患"。

安禄山命孙孝哲对未逃离长安的皇室成员、百官家属进行屠杀。先于崇仁坊杀霍国长公主及王妃、驸马，剖其腹，用其心脏祭祀安庆宗。

凡杨国忠、高力士之党及禄山平时所厌恶者皆处死，凡八十三人，"或以铁棓揭其脑盖，流血满街"，使人惨不忍睹。接着又杀皇孙及郡、县主二十余人。怕死和心怀异志者即刻投诚安禄山，原宰相陈希烈以及前宰相张说的两个儿子张均、张垍等多人，俯首称臣，觍颜事敌，提供搜捕名单，成了带路党。安禄山听说长安百姓乘乱盗窃府库财物，又命在长安大肆搜索三日，翻箱倒柜，不论是府库财物，还是个人私物，一概搜掠殆尽。还令府县追查，"铢两之物无不穷治，连引搜捕，枝蔓无穷，民间骚然"。满城里全是哭声和各种喊声。

怀有侥幸心理的王维，这才后悔前几天没有随六儿、李娘回辋川去避难。好在已经做好了万一准备，匆忙间换上平民装束，吞下事先准备好的几种药物，也不顾案上墨迹犹新的《雪中芭蕉》，草草收拾了一个小包，想要出门去随同逃难的百姓混出城门。临近城门，却见几道关卡之前，都有几位颇为面熟的唐朝官员帮叛军从百姓中认人。王维不敢造次上前，便悄悄由原路退了回去，想着与其被在城门口认出，还不如潜伏于家中，伺机再行逃走。回家刚喝了几口水，喘息初定。便听得一阵砸门声，心知有异，却也有了心理准备，此时药性发作，王维已说不出话来。侧耳细听，却听得门外有一个耳熟的声音喊道："开门啊，我是张垍，请王给事中速速开门，有圣旨下！"

王维听了一怔，心想自己与张垍虽然同朝为官，但往来不多，怎么会来找我？张垍是前宰相张说次子，娶玄宗女宁亲公主，是当朝驸马。玄宗特深恩宠，许于禁中置内宅，侍为文章，尝赐珍玩，不可胜数。错以为也许是皇上真的有什么旨意到了，所以赶紧打开大门。

《旧唐书》载：天宝十三载（754）正月，玄宗因安禄山破奚、契丹有功，想提拔安禄山当宰相，杨国忠不同意，玄宗就没有下旨。后来安禄山知道了这件事。杨国忠就说："这事只皇上、为臣，还有张垍知道，肯定是张垍告给安禄山的！"玄宗大怒，就把张垍贬为卢溪郡司马，哥哥张均贬为建安太守。禄山反叛之后玄宗逃到咸阳时问高力士："昨日仓皇离京，朝官不知所诣，今日谁当至者？"力士曰："张垍兄弟世受国恩，又连戚属，必当先至。房琯素有宰相望，深为禄山所器，肯定不会来。"玄宗说:"这事也说不定。"没想到这天房琯追上来,玄宗很高兴,问房琯张均和张垍怎么没来?房琯说:"我离京时去他家相约同行,张均说他'已于城南取马',不知会不会来。"最后张均、张垍弟兄俩果然没来,后张垍与陈希烈当上了安禄山的宰相……房琯因此而大获玄宗欣赏,当日便被任命为吏部尚书、同中书门下平章事,成为宰相。到达成都后,又加银青光禄大夫。

王维正自想处,却见张垍背后是一群穿叛军服饰的执刀壮汉。张垍满脸奸笑道:"王给事中听旨,安禄山雄武皇帝,宣你去洛阳见驾!"

王维这才明白,张垍已经不是过去的那个张垍了。

过后王维才知道,李云那天回到家中,亦喜亦忧,辗转反侧了一夜,大早出门去大伾山给翠儿报信。临行前与家人那一番说话,也是李云老谋深算私心里的计较,权当是给王维设了一个局。若是王维来了,又肯独自个上大伾山找自己,说明这事儿有戏;若是王维压根就没来,说明这只是一厢情愿,也就撂过不提了。没想到的是,李云刚上了大伾山把王维来了卫县跟已经当了女冠儿的翠儿一说,翠儿便撇下李云跑出来到亭子里等候王维,丝毫就没些许的犹豫。

王维因为贪着赶路,与李云几乎是脚前脚后到达大伾山。翠儿在亭子里等了也就是两炷香的工夫,远远地便见打山下上来一个人,但王维并不知道,且在途中被柏抱槐的奇观吸引,下马有一番逗留。远处望着的翠儿也不敢贸然招呼。却是被撂在山坡上吃草的青斑马眼尖,远远地看见了亭子里的女主人,便嘶鸣一声不由分说扑奔向翠儿。翠儿这才注意到来人骑的竟是自己的坐骑,这才招手并喊了一声维哥哥。

翠儿已经不认得眼前这个身材颀长风姿郁美的男子是谁,便收敛起儿时的青涩和心直口快,拿捏出女冠儿的庄重,正了正神色,打了个稽首道:"请问,来人可是王维王公子吗?贫道这厢有礼了!"

眼前这位仙风道骨、美得超凡脱俗的女冠,分明就是一位驻足于云端的绰约多姿的神仙妹妹,让王维怦然心动。与王维童年记忆中的翠儿已经大相径庭,哪里还有那个缠着王维不依不饶的翠儿的丝毫影子!路上遇见，是断不敢相认的。见神仙妹妹忽然如此动问，一时竟回不过神来，不知说什么是好。翠儿见了，噗哧一声笑了，恢复了小时候的顽皮神情："维哥哥，真不认得我了？我是翠儿啊！"

王维这才从神情和语气间认出，翠儿分明还是那个翠儿，只是长大了，比奶肥时那个童年的翠儿，出落得更加楚楚动人，更加美得不可方物了。王维毕竟也是而立之年的男子，眼前的翠儿不仅成了大姑娘，还是一位女冠儿，不敢唐突，便一揖道："在下王维，见过——"

情急之下，不知是该称对方是翠儿，还是称呼别的，所以就没了下文。翠儿看出了王维的困窘，笑道："维哥哥，你长大了，可千变万变，还是那么拘礼，没有缙哥哥那么潇洒。这有什么难的吗？我叫你维哥哥，你当然还得叫我翠儿，无量寿佛，难不成还叫我道姑？"

王维这才确信了眼前的神仙妹妹的确是翠儿，便恢复了自然，解嘲地笑道："这一天云里雾里的，你维哥哥已经是晕头转向，还不赶紧告诉我，这到底是怎么回事儿？你怎么打扮成这样儿？你姐姐玉儿呢？你娘呢？她们还好吗？你们怎么会跑到卫县，让我好找！"

这一问，翠儿忽然顾兮盼兮，美目里霎时珠泪滚滚。

张垍带叛军而来，连连问话之时，王维只有捏住喉咙，示意自己得了喑哑之疾，不能说话，并想趁机关上大门谢客。孰料几个叛军一拥而上，将王维扭住。张垍说了声"搜"，一群叛军便跟随张垍入室。

进去之后一阵乱翻。王维自是穷官，自然搜不出什么值钱东西。不过这张垍却是个识货的，便卷了案上几张王维的书法和字画，其中也包括王维新画的《雪中芭蕉》，径自出门，率叛军押了王维便走。

先还没有绑王维，张垍苦口婆心劝说王维，他说："大燕国的安禄山雄武皇帝，特意交代了的，要我劝劝你。禄山皇帝早就认识你，你也认识他。只是他与你没有深谈过，但他喜欢你的风度和气质，说玄宗皇帝开他玩笑时，满朝文武个个都跟着拿他开心狂笑，只有你一个人从来都不跟着大家狂笑……呵呵，说起来那厮也着实让人好笑，我也在一旁没有少笑过他。还真的没有注意过你竟然不笑，不易啊，那么好笑，你竟然可以不笑？这涵养功夫，真的让人佩服！佩服！"

"他自己偏就注意了。"张垍沉吟说，"这说明他心机深沉，外表是个粗人，实则心细得像个女人。他口蜜腹剑，不惜装傻充愣讨玄宗和贵妃以及大家的欢心，心里却还很在乎谁笑了谁没有，他和李林甫沆瀣一气，合力整治反对他的人，玩的是扮猪吃老虎的游戏！"

"猪真把老虎吃了。他把我们都给吃进来了，吃进来就再也吐不出来，纵算是老虎也得让他吃了。你说是不是？"张垍说，神情有点恻然和无奈。"不过他还是礼贤下士的，他非常赏识你，器重你，说你诗好、画好、音律好，乃是大唐第一才子，可惜你生不逢时，奸臣当道，一直得不到重用。说他能背诵你的几首诗，还收藏有你的几张画和几幅书法，还说听过你弹古琴来着，我怎么就没有听过你弹古琴？他说给事中是个毛官，你要随了他，他要让你当宰相！"

张垍推心置腹地和王维讲道理，还大骂岳父唐玄宗昏聩，玄宗曾亲自对张垍许愿，说要让女婿当宰相，事到临头却又变了卦，让韦见素当了宰相。《旧唐书》载："天宝中，玄宗尝幸垍内宅，谓垍曰：'希烈累辞机务，朕择其代者，孰可？'垍错愕未对，帝即曰：'无逾吾爱婿矣。'垍降阶陈谢。杨国忠闻而恶之，及希烈罢相，举韦见素代，垍深觖望。"这让张垍气不过。张垍说大唐气数已尽，贵妃娘娘和杨国忠在马嵬坡已被乱兵杀死了，玄宗众叛亲离，也穷途末路，离死不远了，云云。王维听得心惊，却嘶声哑气，发不出音声。

张垍觉得王维哑得蹊跷，也无可奈何，只好走开去。

几名下级军官，便拿明晃晃的钢刀架在王维脖子上，逼迫王维投降。王维先还啊几声，后来索性就闭了眼睛等那些大刀砍下来。孰料那些大刀终究没有砍下来。后来王维知道，安禄山的确有令，只要愿降的官员当即开释，官复原职。据说投降的官员就有百多人。

不投降的官员连同宦官、宫女每抓够一百人，便编成一队，派军队押送洛阳，一拨接一拨，道路上络绎不绝。王维也在被押行列。只因张垍关照押解人员，王维是安皇帝点名要的人。可以逼迫王维投降，但不准伤了王维的性命。王维不仅吃了喑药还吃了下痢之药，一路上不时要停下泻肚。叛军兵士掩鼻侧目，免不了焦燥，也不胜其烦。

王维路边下痢时，听得几个兵士凑在一起小声嘀咕，王维说不得话，耳朵却灵光起来，听得疤癞眼的小军官骂："那个废柴之人，这一路上大小解有十几次，臭哄哄的，估计活不到洛阳，自个儿就得见阎王爷，还不如尽早打发他上路，免得须须索索，误我等的行程……"

另几个兵士也有同感，马上就跟着随声附和："一刀杀了，钦犯又能咋的？也就是报上个中途暴死，还能咋的？大唐朝都完了，丧了朝廷的官儿不如一条野狗！杀了他是对他好，是超度他，往沟里一撂，神不知鬼不觉，还让野狗得了食，是积德做好事哩！"

"屎毛擀不成个毡，秦川人当不成个官，当成当不成，咱们也害不哈，哪哒也没有这哒好，黄土生来黄土埋……杀了好！埋了更好！"

"使不得，"另一个年轻兵丁连连摆手道，"万万使不得，你们知道他是谁来？过重阳节不？想过家没？没吃过猪肉见过猪跑吧？自己白丁一个，总听过你儿你女念过诗吧？他们念的诗里边有没有'红豆生南国，春来发几枝？''独在异乡为异客，人逢佳节倍思亲'啥的，知道不知道？告诉你们吧，这些诗就是这个废柴写的，叫王维！"

"你是说'此物最相思'那个人？还真听我儿念过！"

"咋就是个他，日塌的，遍插艾蒿子少哈下个人，知道！"

"呵呵，人家那叫茱萸，不过嘛，其实也就是艾蒿子……"

若非那个年轻兵丁出声扭转了局面，怕是不用人家动手送王维上路，王维自个儿也会暴毙于路途，被野狗分了尸。因为这时的王维被自己害得已经拉不出什么东西，开始便血了。若非疤癞眼的儿读过王维的诗，爱屋及乌，使疤癞眼从最想杀他，反转成最是体恤他，干脆就把王维撂马车上拉着。在这一拨押送人中他是头儿，说："不为别的，你是我儿最痴迷的那个人，绝不能让你死在他老子手上！"

这一来，王维因祸得福，总算挨到了洛阳。

从翠儿若断若续的叙述中，王维知道了一切。却说那年翠儿爹爹暴病身亡之后，娘仨到长安投奔大伯父。尚未进门便见大伯父府门前围有一大队盔明甲亮手持利刃的羽林军士，母女仨不敢近前去，眼睁睁地看着大伯父全家人几十口被推搡着押出大门。过后一打听才知道，大伯父因为太平公主受了株连，株连九族，家产被籍没，家里的男丁和大伯父一律都被拉去法场砍了头，妻儿子女也被押送掖庭为奴。

"株连九族，维哥哥，真是太惨了！"翠儿哽咽失声，"还好我们娘仨出来了也知机得早，后来还有人说去祁县捉我爹，要不是爹爹不在了，家产变卖了，我们姐俩也难逃被充军，就见不到维哥哥了！"

"我娘带我和玉儿，隐姓埋名，离开长安，去卫县投奔了我娘的大哥，也就是你认识的我舅，还好没有株连娘家的人，不然我们娘仨真就无处可去了。娘怕万一朝廷追查下来……就让我和玉儿都姓了我娘的姓，也是我舅的姓。我叫李淑翠，玉儿叫李淑玉……娘也因为担惊受怕，一病不起，临终前把我和玉儿都托付给了舅舅……"

"那你姐呢？玉儿呢？"王维见翠儿哭得已经是梨花带雨，不胜酸楚，也觉心如刀绞，却又不知说什么好，只好胡乱问道。翠儿见王维问起玉儿，却嫣然闪动眸子，脸上似乎有了一丝笑模样，道："姐是个有福之人，五年前，被淇上一位张公子看上，就嫁过去了……姐一口气给我生了两个非常好玩的外甥儿，都追着我喊姨了……"

王维见翠儿脸上有了笑模样，心里为之释然，赶紧说："那要恭喜翠儿有了两个开心果儿……可是，翠儿，你干吗穿这身衣服？"

"什么叫穿这身衣服？本道姑可是紫府观的住持，师母不在时便是本道姑主事儿呢！"翠儿俏皮地笑道，"不过紫府观也就我和师母两人，清静，走，我带你去一看便知，我舅还在观里等着你呢！"

"翠儿，你为什么要出家？"王维问。翠儿两道胃烟眉一皱，怫然道，"还不是因为我舅，老是拿我姐玉儿说事儿，不依不饶地要我赶紧嫁人，我都给他烦死了，为了让他死心，索性跟师母修行了……"

"我舅对我和玉儿跟亲生的一样。"翠儿边走边说，"他什么都好，就是贪杯，我弟，连年乡试都不中，把我舅气得。舅母打小儿好道，我来时已在紫府观修行，也就是我师母，嘻嘻，我们是一家子……这紫府道观，也是我舅出钱修的，你说我又不笨，这不就是我们自己的家嘛。

还有朝廷的俸禄拿着，又能让我舅闭上嘴，为啥不出家？"

王维便想起翠儿小时候总喜欢噘着花蕾般的小嘴向王维诉苦，抱怨老天爷偏心眼："维哥哥，你说气人不，只差半炷香不到，就多了个姐管着……"王维觉得翠儿还和小时一样古灵精怪，不觉大为开心。

这时，便见大书紫云洞府的道观门里，李云走了出来。

《雪中芭蕉》意象的出现，使这幅画成为了中国古画史上一桩极负盛名的公案，千百年来，招致了后人许多诟病和猜测。宋代大儒朱熹在他的《朱子语类》中批评说："雪里芭蕉，他是会画雪，只是雪中无芭蕉，他自不合画了芭蕉。人却道他会画芭蕉，不知他是误画了芭蕉。"谢肇淛《文海披沙》认为："作画如作诗文，少不检点，便有纰缪。如王维《雪中芭蕉》，虽闽广有之，然右丞关中极寒之地，岂容有此耶……皆为识者所指摘，终为白璧之瑕。"历代文人多以此戏谑，如陈与义讥讽说："雪里芭蕉摩诘画，炎天梅蕊简斋诗。"杨万里也狎之再三曰："客来问讯名堂意，雪里芭蕉笑杀侬。""檐牙窗额两三株，只欠王维画雪图。"张炎则嘲弄："清过炎天梅蕊，淡欺雪里芭蕉。"倪瓒也明白嘲讽："杜门我自无干请，闲写芭蕉入画中。"李流芳更是予以否定："雪中蕉正绿，火里莲亦长。"等等，类似者多多，不可胜数。

窃以为，以上皆为只知其然，不知其所以然之语。

芭蕉为多年生草本植物，原产琉球群岛。性喜温暖，耐寒力弱，茎分生能力强，耐半荫，适应性较强，生长较快。芭蕉与香蕉的营养价值相似。芭蕉果肉、花、叶、根中均含有丰富的糖类、氨基酸、纤维素、多种矿物质、硒等微量元素及多种化合物成分，药食兼用，营养丰富。芭蕉叶子肥大，常被人们用来做芭蕉扇。芭蕉在中国的园林化种植可以追溯到西汉时期，但一直到魏晋南北朝还不普及，只是偶然可以见到。直到中唐之后芭蕉在园林中的种植才逐渐得到普及。宋元明清，芭蕉已经在园林中获得较高的地位，成为园林中重要的植物。蕉竹配植是最为常见的组合，二者生长习性、地域分布、物色神韵颇为相近，有"双清"之称。还可以做盆景，是古人喜欢的一种清玩。

杜牧在《江南春》一诗曾追思南北朝时佛家的盛况："千里莺啼绿映红，水村山郭酒旗风。南朝四百八十寺，多少楼台烟雨中。"佛学东渐，始于东汉，兴于南北朝。从印度传来的佛经中，多引芭蕉喻空。安世高译《五阴譬喻经》："沫聚喻于色，痛如水中泡，想譬热时炎，行为若芭蕉。"东晋竺具无兰译《水沫所漂经》："想如夏野马，行如芭蕉树。"谢灵运在《维摩经十譬颂·芭蕉》诗中云："生分本多端，芭蕉知不一。含萼不结核，敷花何由实。"南齐王融《生老病死篇颂》："秋华易迁，繁蕉不实。"昭明太子萧统《七契》："方空之绫，弱纨之蕉。"梁庾肩吾《南城门老》："虚蕉诚易犯，危藤复将啮。"

禅宗所说"虚空为道本"暗合老庄提倡的"以无为本"，加上大唐由盛而衰，使隐逸文化大行其道，芭蕉成为隐者的一个符号。刘禹锡诗以自况："身是芭蕉喻，行须筇竹扶。"白居易《逸老》自嘲："筋骸本非实，一束芭蕉草。"卢纶诗："浮生亦无着，况乃是芭蕉。"元稹《春月》诗："视身琉璃莹，谕指芭蕉黄。"韩愈《山石》自赏诗云："升堂坐阶新雨足，芭蕉叶大栀子肥。"清代郑板桥画芭蕉题画："芭蕉略雨点，婆娑一夜轻。"南宋吴文英《唐多令》词中也有写芭蕉的："何处合成愁？离人心上秋。纵芭蕉不雨也飕飕。"葛胜仲《点绛唇》以芭蕉喻愁："闲愁几许，梦逐芭蕉雨。"还有"芭蕉叶上无愁雨，只是听时人断肠"。

这番苦心，又岂是情迷意乱的玄宗所能明白的呢？

李云见了王维，已是乐得合不拢嘴，也不拘俗礼，上前来径自执住王维的手笑说："公子能来大伾山，能与俺外甥女翠儿相见，是造化的安排。你是不知道，老夫说你可能会来，翠儿听了撇下老夫就去迎你了，呵呵，这可真是故旧胜似亲人亲。来，王公子，待老夫带你看看这大伾山，山不大，有佛则灵，看见没有，八丈佛爷七丈楼，不明白吧？近前一看就明白了，人石佛底部低于楼房底座八尺余，佛爷住在楼里，个头儿却比楼高。五胡十六国时的后赵依山凿就。这天宁寺始建于北魏，看见前门横额上的'青坛紫府'没有？东汉时刘秀镇压河北王郎军路经大伾山，在山上筑青坛祭告天地。敕大伾山为青坛山。紫府可是神仙住的地方。老夫拙内好修道，老夫就给她盖了紫府观，让她当活神仙。翠儿也闹着要来修行，这孩子性子拗，认准了的事谁劝也不行，老夫也不忍违拗她，就让她随拙内一起修行了！"

李云连珠炮似的说话，王维连置嘴的机会也没有。翠儿已跑进观里和师母准备晚间的膳食去了。李云见身边无人，便扯住王维神神叨叨地说："这几年，上门给翠儿提亲的人家可不老少，王公子，你可知道翠儿她怎么说？她说她已经有心上人了，我说你大门不出二门不迈的，怎么会？她说她五岁时已经和人定下亲了。问她是谁，她说走进树林里才知道，还念《诗经》上的话，执子之手，与子偕老！"

"更怪的是她还四处打听公子的事儿，找公子的诗来念。公子的诗翠儿举凡找到的都能倒背如流，不信等会儿让她背给你听……老夫明人不做暗事儿，索性就把话给公子挑明了说。打昨儿一见你，老夫可是心里就镜明了，难怪翠儿念念不忘儿时的公子，原来公子是如此丰神俊朗一个人，文才又高，翠儿能否高攀得上公子啊？老夫自荐我家翠儿，不是吹的，我家外甥女可是万里挑一的品貌人才！"

李云这么直截了当地说，弄得王维已是脸红脖子粗，慌乱间支支吾吾不知说什么才好，却惹急了李云，急赤白脸地催道："王公子，男子汉大丈夫，你倒是给老夫一句痛快话呀！真要急死老夫了！"

"我与翠儿两小无猜……"王维自觉口羞，字斟句酌正想说，李云却急道："公子，别难为情了，昨儿个老夫就在盘算这件事，既然你人都来了，还猜什么猜呀？你就别让老夫猜了，行不？痛快给老夫一句话，愿意娶翠儿为妻不？愿意你就不用说什么话了，点个头！"

王维自然是一百个愿意，便通红着脸讪笑着赧然点了个头。李云大喜，把王维的手在自己的掌心里使劲攥了又攥，仰头冲天大笑着连叫了三声："好！好！好！"又双手抱拳冲虚空处拜了拜，怆然道："小妹儿，王公子答应了，翠儿的婚事有望了，哥总算对得起小妹了！"

王维深深被李云的这份急切和真诚打动了。

北宋沈括在《梦溪笔谈》中说："余家所藏摩诘画《袁安卧雪图》

有雪中芭蕉，此乃得心应手，意到便成，故造理入神，迥得天意，此难可与俗人论也。""书画之妙，当以神会，难可以形器求也。世之观画者，多能指摘其间形象、位置、彩色瑕疵而已，至于奥理冥造者，罕见其人。"张彦远也在他的《画评》中说出了类似看法："王维画物多不问四时，如画花往往以桃、杏、芙蓉、莲花同画一景。"

宋代的释惠洪也在《冷斋夜话》中曰："王维作画《雪中芭蕉》，法眼观之，知其神情寄寓于物，俗论则讥以为不知寒暑。"宋朱翌《猗觉寮杂记》卷上则表明岭外是有雪芭蕉的，他说：《笔谈》云：'王维画入神，不拘四时，如《雪中芭蕉》。'故惠洪云'雪里芭蕉失寒暑'，皆以芭蕉非雪中物。岭外如曲江冬大雪，芭蕉自如，红蕉方开花。知前辈虽画史亦不苟。洪做诗时，未到岭外，存中亦未知也。"

清代邵梅臣在《画耕偶录》中也证实雪中芭蕉是有的，他说："客沅州时，雪中见芭蕉，鲜翠如四五月，红梅一枝，横斜其间，楚楚有致。以是知王摩诘雪中芭蕉，殆以造物为粉本，画工推为南派之祖。"

自王维画雪中芭蕉后，后世文人也纷纷开始画雪中芭蕉。北京故宫所藏徐渭画的《梅花蕉叶图轴》中，把梅花和芭蕉画在一起，还在旁边大字题跋曰："芭蕉伴梅花，此是王维画。"又在一幅《蕉石牡丹图轴》中把牡丹、芭蕉画在大雪里，并题跋"画已，浮白者五，醉矣，狂歌《竹枝》一阕，赘书其左。牡丹雪里开亲见，芭蕉雪里王维擅。霜兔毫尖一小儿，凭渠拢拨春风面"，"尝亲见雪中牡丹者两"，又题"杜审言：吾为造化小儿所苦"。徐渭说自己曾经亲眼看见过雪中盛开了两朵牡丹，你说你没有看见过，你若说牡丹不可能盛开在大雪里，那是你的观点你的逻辑。绘画艺术是天马行空超越现实和逻辑的。

窃以为，只有清代书画家扬州八怪之首金农在《杂画题记》中所说最接近真相："王右丞《雪中芭蕉》为画苑奇构。芭蕉乃商飙速朽之物，岂能凌冬不凋乎？右丞深于禅理，故有是画，以喻沙门不坏之身，四时保其坚固也。"这株芭蕉非凡俗之芭蕉，是王维萃取《维摩经》中"是身如芭蕉，中无有坚"之意向，反其意而用之。佛说人身如芭蕉中空，万物缘空而无，因空而弥坚，一空可敌万千惊怖。故以空而白安禄山曰：尔所谋终归是个空，吾空王维何惧汝个空鸟！

这就是王维画《雪中芭蕉》这幅图的初衷。

王维的温润如水锲而不舍还表现在他对爱情的追求上。王维在男女情事上都是一个宥于礼教、拘泥刻板、严谨挑剔的人，在选择终身伴侣时尤其如此。他全然没有李白的浪漫、白居易的风流，却身兼了杜甫的不弃、柳宗元的不娶。两唐书本传所记略同，即"丧妻不娶，孤居三十年"。如何谈情说爱，何年何月娶妻，婚后如何，丧妻于何年何月，又缘何不娶？正史外史均无记载。便连王维现存诗中也没有任何蛛丝马迹。王维生前是否写过与妻子相濡以沫的诗、书、画，甚至还有乐曲，想来是有的。王维生前不仅给佛教中的十六罗汉造过像，还不止一次给诸如崔兴宗、孟浩然等友人写过真，王维所画像中的孟浩然"颀而长，峭而瘦，衣白袍"。王维诗《崔兴宗写真咏》睹画思人："画君年少时，如今君已老。今时新识人，知君旧时好。"

很难想象如此喜欢写真的王维会不给自己的爱妻画像。诗以咏之就更不必说了。唯一的原因是，因为王维个性的私密拘泥，生前这些属于独享，死后王缙代为整理时，出于某种考虑，将其筛选掉了。

《旧唐书·王维传》记载，代宗时王缙编次王维诗四百余篇。又王缙《进王右丞集表》云编次王维诗文凡十卷。首先王维的诗一生之中所写，绝不止四百首。还有，王缙编次王维诗四百余篇是应皇命整理并要呈给皇上看的，故有诸多不宜，王缙因此做了选择。王维的诗书画甚至音乐之中，因此而缺席了相关爱妻的那一部分。

有人说王维妻子当为那种优雅美丽到极致的女子，以王维个人条件理所当然。王维笃信佛教，女子尚须离尘脱俗懂得禅修之道，双方一往情深，红颜才有可能成为王维的知己。若不具备这三条怕是很难入得王维的法眼。若达不到"曾经沧海难为水，除却巫山不是云"的标准，王维就不会谈婚论嫁，并在妻子亡故之后，从此紧闭情关，严锁心门，不苟以任何颜色，鳏居三十年而不续旧弦，再唱新曲。这肯定也与王维笃信佛教有相对因果关系，光电世界，芭蕉人生，云沫欢喜，霜露情爱，色即是空，空即是色。王维的男欢女爱随妻亡而空。

这是个世俗的世界，举凡人等，都不能容忍王维鳏寡孤独。历代好事者都在为王维的婚事操心，想要给王维考证训诂出一个妻子。

于是便从中生发出这样一个故事。

王维还读过不少医书，自有一番心得，所以偶有小恙，常自己开方前去李记药铺抓药，与药铺的掌柜和伙计也相熟。

有一回前去时，适逢掌柜的和伙计远出采药。

当柜的竟然是李掌柜的女儿，正当二八年纪，明眸皓齿，青春俏丽。更难得的是女子深知药性，颇富才情，举凡来抓药的，女子略看药方，便飞飞地忙碌，上百个装药的小抽屉，逐一开启，几无错处。称药、捣药、合药一气呵成，且姿势美妙，直把人群中的王维看得呆了。

更有奇处是女子竟然还能看出医家药方的优劣错谬，可以纠正汤头百味中药的配伍，是否合乎药性。女子拒抓误方，患者回去寻那大夫，却真是写错了方子，吃了会有性命之忧。药铺人等为之折服。

待到前边抓药的人都络绎离去，轮到王维时，忙碌了半日的女子这才抬眼瞟了王维一眼，伸出一只纤纤玉手向王维要方子，王维却摇头说："无方，只有几句诗，能以诗句给在下抓一服药吗？"

女子嫣然一笑道："但请公子道来！"

王维便道："诗题是'宴毕客何为'，诗曰：夜间不迷途，艳阳牡丹妹。万里赴长征，百年好貂裘。八月蕊上梢，蜂蝶穿花飞。"

女子听王维念完，稍露沉吟之色，即刻恍然，马上逐一拉开药柜上的抽屉配药，一诗题加六句诗共配了七味中药。王维从容看来，七味药乃是：当归、熟地、芍药、远志、陈皮、桂皮、香附。丝毫不差。

王维为之绝倒。过后寻人媒妁，却说女子已许配人家了。

以上所述当然是外传野史，但故事不失为有趣，故记述于上。按照毕宝魁先生的说法，从时间上推论，王维是在开元十五年（727）二十九岁时，春游淇上并以闪电般的速度恋爱结婚的。毕宝魁先生的设计暗合以上所述三个条件，故而我在他原有设计的基础上又作了真实性的推演，并引申和夯实了这个设计。王维婚事之所以秘而不宣，是因为妻子之父是太平公主的余孽，翠儿尚在隐姓埋名，不宜广而告之。

符合了情理，王维的婚礼便得以在淇上如期举行。

六、池凝碧血艺伶昂

王维便想起上回去寻访香积寺。净土宗师善导是此寺住持，号称弥陀化身。善导是一个信、愿、行的彻底执行者，除了修正行中的正定业外还自利利他，似众香国的香气一样周流十方无量世界，启迪感化引导众生脱离苦海。香积寺建于唐高宗永隆二年（681），规模宏大，"神木灵草，凌岁寒而独秀，夜暗花明，逾严霜而霏萃。岂直风高气爽，声闻进道之场，故亦临水面山，菩萨会真之地……重重佛事，穷鹫岭之分身；种种庄严，尽比丘之异宝"。唐高宗李治曾到香积寺礼佛，并赐予舍利千余粒，还有百宝幡花，令其供养。连武则天也时常"志想金园，情欣胜躅。或频临净刹，倾海国之名珍；或屡访炎凉，舍河宫之秘宝"赠寺，与唐中宗一道母子俩多次亲临膜拜。安史之乱郭子仪率官军在此和安禄山叛军作战，大量文物遭毁损和遗失，是香积寺史上最大一次劫难。香积寺也是王维至爱，他在《过香积寺》一诗写道：

> 不知香积寺，数里入云峰。
> 古木无人径，深山何处钟？
> 泉声咽危石，日色冷青松。
> 薄暮空潭曲，安禅制毒龙。

这首五律，清冷幽邃，远离烟火，充满禅意。细读细品，竟如无影之拂尘，将那些官场失意、男女纠葛、名利恩怨、生死畏葸，都拂扫尽净。薄暮空灵了寒潭水声的天籁，禅定制住了无处不在的心魔。

王维游香积寺时，念诵的便是《维摩诘经》相关香积寺一段：

　　……上方界分过四十二恒河沙佛土，有国名众香，佛号香积，今现在，其国香气，比于十方诸佛世界人天之香，最为第一。彼土无有声闻辟支佛名，唯有清净大菩萨众，佛为说法，其界一切，皆以香作楼阁，经行香地，苑园皆香，其食香气，周流十方无量世界。时彼佛与诸菩萨，方共坐食，有诸天子皆号香严，悉发阿耨多罗三藐三菩提心，供养彼佛及诸菩萨，此诸大众莫不目见……

　　心净则室净，心垢则境垢，有众香在心，纵身处粪池，也能沐神于芬芳，意熏于琼花，思驰于妙境。眼、耳、鼻、舌、身，五种感觉器官有五种分辨能力，会产生五种心识，又称五识身、五转识等。用现代话说，外部环境决定意识存在。这暗合了量子力学的认知，意识是非物质的存在。它完全可以忽略物质的存在，在意识的世界里不存在物质。所以，肮脏与不洁这些劣等物质的存在，完全可以置之于意识度外。灵魂因此而光洁。

　　王维正自玄想冥思之时，牢门却被人从外边推开。

　　王维怔忡间，却见从牢门外边走入了两个身穿叛军官府服装的差役。两个差役见王维泰然自若地坐在一堆肮脏的臭气熏天的谷草之上闭目禅定，不觉就掩鼻皱眉，却还是强忍上前抱拳一揖，客客气气地道："抱歉打扰王给事中的清修，我家主人有请，请您到府上一叙。"

　　这话让王维猛地一怔，因为自从沦为囚徒，动辄被人呵斥，已经习惯了，听到如此客气的问话，还以为是自己在做梦，甚至还被吓了一跳。见来人面善，不像怀有恶意，就问："敢问你家主人是哪位？"

　　"王大人，请，到府上您就知道了。"来人笑而不答。王维满腹狐疑地起身随两个差役走出牢房，狱卒见了差役也毕恭毕敬，显然他家主人的身份不低。到了一所府邸，王维先被领去沐浴更衣。

　　进客厅后王维一眼认出，这位大燕朝中的新贵竟然是韦斌。韦斌是韦安石之子，与兄韦陟齐名。京兆万年人。景云初年韦安石为宰辅时，授太子通事舍人。早修整，尚文艺，容止严厉，有大臣体。开元十七年（729）司徒薛王业为女平恩县主求婚，与韦斌成亲。迁秘书丞。天宝初，转国子司业，徐安贞、王维、崔颢，特为推挹。论亲戚关系，韦斌是唐玄宗的侄女婿。韦斌和哥哥韦陟，与王维过从甚密。让王维想不到的是，素来以忠勇示人的韦斌，竟然会投敌，成为安禄山的部下。

韦斌见王维进来便站起身来迎接，说："让王大人受苦了！小弟也是无能为力。"韦斌身边还有个胡人，王维不敢造次，只能指了指喉咙，示意自己不能说话。韦斌道："请王大人来，叙叙旧情，并无他事。"胡人官员也伸手做了个请坐的姿势。韦斌作了介绍，三个人坐下来。韦斌给王维斟满一杯酒，并顺便递了个眼色。王维便放心吃菜和喝酒。胡人和王维说话，王维只是作哑。韦斌便道："看来王大人这喑哑之症不轻，要不要看个郎中？我府上有现成的郎中。"

王维摇头摆手。韦斌把满满一杯酒洒在胡人的官服上，胡人似乎也喝多了，被下人领去换衣，片刻便鼾声大作。韦斌这才上前去抱住王维，热泪滚滚地说："摩诘兄，见到你，我韦斌心愿可以了了。"

安禄山反唐时打的旗号是"诛杨国忠以清君侧"，许多人与安禄山一样痛恨杨国忠，所以河南河北迅速沦陷。时任临汝太守的韦斌被俘。安禄山以韦斌的妻子和几个孩子为人质逼迫韦斌投降，韦斌只好投降。韦斌是皇亲，又是名臣，安禄山便授他黄门侍郎，即相当于副宰相的高官。但安禄山对韦斌根本不信任，不给实权还派心腹为僚属监视韦斌。韦斌忧愤成疾，不甘落个叛臣逆子的千古骂名。后来听说王维被羁押于菩提寺，于是便把王维专程请来。韦斌说："摩诘兄，我将不久于人世，看不到逆贼枭首之日了。贼平之日，请你向圣上转述我的苦衷。"说罢便扑地给王维跪下，王维也跪下与韦斌相拥，这才开口说话："韦兄请起，只要王维活着出去，一定为你洗清罪名。"

王维与韦斌相拥而泣。韦斌边哭边从身上解下一块汉代白玉佩，双手递给王维，道："拜托王给事中，这是我妻平恩县主的信物，交给你作为凭证，也以此表示我对朝廷的忠心。"王维急忙接过来藏于贴身处。两人再三泣别之后，韦斌方让手下送王维回菩提寺。

过后知道，王维离去的当晚，韦斌便服毒自杀了。

王维的婚礼当然得由卫县的县令房琯主持。王缙和六儿晓行夜宿赶来代表崔氏和全家人参加婚礼，并尽可能多地带来了一些财物，以供夫妻二人的婚后用度。六儿则是来帮忙打理一应杂务的。其实这一切都是多余的，因为有逼婚并喜得佳婿的翠儿舅舅包办了一切。李云知道王维颜面薄，故没有让二人住在府上，反将淇上一处宅子收拾出来给他们当新房，这让王维对李云更是感激莫名。

李云之前已经对房琯说明过个中原委，玄宗皇帝忌讳的事儿，房琯自然明白说不得。故而在婚礼上房琯只说能说的话。满城的人听说京都来的大诗人王维在卫县喜结良缘，新婚大喜，闻声前来看热闹的人挤得水泄不通，卫县县城一时空巷。鼓乐声中王维与翠儿拜了天地便入了洞房。大红蜡烛摇曳的光影下，还没等王维动手，翠儿就揭起了盖头，嗔道："早知这么气闷，就不拜这个天地了，随你走了就是！"

翠儿凤冠霞帔，别有一番妩媚风情，看得王维眼直，便叫翠儿别动，竟跑去寻来了纸笔墨砚，立马要给翠儿写真。翠儿哪里忍得拂王维之意，虽然烦身上的繁冗物什，但见维哥哥如此这般地喜欢，便也就忍了。只是嘴上还是要嗔怨："早知道俗礼儿烦人，若不是又见了维哥哥，翠儿这一辈子绝不嫁人，做女冠儿多开心快乐啊！"

王维便笑翠儿："你要是真心不乐意，现在反悔还不迟噢！"

翠儿嗔道："维哥哥你还像小时一样坏，总是欺负翠儿！记得那回你让我解说'执子之手，与子偕老'的话不？我去问我爹。爹说怎么问这个，记住句子就是了，不要管什么意思，再这么乱问就不让先生教你了。我才不管，爹不肯说我就去问娘。娘听了就拿手羞我的脸蛋儿，笑我，翠儿你看上谁了？要和谁执手？要跟谁偕老？我就说是维哥哥，娘就大笑，说，好呀，好呀，等你长大了，就把你许给王家的公子做媳妇儿，不过现在你还是去上学，要不先生又会骂你！"

翠儿这么说的时候，忙着往纸上绘图写真的王维，忍不住笑出了声，揶揄道："难怪你娘笑你，你怎么胡乱说话？我那时也小，也不明白与子偕老是什么意思，也没有说要执你之手，与你变老啊？”

翠儿小嘴一噘道：“可翠儿喜欢维哥哥，你又不是不知道！”

“现在维哥哥可以跟你说真话了。”王维仿佛回到了少年时，也学着翠儿的语气道，“维哥哥那时候也喜欢你了，只是喜欢，没有往旁处想，去你家寻你发现你家不知所终时，才明白是真喜欢你……”

“呵呵，原来是这样呀！”翠儿笑，“那就扯平了，我们谁也不亏了！不像玉儿，比我早一眼眼（点点）出生，就成了我姐，亏一辈子，还没处说理。等我见她，把你的话告诉她，让她知道，你小时候就喜欢我了！”

“你不会是骗我开心吧？”翠儿见王维坏笑，又正色道，“别以为翠儿跟你说话没羞没臊，知道翠儿为什么喜欢你？就是因为可以，也只有在维哥哥面前，翠儿才可以像打小时的翠儿一样，没羞没臊地说话。在别的任何人的面前，翠儿是十足道貌岸然的女冠儿，无量天尊！”

王维开心大笑。因为翠儿所说的话也正是王维心里想要和翠儿说的话。这天底下还有什么样的相处能胜过这种水乳交融？还有什么样的交流可以超越这种两小无猜？王维学富五车，才高八斗，诗书画三绝，加上音乐当为四绝，又有深厚的禅宗佛学修养，又有什么是他不知道的、没见识过的、能迷惑他的呢？唯有的恐怕便是这种童年的稚拙、净朗、空明、无邪、诚实、没羞没臊、口无遮拦，却又全无一丝杂质，全然不见一毫心机，真水无香，真爱无心，真纯无形。在这个处处拿绳子勒人的世界，却让王维得着一个可以无拘无束、无我无她的自由自在的舒舒服服的空间，能不让王维欣喜若狂并终身信守吗？

历代人都异口同声地说，诗仙李白是天才，诗圣杜甫是地才，诗佛王维是人才。前二都免不了怜香惜玉，何以却不见王维对此有只言片语？没有人明白，只有王维自己知道。王维诗名大噪之时，还没有李白、杜甫什么事。明人高棅《唐诗品汇》有言：“五古七古，以王维为名家；五律七律五排五绝，以王维为正宗；七绝以王维为羽翼。”

唐代诗学家殷璠在《河岳英灵集》中对王维的诗有这样的评说：“词秀调雅，意新理惬。在泉为珠，着壁成绘。一字一句，皆出常境。”除诗歌之外，还擅长书法、绘画、音律。书法上王维擅长草书和隶书。王维的绘画，在开元、天宝年间达一时之盛，董其昌更是将他奉为"南宗鼻祖"。巨然、米芾承其衣钵，钱钟书奉他为"盛唐画坛第一把交椅"。《唐才子传》说王维的画是"云势石色，皆天机所到，非学而能"。

诗、书、画、乐本为一体，当诗文不足以描述主体对象于万一时，往往便会求助于书法、绘画、音律。所以王维才画了《雪中芭蕉》这幅图画，他所思所想所说都在这幅画里了。是故笔者为《雪中芭蕉》五绝诗之曰："袁安卧雪寮，抱朴绿芭蕉。层层剥开去，皑皑诚圣朝。"

可惜时至今日王维已无法剖明这番苦心了。

新婚燕尔后，翠儿就骑着自己的青斑马，王维骑一匹枣红马，那是李云送给王维的座骑。翠儿向导兼解说，带着王维将淇上名胜之处逐一游玩，所到之处叽叽呱呱说个不停。淇水之上，天地之间，飘荡着翠儿银铃般的笑声和黄鸟般的喊声："维哥哥，我在这里……"

王维婚后居淇上时淇水已不通黄河，而是成为了卫河的支流，但淇河水量丰沛，仍然可以通航。千里大平原一望无际，两岸风光旖旎，水禽翔集，蒹葭苍苍，美不胜收，是盛唐时有名的天下粮仓和鱼米之乡。翠儿当女冠儿这些年，足迹早已踏遍了淇水，但与王维同游仍然兴奋不已。翠儿的骑术不让须眉，青斑马在翠儿胯下温驯得如同一头老牛，跑起来却如一道青色的闪电，王维枣红马总是落在后边。翠儿说：

"这里是延津，离我们家得有二十六里。《魏志》里曹操遣于禁渡河守延津就是这里。再走一半路程，便是黑山，又叫云墨山，传说墨子过去在这里居住，天天采茯苓吃，活了五百多岁看起来还像少年。这座山在汉灵帝时闹过土匪，被称为黑山贼，纠聚打伙有十万多人，劫掠魏郡，糟害老百姓。那边是方山，四方形，故曰方山。

"这个仓山很有趣，一名盆水，一名锡水，泡茶最好。那边是淇水，曹操就是在这里下大枋木以成堰，以通漕运，本地人叫这里是枋头。听，《诗经》里的鼓声咚咚。这里打过许多架，乱七八糟的，都是为了争这个枋头。那边是妲己台，就是那个害死纣王的妲己。"

苏门山，在县西八十一里，一曰苏岭，俗名五岩山。到了苏门山上，猎猎风中，翠儿讲长啸台的传说给王维听。"《魏氏春秋》云：阮籍见孙登长啸，有凤凰集孙登所隐苏门山，故号孙登为苏门先生。"

竹林七贤中的阮籍和嵇康，谁都不服谁，独服一个叫孙登的人。

阮籍向孙登求教终古宇宙生成之理及栖神导气之术，孙登一声不吭。阮籍长啸而退。下到半山腰时忽听有鸾凤和鸣，山回谷应，顿觉神清气爽，心旷神怡，这才知道孙登的长啸之声，自己是根本比不上的。嵇康与孙登交游三年学养生全身之术，孙登始终不答。后来孙登忽然不知所终。阮籍穷途而哭，用青白眼看人，始终不臧否人物，勉强得终天年。嵇康却不这样，有权贵来看望他，他手不停锤地打铁，始终不拿正眼看，最终被钟会杀掉。维哥哥你说，你知道孙登为什么不说话？就是在教他们俩，祸从口出，说话不如长啸。阮籍学了皮毛所以全身而死，嵇康什么都没学会，我行我素落了个身首异处。"

翠儿又说："这是个很坏的世界，男人们总是喜欢打打杀杀，互相不服气。孙登独居山林只敢长啸却不敢说话，太苦了。阮籍假装疯魔佯哭装醉来避祸，太累了。嵇康说，你想让老子看你，老子偏就不看你。权贵说，你看不起我，我就杀你。于是嵇康死了。这是个什么世界！"

翠儿依偎在王维肩头，双双伫立于啸台之上，感叹不已。这是个无奈的世界，人们过着无奈的生活，要为生老病死吃喝拉撒操心，如意只是短暂的，不如意却是长久的。王维一忽儿在云端，一会儿又从天上跌入深谷，心境总也比不上翠儿那么自然平和。他在啸台之上以诗代啸，在《偶然作》一诗中这样向翠儿披露了自己的心境：

> 日夕见太行，沉吟未能去。
>
> 问君何以然？世网婴我故。
>
> 小妹日成长，兄弟未有娶。
>
> 家贫禄既薄，储蓄非有素。
>
> 几回欲奋飞，踟蹰复相顾。
>
> 孙登长啸台，松竹有遗处。
>
> 相去讵几许，故人在中路。

爱染日已薄，禅寂日已固。

忽乎吾将行，宁俟岁云暮。

翠儿却笑道："别把自己说得那么可怜，你还有翠儿呢！什么都不是，你是想家了！那好，我这个儿媳妇，也该回去看看崔娘了。"

"可不是崔娘，"王维狎谑道，"现在得叫娘了！"

据说贵妃死后，唐玄宗从成都避难返回长安，路过马嵬坡时，曾经想让太监祭祀一下杨贵妃，予以改葬。但是遭到了礼部侍郎李揆的反对，只得作罢。不得已，悄悄吩咐太监，备了棺椁迁葬杨贵妃。挖开坟墓时，《旧唐书》记载："初瘗时以紫褥裹之，肌肤已坏，而香囊仍在。"肉身腐烂尸骨仍存。《新唐书》只是说："启瘗，故香囊犹在。"《旧唐书》是唐朝就有的记载，《新唐书》是宋朝人据《旧唐书》编撰。是《旧唐书》如实记载？还是《新唐书》纠正《旧唐书》的谬误？《新唐书》还说，贵妃生前使用的香囊还在，太监献给玄宗。玄宗见香囊如见玉环，泪流不止。命丹青宫殿图影了贵妃画像，天天前去探看，每去"必为鲠欷"。新旧唐书记载相异，正史吊诡如此，导致民间关于杨贵妃生死的猜测沸反盈天，多如牛毛。

《明皇杂录》记载，玄宗让高力士寻访旧人。高力士为玄宗找到了昔日杨贵妃的侍女红桃。让红桃唱贵妃生前所作《凉州词》，玄宗亲自吹笛伴奏。曲声毕三人都掩面而泣。游华清池时玄宗让新丰女伶谢阿蛮跳《凌波曲》。阿蛮跳完舞，拿出金粟装臂环说："这是贵妃赠送给我的。"唐明皇睹物思人，拿着臂饰就"凄怨出涕"，泪流满面了。

杨贵妃道号太真，懂得道家驻颜术，额头上的红花妆更是将道家仙子的天宫仙子形象展示出来，兼之和唐明皇共创道家经典《霓裳羽衣》舞曲，将古代女子的美丽推向了巅峰，四大美女之中西施、貂蝉、昭君在历史上不过留下了短短几个篇幅，而有关贵妃的诗词戏剧小说影视作品数不胜数，是四大美女中获得笔墨篇章最多的女子，在日韩也留下很大影响。日本当代作家、汉学家井上靖收集了大量史实，写了长达十四万字的《杨贵妃传》，还写了杨贵妃本人临被赐死前的态度。

另说认为贵妃没有死。白居易《长恨歌》也持此说："天旋地转回龙驭，到此踌躇不能去。马嵬坡下泥土中，不见玉颜空死处。"玄宗由蜀返长安，途经杨贵妃缢死处，踌躇不前，马嵬坡的泥土中已不见了贵妃的尸骨。"上穷碧落下黄泉，两处茫茫皆不见"。杨贵妃流落到"玉妃太真院"，唐时女道士院实质与青楼无异，据说俞平伯先生上世纪二十年代后期发文，直到解放后，一直坚持这个观点。

日本有种说法，说死者是替身，杨贵妃本人则远逃日本山口县大津郡油谷町久津。传说讲，陈玄礼怜贵妃貌美，不忍杀之，遂与高力士密谋，以侍女代死。高力士用车运来贵妃尸体，察验尸体的便是陈玄礼，贵妃则由陈玄礼的亲信护送南逃，在今日上海附近出海。经过海上的漂泊，来到日本油谷町久津。日本历史学家邦光史郎在《日本史趣事集》中还煞有介事说：杨贵妃死后就葬在久津的二尊院。至今当地还保存有相传为杨贵妃墓的一座五轮塔。在久津二尊院里还供奉着释迦牟尼和阿弥陀佛两座立像，传说是唐玄宗为了安慰杨贵妃而特意送到日本来的，现已被日本列为重点保护文物。一九三六年，一位日本少女在电视台还向日本电视观众展示了她的家谱等古代文献，言之凿凿地声称，自己就是杨贵妃的后裔，引起了一阵小小的轰动。

日本《中国传来的故事》一书中有记载说："唐玄宗平定安禄山之乱，回驾长安，因思念杨贵妃，命方士出海搜寻，至久津向贵妃面呈玄宗佛像两尊。贵妃则赠玉簪以为答礼，命方士带回献给玄宗。虽然互通了消息，但杨贵妃未能回归祖国，在日本终其天年。"

这分明是白居易《长恨歌》滥觞的继续。不说也罢。

归去后，翠儿便和王维商量回家事宜，正商量，却听见门外有马蹄声，片刻就有人叩门。王维开得门来，却见来人是房琯，房琯的背后还立着一个人，却是面生。王维一迭声地请进。房琯率先进门，边走边冲屋里喊道："翠儿呢？怎么本官到来，还不出来迎客？"

正在下厨的翠儿听见声音，笑靥如花地从厨房跑出来，手里提着把菜刀，却毫不介意，煞有介事冲房琯竖起菜刀打个稽首道："不知房大人驾到，有失迎迓，贫道这厢有礼了！"房琯乐得大笑："拎着菜刀就出来了，呵呵，都当了一个多月的新娘子了，还贫道呢！"

这时，翠儿注意到房琯背后的陌生人，便赶紧端正神色，冲陌生人郑重其事地施了个礼。陌生人也忙笑着还了礼。房琯却不忙介绍陌生人。进得屋来，几个人坐好，翠儿沏上茶来，房琯这才咳嗽了一声，冲王维笑道："介绍一下，这位就是你想见的高适高公子！"

王维闻之大喜，高适也连忙起身，与王维重新见礼，互道彼此仰慕之情。房琯面有得色地对高适道："这一段王公子新婚燕尔，翠儿把府上的僮仆都赶出去了，这么大一处宅子，只有二人，过的是没有凡人的神仙日子。二人在外边悠游，我就是要给他们一个惊喜。翠儿你也别在厨房里忙了，你的手艺老夫品尝过了，太过清淡了。我已经订了一桌酒菜，一会儿送过来，我们今个好好叙谈叙谈，不醉不归！"

又对王维道："我和高公子看了一下你的这个住处，水光苇色交相辉映，真是个好所在。种在院子外的豆角葫芦，苗儿都长得有这么高了，再过些天，估计就可以摘来吃了。这儿端的是幽雅清静，安逸舒适，无忧无虑，还有你们这一对儿神仙伴侣，老夫真是羡慕死你们了。"

高适也连连颔首道："房大人所说极是，比小弟隐居的地方不知要好出多少倍。嫂夫人超凡脱俗，还下得厨房，王兄真是好福气！"

王维道："翠儿嫌闲杂人等碍眼，诸事自己亲劳，在下本性也喜清静，也只好由她，只是这些天辛苦她了。"翠儿在一边插话说："伺候师太这么多年，什么都是亲力亲为，早就习惯了，这点事算得了什么，王郎千万不要放在心上！"王维冲翠儿爱怜地笑笑说："所以，也只好由得她！不过，这种隐居式的生活在下有些不敢消受，心里时有惶恐。昨天还在啸台之上和翠儿商量着，过些天得回长安去看看。家里弟妹还小，我又没有俸禄，哪里能让家里养着，心里不安啊！"

于是王维就拿了啸台上写的诗给房琯和高适观看。

房琯看过啸台诗后，递给高适观看，安慰王维说：

"诗是好诗，去处也是好去处，人生难得潇洒一回，得过且过。公子还年轻得紧呢！为高堂和令弟令妹，该再搏上一搏。凭公子才学和人品，日后定会前程无量。老夫在此地估计也不会久留，往后都得在长安见。有难处尽管说，老夫一定会尽力。"

王维称谢不已。这时酒菜已经送到，翠儿便亲自张罗，几个人便喝上了。三个人相见恨晚，这一喝一聊，竟然到了半夜时分。翠儿便让几个知已自聊，独自回里间屋歇着去了。王维知道高适明天即将起程赴临淮之地，当即在座上作诗《送高适弟耽归临淮作》：

少年客淮泗，落魄居下邳。
遨游向燕赵，结客过临淄。
山东诸侯国，迎送纷交驰。
自尔厌游侠，闭户方垂帷。
深明戴家礼，颇学毛公诗。
备知经济道，高卧陶唐时。
圣主诏天下，贤人不得遗。
公吏奉缳组，安车去茅茨。
君王苍龙阙，九门十二逵。
群公朝谒罢，冠剑下丹墀。
野鹤终踉跄，威凤徒参差。
或问理人术，但致还山词。
天书降北阙，赐帛归东菑。
都门谢亲故，行路日逶迟。
孤帆万里外，淼漫将何之。
江天海陵郡，云日淮南祠。
杳冥沧洲上，荡潏无人知。
纬萧或卖药，出处安能期。

想来高适喝多了或是没有王维座上作诗的迅捷之才，竟然未见给王维的留别诗，不能不说是一个遗憾。好在前边已经写到王维读过的一组高适的淇上诗，对高适也有一定了解了，这里再录高适的另两首淇上诗《别董大》以为互补。其一曰：千里黄云白日曛，北风吹雁雪纷纷。莫愁前路无知己，天下谁人不识君。其二曰：六翮飘飖私自怜，一离京洛十余年。丈夫贫贱应未足，今日相逢无酒钱。

辞别高适之后的几天王维便带翠儿回了老家。

恰如黑格尔在《美学》一书所说："没有哪一种艺术比绘画这门艺术引起更多的理想和自然的争论。"自沈括启《雪中芭蕉》论端，人们在它身上花费了一千多年的时间进行论辩。王国维在《人间词话》中将理想和写实二者的关系说得非常透彻："有造境，有写境，此'理想'与'写实'二派之所由分。然二者颇难分别，因大诗人所造之境必合乎自然，所写之境亦必邻于理想故也。"钱钟书在《谈艺录》一书极为推崇李贺"笔补造化天无功""宝枕垂云选春梦"两句诗，堪为《雪中芭蕉》的最佳笺注。

有学者以《传灯录》禅话解之曰："六源律师问慧海禅师：'和尚修道，还用功否？'师曰：'饥来吃饭，困来即眠。'六源又问：'一切人总如师用功否？'师曰：'不同，他吃饭时不肯吃饭，百种须索，睡时不肯睡，千般计较。'"艺术创作如"饥来吃饭，困来即眠"，何必一定要在雪里有没有芭蕉上争个你死我活，这批人正是"吃饭时不肯吃饭，百种须索，睡时不肯睡，千般计较"。一番须索计较使王之涣不幸蒙受了千古之冤，想当然地刮起一阵朱斌《登楼》的狂风。

窃以为这或许对普通人适用而对王维不适用，因为王维是个有计较的人，并不是那种自由落体的人。也即是说，纵令自由落体也有自己如何落体的选择，因为他会的东西太多了。历代争论并没有触及王维的内在本质，诚如有人所说："精于绘事者，不以手画，而以心画。"

如我前述才是王维真正的用心。

佛家用以喻空的芭蕉，却有着好看的花序，好吃的果实，还有可以繁衍的种子。只要阳光、水分、土壤适宜，就可以永远繁衍于大千世界，顽强地表现存在。这是希望。

也是大悲心不会熄灭的原因。是故我又诗之曰：

芭蕉树惹风，空梦叶肥穷。

速朽于存在，销魂在凛冬。

　　王维带翠儿回到河东蒲州，崔氏见了翠儿，自有一番格外的惊喜和亲热。小时候，翠儿便经常跟在崔氏的屁股后边，左一声右一声喊崔娘，冲崔娘讨糖瓜吃。现在见了崔氏，自然是得喊娘了。一声娘出口便让崔氏心花怒放，又见翠儿生得齐楚好看，懂事乖巧，嘴巴又甜甜的，说话诙谐，还会做各种事，上得厅堂，入得厨房。更难得是在禅佛上有许多化开了的学养，婆媳俩甚是谈得来，便更加欣悦欢喜。

　　王维的一拨弟妹也被翠儿迷住，天天缠着翠儿讲故事。翠儿也有求必应，便讲些禅宗的故事和淇上的传说给他们听，比如姜子牙、朝歌、比干、纣王、雷震子之类，听得几个弟妹痴迷瞪眼。先生从不讲这些个，如听天方夜谭。这一纠缠，反倒把两个人独处的空间全部挤占。王维与诗朋酒友见过几回之后，回家反没有翠儿陪着，翠儿不是陪崔氏谈禅，便是和弟妹说话，却是冷淡了王维。那一日王维便对翠儿说："乐不思蜀，就不担心咱家院外种的豆角葫芦被野物吃了？"

　　翠儿便噗哧一声诡秘地笑了，过来刮王维的鼻子说："维哥哥你羞不羞？在自己娘家里，还想家？是想咱俩自己的家了，是不？"

　　王维让翠儿弄得哭笑不得，便正色道："在淇上总有房琯赏的一份闲差，多少总还有一份银子拿着，自己的吃喝管够。你看我娘这一大家子人，弟妹还没有长成，再添我俩吃饭，你说我这心里……唉，要不，翠儿，再住几天，等缙弟回来见个面，咱们还是回吧？"

　　翠儿连连点头："维哥哥所说极是，翠儿听夫君的。维哥哥你说如何便是如何，翠儿也想回家给维哥哥煮葫芦炒豆角吃呢！"

　　几天后，王缙从长安回来，见土维和翠儿之后，格外高兴。晚饭后，王维便说自己和翠儿已经在家里住了一月余，想要回去接着做房琯给的那份差事，不能在家里吃闲饭，云云。王缙听了便笑说："吃饭的事包在小弟身上，小弟现在的差事，养这个家没有问题！"

"哥怎么能让弟养着，"王维摇头，"为兄惭愧啊！"

知子莫若母。崔氏点头："为娘上回给你的偈，我儿已悟得。悟得也不能执着，等得、忍得、信得，万事都有转机。维儿还是入世的年纪，不入世何以谈遁世？这佛家是讲因果的。娘赞成你回去。现时不比往时，有翠儿在你身边，知冷知热，还是个修行的伴儿，娘放心！"

于是，省亲结束，几日后，王维与翠儿便又回淇上了。

七、几声琴板梨园破

王维属于够品级官员，被关押在洛阳菩提寺的一个大偏殿里，偏殿临时用木头板子分割成了许多个小号。王维被单独关在一个小号牢房里。小号牢房里根本没有床，更没有被褥，只是放了两大捆谷草和一个瓦盆。谷草可用来絮"窝"，瓦盆是用来大小便的。王维被解开绑绳推进单间，两臂酸麻，手腕上有几道深深的印痕。他披散着头发，恍恍惚惚，身体像散了架也似，把谷草铺平往上一躺，人便死过去。

恍惚中仿佛置身大明宫，群臣正风摆柳似的山呼万岁。安史叛军忽然从天而降，包围了满朝文武，只见脑满肠肥的安禄山狞笑着走上前去，举起一柄明晃晃的泼风刀猛地挥去，红光一闪，头戴冲天冠的玄宗的脑袋，便骨碌碌地滚落龙椅之下，像个陀螺似的在大殿地上乱转，王维大呼："圣上！圣上！"可怎么也喊不出来声音。

却见安禄山将自己一个胖大的身子往龙椅上一扔，跌坐上去，只听得一阵碎裂声，龙椅被安禄山压得粉碎，安禄山竟自如一堆大肉瘫痪在铺着厚厚金毛绣毯的地上。

王维蓦然惊觉，只听得牢门外哗啦啦乱响。狱卒进来放下一盘饭食出去，又把门从外头锁上了。嗓子火辣辣地肿疼，见盘中竟然放得有一碗稀饭，喉咙深处便见伸出一只手，端起稀饭就倒入皮囊，又拿起一只馒头从喉咙里塞下去，这才觉得软软的身子恢复了一点力气。便听得耳边一个声音说，与其绝食而死，还不如吃得饱饱的，索性就做个挨刀鬼，到九泉下也好有力气向阎王讨个说法，让他赔还一条命来。上了天连唱个肥喏的力气也没有，咋向佛祖参拜？

以为生死是须臾间的事情，只要一过堂，不肯投降，自然就免不了人头落地，血溅当场。不料一连十几日过去，竟然无人来提审。牢房潮湿，大小便都在屋里，气味自然难闻。每天按时放风两次，无济于事。衣服不能洗换，时间一长，身上居然出现了小动物。

先是刺痒难耐，心里腻歪，可劲儿抓挠。

时日久了，泛滥成灾，便顾不得羞耻。索性将自己脱剥精光，在破衣烂衫中逐一检寻那些圆滚滚的细物，屠夫也似掐杀，直掐得拇指指盖染成紫色。方知，若不揭皮换衣，这些小生灵是掐之复生，掐杀不尽的。奇怪的是，安之若素后，身上竟然不刺瘙了，心里也不腻歪了。

这才知道天地有好生之德，人自有适应各种自然之能力，虮胫虱肝也不可轻视，都是天生地养的东西，难怪有些个儿蓬头垢面的乞丐道人，于日阳下天天扪虱，扪虱于左袖，转放于右袖，得之于胯，纵之于胸，说是让其时常搬个家，换个吃喝处，竟是当宠物来养。想那王维从小儿锦衣玉食，非常干净甚至有些洁癖，何曾见过这等奇物。

日日被关在猪窝也似的牢笼里，委实是苦坏了，但也悟出了更多禅道。营养不良加上还要饲养小动物，王维的皮囊已经空空如也，身体骨瘦如柴。牢中岁月，不见天日，不知季候的变化。想这一遭儿人世历练，劳其筋骨，苦其心志，走过来，虔诚礼佛如那个维摩诘，也是个在家里修行的居士，何以却要受这无妄之灾？心里便默念《孟子》书中所说聊以自慰："舜发于畎亩之中，傅说举于版筑之间，胶鬲举于鱼盐之中，管夷吾举于士，孙叔敖举于海，百里奚举于市。故天将降大任于斯人也，必先苦其心志，劳其筋骨，饿其体肤，空乏其身，行拂乱其所为，所以动心忍性，曾益其所不能。人恒过，然后能改；困于心，衡于虑，而后作；征于色，发于声，而后喻。入则无法家拂士，出则无敌国外患者，国恒亡。然后知生于忧患而死于安乐也。"

于是王维便想：古时候人们单纯，还具有拥抱自然的能力。得大任者从不执着，都是别人找上门来。舜在历山耕田，谦虚礼让，人们都愿意靠近他居住，都学着他互相谦让，很快聚集成村落。尧老了要选继承人，大家一致推举舜。尧把女儿娥皇、女英嫁给舜，让九名男子侍奉舜，以观其德；让他职掌五典，管理百官，负责迎宾礼仪，以观其能。发现舜德能俱佳，就毫不犹豫地让位给舜，名为禅让。

傅说是个打土板筑墙的工人，因为贤达被商王起用为宰相。胶鬲不过是个贩卖鱼和盐的商人，也是因为贤达被起用。管夷吾是个囚犯，被齐桓公从狱官手里救出成为仲父。孙叔敖从隐居的海滨被起用成为楚国令尹。百里奚是秦穆公从奴隶市场用五张羊皮赎买回来的，用为五羖大夫。以上这些人从没有执着于当什么官儿，偏偏就当上了大官。

尧舜时有没有贪腐享乐？也许已经有了，否则《庄子·胠箧》何以说："故绝圣弃智，大盗乃止；擿玉毁珠，小盗不起。焚符破玺，而民朴鄙；掊斗折衡，而民不争；殚残天下之圣法，而民始可与论议。"

智慧并不能改变存在。诚如《维摩诘经》所说："从戒、定、慧、解脱、解脱知见生，从慈、悲、喜、舍生，从布施、持戒、忍辱、柔和、勤行精进、禅定、解脱、三昧、多闻、智慧诸波罗蜜生……欲得佛身，断一切众生病者，当发阿耨多罗三藐三菩提心。"

科举取士始于隋。科举的应试制度打破了世族垄断，使平民有了个相对平等的晋升机会，但酸腐迂拙的科考又束缚了人们的思想和创新能力。有才能的人也不得不借助手段来进入仕途。这样的大任，这样的苦恼，这样的劳累，又能激励出什么样的心志？知道了这些你就会明白，背离和失去朴素的思想和感情，一切都会违背人伦和天理。

于是王维就对自己说，这样的大任，不要也罢！

王维这一回去便在淇上住了两年。其间除兼闲差，便中还游玩了周边淮泗之地，去寺庙道观拜访叙谈，结识了一大批诗人、官员、释道朋友。王维惜缘且重情，每每的行迹所至，屡屡的人事纷纭，今时乍聚，明日分离，也是一件让他伤感的事，遂写了不少送别诗。

如才别其兄，又离其弟，过几天自己也要离开此处，从此隔山隔水，不知何日再行相见。总是活在今天"遥思魏公子"，明日"复忆李将军"的别离之中，怎一个苦字了得。《送魏郡李太守赴任》：

> 与君伯兄别，又欲与君离。
> 君行无几日，当复隔山陂。
> 苍茫秦川尽，日落桃林塞。
> 独树临关门，黄河向天外。
> 前经洛阳陌，宛洛故人稀。
> 故人离别尽，淇上转骖骓。
> 企予悲送远，惆怅睢阳路。
> 古木官渡平，秋城邺宫故。
> 想君行县日，其出从如云。
> 遥思魏公子，复忆李将军。

也有母系亲戚在淮泗为官，方得见面，却说是仕途不顺，想要归隐回家。陶潜开了个坏头，大唐归隐成风。如《奉送六舅归陆浑》：

> 伯舅吏淮泗，卓鲁方喟然。
> 悠哉自不竞，退耕东皋田。
> 条桑腊月下，种杏春风前。
> 酌醴赋归去，共知陶令贤。

长安结识的羽林郎后人蕃来淇上看望王维，几日相聚后蕃要去游淮南。送别这位习武之友，诗中不觉便带了豪气。《送从弟蕃游淮南》：

> 读书复骑射，带剑游淮阴。
> 淮阴少年辈，千里远相寻。
> 高义难自隐，明时宁陆沈。
> 岛夷九州外，泉馆三山深。

席帆聊问罪，卉服尽成擒。

归来见天子，拜爵赐黄金。

忽思鲈鱼脍，复有沧洲心。

天寒蒹葭渚，日露云梦林。

江城下枫叶，淮上闻秋砧。

送归青门外，车马去骎骎。

惆怅新丰树，空余天际禽。

王维与庙中的高僧大德和观中的道士也时有来往，留下了不少语含禅机气度不俗的诗篇，如写这位好酒且神通广大的焦道士之《赠焦道士》：

海上游三岛，淮南遇八公。

坐知千里外，跳向一壶中。

缩地朝珠阙，行天使玉童。

饮人聊割酒，送客乍分风。

天老能行气，吾师不养空。

谢君徒雀跃，无可问鸿蒙。

淇上与淮南是大热之地，从小在河东长大的王维，自然也是个怕热之人。这等烟火气的事情，让仙风道骨的王维依然头痛，在大唐之时王维便有了宇宙观，故尔留下《苦热》一诗给后人解暑：

赤日满天地，火云成山岳。

草木尽焦卷，川泽皆竭涸。

轻纨觉衣重，密树苦阴薄。

莞簟不可近，絺绤再三濯。

思出宇宙外，旷然在寥廓。

长风万里来，江海荡烦浊。

却顾身为患，始知心未觉。

忽入甘露门，宛然清凉乐。

"思出宇宙外，旷然在寥廓。"宇宙外自然是清凉世界，何以热成这个样子？"却顾身为患，始知心未觉。"身如芭蕉空，体似炉灶热，知系此身患，心却不能舍。若无此身为患，热苦心能不觉。禅机已现。"忽入甘露门，宛然清凉乐。"甘露饮佛土，清凉争禅河。

就在此时，翠儿珠胎暗结，一个小王维已在孕育。

安禄山僭号称尊，虽占夺了东西两京，却并无深谋大略。侵入西京长安之后，没有设法巩固政权，反叫部下四处搜捕朝中百官以及没有出逃的嫔妃、宦者、宫女，把皇宫府库中的金银币帛，宫闱中的珍奇玩好，有多少就往东都洛阳送多少。又下令宫中原班的梨园子弟和教坊诸乐工以及苑厩中的所有驯象舞马，都要运至洛阳承应，敢有隐避不出者，即行斩首。那排场那阵仗那架势俨然已经把自己当玄宗看待了。

也难怪，安禄山这个胡儿的老师，竟然是大唐天子玄宗皇帝。玄宗中年后越来越好声色，每有宴会，如《隋唐演义》书中所述，必"先设太常雅乐，有坐部，有立部。坐部诸乐工，俱于堂上坐而奏技；立部诸乐工，则于堂下立而奏技。雅乐奏罢，继以鼓吹番乐，然后教坊新声与府县散乐杂戏，次第毕呈。或时命宫女，各穿新奇丽艳之衣，出至当筵清歌妙舞。其任载乐器往来者，有山车陆船制度，俱极其工巧。更可异者，每至宴酣之际，命御苑掌象的象奴，引驯象入场，以鼻擎杯，跪于御前上寿，都是平日教习在那里的。又尝教习舞马数十匹，每当奏乐之时，命掌厩的圉人，牵马到庭前。那些马一闻乐声，便都昂首顿足，回翔旋转的舞将起来，却自然合着那乐声的节奏"。

这样的宴会安禄山不止一次像个小丑一样陪侍在玄宗身边，那种皇家气派天上人间的光声彩影直教安禄山意痴神迷。玄宗喜欢听李龟年奏乐唱曲，安禄山自然也跟着喜欢。李龟年长于作曲，善歌，擅吹筚篥，还擅奏羯鼓，更让安禄山添了高兴。李龟年粉面朱唇，风姿清越，开声如裂帛，先唱王维的《阳关三叠》，又名《渭城曲》。此诗乃是当年王维的好友元二出使安西（今新疆库车县），王维去灞桥驿站送别元二，真情流露，一时兴起，便写了《送元二使安西》。万没想到一不留神，这首随口吟出的四句诗，竟被后人奉为送别诗中情深意浓韵律悠远别开生面脍炙人口的翘楚，却是王维始料未及的。

　　渭城朝雨浥轻尘，客舍青青柳色新。

　　劝君更尽一杯酒，西出阳关无故人。

　　接着李龟年又遵玄宗之命唱了王维的新曲《老将行》。这首诗让安禄山对王维这个人，从此有了一种特殊记忆。此诗长的是大唐的威风，灭的是胡人的气焰。玄宗点此歌，竟然是大有深意。李龟年唱此歌时，忽然就昂扬起十倍的精神，不再是个油头粉面的伶人，反倒像个赳赳壮士，配以手眼身法步，唱活了征战沙场喋血胡虏的老将：

　　少年十五二十时，步行夺得胡马骑。

　　射杀山中白额虎，肯数邺下黄须儿。

　　一身转战三千里，一剑曾当百万师。

　　汉兵奋迅如霹雳，虏骑崩腾畏蒺藜。

　　卫青不败由天幸，李广无功缘数奇。

　　自从弃置便衰朽，世事蹉跎成白首。

　　昔时飞箭无全目，今日垂杨生左肘。

　　路旁时卖故侯瓜，门前学种先生柳。

　　苍茫古木连穷巷，寥落寒山对虚牖。

　　誓令疏勒出飞泉，不似颍川空使酒。

　　贺兰山下阵如云，羽檄交驰日夕闻。

　　节使三河募年少，诏书五道出将军。

　　试拂铁衣如雪色，聊持宝剑动星文。

愿得燕弓射天将，耻令越甲鸣吾君。

莫嫌旧日云中守，犹堪一战取功勋。

此曲歌罢，赢得满朝文武的喝彩。唐玄宗顾目安禄山，见其面有惶然之色，便露出一个居高临下的微笑道："蛮子，此曲如何？"安禄山答曰："禀皇上，蛮儿不通音律，只觉得鼓声咚咚，心头骇怕！"

玄宗闻之大笑，群臣亦为之哄笑，只有王维愀然不语。

王维从淮泗之地归来，一个多月不见翠儿，自然有远别胜新婚的亲热。却见翠儿躲躲闪闪，容色也有些憔悴，全不似往日间的光鲜亮丽，便连细细的腰身也忽然间就粗壮狼犺起来，便不免讶然动问："这一别月余，娘子敢情是乘官人不在，天天大嚼，竟是吃胖了！"

王维这一问却把翠儿问笑了。翠儿戳着王维的鼻子撒娇道："真是个呆子！人家这些天日夜辛苦，偏还要取笑人家大嚼，也倒是大嚼，嚼的全是官人的血肉，真还不好消受，害得人家天天呕吐呢！"

王维满头雾水，却又恍然："莫非是，娘子身怀六甲？"

"不是才怪！"翠儿嗔怪道，"你走前便不见红来，你我都不曾留意。你走几日便大吐一回，请来大夫问诊，却恭贺有喜了。这个小冤家跟维哥哥一样坏，害翠儿干呕……维哥哥，你要当爹了啊！"

王维大喜过望，搂住翠儿亲了个没够，说："这一程出去，还有朋友邀我赴蜀地一游，我也是怦然心动。可这心里却放不下你，总觉得你在唤我回家，就没有同去。反倒是归心似箭，趱程回来。却原来不是你在唤我，竟是我儿在娘肚子里唤我，王维要为人之父了！从今天起维哥哥哪儿也不再去，天天守着你，再不让你干这干那！"

翠儿笑道："舅家的僮仆早回来了。你以为翠儿生性儿勤谨？先前把舅家的僮仆赶走，是因为翠儿想亲自伺候维哥哥，要让你吃翠儿做的饭，穿翠儿洗的衣，喝翠儿泡的茶，你不在，翠儿才懒得动呢！"

王维说到做到，果真哪儿也不去，除了做闲差，便天天在家里陪翠儿。写诗画画儿，侍弄院内的桃柳花木和院处田畦间的那几架葫芦豆角，锄草分畦，引渠浇水。没事儿便拿个鹿皮几儿，在淇水岸边茂盛的岸芷汀兰间坐着钓鱼，把鱼儿拿给翠儿补身子。阿弥陀佛，善哉善哉，杀生了。日暮时和房琯在蒿草丛中摆几局棋。见得葫芦儿在夏日里长大，豆角儿结荚，便摘了交厨上做给翠儿吃。有诗为证：

> 宿雨乘轻屐，春寒着弊袍。
> 开畦分白水，间柳发红桃。
> 草际成棋局，林端举桔槔。
> 还持鹿皮几，日暮隐蓬蒿。

王维的宅子周边，多是竹子和芦苇，远处还有一片松树，住了一群的鹤鸟，每天早上和晚上都会飞舞鸣叫，其声嘹亮。淇水边上红莲一片一片的。渡口不时有船只停泊。采菱角的姑娘扌着小篮儿，唱着歌划着小船蝴蝶也似在莲叶之中往来穿梭。万物有成秋天来，翠儿腹中的小王维，已经会在翠儿念诵王维诗的吟声之中，或出拳或踢脚以为回应。翠儿的肚子如山一样隆起，听之却有水一样的声音：

> 寂寞掩柴扉，苍茫对落晖。
> 鹤巢松树遍，人访荜门稀。
> 嫩竹含新粉，红莲落故衣。
> 渡头灯火起，处处采菱归。

王维日日要把耳朵贴在翠儿鼓起的肚子上倾听，还和里边的那个公子或是小娘说几句私房话。无论多么不俗的人物，在此时都难免会表现出这种很世俗的小男人模样。王维有《淇上田园即事》诗曰：

> 屏居淇水上，东野旷无山。
> 日隐桑柘外，河明闾井间。
> 牧童望村去，猎犬随人还。

静者亦何事？荆扉乘昼关。

淇水之上，平原之里，自然和谐，风物闲适。动以寓静，静中生动，动静相宜。人心灵台开，动静訇然在。天地共宇宙，悄然冥合未？

灾难貌似幸福，邪恶活像正义，且都假仁爱之名行之。

妖艳尤物，声色犬马，奇技异术，最是能招惹萌动天下贼盗的觊觎之心。有道是，风水轮流转，今日到俺家。稍微一不留神，风水便流入了胡儿之家。唐玄宗做梦也想不到，这个憨厚的蛮儿，不仅心怀艳羡，还满怀愤愤不平，做卑微状时，心里想的竟然是：笑吧，待俺胡儿得偿所愿，也要美美地蛮蛮地肆意折辱尔等唐狗。如今已经得志，自然是要加倍地讨还那时的折辱和亏空，还加上了不少利息。

让安禄山不快的是，昨日所属诸番部落的头目、首领，前来朝贺他攻占了西京长安。安禄山也欲让这些没见过世面的蛮人兄弟见识一下天朝文明，这些文明现在已经入了安皇帝的囊中。便召集众番赐宴于便殿，对众人凿凿言曰："俺安禄山如今受天命为天子，不但人心归附于俺，就连那些无知的物类，都已经效顺于俺。你们觉得大象如何？庞然大物，狮子老虎都惧怕它三分，却见了俺安禄山也得跪下献酒。还有那些马儿，闻俺奏乐，便来给俺跳舞。"众番人听说，俱皆俯伏，山呼万岁。安禄山大喜，便下令象奴带上林苑中的驯象入宫，要给群番首领开眼。象奴便拿了钉锤，骑驱着十数头大象入宫。并宣厩中的舞马在外边候着，等大象表演完了，再唤舞马上来率舞。

众番人俱注目而观，要看大象如何擎杯跪献。象奴将十数头驯象牵至殿庭之下。原本往日在大明宫玩熟了的把戏，只要给个命令，大象便会各自用鼻子卷起脚下的金杯，跪下敬献给玄宗。不想这些大象认生，举眼儿往殿上座椅一看，眼生，怎么皇上换人了？这个比肥猪还肥的大胖子是谁？凭什么给你跪献？便不服管教，不肯动作。象奴把一个盛酒的金杯送入为首大象的长鼻吻处，要它擎起金杯跪献给安禄山。象却把鼻子卷起酒杯抛出，呛啷啷一声，竟然掷到了安禄山的龙椅脚下。象奴怕了，也是急了眼，令为首的大象跪下，然后扑地跳上象头之上，骑在大象两耳中间，拿一柄钉锤，在大象蒲扇般大的耳朵上乱锤乱插，竟把大象的耳朵撕裂。大象负疼哞叫，终不肯就范，反而发怒，一鼻子把那象奴卷将下来，使大脚乱踩，竟把个活生生的象奴踩成了肉饼。其余几个象奴已经面无人色。众番人却掩口窃笑。

安禄山又窘又恼，大骂："孽畜，恁般可恶！"喝令帐下武士把这些大象牵将出去，连同象奴一起，尽行杀讫。那些候在外面的舞马也不敢再让它们表演，怕舞马也会认生，再次当众出丑，就命人把十几匹舞马尽数编入军营马队。据说后来有两匹舞马，流落在逆贼史思明军中。史思明有一日奏乐行宴。系在营前的两匹马闻乐起舞，军士以为怪异，痛加鞭挞，二马被打得不知如何是好，越发摆尾摇头舞个不停。军士大惊之下施之以棍棒，知道的人忙叫棒下留马，已晚矣，二马已被立毙于棍棒之下。人有怜惜者叹曰：善马终不敌傲象。

安禄山懊恼之时，却见与韦斌同为僚属的胡官泣报："韦斌副宰相，昨日请人喝酒时还好好的，早上人竟然死了。"安禄山听了反而面有喜色，喝斥道："你还哭什么？死了就死了，还省得让你天天盯着，这不，又腾出一个官位。有什么不好？他请谁喝酒？"

胡官嗫嚅道："是一个叫王维的汉人。"

安禄山闻听后，眼瞪得像铜铃，懊恼道："哎呀，俺怎么把王维这个人给忘了！快给俺宣宰相张垍来见俺，就说朕有话问他！"

已任宰相的张垍闻宣急忙赶来，见面先宽慰安禄山说："皇上，再灵的大象，也毕竟是一群悍不畏死的野兽，不能通人性。这些日子宫里的伶人乐工宫女也已聚齐，何不在凝碧池组织一场盛大歌舞演出，索性就让那些没见过世面的番王开开眼，看他们还有什么话说！"

安禄山连声叫好："好啊，好啊，就让那个当过太乐丞的给事中王维来为俺谱几个曲儿如何？俺还说过要去见见王维的，瞎忙乎，就把这事儿给忘了。对了，这些日子，王维的病养好了没有？"

张垍一愣道："呀，臣也忘了去看他，待臣马上去……"

安禄山道："先别，你给俺拟旨，给朕拟旨——朕朕的真麻烦——

韦斌死了，给王维腾出一个副宰相的位置。朕寻思着，大燕国的官也不白给，先不能升他的官，先原品原位，任命他为大燕国的给事中！"

"可王维还没有投降呢。"张垍迟疑。

安禄山一笑道："这个人不同于别个，俺要这个人，投不投降有甚么打紧？你拟好诏书，盖上大印，向他宣旨，也不要和他废话。宣完旨，把文告四下里张贴，让天下人知道，还由得他不降！"

"还是皇上英明！"张垍奉承。"哈哈！"安禄山狡黠地笑，上前拍拍张垍的肩头道，"咱俩谁跟谁？好友之间别来这一套！这马屁俺过去常拍你岳父，骗那个细人容易，骗俺这个粗人可不容易！"

安禄山话里有话。这回轮到张垍干笑了。

翠儿临产前，王维在李云帮助下，请来了卫县当时最好的稳婆钱姥姥。钱姥姥祖上便为稳婆，且是一脉单传。稳婆专事接生，故也叫收生婆，形成于东汉时期，属于三姑六婆之一。唐时人丁繁衍，职业稳婆已流行。李云接钱姥姥前来先相看了一下翠儿。钱姥姥眼里无丑俊贫贱之分，只有钱财和肚腹。钱姥姥相看了翠儿的肚腹之后，就转身要走，并咕咕哝哝地骂人："瘦廋一个女，大大一颗肚，肥肥一个儿，小小一个口，怎么出得来？你们找别人吧，俺接不了！"

李云忙赔笑脸并加倍给钱姥姥银子，钱姥姥的脸色这才缓和下来，咕哝着说："看你们诚心，钱姥姥就应下了，这四村八乡，有一半是钱姥姥接生的孩子，这个世上，还没有钱姥姥接生不了的孩子……一只桶两只盆，参药、红糖、生姜、草纸，你们自备，别的姥姥自带……母鸡下蛋要二指半，宫门没开齐，明个这时辰候着，姥姥自会到！"

钱姥姥留下一服药，也不知是些什么，只叫晚上喂吃了，能睡多久就睡多久，不得中途叫醒，醒来后多进些人参汤水，有好吃的尽管她吃。说完便出门，骑上走驴，驴身上缀满铜铃，丁丁零零地远去。

钱姥姥走了，李云走了。剩下翠儿和王维时，翠儿就羞羞地抱怨王维说："都说肚子大，怪你总是变着法地让我吃，看，招钱姥姥笑话了吧？有钱姥姥接生，翠儿就不怕了。这钱姥姥在淇上可是大大有名儿，人家说她一眼就能断出这女人什么时候生，到时候不用请，自己就骑着驴来了，几乎没有错过。维哥哥，明儿这时辰你就要当爹了！"

整整一夜，王维都抱翠儿在怀，舍不得放开翠儿，翠儿也揽着王维，怕王维忽然不见了。两人依依恋恋地，说一些只有两人知道两人明白的情话，竟是一夜都没有合眼。天亮时两人才相拥着睡去，这一觉竟睡到了晌午。僮仆们遵姥姥的吩咐，在门外守着也不敢叫醒。

进了汤水吃了能吃的各种滋补食品，忽然翠儿腹部便一阵一阵疼痛起来。王维急得满头冒汗，便叫人快马去催钱姥姥，去的人回来却说钱姥姥不在家，家里人说是出去到别处接生去了。王维便急了，李云这时到了，说："公子不用急，钱姥姥只要是收了钱，就从来没有误过事，还差半个时辰，再等等，你看，翠儿不是又好了吗？"

又等了半个时辰，翠儿又发作了疼痛。王维急得青头涨脸，正自绝望时，却听得远处铃声叮当，却是钱姥姥来了。这才喜出望外，钱姥姥进门来，赶人们出去，只留个有力气的女仆。王维抱着翠儿不想出去，钱姥姥便黑起脸说："这生孩子是个力气活，最怕的是男人在边上须须索索，分她的神，矫她的情，舍不得她出力气，出去！"

王维只好撇下翠儿，翠儿拉着王维的手，不舍。却被钱姥姥扯开手，王维只好出去。翠儿满头大汗，眼窝深陷，娇弱无助，却深情地望着王维，喃喃道："维哥哥，翠儿没事儿，你就放心出去吧！"

王维六神无主，听着屋里翠儿一声比一声高的惨叫，早已面无人色。李云强笑着安慰王维说："公子，别急，老话说，生孩儿有如过鬼门关，有福吃鸡公，没福钻泥洞。两命相系，生死攸关。老夫也是怕怕的。只是这钱姥姥是祖传手艺，一个花甲的年龄，三十多年的历练，女人坐草临盆、婴孩落脐炙囟，最是拿手好戏。女人生孩子不得娇气，待那浆水涌潮，腰腹齐痛，免不了哭爹喊娘，胡言乱语。就算横生、倒产、偏产、碍产，也不怕，钱姥姥最会这些，万无一失。怕的是胞衣不下、血崩不止……俺翠儿福大命大，断不会如此……"

正说时，却听得屋里一片惊呼之声，片刻之后，屋门大开，只见钱姥姥面无人色，头脸身上全是鲜血，呼天抢地曰："哎呀呀，咋就是个大血崩，直毁了俺钱姥姥一世的英名……快去见最后一面！"

王维腿都软了。在李云搀扶下进得门去，只见翠儿浑身鲜血，奄奄一息，留得一口气在，只为看王维一眼。待到王维扑将上前，也只是看得王维一眼，眼里的余光便如灯火也似熄灭。两只大睁着的曾经美丽如今神采全无的眼睛，涌出两大颗晶莹的珠泪，如同阳光下融化的霜露，冰冷而又凄然。王维嘶哑地哀号一声，便晕死过去……

钱姥姥走了，却留下了稳婆钱，一文不少。

八、千古霓裳犹未央

那天王维怀揣着韦斌给他的信物，回到菩提寺时已经是深夜，也是喝多了酒，进了牢房便躺在稻草堆上昏然睡去。睡到旭日临窗方才醒来，这才想起韦斌的嘱托，摸摸怀里信物还在，便起身打坐。脑海里逐次历历回忆起与韦斌见面时的情形。就想起自己以前所写《李陵咏》，竟一诗成谶："少小蒙汉恩，何堪坐思此。深衷欲有报，投躯未能死。引领望子卿，非君谁相理。"一代名将李陵身陷匈奴之地的无奈，与时下韦斌和自己身陷贼军的处境，何其相似也？韦斌拜托王维给他洗清千古骂名，王维自己的千古骂名又该央告何人去洗清呢？

想到这一点，王维心中，不觉万箭攒心，苦不堪言。想着装哑之药的药性已过，便又吃了一些。刚闭目养神一会儿，却听见门锁链声响。牢门又是大开，进来了两个穿叛军校尉服的军官，上前来不由分说，左右各一人架起王维便往外边走。王维惊惧，以为与韦斌之事已发，心想着也不过是一死，便也随他去了。被拖到菩提寺外的开阔处，强行按王维跪下。王维想这些挨千刀的杀人也不选个荒野处下手，这菩提寺大小也是个清净地，血污了龌龊了，也是罪过。

思忖时却见张垍穿着叛军宰相的官服一步三摇地走过来，手上捧着一卷展开的圣旨，也不多话，煞有介事地念道："王维接旨！诏曰：即授王维大燕国给事中，正五品。钦此。"

念完了，两个校尉松开手，王维这才得以站起身，戟指怒目，气得浑身簌簌发抖，想要破口大骂，孰料药性发作，嘴巴乱张，却发不出声来。张垍油滑地笑道："王给事中，陛下知道你喑病未愈，说不忙让你谢恩！真是有缘，大唐同僚，大燕又同朝为官了！陛下还有口谕，等你病好了陛下会亲自来看望你，要你谱新曲给他听，要谱得好就升你的官！唐廷昏君会如此对你吗？你这样的大才子唐廷昏君从未看在眼里！记得黄狮子案不？原本是个屁，又不关你事，他们兄弟间的狗屁，却连累你贬官！像这种昏君，还有什么可留恋的？"

王维急怒攻心，揪住胸口喘气，忽然晕倒在地。

张垍走过来，蹲下摸了摸王维的鼻息，居心叵测地对几个官员奸笑着道："呵呵，你们看，高兴得晕过去了。没事儿，抬他去屋里歇着，找个郎中给他瞧瞧。现在已经不比从前，他是大燕国正五品的给事中，找个干净点的房间给他住，可不是牢房，是像样的房间。但丑话得说在前头，给我看牢了，不能有一点闪失，要不皇上饶不了你们！"

张垍让人把王维七手八脚抬到一间净室之中，就找来个姓祢的郎中给王维号脉，祢郎中望切一回说："这个人身子骨亏得太厉害，太虚弱了，加上急怒攻心，要是明天醒不过来，就给他准备后事吧！"

张垍却耍横道："那你就守着他吧，他要死了，你陪葬！"

淇水岸边，李氏坟茔，又多了一座新冢，冢前伏着一个哭泣的男人。一千多年之后，这个哭泣男人会因为他所写的脍炙人口的诗句而被许多人仰望、崇拜、褒贬、编派。仰望崇拜他的人以为他是一尊神，贬低编派他的人，视他如一通冰冷的石碑，说他没有温度甚至冷酷无情沽名钓誉，各种调侃的脏水不住往他身上泼，却无处洗白。其实，他根本就不是神，只是一个很寻常的人，只是一具很普通的血肉之躯，只是个平凡而无奈的人。现实和命运交互捉弄嘲笑他，今天给他一根胡萝卜，明天再劈头打他一棒，予取予夺，只在上天一念之间。似乎不把他折磨得心碎神破，遍体鳞伤，欲哭无泪，就绝不干休。

佛说："命由己造，相由心生，世间万物皆是化相，心不动，万物皆不动，心不变，万物皆不变。"然而世间万物无时不变。佛只好补充说："一念愚即般若绝，一念智即般若生。"于是众生明白，动的不是物，而是人的念。念头的繁多，造成了人世的因果和苦难。佛又接着说："放下得越多，拥有得更多。"但是，却有许多放不下。佛说："前生五百次的回眸才换得今生的一次擦肩而过。"七情六欲，皆因缘生，亦由缘灭。惜缘是福，放下即是无情，佛却让人放下。说悲欢："大悲无泪，大悟无言，大笑无声。"说了许多话后佛开始自责："不可说，不可说，一说即是错。"一说就错，不说又不能给信众化愚解惑，便只剩下打哑谜了。所以佛是第一个搞行为艺术的人，摆许多姿势打许多手势，打哑谜，叫人猜形意，心领神会，名为觉悟。

淇河明月碎，鹤唳九霄归。自此无南北，东西白鹭飞。这里已成伤心之地。他决定离开这里，但又放不下翠儿，舍不得把心爱之人留在这孤坟之中。但又能怎样呢？翠儿如淇水之上一轮明月，淇水浪花乱溅时明月就碎了，淇水波平时明月又会投映其中，但碎了的月光却永远碎了。只有淇水飞回的禽鸟的羽衣上，还披拂着那缕月光，但迟早它们会飞走。现在，这个哭泣的男人，明天就是归途中的王维了。

由于种种原因，王维现存的诗中竟然不幸没有留下任何一首写给妻子的诗，可他在山水诗中所表达出来的情愫和向往，几乎都是可以从中看到翠儿的影子，那种真纯、和谐、净朗、朴素、无邪、空灵，等等，都是造化原汁原味的东西，都是天地本真本色的流露。这些都与她的妻子翠儿相关，因为翠儿在王维心中，便是这样一个自然的化身。

大悲无泪，大空不空。以此类推之，即是悟。

按照毕宝魁先生的说法，王维妻亡之后，于开元十七年（729）离开淇上回长安，时年已经三十一岁。王维于是年秋离开黎阳赴长安时，丁寓在家中设晚宴给王维钱行，王维晚宴赠《丁寓田家有赠》诗：

　　君心尚栖隐，久欲傍归路。
　　在朝每为言，解印果成趣。

晨鸡鸣邻里，群动从所务。

农夫行饷田，闺妾起缝素。

开轩御衣服，散帙理章句。

时吟招隐诗，或制闲居赋。

新晴望郊郭，日映桑榆暮。

阴昼小苑城，微明渭川树。

揆予宅闾井，幽赏何由屡。

道存终不忘，迹异难相遇。

此时惜离别，再来芳菲度。

王维乘船渡河到滑州后，隔黄河烟望云视黎阳孤峰兀然突起的大伾山，想起与翠儿在一起的点点滴滴往事，这段悠闲、舒心、自然、忘我充满爱的半官半隐的田园生活，是王维此生最小男人气的日子。可惜这段日子已经渐行渐远，铭心刻骨的眷恋，牵肠挂肚的不忍，让王维不觉又伤心起来，但又不足与寻常人分享自己的难过，道之这段情缘，使王维只能假丁寓的惜别，寄寓与翠儿和李云的分别之情？或者丁寓就是李云的假借？又写了《至滑州隔河望黎阳忆丁三寓》：

隔河见桑柘，蔼蔼黎阳川。

望望行渐远，孤峰没云烟。

故人不可见，河失复悠然。

赖有政声远，时闻行路传。

这一路的缱绻缠绵回肠九转，使王维回到家中时神情恍惚。崔氏见王维身体消瘦，面容憔悴，孤身一人，便预感到了不祥，忙问："维儿，你怎么一人回来了？媳妇呢？"王维见母亲动问，已是哭倒在地，一边给母亲磕头一边悲戚地哭道："母亲，你的儿媳妇回不来了！"

崔氏听王维讲了翠儿去世的经过不觉潸然泪下，叹息道："阿弥陀佛，佛祖保佑翠儿往生极乐，再莫要受这些无妄之灾。王氏祖上若有失德之处，请报应在老身，再莫要为难吾儿，吾儿从小心地纯良却为何屡遭不幸？佛祖保佑吾儿，老身黄卷青灯自当顶礼膜拜！"

崔氏即刻去佛堂，在菩萨像前，敬了三炷香，便在香烟氤氲之中坐在蒲团之上，为翠儿祈福。王维也跟着盘膝坐在陪位上，为翠儿祈冥福。做完了功课。崔氏方道："世情幻象，吾儿莫要执着。去来自由，心体无滞，即是般若。一切世相，皆为尘缘，缘来则聚，缘去则散。不可求，亦不可强求。只要问心无愧，缘散又有何悲。"

王维默默颔首，泣然领教，细心体会。

菩提寺里，王维已经命悬一线。这一回可不是装病，而是真的病了。先是高热不退，寒战不止，痉挛不已。竟把近一个月来积攒下的惊恐、不安、烦恼、惶惑全转成疾病齐齐地攻了出来。加上王维自己吃下痢之药和喑哑之药，如六儿听药铺掌柜所说，这些药皆为虎狼之药，已经把原本虚弱的王维的身子骨折损得七零八落。若非张垍那厮要横，要祢大夫以命相赔，吓得祢大夫日夜守候，煞费了苦心，使各种药石针灸，调理王维七劳八损的身子，王维恐怕真就度不过此劫。

王维谵妄昏睡之时，忽然置身于一个坐了许多菩萨的道场，天空中出现了一个曼妙的天女，长袖飘飘地向众人身上散天花。那些天花落到诸菩萨的身上时，从衣服上马上堕落于地下，而落在王维身上之时，却粘在衣服上不肯掉落，越积越多。王维急了，就问天女如何抖落这些天花？天女问王维，为什么要去掉这些天花？王维说，这些花又不是佛法，粘在身上不得体，还是去掉好。天女说：天花本身没有分别歧视，有差异的不过是你自身的分别心罢了。修行佛法者怀有分别心才是不得体；无分别心才是得体。各位菩萨身上都不粘天花，因为他们已断除了分别之想。这就好比心存恐惧的人，邪灵便会趁机控制他的恐惧心。害怕生死轮回，则会被色、声、香、味、触等五欲控制。若脱离怯畏，五欲对他就毫无干扰。这些天花只会粘在未去尽结习烦恼的人身上，而不会粘在已去尽结习烦恼的人身上。懂了吗？

王维听了天女的话，顿觉恍然大悟，与此同时，累积于身上的天花雪团也似从他身上滑落，并匝地而没。也就是在这时，王维满头大汗地从谵妄之中醒来，心中一片澄明。王维发现自己身上盖了足有十八层被子。日光从窗户射入，可见身边伏着一个脸埋在双臂之中呼呼睡觉的人，眼生得紧。王维觉得烦渴，便抬起手臂想触碰那人，手臂似有千钧之重，抬将不起还觉酸麻肿胀。不料惊醒了那人。只听那人发出"啊呀"一声惊叫，忙不迭地起来按住王维，大喜过望地道："动不得，王公，可算是醒了，再不醒，小人这条命也就没了！"

那人便喂王维喝水，又喂了一碗不知什么汤食，王维这才觉得身上有了几分力气。一边喂王维喝汤水一边絮叨，王维这才知这个郎中姓祢，已经守了自己四天三夜。想说几句感谢的话，嘴唇儿却胡乱翕动，就是发不出声来。祢郎中似乎明白，就附耳悄声说："大人莫白费气力……那虎狼之药也太过厉害，若是再吃上一回，这辈子就缓不过来，大人得终身做哑巴了……王公，放心，小人不会说……"

这时间，从窗户外边，忽然传来一阵悠扬而熟悉的乐曲之声。仿佛是玄宗皇帝在大宴群臣，奏的竟然是《霓裳羽衣曲》，便不胜惊疑地望向祢大夫，祢大夫便告王维："大燕皇帝今儿个在凝碧池大宴各路番王，让前朝的宫廷乐工伶人奏乐助兴。昨儿个张宰相还来，说要王公度新曲，不想大人昏死，大概便只好奏前朝的那些旧曲了。"

说话间，远处便传来一阵缥缈的歌声，王维细听歌词，唱的竟是自己的旧诗《夷门歌》。此诗描写的是战国隐者侯嬴献策救赵，慷慨捐躯的壮烈行为，歌颂侯嬴和朱亥这些出身下层的英雄，也赞扬了信陵君任用贤才的开明风度。后人评价此诗"诗具史笔，史蕴诗心"。

宫中旧曲中多是王维的作品，何以在叛军酒宴选唱此诗，莫非是有意为之？这歌声句句婉转悲壮，字字具雄烈气象，让人血脉偾张：

> 七雄雄雌犹未分，攻城杀将何纷纷。
>
> 秦兵益围邯郸急，魏王不救平原君。
>
> 公子为嬴停驷马，执辔愈恭意愈下。
>
> 亥为屠肆鼓刀人，嬴乃夷门抱关者。

非但慷慨献良谋，意气兼将身命酬。

向风刎颈送公子，七十老翁何所求！

战国七雄胜负未分，攻城杀将乱作一团。秦军围困赵都邯郸，魏王不敢相救。信陵君为侯嬴驾车访友神色恭敬。侯嬴的朋友朱亥是个屠夫，帮信陵君救赵，侯嬴是掌管魏国都城锁钥的守门人，他为信陵君献窃符夺兵之计，以七十岁的生命报答了信陵君的知遇之恩。

歌声中王维一振，霍然坐起，神情怆然而感奋。

开元十七年（729）春天，王维和王缙拜别母亲崔氏重返长安。王维离开长安已近八年，故友并不知他已返回京师。他也不忙着露面，却跑到大荐福寺拜道光禅师为师，成了佛门的俗家弟子。王缙经多方奔走谋得一个武部员外郎的职务，并向张说推荐了王维。斯时玄宗励精图治，明敏纳谏。左丞相张说才华横溢，文笔精妙。

张说时以左相身份兼集贤院学士，欣赏王维久矣，当即向集贤院秘书少监张九龄推荐了王维。张九龄武后神功元年（697）二十岁时中进士，授校书郎。后又中"道牟伊吕科"，授左拾遗，守正不阿，为士林所称道。张说为相后便把张九龄从桂州调回京师任集贤院学士、副知院事、秘书少监之职，主领著作局。张九龄自然知道王维，故青眼相看。几日后张九龄还介绍了襄阳人氏孟浩然给王维认识。王维早闻孟浩然的诗名，孟浩然也久闻王维大名，故两人很快成为好友。

孰料孟浩然科考名落孙山，京师谋职又毫无进展，心灰意冷。王维去安慰孟浩然时，先看了一首孟浩然刚写在纸上的墨迹犹湿的新诗《秦中感秋寄远上人》："一丘常欲卧，三径苦无资。北土非吾愿，东林怀我师。黄金燃桂尽，壮志逐年衰。日夕凉风至，闻蝉但益悲。"

"好诗，只是太衰飒了。长安物价确实昂贵。品其诗意，孟兄盘缠不支，已生返归桑柘之念？明天中午你到集贤院找我。我带你直接找张大人商量一下。即使没什么希望，也算是向张大人辞行吧！"

次日孟浩然应约来到大明宫秘书省著作局，两人叙谈几句，王维便领孟浩然去见张九龄，孰知却被告知，张九龄母亲病危，向皇上告假回老家省亲去了。孟浩然闻知，黯然长叹道："摩诘，看来，这都是命啊，我命里就没有这仕途之运，有道是，君子不与命争——"

正说话，忽有人来报："圣上驾到，王大人，快去接驾！"

这一惊非同小可，因为有规定不许私下邀人到内署。这大明宫便是皇帝的家，自然是想去哪儿去哪儿。一不留神，玄宗便心血来潮，遛弯儿走来著作局，想找几个文人聊几句，就好比上厨房看看，有嘛好吃的没有。但厨子却不免就会无端地紧张起来，想把菜刀藏起来。

王维的反应跟厨子也没什么两样，情急之中连忙让孟浩然躲到屏风后面，自己起身接驾。自己的家哪还用人引领，还没等王维出门接驾，玄宗就跨入门来，王维慌忙跪倒迎驾。玄宗不知遇了什么高兴事，满面喜色，笑道："王爱卿免礼平身。朕是随便走走，不必拘礼！"

王维连忙谢恩平身把玄宗恭迎上坐。玄宗笑道："朕听宰相说自从张爱卿主持集贤院以来，人才济济。朕颇为欣慰。听说王爱卿也在集贤院，朕便是来找你聊聊的，不知近来可有新作么？"

王维支支吾吾。玄宗见桌上有两杯茶还在冒热气，恍然悟道："莫非是朕来时王爱卿正有客人在此，被朕打断了清谈？"

王维只好躬身禀道："臣不敢欺君，刚刚臣之好友孟浩然正在此与臣交谈，忽然皇上驾到，怕他惊了圣驾，臣请他回避了。"

"孟浩然。"玄宗稍许沉吟，做思索状，然后吟道，"'八月湖水平，涵虚混太清。气蒸云梦泽，波撼岳阳城。'是这个孟浩然吗？这个人朕倒是要见见，都是朕的子民，王爱卿让他立即出来见驾！"

王维见玄宗如此开明，脑中乍然灵光一现，窃喜这可是天赐的良机，孟浩然的机会从天而来了，忙叫道："孟兄快请出来见驾。"

孟浩然急忙从屏风后转出来，俯伏在玄宗面前说："山人襄阳孟浩然叩见圣上。"玄宗神色蔼然地让孟浩然平身，微笑着打量了他，道："不知最近有何新作，诵来让朕听一听？"

孟浩然道："山人谨遵圣命。昨日新成一诗。'北阙休上书，南山归敝庐。不才明主弃，多病故人疏……'"

皇帝从来都是喜怒无常的，稍不留意便可能触犯天颜。孟浩然写的是一首五律，本来是因为科考落第求仕不成发几句牢骚的，且后边还有四句："白发催年老，青阳逼岁除。永怀愁不寐，松月夜窗虚。"

玄宗听完前四句诗，便面露不悦之色，打断孟浩然的诵吟，悻悻然道："卿不求仕，朕也没有弃卿，奈何诬我……"说罢便起身，"你们继续谈吧，朕要回去休息了。"拂袖而去。王维连忙起身送驾。

王维返回，默然与孟浩然相视，苦笑良久。

凝碧池，唐洛阳禁苑中池名。王维听得凝碧池奏乐，伶人唱的竟然是自己的七言《夷门歌》一诗，不觉得便精神为之一振，霍然坐起，神情怆然而振奋。只是当时王维还不清楚凝碧池发生什么事情。

《旧唐书》记载："禄山陷两都，玄宗出幸，维扈从不及，为贼所得。维服药取痢，伪称喑病。禄山素怜之，遣人迎置洛阳，拘于普施寺，迫以伪署。禄山宴其徒于凝碧宫，其乐工皆梨园弟子、教坊工人。"《旧唐书》所载"普施寺"为"菩提寺"之误。《明皇杂录补遗》也有相应记载："天宝末，群贼陷两京，大掠文武朝臣及黄门、宫嫔、乐工、骑士，每获数百人，以兵仗严卫送于洛阳。禄山尤致意乐工，求访颇切，于旬日获梨园弟子数百人。群贼因相与大会于凝碧池，宴伪官数十人，大陈御库珍宝，罗于前后。乐既作，梨园旧人不觉嘘唏，相对泣下，群逆皆露刃持满以胁之，而悲不能已。"

《隋唐演义》有如下一段生动描写，再现了当时的情形：

　　那日凝碧池头，便殿上排设下许多筵席。禄山上坐，安庆绪侍坐于旁，众人依次列坐于下。酒行数巡，殿陛之下，先大吹大擂，奏过一套军中之乐，然后梨园子弟、教坊乐工，按部分班而进。第一班按东方木色，为首押班的乐官，头戴青霄巾，腰系碧玉软带，身穿青锦袍，手执青幡一面，幡上书"东方角音"四字，其字赤色，用红宝缀成，取木生火之意。幡下引乐工子弟二十人，都戴青纱帽，着青绣衣，一簇儿立于东边。第二班按南方火色，为首押班的乐官，头戴赤霞巾，腰系珊瑚软带，身穿红锦袍，手执红幡一面，幡上书"南方徵音"四字，其字黄色，用黄金打成，取火生土之意。幡下引乐工子弟二十人，都戴绛绢冠，着红绣衣，一簇儿立于南边。第三班按西方金色，为首押班的乐官，头戴皓月巾，腰系白玉软带，身穿白锦袍，手执白幡一面，幡上书"西方商音"四字，其字黑色，用乌金造成，取金生水之意。幡下引乐工子弟二十人，都戴素丝冠，着白绣衣，一簇儿立于西边。第四班按北方水色，为首押班的乐官，头戴玄霜巾，腰系黑犀软带，身穿黑锦袍，手执黑幡一面，幡上书"北方羽音"四字，其字青色，用翠羽嵌成，取水生木之意。幡下引乐工子弟二十人，各戴皂罗帽，着黑绣衣，一簇儿立于北边。第五班按中央土色，为首押班的乐官，头戴黄云巾，腰系蜜蜡软带，身穿黄锦袍，手执黄幡一面，幡上书"中央宫音"四字，其字以白银为质，兼用五色杂宝镶成，取土生金，又取万宝土中生之意。幡下引乐工子弟四十人，各戴黄绫帽，着黄绣衣，一簇儿立于中央。五个乐官，共引乐人一百二十名，齐齐整整，各依方位立定。

才待奏乐，禄山传问："尔等乐部中人，都到在这里么？"众乐工回称诸人俱到，只有雷海青患病在家，不能同来。禄山道："雷海青是乐部中极有名的人，他若不到，不为全美。可即着人去唤他来。就是有病，也须扶病而来。"左右领命，如飞的去传唤了。

禄山一面令众乐人，且各自奏技。于是凤箫龙笛，象管鸾笙，金钟玉磬，秦筝羯鼓，琵琶箜篌，方响手拍，一霎时，吹的吹，弹的弹，鼓的鼓，击的击，真个声韵铿锵，悦耳动听。乐声正喧时，五面大幡，一齐移动。引着众人盘旋错纵，往来飞舞，五色绚烂，合殿生风，口中齐声歌唱，歌罢舞完，乐声才止。依旧各自按方位立定。

众伶人齐声歌唱的便是王维的七言诗《夷门歌》，伶人个个知道这诗中的典故，主唱者与合唱者，个个都唱得情绪激昂，尤其唱到后几句时，联想身陷贼军，感同身受，心有戚戚，更是昂扬："非但慷慨献良谋，意气兼将身命酬。向风刎颈送公子，七十老翁何所求！"

安禄山只觉得歌词雄壮昂扬，并不求甚解。没有新词儿，旧词儿也一样好使。成者王侯败者寇，歌功颂德歌的永远是成者，俺是成者皇帝，玄宗是败者贼寇，已经是颠倒了个儿。心想："人毕竟不是象兽野物，悍不畏死，只要人惜命怕死，这天下不就是俺的了吗？"

张垍知诗意，也不好说什么。毕竟是春秋事。

《新唐书》载：孟浩然，字浩然，襄州襄阳人。少好节义，喜振人患难，隐鹿门山。年四十，乃游京师。尝于太学赋诗云"微云淡河汉，疏雨滴梧桐"，一座嗟伏，无敢抗。张九龄、王维雅称道之。维私邀入内署，俄而玄宗至，浩然匿床下，维以实对，帝喜曰："朕闻其人而未见也，何惧而匿？"诏浩然出。帝问其诗，浩然再拜，自诵所为，至"不才明主弃"之句，帝曰："卿不求仕，而朕未尝弃卿，奈何诬我？"因放还。采访使韩朝宗约浩然偕至京师，欲荐诸朝。会故人至，剧饮欢甚。或曰："君与韩公有期。"浩然叱曰："业已饮，遑恤他！"卒不赴。朝宗怒，辞行，浩然不悔也。张九龄为荆州，辟置于府，府罢。开元末，病疽背卒。

孟浩然比王维大十岁，唐永昌元年（689）出生于襄阳城一个薄有恒产的书香之家。因生于襄阳，故世称孟襄阳。唐圣历元年（698）与弟弟一起读书学剑。二十岁游鹿门山作《题鹿门山》诗："清晓因兴来，乘流越江岘。沙禽近初识，浦树遥莫辨。渐至鹿门山，山明翠微浅。岩潭多屈曲，舟楫屡回转。昔闻庞德公，采药遂不返。金涧饵芝术，石床卧苔藓。纷吾感者旧，结揽事攀践。隐迹今尚存，高风邈已远。白云何时去，丹桂空偃蹇。探讨意未穷，回艇夕阳晚。"

诗中已有隐逸之志。唐景云二年（711）二十三岁的孟浩然与张子容同隐鹿门山。翌年冬诗《送张子容进士赴举》："夕曛山照灭，送客出柴门。惆怅野中别，殷勤歧路言。茂林予偃息，乔木尔飞翻。无使谷风诮，须令友道存。"张子容是孟浩然的生死之交，诗篇唱答颇多。孟浩然相送之年张子容举进士。这期间，二十五到三十五岁之间的孟浩然一直在路上，一边漫游长江流域，一边干谒公卿名流，广交朋友，以寻求进身之阶。唐开元五年（717）游洞庭湖，登岳阳楼，干谒张说，作《望洞庭湖赠张丞相》："八月湖水平，涵虚混太清。气蒸云梦泽，波撼岳阳城。欲济无舟楫，端居耻圣明。坐观垂钓者，徒有羡鱼情。"

唐开元六年（718）二月，张说为荆州大都督府长史。四月赴任。浩然居家，作诗慨叹清贫和失意，渴望有人向皇帝引荐。唐开元十三年（725）李白出蜀，游洞庭，二人成莫逆之交。次年浩然游扬州，李白约孟浩然武昌相会，以《黄鹤楼送孟浩然之广陵》相送："故人西辞黄鹤楼，烟花三月下扬州。孤帆远影碧空尽，唯见长江天际流。"

唐开元十五年（727）孟浩然赴长安科举不中。唐开元十七年（729），王维在灞桥与孟浩然依依惜别，写下了《送孟六归襄阳》，诗云：

> 杜门不欲出，久与世情疏。
>
> 以此为长策，劝君归旧庐。
>
> 醉歌田舍酒，笑读古人书。
>
> 好是一生事，无劳献子虚。

孟浩然也以诗惜别，《留别王维》歌曰："寂寂竟何待，朝朝空自归。欲寻芳草去，惜与故人违。当路谁相假？知音世所稀。只应守寂寞，还掩故园扉。"唐开元二十二年（734）孟浩然第二次前往长安求仕，不仕，当年浩然回襄阳。唐开元二十五年（737），张九龄为荆州长史，招至幕府，与裴迪结交成友，也有唱和。不久后，辞别友人返归故居。唐开元二十六年（738）患背疽，在家养病。唐开元二十八年（740）王昌龄遭贬官，赴任途中过襄阳，访孟浩然，相见甚欢。孟浩然背上长了毒疮，医治将愈，因纵情宴饮食鲜，疾发而逝。

《孟浩然集》诗存二百六十七首。

严羽《沧浪诗话》说孟浩然"皆文从字顺，音韵铿锵"。这评价实在是有欠厚道。孟浩然有些五言律不合律是对初唐过多追求形式美的矫正。孟浩然冶古风与近体诗于一炉，用自己的诗歌创作实践，使之与时俱新，优胜劣汰，趋于成熟，功莫大焉。殷璠赞"浩然诗，文采丰茸，经纬绵密，半遵雅调，全削凡体"。皮日休称其"与古人争胜于毫厘也"。苏轼则指出孟诗有制酒的法子却无造酒的材料和绵绵不断的才情："子瞻谓浩然之诗，韵高而才短，如造内法酒手而无材料尔。"

李白诗云："吾爱孟夫子，风流天下闻。红颜弃轩冕，白首卧松云。醉月频中圣，迷花不事君。高山安可仰，徒此揖清芳。"杜甫夸说孟浩然，不忘陶潜二谢，还兼及王维和张九龄，诗曰："复忆襄阳孟浩然，清诗句句尽堪传。即今耆旧无新语，漫钓槎头缩颈鳊。陶冶性灵在底物，新诗改罢自长吟。孰知二谢将能事，颇学阴何苦用心。不见高人王右丞，蓝田丘壑蔓寒藤。最传秀句寰区满，未绝风流相国能。"

杜甫诗中的二谢，是对南朝诗人谢灵运和谢朓的合称。谢灵运和谢朓是南朝山水诗形成时期最为重要的诗人。二谢都是李白喜欢的诗人，尤其对谢朓最为倾心，赞其诗"蓬莱文章建安骨，中间小谢又清发"。清代王士禛《论诗绝句》说李白"青莲才笔九州横，六代淫哇总度声。白纻青山魂魄在，一生低首谢宣城"。阴何则指南北朝梁陈时代的阴铿和何逊，与贾岛、孟郊相类似，都是字斟句酌的苦吟诗人。

早年笔者曾有古风赞孟浩然曰:我爱孟夫醉幽冈，任凭长江空自淌。将松依花鹤在旁，无忧无虑笑千芳。若论对功名利禄的淡薄和潇洒，王维、李白、杜甫皆不能及。孟襄阳有《岳阳楼》《宿建德江》《春晓》三首诗便足以傲世："八月湖水平，涵虚混太清。气蒸云梦泽，波撼岳阳城。""移舟泊烟渚，日暮客愁新。野旷天低树，江清月近人。""春眠不觉晓，处处闻啼鸟。夜来风雨声，花落知多少。"

第三章

花残盛世同追忆

一、欲止狰狞皮覆毛

安禄山的确是玄宗调教出来的徒儿，说话、行事、做派，变着法儿地往玄宗的款儿上靠，这时也学着玄宗掀髯称快道："好！好！想当年，俺还是范阳节度使时……"忽然醒悟，赶紧又学样儿道，"朕向年陪着李三郎饮宴，也曾见过这些歌舞，只是侍坐于人，未免拘束，怎比得今日这般快意。今所不足者，不得再与杨太真姊妹欢聚耳。"

又笑道："朕起兵以来，得了许多地方，东西二京，俱为朕所得也！赶得那李三郎累累若丧家之犬，不知所往。却将自家素日个费了许多心力，教成的尔等这班歌儿舞女、伶人乐工，如今已经不由得他自个儿受用，倒是尽付与朕安享受用，岂非命数、天数乎？朕今日君臣父子，相叙宴会，务要极其酣畅，众乐人可再清歌一曲侑酒。"

那些乐工优伶，听安禄山如此说话，便想起玄宗皇帝与之欢聚之时的情形。玄宗天生便是个音律人，若非做了皇帝，笃定是个大师级的乐人，自与乐工们心意相通。兼之素来对梨园子弟教坊歌女宠爱有加，如今流亡，怎能不伤感于心，便有哽咽声起，暗暗堕泪者更是不计其数。

安禄山却是眼尖，便喝道："朕今日饮宴，尔等何得作此悲伤之态？岂不是扫朕的兴吗？左右给朕查看，若有泪容者，斩！"

众乐人闻之大骇，知道这个安皇帝什么事儿都做得出，连忙拭去泪痕，强颜欢笑。安禄山见状不觉窃喜，心想这些伶人终非象兽，是怕了俺的，便顾目那些番王，想教那各路的番王，见识一下自己的皇家威风和皇家手段，补回那一日让象兽当众折损去的天子颜面。

众番王自然也被安禄山唬得七荤八素，心想这个当年偷羊差点被乱棍打死的贼骨头，当了皇帝竟然如此地吆五喝六威风凛凛，心里也就有几分惧怕。孰料却偏偏有人不给安禄山面子，匝地里便发出一声悲号，如同从凝碧池间扯出了一声哀雷，轰然炸响在殿庭上空。

安禄山、众番王以及乐工伶人定睛一瞅，却见悲号者竟然是那个推病不至被安禄山遣人生逼来的雷海青。雷海青到来大殿之时，见殿上歌舞升平，胸中已悲愤难忍，又闻得安禄山狂言乱语恫吓众乐工伶人，心想世人皆以为戏子无情伶人无义，值此国破家亡的大交关之际，还要为逆贼歌舞助兴，不由激起万丈忠烈之豪情，压抑再三，终于忍不住索性便放声痛哭。殿上殿下诸般人等尽皆大惊失色。叛军左右方待擒拿之时，却见雷海青飞步抢上殿来，把案上陈设的各色乐器尽皆抛掷于地，戟指安禄山的鼻子大骂道："你这逆贼，受天子厚恩，不思回报，负心背叛，罪当千刀万剐，还敢胡说乱道！我雷海青虽是乐工，亦知忠义，怎肯服侍你这反贼，今日是我雷海青殉节之日，我死之后，我兄弟雷万春，自能尽忠报国，少不得手刃你等这班贼徒！"

《明皇杂录》载："有乐工雷海青者，投乐器于地，西向恸哭。逆党乃缚海清于戏马殿，肢解以示众，闻之者莫不伤痛。"肢解是古代一种碎裂肢体的酷刑。《隋唐演义》的说法更接近事实。事发猝然，安禄山气得七窍生烟，又怕被番王笑话，根本没有时间思考如何处置雷海青，"禄山气得目瞪口呆，一句话也说不出，只教快砍了。众人扯下举刀乱砍，雷海青至死骂不绝口。正是：昔年只见安全藏，今日还看雷海青。一样乐工同义烈，满朝愧此两优伶"。

这一切都被王维的好友裴迪看在眼里痛在心上了。

开元十八年（730）十二月，丞相燕国公张说在东都洛阳康俗里的私宅中溘然长逝。张九龄丁母忧后才能回来。赏识王维的几个人都不在了，王维只能辞职。游览终南山太乙峰写下《终南山》一诗：

> 太乙近天都，连山接海隅。
> 白云回望合，青霭入看无。
> 分野中峰变，阴晴众壑殊。
> 欲投人处宿，隔水问樵夫。

此诗乃王维山水诗之翘楚，跃跃然，收放自如，以四十个字传神写照偌大的一座终南山，以具象而涵盖抽象，以不全而求全，以一斑而窥全豹，深合刘勰"以少总多"和古画论"意余于象"的佳境。清代张谦宜称赞颔联："看山得三昧，尽此十字中。"清藏书家黄培芳赞叹此诗臻于"神境。四十字中无一字可易，昔人所谓如四十位贤人"。

是年秋王维从长安出发，西出咸阳，到达太白山。写下了五排律《投道一师兰若宿》，此诗头句"一公"与四句"一峰"，严格说是犯了四声八病之忌，但并未害言。类似情况在王维诗中不是少数。可以看得出，王诗重意蕴而疏小病，写诗从不刻意。几乎所有诗都是从心里溢流而出，绝非只靠字酌句斟苦吟而来，且难得的是格律依旧谨严。

> 一公栖太白，高顶出风烟。
> 梵流诸壑遍，花雨一峰偏。
> 迹为无心隐，名因立教传。
> 鸟来远语法，客去更安禅。
> 昼涉松路尽，暮投兰若边。
> 洞房隐深竹，清夜闻遥泉。
> 向是云霞里，今成枕席前。
> 岂唯留暂宿，服事将穷年。

数日后过大散关，经黄牛岭，到凤县黄花川。再经褒谷、斜谷、子午谷而到达剑阁。再向西南经锦州、汉州，到达蜀中心城市益州，即成都。蜀道险峻，剑阁多栈道。王维一路上不仅留下了脍炙人口的纪游诗篇，还画了不少纪游画。北宋《宣和画谱》收有七幅《栈阁图》和四幅《蜀道图》，经北宋书法家、画家、书画理论家米芾鉴定，皆出自王维手笔。可惜后来失传。但中国美术史有载，最早描写雪景题材的山水画家是被称为"南宗画祖"的唐代画家、诗人王维，传有《雪溪图》和《江山霁雪图》两幅。开画雪景风气之先的便是王维蜀画。

晓行夜宿，次年暮春到达西蜀重镇渝州，沿江而下至白帝城，出夔门，经大三峡出蜀，来到荆襄地界。一到襄阳地面，王维便来到襄阳冶城南园孟浩然山庄。青竹掩映，鸟雀相喧。青堂碧色，屋舍俨然。

阔别一年多的两位好友见面，自然有说不完的话。不早不迟，孟浩然刚从吴越归来，王维便来访，这就是缘分。孟浩然对王维《晓行巴峡》赞不绝口，舟行巴峡，风光历历在目，状物写真已臻化境：

际晓投巴峡，余春忆帝京。
晴江一女浣，朝日众鸡鸣。
水国舟中市，山桥树杪行。
登高万井出，眺迥二流明。
人作殊方语，莺为故国声。
赖多山水趣，稍解别离情。

孟浩然诵自己的《晚泊浔阳望庐山》诗道："挂席几千里，名山都未逢。泊舟浔阳郭，始见香炉峰。尝读远公传，永怀尘外踪。东林精舍近，日暮空闻钟。"孟浩然又诵自己的诗作《夕次蔡阳馆》："日暮马行疾，城荒人住稀。听歌知近楚，投馆忽如归。鲁堰田畴广，章陵气色微。明朝拜嘉庆，须着老莱衣。"

王维拊掌大喜道："好！'日暮马行疾，城荒人住稀。'就要这两句，孟兄骨格清奇，风神疏朗，愚弟久欲为兄造像图真，兄这两句诗是一幅士子暮秋行旅图。我即以此为题，为兄画一张像如何？"

孟浩然欣然应允。王维便拭纸研墨，从容写真，勾抹擦点，依序渐次，一个时辰，身材颀长清峭瘦弱的孟浩然，便袭白袍，戴乌纱，蹬黑靴，骑青马，率书童，书童扎抓髻，拎书箱，背古琴，跃然纸上。此画背景是一座远山逶迤、秋树萧索的荒城。落款处王维小字书："维尝见孟公吟曰：'日暮马行疾，城荒人住稀。'又吟曰：'挂席几千里，名山都未逢。泊舟浔阳郭，始见香炉峰。'余因美其风调，至所舍，图于素轴。"

此画传开后，时人争相临摹，成为千古名画。

那日六儿与李娘回辋川之后，正好裴迪来访，六儿便忙把长安的乱象和王维不肯同回辋川要等皇旨的事儿原原本本说了一遍。裴迪听了便跌足道："这个呆子，不看都什么时候了，还要尽这个愚忠！"

也无暇细说，就和六儿往长安赶，想着要把王维拖回辋川，但已进不去长安城。只好回辋川等候。一个月以后，听说长安勉强可以进出了，再去。进到城里，已是人去屋空。裴迪虽然只是个秀才，却是地方上的名流，认识人多。便四方托人打听，打听到王维早已被押往了洛阳，便循了线头一路追寻至了洛阳。也是合该王维有救，在洛阳竟然打听到了押解王维赴洛阳的那个小头目。小头目听说二人是来寻王维的，便热络起来，笑道："俺儿实在是看好王公的诗，俺一路上待他也算是不薄。你们还不知么？布告贴得满大街，王公已是大燕国的给事中。明儿皇上在凝碧池宴请各路番王和文武百官，王公肯定也在。这么着吧，明儿你们来寻俺，让你进去，俺是门官儿！"

裴迪次日便带六儿寻小头目，混入了凝碧池听戏，竟自把凝碧池发生的情情事事枝枝节节都看在了眼里，只可惜瞅了个遍，也没能瞅见王维。临了还是那个小头目问了人才知道："说王公病了，在菩提寺养病。你们去了，也给俺请个安，还请王公往后多提携小的！"

于是裴迪便带六儿去菩提寺，冒说是王维的亲戚，看守的兵士也知王维是大燕国的给事中，便去报王维，说有人求见。祢郎中说："这是什么人？能掐会算？刚醒过来几个时辰便来求见。"王维点头示意让他们进来。做梦也没有想到会是裴迪和六儿。乍然二人出现在王维面前时，王维眼里的泪唰唰地就下来了，嘴巴大张着做号啕状，却是发不出一点声音来。裴迪和六儿见状，也扑上来抱住王维，忍不住哽咽失声，六儿更是哭得稀里哗啦的，竟把旁观的祢郎中也激出泪来。

祢郎中劝道："你们别哭了，我已经给他吃了药，将养几日，还能说话……卫士刚刚和我说凝碧池出了乱子，小心惹麻烦……你们也别怕，我不是贼人，只是洛阳城的一介布衣，给人看病的郎中。"

王维听说凝碧池，便止了悲号之状，望向祢郎中，祢郎中摇头表示不知就里。裴迪泪眼汪汪地道："这个事儿裴迪却恰好本本末末都知道，公子要听吗？"王维连连颔首，神色急切，想要知道。裴迪便悄声儿从头讲起，讲到雷海青慷慨殉节时，自己与在场的人都泣不成声。便连祢郎中也哭了。裴迪道："雷海青死后，胡儿怒气未息，将乐工伶人全都拘禁，生死未卜，估计凶多吉少，后边就不知道了！"

《新唐书》载："禄山大宴凝碧池，悉召梨园诸工合乐，诸工皆泣，维闻悲甚，赋诗悼痛。"《旧唐书》载："王维时为贼拘于菩提寺中，闻之赋诗……"《明皇杂录》载："维闻之悲恻，潜为诗曰：'万户伤心生野烟，百官何日再朝天？秋槐花落空宫里，凝碧池头奏管弦。'贼平，陷贼官三等定罪。维以《凝碧诗》闻于行在，肃宗嘉之。"

《隋唐演义》记叙王维："忽闻人言雷海青殉节于凝碧池，因细询缘由，备悉其事，十分伤感，望空而哭。又想那梨园教坊，所习的乐章，多是我的著作，谁知今日却奏与贼人听，岂不大辱我王维的文字。又想那雷海青虽屈身乐部，其平日原与众不同，是个有忠肝义胆的人，莫说那贼人的骄态狂言，他耳闻目见，自然气愤不过。只那凝碧池在宫禁之中，本是我大唐天子游幸的所在，今却被贼人在彼宴会，便是极伤心惨目的事了。想到其间，遂取过纸笔来，题诗一首……"

烟消烬火青，烛灭一虫萤。已从风尘黑，仍怀北斗星。

王维暗哑之时，不可能口诵此诗，也不可能大模大样写于纸上示人。以为如此设计更为合理。王维泪流满面，心说，此安史之乱中的雷海青可比春秋战国时的侯嬴也！怎可不诗以赞之？便颤颤巍巍地坐起，把裴迪的手拿来，摊开，在裴迪手心里写字。裴迪会意，逐字小声念出，等王维首肯，便逐字儿让祢郎中写在纸上。裴迪想拿纸揣入怀中，王维摇头示意裴迪：纸烧掉，诗记在心里，叛逆查获，会有性命之忧。裴迪用心又记一遍，终觉不放心。六儿在一旁却郑重道："放心，裴郎君，俺已经记好了，任是凿子也凿不去。你看俺记得可对？"

说完便闭目轻声咏诵，《菩提寺禁裴迪来相看说逆贼等凝碧池上作音乐供奉人等举声便一时泪下私成口号诵示裴迪》诗曰：

> 万户伤心生野烟，百官何日再朝天？
> 秋槐叶落空宫里，凝碧池头奏管弦。

王维这首诗是春秋笔法，虽然不曾有一字赞到雷海青，诗里诗外却处处都是雷海青，巧在"凝碧池"三字，含有碧血凝池之意，这三字意出，只要有点脑筋者，便会联想到雷海青的碧血丹心在焉。

王维却意兴未了，又拿住裴迪的手抖抖簌簌地写画了半晌，过后裴迪写出来，却是另一首口号诗，写的是《菩提寺禁口号又示裴迪》：

> 安得舍罗网，拂衣辞世喧。
> 悠然策藜杖，归向桃花源。

这四句诗，勘破了王维的落寞心事，人是从自然来的，走入红尘繁华，金粉世界，便会起无量数烦恼，烦恼到极致时，便会想要归真返璞。陶潜的桃花源，王维的辋川，都是人给自己预留的一则红尘后手。想回去时，那地方还在便好，若是荡然不存，又当何如？后人如我者，会有五绝三首新韵点题曰："因因果未完，抱朴返辋川。五代时常换，三国梦又还。""红尘青史乱，世事碧波寒。万水鱼稀影，千山鸟乍嫣。""繁花百日妍，富贵一时安。地上升明月，江山下暮烟。"

陶潜或是王维若是今日回来，估计一看当下，人就傻掉了。

张说死后，左相萧嵩推荐尚书右丞韩休为相。萧嵩以为韩休为人谦和，沉默寡言，容易控制。不料韩休为相之后，性情大变，敢说敢谏，直言不讳。连玄宗皇帝都惧怕他几分。玄宗每回宴饮都要问左右的人："韩休知否？"话音未落，韩休谏疏已至。侍从上奏，自从韩休为相后玄宗日渐清瘦，建议撤掉韩休。玄宗却说："我虽瘦，可天下百姓必肥。萧嵩奏事顺朕之意，退朝后朕常不安。韩休奏事据理力争，当场朕虽不悦，睡觉也觉安心。朕用韩休是为社稷百姓，不是为自己。"

萧嵩和韩休后来互相攻讦越闹越凶致使玄宗大怒，便将二人双双罢相。恰好张九龄丁母忧结束，起复为中书侍郎，京兆尹裴耀卿为黄门侍郎，二人并列平章事，也即是左右宰相，执掌朝廷大权。张、裴二相都是王维心仪之人，都很赏识王维。王维到洛阳来见张九龄，不巧张九龄出门未归。王维便写了一首《上张令公》的诗留下，人走了。

珥笔趋丹陛，垂珰上玉除。

步檐青琐闼，方幌画轮车。

市阅千金字，朝闻五色书。

致君光帝典，荐士满公车。

伏奏回金驾，横经重石渠。

从兹罢角抵，且复幸储胥。

天统知尧后，王章笑鲁初。

匈奴遥俯伏，汉相俨簪裾。

贾生非不遇，汲黯自堪疏。

学易思求我，言诗或起予。

尝从大夫后，何惜隶人馀。

后人有把此诗误为给张说。后两句，说愿意做任何工作，常遭今人诟病，以为有失自尊。自尊从来是奢侈品，说话自然不会腰疼。想在人家手下谋个差事，挣一份俸禄养自己和家，自然是要夸说人家几句的，何况王维对张九龄十分尊重，且并无称誉过分。这是闲话。

王维留诗后，便回到嵩山脚下自己购置的一个茅屋。翻过一道小山，再过一条小河，便是卢象的别墅。王维见了卢象便问："天子三次征召的嵩山高人，就是被拜为谏议大夫却固辞还山，圣上特许他还山隐居的卢鸿一，不知是否还在山中？"卢象笑道："这位高人正是在下叔父，就住在太室山下。你既有心去，我陪你一起去就是。"

卢鸿一，字浩然，是唐朝著名画家、诗人、隐士。今河北涿县东北人，徙居洛阳，后隐居嵩山。博学，善篆籀，工八分书，画山水树石，得平远之趣，与王维相当。开元元年（713）玄宗遣使备礼至嵩山征召卢鸿一，连着两次征召，卢鸿一都没有去。开元五年（717）玄宗又下诏征聘，并在诏书上明白表示"虚心引领""翘想遗贤"，要求卢鸿一"翻然易节，副朕意焉"。话说到这个份儿上，再一再二，再三再不去就是抗旨，卢鸿一只得前去赴征。开元六年（718）卢鸿一至东都洛阳谒见玄宗，只是谒见，而不拜叩，玄宗竟然不怪。授卢鸿一谏议大夫，卢鸿一坚辞不肯。玄宗无奈，只好放卢鸿一回嵩山，赐以隐居之服，官营"东溪草堂"，算是招安麾下。卢鸿一回山后，聚徒五百余人，讲学于草堂之中，成为一时之盛。自绘当时胜景，结为《草堂十志图》，有摹本，图录于《故宫名画三百种》。《全唐诗》录存其骚体诗十首，名《嵩山十志》，为描写嵩山十景、歌咏自己的隐逸生活之作。这样的高人，与王维暗中投契，自然是一门心思想要结交。

不巧卢鸿一进山采药去了。卢象烹茶招待王维，并把案上几个卷轴让王维过目。卷首题为《嵩山十志》，十志者，说穿了其实就是嵩山十景，以景明志，以志寓景。词前有序，序是古体，词是骚赋。

先介绍玄宗所赐的官营东溪草堂曰："草堂者，盖因自然之溪阜，前当墉洫，资人力之缔构；后加茅茨，将以避燥湿。成栋宇之用，昭简易，叶乾坤之德；道可容膝休闲。谷神同道，此其所贵也。及麋者居之，则妄为剪饰，失天理矣。"后赋词曰："山为宅兮草为堂，芝兰兮药房。罗薜芜兮拍薜荔，荃壁兮兰砌。蘼芜薜荔兮成草堂，阴阴邃兮馥馥香。中有人兮信宜常，读金书兮饮玉浆。童颜幽操兮不易长。"

又介绍嵩山上的倒景台："倒景台者，盖太室南麓，天门右崖，杰峰如台，气凌倒景。登路有三处可憩，或曰三休台，可以邀驭风之客，会绝尘之子。超逸真，荡遐襟，此其所绝也。及世人登焉，则魂散神越，目极心伤矣。"续以楚辞之体，卢鸿一称之为词，并非宋词之词，当为楚辞之词曰："天门豁兮仙台耸，杰屹崒兮零颓涌。穷三休兮旷一观，忽若登昆仑兮中期汗漫仙。耸天关兮倒景台，鲨颢气兮轶嚣埃。皎皎之子兮自独立，云可朋兮霞可吸，曾何荣辱之所及。"

依次是嵩山十志中的《樾馆》《枕烟庭》《云锦淙》等。《期仙磴》中序后词有句曰："山中人兮好神仙，想像闻此兮欲升烟，铸月炼液兮忙还年。"这大约便是玄宗三次征召卢鸿一谒见的真实原因，以为可以得卢神仙一粒长生不老的仙丹。后是自以为可"澡性涤烦"的《涤烦矶》，词中有句："中有琴兮徽以玉，峨峨汤汤兮弹此曲，寄声知音兮同所欲。"继而是《幂翠庭》《洞元室》，之十是《金碧潭》，序后词曰："水碧色兮石金光，滟熠熠兮溅湟湟。泉葩映兮烟茑临，红灼灼，翠阴阴。翠相鲜兮金碧潭，霜天洞兮烟景涵。有幽人兮好冥绝，炳其焕兮凝其洁，悠悠千古兮长不灭。"堪为最早的嵩山十景导游图也。

王维一一读下来，便见峨冠博带一老人，器宇轩昂，不似屈原却又胜似屈原，宁肯在嵩山之上住茅屋、教学生、当导游，也不肯屈膝于皇帝脚下，仰天子鼻息、观权贵眼色、献谀词于荣华。楚兮骚兮，不是魏晋人，却有魏晋风骨。知长生不老若闪电，富贵荣华似火焰。避虚妄于俗见，防微渐于起先。假三诏方至之盛名，行逍遥以鸣谢。如云出于草堂之里而弥合于四野，若鹤翔于嵩山之巅而直上乎九天。

也就难怪王维竟会如此之心仪。但王维自然也是有见识的，卢鸿一品高于诗，诗逊于品。王维置辋川别业设景二十，也是受卢鸿一的影响，卢鸿一是嵩山解说者，王维是辋川导游人，二人都是山水门人。

中午已过，在草堂草草吃过素斋之后，又吃了一会儿茶。眼见得等卢鸿一返庐已经无望，见天色已晚，王维也就死了心，只好和卢象告别而归。王维回到自己的茅屋中，灯盏下，诗以《归嵩山作》明志：

清川带长薄，车马去闲闲。

流水如有意，暮禽相与还。

荒城临古渡，落日满秋山。

迢递嵩高下，归来且闭关。

是年清明，王维独自去淇水给翠儿扫墓。

春如旧，水若酒，杨柳丝丝如翠儿的舞袖。鹤飞鹳翔，淇竹兀自幽幽，烟笼云水流，卫风诗含羞。女冠儿不见了风流，只有一抔儿泥土诉说去留。绵绵如淇水的深情，不绝似波声的娇柔，添了王维无限的忧愁。荒草如同一袭生离死别的翠裳，披离遮隔了一对儿鸾侣凤俦，历历光景犹然在王维眼前，如画片过个不休。翠儿呼唤维哥哥的声音依旧，像一群群翩翩翔舞的鸥鹭，从未关闭过对王维思念的深情。

王维无声无泪在翠儿坟前长久勾留，然后踽踽独行到今河南博爱县许良镇下伏头村丹河口东岸。九峰山东麓石灰岩山崖上，崖下为丹河及古丹道。这里有石佛滩摩崖造像，摩崖石壁特为善男信女情痴怨人许愿还愿所设。这里的摩崖造像均开凿在陡直的悬崖峭壁上，南北长六十米，高约二十米。自北而南分为三个区，共五十九龛。其中隋代龛像五十五个，唐代三个，年代不明一个。各种造像七十八尊，造像题记十方。

所有龛像均为浅浮雕，最大者高一百一十厘米，宽六十六厘米，最小者高二十四厘米，宽二十厘米，龛像深度一般在四厘米至十八厘米之间。开凿于隋炀帝大业十一年至十二年间（615—616），初创时为隋朝皇家所封同义寺，唐代又开凿一批佛龛。造像题记十方，因岁月久远，风吹日晒，加之人为破坏，俱已残泐。今能辨识者唯余五方，其中隋代题记二方，唐代题记二方，年代不明题记一方。

王维在此请工匠为翠儿打造了一尊阿弥陀像，并在上边凿刻铭记曰："唐开元廿一年癸酉岁己巳朔日，弟子王惟敬造阿弥陀像一躯，申宿诚也。夫至诚必应，福无唐捐。余游此山，实爱幽胜，宏发誓愿，思卜闲居，果契陈志……兹太行之绝境也……往来礼谒……"

"福无唐捐"见佛经，言修福不空弃也。造像撰文匠人写错了"维"字。王维心生无相，以为心有相即可，也不欲再行凿改，知道天地与翠儿明白，竟自眼睖着铭文与佛像，被猴人吊起，镶嵌入摩崖之上的绝壁，这才放下心来。向苍天，向佛祖，向诸界神明，默默祷告：请佛祖保佑翠儿超生福地，若有来日相会，愿与翠儿生生世世结为夫妻。

摩崖造像，真焉假焉，姑妄记之，以策鉴别。

二、峃出沟壑水生涛

裴迪和六儿离开菩提寺之后，一路上，把《凝碧池》雷海青慷慨赴死，菩提寺王摩诘病中赠诗，端的是逢人便讲，遇伙则传，又默写出若干，传抄无数，走一路分发一路，从洛阳回辋川之际，此事已经在长城内外大河上下疯传，还编成说唱明里暗里地流传：自古忠臣义士不论贵贱。尽有身为尊官，世享厚禄，平日间说到忠义二字，却也侃侃凿凿，及至临大节，当危难，便把这两个字撇过一边了，只要全躯保家，避祸求福，甘心从逆，反颜事仇。明知今日所为，必致骂名万载，遗臭万年，也顾不得。偏有官非高品，人非清流，主上平日不过以俳优遇之，即使他当患难之际，贪生怕死，背主降贼，人也只说此辈何知忠义，不足深责。不道他倒感恩知报，当伤心惨目之际，独能激起忠肝义胆，不避刀锯斧钺，骂贼而死。遂使当时身被拘囚的孤臣，闻其事而含哀，兴感形之笔墨，咏成诗词曰："万户伤心生野烟，百官何日再朝天？秋槐叶落空宫里，凝碧池头奏管弦。"可见忠义之事不论贵贱，唯贱者而能尽忠义，愈足以感动人心。有词赞曰："谈忠说义人都会，临难却通融。梨园子弟，偏能殉节，莫贱伶工。伶工殉节，孤臣悲感，哭向苍穹。吟诗写恨，一言一泪，直达宸聪。"

甚至还从中生出许多枝叶，说安禄山之前在长安时，命军士将太庙放火焚烧。军士们领命，顷刻间四面放起火来。火焰冲天而起，有一道青烟直冲霄汉。安禄山仰面观之，不想那烟头就如闪电般直击下来，竟钻入安禄山的双目之中，顿时便取了安禄山的双眼，云云。还有诗为证："逆贼毁宗庙，先皇目不瞑。旋即夺其目，略施小报应。"

酒肆勾栏之中人们也议论纷纷，说得有鼻子有眼，连那大象舞马都不看好那胡儿，更何况宫中的伶人、朝廷的大臣，人心处处都向着朝廷，反贼覆灭是迟早的事儿。传到与叛逆苦战的将士那儿，听了解气不说，还多了一份同仇敌忾共同对敌必战而胜之的信念，无形中鼓舞了士气，激动了民心。太子李亨在灵武即位后成为唐肃宗，肃宗反复吟诵《凝碧池》之诗，从诗中感受到了沦陷区朝臣的人心所向，对王维的好感由此而生，开始了更加积极的反攻。此诗传到成都，无奈已成太上皇的玄宗也痛定思痛，不怪己反责人道："从贼之臣，毁谤朝廷，如陈琳之檄曹操者多矣。王维能有如此忠心，实在难得也！"

但说是说，律当该杀还得杀。这是后话。

闲暇无事，王维约卢象一起去访李颀。李颀别业在嵩山脚下，时人称之为李东川。李颀比王维大十岁。二十多岁时宦游两京，遭了许多白眼和冷遇，回到东川别业，闭门苦读，学业大进，熟谙经史，诗赋俱佳。酒席间，几个人还相约明年正月去观览天子东都亲耕籍田。

天子亲耕籍田是为了表示皇上重视农业生产的一种仪式。在京师近郊划出一块肥沃的土地作为公田，每年正月里选择一天，天子率百官到这块地里，象征性地亲自扶耒破土起垄，表示农业劳作正式开始。按照《礼仪注》的规定："天子三推，公卿九推，庶人终亩。"

乙亥日这一天，玄宗率领文武百官到洛阳东郊的籍田里。土地早已由负责耕种的籍田官翻了几遍，非常松软。玄宗接过籍田官送过来的耒耜，插入像灰堆一样酥松细软的土中，毫不费力地向前推。细土向两边分开，一个垄沟的头开始出现了。走完三步，在旁边侍候的太监忙着过来要接耒耜的扶把。玄宗瞧了他一眼，微微摇一摇头，继续往前推，各大臣及参观的白姓们都十分惊奇地看着。

玄宗继续向前推，一条不深不浅的垄沟在向前延伸。七步、八步、九步了，跟在旁边的张九龄忙上前要接过耒耜的扶手，可玄宗并未交给他，又只是朝他微微地笑了笑，继续推着。张九龄愣愣地望着，其他的官员和围观的百姓交头接耳地议论着，望着玄宗推土开垄沟的举动。司仪恪守职责，默默地数着步数。推了半条垄，旁边的太监忙说："万岁，已经二十九步了，请保重圣体。"玄宗继续朝前推。

一条笔直的新垄沟向前延伸、向前延伸，直到垄的尽头玄宗才停下来把耒耜交给接替的田官。这样的体力劳动，使玄宗还显年轻的脸庞更加精神焕发。饶是天子，一样是会因劳动出汗的，所以额头之上、鼻尖之端，便有大粒的汗珠浸出。早已伺候在田边的太监，忙把温热的湿毛巾递上前去，玄宗接过来擦了擦脸，倍觉爽快。

张九龄、裴耀卿等一干大臣，早已蜂拥而至，争先恐后，却也要按官职分先后，不敢越序。张九龄先恭贺曰："司仪官报告微臣，圣上所推多达五十五步。圣上亲推终亩，为百官黔首表率。天下幸甚！"

炫耀了一回体力的玄宗，也觉自己不含糊，表面上不说，内心也自有一番得意洋洋，这么重要的场合，这么出色的表现，当然还要发表重要讲话："众位爱卿，众位百姓，人以食为天，农业是立国之本。朕亲推终亩，是要向天地、向臣民们表示，朕重视农耕。祈望天降祥气，风调雨顺，希望百官百姓们努力耕种，五谷丰登，人富国丰，使我大唐帝业永昌！"仪式结束，车驾回到皇宫，盛大的御宴和表演就要开始了。唐玄宗登上五凤楼，三品以上官员在五凤楼的城楼上享用御宴。五凤楼的正面是一个宽阔的大广场，附近州县奉诏派来的表演歌舞节目的就要在这里进行露天大汇演，以供皇帝及大臣们欣赏。

一队队打扮鲜艳、各具特色的表演队伍表演着排练很长时间的拿手节目。有的舞龙灯，有的打腰鼓，有的踩高跷，节目没有重复，可谓异彩纷呈。怀州的表演队开始出场了，一下子引起了人们的高度注意，激发了极大的热情。只见这个表演队与其他队伍都不相同，规模大，声势壮。先声夺人，鼓乐喧天。几十辆彩车，车上有几百名穿着奇装异服的男女演员，在车上表演着各种节目。车厢两旁都是用五彩画的各种图案。彩车全用牛拉，因为牛车的速度平缓而且又稳便。牛也全都化了妆，分别扮成虎豹犀象之形。几辆虎车，几辆豹车，几辆象车，几辆犀牛车。车厢上的图案与拉车的"野兽"又协调一致。象车上的图案是热带森林。各车景色又不相同。人们欢呼雷动，形成一阵又一阵狂潮。那气氛，那声音，十里路外也能听得见。其他也皆是此类，彩车的队伍过了好长时间。紧接着出场的是曾山县的表演队。

状况一下子就变了。彩车不见了，声势没有了。

只见几名乐工奏起悠扬的乐曲，十几名颇有表演技巧的演员联袂出场。演员的服装也不鲜艳，但表演得还不错。百姓议论以为曾山县令非遭贬谪不可。让人们没有想到的是，三天的喜庆宴会结束了。宫中忽然传出消息，曾山县令元德秀受到嘉奖，怀州刺史被撤消职务。

何故？却原来是在表演的那天，玄宗和众大臣在五凤楼上，看到怀州表演团时，玄宗起先欣悦然后严肃道："如此大的排场，得需要耗费多少民脂民膏。怀州百姓不是遭了一场劫难吗？"张九龄在旁边马上表示赞同："陛下圣明！"曾山县的歌舞队过来与怀州表演团形成了鲜明的对比。裴耀卿指点说："陛下请留意，看走在队伍前面的那个人是谁？"只见那人穿着伶人服饰，手中拎个串铃，指挥乐队和歌舞队的表演。玄宗认出那人时，吃惊地赞叹道："噢，那不是曾山县令元德秀吗？如此爱惜民财民力，尽心为朝廷效力，这才是朕的好官。"

事过多年后，北宋王安石曾有诗《示俞处士》赞美这位县令说："鲁山眉宇人不见，只有歌辞来向东。借问楼前踏于芳，何如云卧唱松风。"

科考过后，李颀从长安回到嵩山，告诉王维和卢象，今年科举考试最为公平，考场纪律严明，评卷录取公允。他已经登第。回到洛阳等候诏选授官。新科状元贾至虽然年轻，但才华出众，诗才敏捷。同榜进士中的萧颖士、李华都是才华横溢、文思敏捷的才子，二人的文章天下闻名。发榜之后，人心悦服，落榜的举子，也无不翕然心服。

王维和卢象把天子籍田及大汇演发生的事也略说一遍，三人都非常开心，共同认识到当今的天子确实是很开明而有识见的君主，颇有其曾祖太宗的风范。辉煌的盛世已经到来。月后，李颀被任命为新乡县尉。王维和卢象分别被授为右拾遗和左拾遗的官职。右拾遗归属中书省，左拾遗归属门下省，职务性质和级别基本一样。级别虽只是从八品上，但因其"掌供奉讽谏，扈从乘舆"，供职于朝廷政权的中枢部门，可直接给皇帝提意见，故为时人所重视。三人皆大欢喜。

为尽快赴任，又同路赶回嵩山。李颀准备提前动身，故先行写诗《留别王卢二拾遗》："此别不可道，此心当报谁？春风灞水上，饮马桃花时。误作好文士，只令游宦迟。留书下朝客，我有故山期。"

王维却先到相府去拜见张九龄。张九龄正好在家中，见王维登门造访，很是高兴。王维把新写诗《献始兴公》给张九龄，诗道：

> 宁栖野树林，宁饮涧水流。
> 不用食粱肉，崎岖见王侯。
> 鄙哉匹夫节，布褐将白头。
> 任智诚则短，守仁固其优。
> 侧闻大君子，安问党与仇。
> 所不卖公器，动为苍生谋。
> 贱子跪自陈，可为帐下否。
> 感激有公议，曲私非所求。

张九龄阅完诗后，面呈喜色，不胜欣悦，连连赞道："王公子过奖，过奖，本官愧不敢当。不过，'所不卖公器，动为苍生谋'，'感激有公议，曲私非所求'，真是好诗句！这也是对本官的鞭策嘛！"

数天后，王维安排好在洛阳的住处，便开始进朝为官了。这是王维第三次出任朝官。第一次是在太乐署任太乐丞，只几个月便被贬放济州。第二次是在集贤院任校书郎，也只一年左右时间。而且这两个官职都带有专业技术的性质，与行政不太沾边，不为人所重视。此次不同，直接供职中书省，是朝廷中最要害的行政部门。一切诏书敕令都将从这里发出，可以最早地知道宫廷机密，并可以发表自己的见解。

杜甫流亡的经历后来成为了富县的骄傲。

杜甫当年所经川道成了胜迹，范仲淹亲笔题书：杜甫川。杜甫当年在富县羌村曾枕鞋而卧，后人在他睡过的地方建了杜公祠，毛泽东一九四〇年为杜甫祠题字：诗圣。

生时穷困潦倒，死后哀荣如此，让人感慨万千。

位于富县的秦直道，沿着川子河支流杨家沟和桦树沟之间的山梁延伸，经木炭窑、白家店、梨树庄、椿树庄等地，在桦树沟下山。穿过葫芦河复上山前行。路面被垦作农田且已废弃，故而长满野草。秦始皇吞并六国，统一华夏之后，除其他政绩外，还办了两件举世瞩目的大事：一是修筑了万里长城；二是修建了一条类似今天的高速公路——秦直道。《史记·蒙恬列传》："始皇欲游天下，道九原，直抵甘泉，乃使蒙恬通道，自九原抵甘泉，堑山堙谷，千八百里。道未就。"顾炎武《日知录·史记注》："始皇崩于沙丘，乃又从井陉抵九原，然后从直道以至咸阳，回绕三四千里而归者，盖始皇先使蒙恬通道，自九原抵甘泉，堑山堙谷，千八百里。若径归咸阳，不果行游，恐人疑揣，故载辒辌而北行，但欲以欺天下，虽君父之尸臭腐车中而不顾，亦残忍无人心之极矣。"

《鄜州志》："秦始皇三十五年，帝欲游天下，道九原，直抵甘泉，乃使蒙恬通道。自九原抵甘泉，堑山堙谷，千八百里。按州西百余里有圣人条，宽阔可并行车二三辆，蜿蜒转折，南通嵯峨，西达庆阳，疑即（蒙）恬所开者。"从秦直道联想到安史之乱中王维、杜甫、李白诸般人物的遭遇，再联想现在，不免就有了更多的联想，万千感慨汇入一首古风，曰《秦是夏虫唐是冰》："安史乱纷纷，大唐一时暗。七里铺前犹魂惊，羌村杜甫避刀兵。过往隔着今，日月隐着星。焉得捕风捉个影，莫须得意便传情。秦直道上尘，直达咸阳城。若非千古时不济，岂有万世笑盈盈。草木随物候，山川见分明。一方水土一方情，一个朝代一个形。秦皇若夏虫，大唐似冰凌。夏虫不可语于冰，冰凌安知夏虫心。"

后人对前朝人物每多宏观揣测，幽寂细微处又能知道多少。故历史只是表，里只是敷衍演化而已，真正兴衰原因，所知不及万一。逶巡于荒草离离之秦直道，山间谷畔，草木披覆，四顾彷徨，唯几株老而弥壮的银杏树，枝叶婆娑，抛撒下满地金黄，以见证始皇帝曾经的荣耀。日月强梁，天地霸蛮，若非历朝历代各取所需开发利用，其遗迹恐难保留至今。调寄《陌上花》以《观秦直道知始皇遗嘱》为题曰：

> 六国草木，五洲烟户，三秦公路。天下咸阳，堙谷堑山飞渡。千八百里甘泉近，堪悯蒙恬黎庶。帝游崩直道，物芳尸鲍，圣俗同恶。
>
> 莫悲歌易水，休雄燕赵，太子荆轲息怒。顾盼谁雄？指点杜梨榆树。得失银杏黄金落，匝地风流独步。此羽书驿马，夕阳孤鹜，始皇遗嘱。

始皇遗嘱曰：千秋伟业，万世荣华，终归自然。

王维在东都洛阳上朝时，便住在嵩山自己的别业里，名为别墅实为一个小宅子。与王维同为邻居的是张谔。张谔在家里排行第五，又称张五、永嘉人。青年时期离家出游，类似当下的京漂，聚集在一起以诗人而兼书画家谋生。有记载，南宋贾似道曾得以收藏他的画作《春山游赏图》，明杨慎在京肆见其《神鹰图》，都是价值不菲的作品，可惜传世之作已不多见。估计张谔当时的小日子过得还是相当不错的。

张谔和王维居于河南登封的嵩山少室山为邻达十余年之久。《唐诗纪事》和《历代名画记》均有记述。《唐才子传》有记载：张谔，永嘉人。初隐少室下，闭门修肄，志甚勤苦，不及声利。后应举，官到刑部员外郎。明易象，善草隶，兼画山水，诗格高古。与李颀友善，事王维为兄，皆为诗酒丹青之契。王维赠诗张谔云："屏风误点惑孙郎，团扇草书惊内史。"李颀赠张谔诗曰："小王破体闲支策，落月梨花照空壁。诗堪记室妒风流，画与将军作劲敌。"孟浩然也有诗赠张谔曰："北山白云里，隐者自怡悦。相望试登高，心随雁飞灭。愁因薄暮起，兴是清秋发。时见归村人，沙行渡头歇。天边树若荠，江畔洲如月。何当载酒来，共醉重阳节。"张谔于天宝年间谢官，归故山偃仰，不复来人间矣。史评，张谔诗格高古，有集传世。

王维给张谔的赠诗全是充满真诚和赞赏的，绝不是后人"须索"者认为的那样，王维从心里冷淡张谞。王维的骨子里是个对朋友真心实意的人，他的厚道体现在细微处。他习惯于用长的诗题标示他的细心，如《故人张谞工诗善易卜兼能丹青草隶顷以诗见赠聊获酬之》：

> 不逐城东游侠儿，隐囊纱帽坐弹棋。
> 蜀中夫子时开卦，洛下书生解咏诗。
> 药阑花径衡门里，时复据梧聊隐几。
> 屏风误点惑孙郎，团扇草书惊内史。
> 故园高枕度三春，永日垂帷绝四邻。
> 自惜蔡邕今已老，更将书籍与何人？

可以这么说，王维与张谞的交往，无处不见真情。

王维还有《戏赠张五弟谞三首》诗，是同时写给张谞的。通过这三首诗诙谐的语调和叙述，从中可以见出张谞在嵩山别墅里的生活状况，也可从中窥得王维在洛阳十年生活印迹之一斑。诗曰：

其一

吾弟东山时，心尚一何远。日高犹自卧，钟动始能饭。领上发未梳，床头书不卷。清川兴悠悠，空林对偃蹇。青苔石上净，细草松下软。窗外鸟声闲，阶前虎心善。徒然万象多，澹尔太虚缅。一知与物平，自顾为人浅。对君忽自得，浮念不烦遣。

其二

张弟五车书，读书仍隐居。染翰过草圣，赋诗轻子虚。闭门二室下，隐居十年余。宛是野人野，时从渔父渔。秋风自萧索，五柳高且疏。望此去人世，渡水向吾庐。岁晏同携手，只应君与予。

其三

设置守麏兔，垂钓伺游鳞。此是安口腹，非关慕隐沦。

吾生好清净，蔬食去情尘。今子方豪荡，思为鼎食人。我家南山下，动息自遗身。入鸟不相乱，见兽皆相亲。云霞成伴侣，虚白侍衣巾。何事须夫子，邀予谷口真。

这种懒散的日子，与时下京漂文化人的生活特点基本相似。融入自然，物我两忘，有助于放飞思绪。从第一首诗可以看出盛唐时嵩山的自然风光还原汁原味，森林、溪流、鸟声、卧虎都能与人和谐相处，后四句是王维感慨五弟对世事认识之深，是自己不及的。世事纷扰，忧愁不解自消。

第二首诗赞赏张五弟的才情、学识、读书、赋诗、作画，其安逸生活胜过五柳先生。而且有隐退的想法。第三首诗则描绘张谞设置陷阱捕猎兔子，溪边垂钓。勾勒出一幅幅生动传神的画面，俨然便是陶渊明式的"我家南山下"的隐居生活。赞赏这种田园生活。

皇上跟候鸟一样，一会儿在东都一会儿又去西都，所以臣子也只能随之。两人分手之后，互相还很怀念，张谞有诗或是书信写来，王维时在终南山的别业居住，故有诗寄《答张五弟》邀请他便中来长安见面：

终南有茅屋，前对终南山。

终年无客常闭关，终日无心长自闲。

不妨饮酒复垂钓，君但能来相往还。

如果说王维从内心轻蔑张谞这个京漂，断不会花这么大工夫给他写这么多诗，而会一如对待李白那样，明白无误，终生不着一字。以现在的眼看取古人，以时下的小人之心揣度古代的君子之腹，是一种很褊狭很阴暗的心理，而且还是异民族的人，更是不足取。

在东都洛阳上朝与在长安大同小异，但也有所不同。

早朝，卯正时刻，东都宫门开锁，向两边分开。百官按照品级大小和所属部门的不同随着手持灯笼的两名太监鱼贯而入。第一次走进东都皇宫，王维有新鲜感。应天门面临大街，洛阳人无不知晓。进了乾元门便是金元殿。文武百官依班站列。王维的目光无意与另一个人的目光相遇。此人站在张九龄身旁，名叫李林甫。王维觉得此人不是善类，便要张九龄提防，张九龄也有同感："议事不表态。事后常留下不走，也不知他跟圣上说的又是什么。不过，圣上年富春秋，正是励精图治之时。我和裴相勠力同心。谅他也翻不起什么大浪！"

十月，王维随着圣驾回到西都长安。王缙此时是从六品下阶的侍御史，比王维高近二品。崔兴宗、裴迪也来看望。崔兴宗是王维母亲的娘家侄儿，是王维的表弟，一直没有官职。裴迪比王维小十多岁，此时刚刚二十岁，也未入仕。几位好友邀卢象去游乐游原。

乐游原在长安城的东南隅。汉朝时称乐游苑。站在乐游原上，长安城尽收眼底。西北望是皇城和宫城。楼阁飞甍，雕梁画栋，金碧辉煌，绿树掩映。几个人各自发了一番感慨。一只青雀落在亭边的一棵树上叫着。卢象提议，青雀落此，以此为题，各赋一诗如何？

王维吟道："青雀翅羽短，未能远食玉山禾。犹胜黄雀争上下，唧唧空仓复若何？"卢象道："我与摩诘兄的想法有所不同，拙诗已成。啾啾青雀儿，飞来飞去仰天池。逍遥饮啄安涯分，何故扶摇九万为？"崔兴宗吟道："青扈绕青林，翩翩陋体一微禽。不应长在藩篱下，他日凌云谁见心。"裴迪道："崔兄的志向远大，拙诗也成，请众位兄长不吝赐教。动息自适性，不曾妄与燕雀群。幸忝鸳鸾早相识，何时提携致青云？"王缙笑说："众位诗才敏捷，比兴深妙，各有千秋。不才佩服。我诗思虽慢，可也吟成一首，说出来请众位指教。林间青雀儿，来往翩翩绕一枝。莫言不解衔环报，但问君恩今若为？"

"莫言不解衔环报，但问君恩今若为？"王维自然明白弟弟王缙诗中的深意，这个世界中的一切都是对等的，投桃方可报李。卢象做总结道："崔兄的'不应长在藩篱下，他日凌云谁见心'，可见求仕之心很切。裴兄的'幸忝鸳鸾早相识，何时提携致青云'，可知渴望人推荐之心很切。我们三人虽职位卑微，但毕竟已是朝官。'苟富贵，毋相忘'，今后如有机会，一定要互相举荐提携，二位王兄以为如何？"

大唐时期，诗人们相互之间，比现在要真情得多。

唐代孟棨《本事诗》载：李太白初自蜀至京师，舍于逆旅。贺监知章闻其名，首访之。既奇其姿，复请所为文，白出《蜀道难》以示之。读未竟，称叹数四，号为谪仙人。白酷好酒，知章因解金龟换酒，与倾尽醉，期不间日，由是称誉光赫。贺又见其《乌栖曲》，叹赏苦吟曰："此诗可以泣鬼神矣！"曲曰："姑苏台上乌栖时，吴王宫里醉西施。吴歌楚舞欢未毕，西山犹衔半边日。金壶丁丁漏水多，起看秋月坠江波，东方渐高奈乐何。"或言是《乌夜啼》二篇，未知孰是。又《乌夜啼》曰："黄云城边乌欲栖，归飞哑哑枝上啼。机中织锦秦川女，碧纱如烟隔窗语。停梭向人问故夫，欲说辽西泪如雨。"

李白与高适感情原本至深，但因李白成了永王李璘的幕府，而高适站在唐肃宗李亨一边，使得密友转为政敌。安禄山攻陷潼关时高适是哥舒翰的书记。潼关陷落后，高适侥幸脱身，跟随了肃宗李亨。高适给肃宗李亨分析了江东的形势，断定永王李璘必败。肃宗李亨重用了高适，任命他当了淮南节度使。李白因永王李璘兵败而下狱，在狱中写诗向已位居淮南节度使的高适求救，高适竟然无动于衷。

李白被流放到几千里外的夜郎国。流放途中，因唐肃宗为安定民心，宣布"天下现禁囚徒，死罪从流，流罪以下一切放免"。大赦使李白离开巴蜀，并写下了《早发白帝城》的绝唱。杜甫却放弃了养不了家的卑微官职，在成都西郊浣花溪畔盖了几间不蔽风雨的草房，写出了《茅屋为秋风所破歌》："八月秋高风怒号，卷我屋上三重茅。茅飞渡江洒江郊，高者挂罥长林梢，下者飘转沉塘坳。南村群童欺我老无力，忍能对面为盗贼。公然抱茅入竹去，唇焦口燥呼不得，归来倚杖自叹息。俄顷风定云墨色，秋天漠漠向昏黑。布衾多年冷似铁，娇儿恶卧踏里裂。床头屋漏无干处，雨脚如麻未断绝。自经丧乱少睡眠，长夜沾湿何由彻！安得广厦千万间，大庇天下寒士俱欢颜，风雨不动安如山。呜呼！何时眼前突兀见此屋，吾庐独破受冻死亦足！"

恰好高适来四川担任彭州刺史，后又转任蜀州刺史。高适对李白无情，对杜甫却是关怀备至，寄诗问讯，馈赠衣食，写了《人日寄杜二拾遗》诗："人日题诗寄草堂，遥怜故人思故乡。柳条弄色不忍见，梅花满枝空断肠。身在远藩无所预，心怀百忧复千虑。今年人日空相忆，明年人日知何处。一卧东山三十春，岂知书剑老风尘。龙钟还忝二千石，愧尔东西南北人！"杜甫阅之"泪洒行间，读终篇末"。

《旧唐书·杜甫传》："永泰二年，啖牛肉白酒，一夕而卒于耒阳，时年五十九。"《新唐书》亦载："大历中，出瞿塘，下江陵，溯沅、湘以登衡山，因客耒阳。游岳祠，大水遽至，涉旬不得食，县令具舟迎之，乃得还。令尝馈牛炙白酒，大醉，一夕卒，年五十九。"

杜甫一生穷困潦倒，投亲访友时，又被困于耒阳的大水中，十余日不得食，被解救后得赠牛肉与白酒，狂吃太饱，夜里被撑死了。

上元二年（761），已六十出头的李白因病返回金陵。因生活窘迫，不得已，只好投奔了在当涂做县令的族叔李阳冰。上元三年（762）李白病重，在病榻上把自己的手稿交给了李阳冰，赋楚离骚体《临终歌》而与世长辞。歌曰："大鹏飞兮振八裔，中天摧兮力不济。馀风激兮万世，游扶桑兮挂左袂。后人得之传此，仲尼亡兮谁为出涕！"

诗仙病死，诗圣撑死，那么，诗佛呢？

三、感恩物纳三八袖

关在菩提寺中的王维，自与裴迪和六儿见面之后，在祢郎中的精心调养下，身体一日好似一日，已经可以开口说话，但只在与祢郎中独处之时才说个三言两语，对外还是那一副喑哑的模样，以至于菩提寺的官兵，在背后都唤王维为哑巴官。张垍也似乎不再寄希望于王维的病情有所好转，故而再也没有来看顾过王维。日子过得飞快，转眼就是正月，屈指细算，王维发现自己被关入菩提寺已快十个月了。

尽管战乱，洛阳百姓一样过年，只气氛不似往年热烈而已。和平时唐朝腊日风俗是击鼓驱疫，吃腊八粥，泡腊八醋，馈赠礼物。历代皇帝这一天都要依例赐"腊脂"给近臣，有口脂、面脂等。杜甫《腊日》诗曰："口脂面药随恩泽，翠管银罂下九霄。"李世民《守岁》诗："暮景斜芳殿，年华丽绮宫。寒辞去冬雪，暖带入春风。阶馥舒梅素，盘花卷烛红。共欢新故岁，迎送一宵中。"又有《除夜》诗曰："岁阴穷暮纪，献节启新芳。冬尽今宵促，年开明日长。冰消出镜水，梅散入风香。对此欢终宴，倾壶待曙光。"高宗李治《守岁》诗温文尔雅："今宵冬律尽，来朝丽景新。花余凝地雪，条含暖吹分。绶吐芽犹嫩，冰口已镂津。薄红梅色冷，浅绿柳轻春。送迎交两节，暗寒变一辰。"武则天《腊日宣诏幸上苑》则是威风凛然："明朝游上苑，火急报春知。花须连夜发，莫待晓风吹。"未见玄宗春节诗，却见《轩游宫十五夜》："行迈离秦国，巡方赴洛师。路逢三五夜，春色暗中期。关外长河转，宫中淑气迟。歌钟对明月，不减旧游时。"还有《端午》："端午临中夏，时清日复长。盐梅已佐鼎，曲糵且传觞。事古人留迹，年深缕积长。当轩知槿茂，向水觉芦香。亿兆同归寿，群公共保昌。忠贞如不替，贻厥后昆芳。"从诗句中可以窥见男女皇帝心性的异同。

至德二载（757）正月五日夜，是大唐命运由衰落向好的一个拐点。这天的三更时分，有三个人悄悄潜入安禄山的住所。安禄山寝宫的侍卫一激灵的当儿，发现来者是军师严庄和太子安庆绪，便重新恢复了木雕模样。严庄和安庆绪持刀站立在寝宫外守护，而李猪儿则手持一柄明晃晃的尖刀，直扑入寝宫之中。明晃晃高烧的烛光之下，牙帐内的安禄山袒胸露腹，梦乡黑甜，鼾声如雷，正自睡得二五一十。

安禄山原本患有眼疾，自起兵以来视力日渐不济，终至于双目失明。越是看不见便越想看见，入睡时也明烛高照。还患有疽病，这疽病也拜玄宗所赐。玄宗吃丹药，安禄山也学着吃，却不知各人体内脾性有所不同，玄宗吃了滋补，安禄山吃了却内火大燥，全身上下颈项肘腋腿脚四肢关节处均起了无名的痈疽。因此安禄山性情变得也格外暴躁，常常无端发怒，对左右侍从，稍不如意非打即骂，若有过失便行杀戮。

安禄山自称帝之后，便蛰伏深宫轻易不出，诸将与他议事都要通过严庄上传下达。严庄虽受安禄山倚重，也断不了遭安禄山鞭挞。服侍他的宦官李猪儿，常为安禄山穿衣解带。只因安禄山大腹便便，每回穿衣李猪儿都得以头顶起安禄山的大肚腹，方能穿裤，力道大小把持不住时，顶得安禄山肚皮痛，便是一顿拳脚招呼，还不时鞭挞，使李猪儿如杀猪般嚎叫。李猪儿不免就心生怨恨，却又不敢形之于颜色。

严庄自然是看在眼里，便唆使安庆绪杀父夺位。安禄山宠幸的段氏，生下一子名庆恩，常想以庆恩代庆绪。安庆绪担心自己被废，便与严庄、李猪儿串通一气，约好了要谋害安禄山，并事先做好了万全安排。安禄山平时睡觉总把佩刀放在床头防身，若是让他拿到佩刀纵算是两目不能视物，泼风般舞起佩刀，任是十个李猪儿也得应刀而亡，毕竟安禄山的骁勇蛮横不是吹出来的，而是刀头舔血杀出来的。

所以，在安禄山入睡之后，李猪儿先把安禄山的佩刀偷偷拿走丢到一个角落里，然后才去与安庆绪、严庄二人会合一道，潜入深宫之中。李猪儿手中的尖刀也是上好的镔铁打造而成，而躺在床上呼吸起伏的安禄山的大肚皮，是顶在李猪儿头上的一座沉重的肉山，也是李猪儿最恨的部位，故而李猪儿举起快刀，先往安禄山腹部猛砍一刀。

安禄山负痛惊醒，本能地先摸床头的佩刀，却摸了个空，便摇着蚊帐竿大声喝叫："此必是家贼作乱！贼由严庄、李猪儿……"

这一喊，内息振动气血翻涌，鲜血和肠子便从腹部流出，泻落地上，有数斗不止。安禄山挣命，即刻就轰然滚落床下，呼吸断绝，心脏停跳。李猪儿犹不解气，上前往那大腹上又深切了几刀，直叫大腹之内的五脏六腑全流出来方才住手。安禄山命亡，卒年五十五岁。

这也是报应。一代枭雄就这么窝窝囊囊死于李猪儿之手。

李林甫（683—753），字哥奴，祖籍陇西，唐朝宗室、宰相，长平王李叔良曾孙。李林甫出身于唐朝宗室郇王房，历任千牛直长、太子中允、太子谕德、国子司业、御史中丞、刑部侍郎、吏部侍郎、黄门侍郎，后以礼部尚书之职拜相，加授同三品。李林甫擅长书画，文才与张、裴二相比差太远。此人长于揣摩人心，投玄宗所好。玄宗嫔妃虽多，却独宠武惠妃。李林甫通过武惠妃的近侍牛贵儿传话，说他一旦入相，一定力保惠妃当皇后。玄宗经不住枕头风，李林甫入相后几次提出立武惠妃为后，遭到群臣反对。李林甫便设法立武惠妃的生子寿王李瑁为太子。每日在玄宗面前诽谤太子李瑛，玄宗心动，几次提出废太子，张、裴二相不肯退让。因此，玄宗便罢了张九龄和裴耀卿的宰相职务。李林甫开元二十四年（736）接替张九龄为相，后进封晋国公，又兼尚书左仆射。成为大唐政权中除皇帝之外的第一号执政大臣。李林甫进位为中书令，总理朝廷政务，牛仙客为工部尚书同中书门下三品正式入相。李林甫担任宰相十九年，是玄宗时在位时间最长的宰相。李林甫大权独握，闭塞言路，排斥贤才，导致纲纪紊乱。李林甫建议重用胡将，使得安禄山坐大，被认为是使唐朝由盛转衰的关键人物之一。

《资治通鉴》载："上即位以来，所用之相，姚崇尚通，宋璟尚法，张嘉贞尚吏，张说尚文，李元纮、杜暹尚俭，韩休、张九龄尚直。各其所长也。九龄既得罪，自是朝廷之士，皆容身保位，无复直言。"

那天，散朝后李林甫命令两省中所有的谏官都留下来。谏官主要指中书门下两省的拾遗、补阙官职及御史台的监察御史。王维是右拾遗，正在此列。李林甫暗含杀机地说道："如今天子圣明，顺从唯恐不及，哪里用得着多嘴多舌！诸君可曾见朝门外的立仗马？规规矩矩站一会儿就可享用三品草料。鸣叫一声辄被贬斥牵走，后悔不及。"

再糊涂的人也能听明白，这就是要言官们充当立仗马的角色，每天上朝站一会儿就可以得到俸禄，享受荣华。上书议政，则要被撵出朝廷。几日后杜琎因进言被贬为下邽县令，赶出了朝廷。王维找张九龄去商量进退。张九龄道："辞职隐居大可不必。这样做会给李林甫抓住口实，在圣上面前捏造谣言，说你是我和裴相一党，对朝廷和圣上不满才辞职的。另外，你这样辞职，再想入朝为官可就不易了。你辞职他又可安排一个爪牙，占住这个位置可使朝廷中少一个坏人。"

又说："古人云'达则兼济天下，穷则独善其身'，又云'邦有道则仕，邦无道则隐'，现在还不能确认为无道。大隐隐于朝廷，小隐隐于山林，这层道理你恐怕早就明白。我前几天刚写了一首诗，对你可能有些启发。"这是张九龄因不肯让步被皇上贬官而有感所写的一首自况《感遇》诗："兰叶春葳蕤，桂华秋皎洁。欣欣此生意，自尔为佳节。谁知林栖者，闻风坐相悦。草木有本心，何求美人折。"

"莫言不解衔环报，但问君恩今若为？"堪为注解。

沈括《梦溪笔谈》中谈到王维有如下几处："书画之妙，当以神会，难可以形器求也。世之观画者，多能指摘其间形象、位置、彩色瑕疵而已，至于奥理冥造者，罕见其人。如彦远《画评》言：王维画物，多不问四时，如画花，往往以桃、杏、芙蓉、莲花同画一景。余家所藏摩诘画《袁安卧雪图》，有雪中芭蕉，此乃得心应手，意到便成，故造理入神，迥得天意，此难可与俗人论也。"又云："王仲至阅吾家画，最爱王维画《黄梅出山图》，盖其所图黄梅、曹溪二人，气韵神形，皆如其为人。读二人事迹，还观所画，可以想见其人。"

也有辩诬如下。《国史补》言："客有以《按乐图》示王维，维曰：'此《霓裳》第三叠第一拍也。'客未然；引工按曲，乃信。"此好奇者为之。凡画奏乐，止能画一声，不过金石管弦同用"一"字耳，何曲无此声，岂独《霓裳》第三叠第一拍也？或疑舞节及他举动拍法中，别有奇声可验，此亦不然。《霓裳曲》凡十三叠，前六叠无拍，至第七叠方谓之叠遍，自此始有拍而舞作。故白乐天诗云："中序擘騞初入拍。"中序即第七叠也，第三叠安得有拍？但言"第三叠第一拍"，即知其妄也。或说：尝有人观画《弹琴图》，曰："此弹《广陵散》也。"此或可信。《广陵散》中有数声，他曲皆无，如泼攦声之类是也。

沈括在谈到《霓裳羽衣曲》时引述点评如下。刘禹锡诗云："三乡陌上望仙山，归作《霓裳羽衣曲》。"又王建诗云："听风听水作《霓裳》。"白乐天诗注云："开元中，西凉府节度使杨敬述造。"郑嵎《津阳门诗》注云："叶法善尝引上入月宫，闻仙乐。及上归，但记其半，遂于笛中写之。会西凉府都督杨敬述进《婆罗门曲》，与其声调相符，遂以月中所闻为散序，用敬述所进为其腔，而名《霓裳羽衣曲》。"诸说各不同。今蒲中逍遥楼楣上有唐人横书，类梵字，相传是《霓裳谱》，字训不通，莫知是非。或谓今燕部有《献仙音曲》，乃其遗声。然《霓裳》本谓之道调法曲，今《献仙音》乃小石调耳。未知孰是。

王维评《霓裳羽衣舞》之画，想来确有夸大成分，只是时人为夸说王维精通音律所做渲染而已，并不能就此证明王维不懂音乐或别的什么。功夫都下在这些细枝末节的考证上，可见坐实《传灯录》禅话："师曰：'他吃饭时不肯吃饭，百种须索，睡时不肯睡，千般计较。'"

《霓裳羽衣曲》是唐玄宗为道教所作之曲，用于在太清宫祭献老子时演奏。安史之乱后失传。南唐李煜和大周后将其补齐，金陵城破被李煜下令烧毁。南宋词人乐人姜夔"丙午岁，留长沙，登祝融，因得其祠神之曲，曰黄帝盐、苏合香。又于乐工故书中得商调霓裳曲十八阕，皆虚谱无词。按沈氏乐律'霓裳道调'，此乃商调；乐天诗云'散序六阕'，此特两阕。未知孰是？然音节闲雅，不类今曲。予不暇尽作，作中序一阕传于世。予方羁游，感此古音，不自知其词之怨抑也"。

白石道人姜夔按谱填词得乐律调如右曰：上阕：亭皋正望极，乱落江莲归未得，多病却无气力。况纨扇渐疏，罗衣初索，流光过隙。叹杏梁、双燕如客。人何在，一帘淡月，仿佛照颜色。下阕：幽寂，乱蛩吟壁。动庾信、清愁似织。沈思年少浪迹。笛里关山，柳下坊陌，坠红无信息。漫暗水，涓涓溜碧。漂零久，而今何意，醉卧酒垆侧。

长短句，上下阕字数不同，平仄也略有不同，上下阕无须对偶关照，魏晋风骨，法天贵真，现存于《白石道人歌曲》集。

白居易《霓裳羽衣舞歌和微之》诗对此曲有细致入微的描绘："我昔元和侍宪皇，曾陪内宴宴昭阳。千歌百舞不可数，就中最爱霓裳舞。舞时寒食春风天，玉钩栏下香案前。案前舞者颜如玉，不着人家俗衣服。虹裳霞帔步摇冠，钿璎累累佩珊珊。娉婷似不任罗绮，顾听乐悬行复止。磬箫筝笛递相搀，击擫弹吹声逦迤。散序六奏未动衣，阳台宿云慵不飞。中序擘騞初入拍，秋竹竿裂春冰坼。飘然转旋回雪轻，嫣然纵送游龙惊。小垂手后柳无力，斜曳裾时云欲生。螾蛾敛略不胜态，风袖低昂如有情。上元点鬟招萼绿，王母挥袂别飞琼。繁音急节十二遍，跳珠撼玉何铿铮。翔鸾舞了却收翅，唳鹤曲终长引声。"

百搜千寻不得时，白居易又跳回《长恨歌》："君不见我歌云，惊破霓裳羽衣曲。又不见我诗云，曲爱霓裳未拍时。由来能事皆有主，杨氏创声君造谱。君言此舞难得人，须是倾城可怜女。吴妖小玉飞作烟，越艳西施化为土。娇花巧笑久寂寥，娃馆苎萝空处所。如君所言诚有是，君试从容听我语。若求国色始翻传，但恐人间废此舞。妍媸优劣宁相远，大都只在人抬举。李娟张态君莫嫌，亦拟随宜且教取。"

结论：曲乃"杨氏创声君造谱"，舞"须是倾城可怜女"。

司马光《资治通鉴》第二百一十四卷记载："唐玄宗开元二十五年夏，四月，辛酉，监察御史周子谅弹牛仙客非才，引谶书为证。上怒，命……左右捽于殿庭，绝而复苏；仍杖之朝堂，流瀼州，至蓝田而死。李林甫言：'子谅，张九龄所荐也。'甲子，贬九龄荆州长史。"

张九龄被贬为荆州长史，限两日内离京上路。张九龄预感自己离京后李林甫一定要向太子李瑛下手。王维听说张九龄被贬。散朝后立刻赶奔到张九龄家中。家人告诉王维说张大人车马刚走不长时间。王维借了一匹马赶向灞桥，却见只有裴耀卿一个人站在亭外向远处眺望，路上的飞尘已看不见了。见了王维，裴耀卿眼中噙着的泪水滚了出来，凄然道："九龄已经走远了，他知道你必来送他，留下一首诗给你，并让我转告你，一定要按他吩咐你的意思去办，这才是他的朋友。"

回到家中，王维急忙把张九龄留给自己的诗卷展开，只见诗题依然是《感遇》同题，诗内另有一番洞天，细细读之，竟大有深意："江南有丹橘，经冬犹绿林。岂伊地气暖，自有岁寒心。可以荐嘉客，奈何阻重深。运命唯所遇，循环不可寻。徒言树桃李，此木岂无阴。"

"后皇嘉树，橘徕服兮。受命不迁，生南国兮。深固难徙，更壹志兮，绿叶素荣，纷其可喜兮！……苏世独立，横而不流兮。闭心自慎，终不失过兮。秉德无私，参天地兮。"被贬的屈原，被贬的张九龄，隔天隔地，不隔古今，不隔无奈，且都以橘自况，何其类似！

打死了周子谅，赶走了张九龄，李林甫如同搬走压在心中的一块石头，轻松了许多。李林甫听说王维给张九龄的诗中竟然有"宁栖野树林，宁饮涧水流。不用食粱肉，崎岖见王侯"的诗句，便觉此人不知死活，原本就对张九龄和裴耀卿提拔起的人有所忌惮，必欲除之而后快。但顾忌王维名声甚大，诗思敏捷，又精通绘画音乐，玄宗对王维赏识有嘉，贸然动之会引起朝臣们的不满，有嫉贤妒能排斥异己的嫌疑，万一引起圣上的不满，就得不偿失了。故采取迂回战术。几天后，王维被任命为监察御史，填补了周子谅监察御史的空缺。监察御史是正八品下，比右拾遗的从八品上高出一阶。这样，看起来是升官了，但却被体面地赶出了中书省而到御史台去上班了。

王维自然明白李林甫的心机，却也无可奈何。只是更加思念张九龄了。于是，他便满含深情地写下一首诗《寄荆州张丞相》：

> 所思竟何在，怅望深荆门。
> 举世无相识，终身思旧恩。
> 方将与农圃，艺植老丘园。
> 目尽南飞鸟，何由寄一言。

几天后李林甫忽然让他的掌书记苑咸来请王维。

苑咸只说请王维去相府有事商量。王维丈二和尚——摸不着头脑，又不能不去，便随苑咸去了相府。李林甫见了王维，起身让座，相当礼遇。待上茶已毕，寒暄过后，才说出了请王维商议之事："近日我奏明圣上在我宅东南角分出一块地方，专门建造一所'嘉猷观'，已蒙圣上恩准，观中左、中、右有三个空壁。有意请我大唐当今画坛三大高手各画一幅。左面的是郑虔画的，右边的是吴道子画的。郑画是重彩山水，金碧辉煌；吴画是八仙图，飘逸潇洒，神采飞扬。中间一块留给你。听说你画的剑阁图十分生动逼真。不知是否可以玉允？"

王维心里一块石头落地，答应明天上午来画。次日，王维准时到来。画到多半时，李林甫亲自来看。见王维的画与郑虔和吴道子的有所不同，在勾勒完山石的阴阳向背的轮廓线后，又用枯笔在阴暗部和山石的脉络处用一些浓淡不同的墨色进行补充着色，根据其山石走向不同而用笔也各异。有的像荷叶纹理成放射状，有的像把一绺麻抓住一头而披散开，有的则像用斧子劈东西的痕迹。笔法变化多端而又浑然一体，使山石的立体感和质感都非常强烈，格外生动逼真。

李林甫是个懂书画之人，自然能看出门道来，却从未见过这种画法，暗暗称奇。待王维画完一个局部稍事休息时，微笑着问："王侍御，果真高才，画法新鲜奇妙，如臻化境。本相见识浅陋，从未见过这种画法。不知可叫什么法？"王维不卑不亢地道："李大人真是好眼力，这种画山石树木之法前人确实未曾用过。主要是为了突出物体的阴阳向背。根据形体和质地不同，而采用不同的笔法。因其要用枯笔，有些像手冻后的干巴皱褶的形状，故下官姑且称之为'皴染法'。"

李林甫真心赞赏道："此法真是精妙绝伦。这一皴，山石树木显得特别浑厚而有骨骼，真是神来之笔。对绘画的技巧将是一大贡献，如同当年的王右军在书法上一变钟体而凤翥鸾翔，似奇反正，了不起啊！"王维谦虚："李相公过誉了，这也是下官悉心体会自然，观察物象，心领神会而偶然得之，怎敢与书法界的王右军相比。"

待全部绘画完毕，李林甫准备了一桌丰盛的酒宴款待王维。王维坦然入座。席间只谈绘画书法诗文之事，绝不涉及一句政事，更没有一句颂扬李林甫或请求李林甫关照重用之话。这让李林甫有些不快。

王维走后，李林甫若有所思地对苑咸道："这个王维简直是一个全才，可惜是张九龄和裴耀卿的人。正月张九龄、萧嵩、韩休这些退任的老丞相和杜暹等一些老臣们在逍遥谷中聚会一次，王维不光参加了，还写了一篇《暮春太师丞相诸公于韦氏逍遥谷宴集序》的文章。他跟那些老家伙关系密切，不能不防。这次让他来绘画，主要是试探一下他态度如何。召之即来，画得也非常卖力。还算是知趣，否则，哼……"

苑咸似懂非懂，却深知，老而不死是为贼。

四、贪欢人穿九五袍

大正月甲的洛阳城，忽然就肃杀起来，叛军满城甲布防，刀枪剑戟满城里乱晃。骑兵在城里蹄声咔嗒乱响，四处巡查，如临大敌。菩提寺的卫兵也加岗添哨，如同打了鸡血，吆三喝四，对囚犯加紧了看管。王维的门口也派了一个岗哨，说是保护，实是不准随便出入。

祢郎中便操了河南官话问那个士兵："小哥，落黑儿发生了啥事情？薄刀尖枪地闹腾，又要啥把戏？大正月里是备着不让人过节？小哥，你说这日子，过得瘪瘪堵堵，腌腌臜臜，能不憋屈死个人？"

士兵也是个洛阳人，见遇上了老乡，便悄声道："这些天可是了不得了，安太子当上皇帝了。满城说安皇帝那大肥猪唛，让贴身一个侍卫薄刀刺身腌臜死，上边放话要抓那个人，怕自家作反……瘪犊子的，大过节的摆治俺们当兵的，光啃饼馍，连碗扁食都捞不上吃！"

祢郎中连忙进门去学说给王维，王维听得大喜，望西连连作了三个揖，口里念念有词。祢郎中端了半碗吃剩的扁食给那士兵，士兵狼吞虎咽吃下去，抹抹嘴，又讨了碗面汤喝，这才道："明儿说是要举哀棒，埋那猪唛，你们就好好儿地在这房里囚着，不然不美气！"

王维不知道的情况是，那晚上李猪儿杀了安禄山之后，安禄山的禁屯军兵以及宫人，多受过安禄山的打骂，见安禄山已死停当了，自然也暗自称快。安庆绪当即便叫手下在安禄山的龙床下挖了一个数尺深的大坑，用毡子裹着安禄山血漉漉的尸身，丢在里边，连夜埋在坑中。并诫令宫中各色人等，严加保密，有走漏风声者，诛灭九族。

翌日早朝，严庄便向朝中的官员煞有介事地诏告说：安皇帝禄山病危，诏立安庆绪太子继位，今后所有军国大事皆由太子处置。随即便举行仪式让安庆绪即了皇帝位，尊安禄山为太上皇。又过了一天便宣告安禄山已经驾崩，并让朝内准备发丧事宜。这一套都是历朝历代篡位者的故伎，严庄依葫芦画瓢原样儿学来，竟然也天衣无缝蒙哄过关。但安庆绪当了皇帝之后，依旧还是那个昏庸懦弱的模样，连说话都语无伦次，称严庄为兄，加授御史大夫、冯翊王，"事无大小，皆取决焉"。严庄也唯恐诸将见了不服，便称说太子因悲痛太过，为太上皇守灵哭丧，这一段时间诏令严庄代为理政。安庆绪为安抚史思明，便任命他为范阳节度使，兼领恒阳，封妫川王。安禄山攻陷两京运往老巢范阳的大量财帛珍货，因此都落入史思明之手。史思明不满安庆绪弑父自立，遂拥兵自重。安庆绪无可奈何，占据了安禄山的宫廷和所有嫔妃，荒淫无度，纵酒为乐，当一天皇上得一天乐，得过且过。

王维哑默暗黑的苦日子，似乎也快要熬到头了。

不幸而被张九龄料中。开元二十五年（737）四月，杨洄再次向惠妃构陷三位亲王，说他们三个与太子妃薛氏之兄薛锈共谋异事。惠妃便设计召三王入宫，说是宫中有贼，想请他们帮忙捉贼。三王竟然毫无心计地答应了。惠妃转而告诉玄宗："太子跟另外两个王爷要谋反，他们穿铁甲进宫了！"玄宗派人察看，果真如此，便找宰相李林甫商议。李林甫说："这是陛下的家务事，不是臣等应该干预的。"玄宗便废三王为庶人，赐薛锈死。三位庶人皆遇害。自从陷害三王后，武惠妃时见三王鬼魂，请巫师作法、改葬，甚至将处死三王的人杀之陪葬，皆无用。惠妃因惊恐万状而死，年三十八岁。惠妃死后被谥贞顺皇后，葬于敬陵，并立庙祭祀太子李瑛及鄂王李瑶、光王李琚。可叹三位仁孝厚道的皇子毫无过错即蒙冤而死，临死前要见父皇一面都不行。

秋时，王维接到敕令以监察御史的身份前去凉州，代表朝廷对战胜吐蕃的将士们进行宣慰嘉奖。凉州古称雍州、盖臧、休屠、雍凉之都等。凉州地处汉羌边界，东接金城郡，西通西域，山脉前隔，沙漠后绕。古浪峡状若狭长的走廊，峭壁千仞，势若蜂腰，中有小道，蜿蜒西窜。被称为中国西部金关银锁，最窄处宽仅数米，一夫当关，万夫莫开。通一线于广漠，控五郡之咽喉。凉州西边是祁连山，东边是腾格里和巴丹吉林两大沙漠，中间便是河西走廊。天下要冲、国家藩卫、古丝绸之路的咽喉。凉州民风剽悍，悍不畏死，史称"凉州大马，横行天下"。唐朝武德七年（624）废凉州总管府，改置凉州都督府。唐朝贞观三年（629）玄奘法师西去印度，途经凉州驻月余。玄奘描述凉州为河西都会，襟带西蕃、葱右诸国，商旅往来，无有停绝。

王维领旨后即带上随员乘坐一辆轻便马车从长安向西北方向的凉州而去。经咸阳、奉天、邠州、安定，出原州界之后，呈现在眼前的是一望无际的大沙漠和戈壁滩。通往凉州的路，缘葫芦河蜿蜒北上，此河是黄河支流，也称蔚如水，发源于六盘山，流经固原，在长城脚下汇入黄河。三里一台，五里一墩，不时有烽烟燃起。烟徐徐升向高空，在无风的时候，可飘升得很高，如一条直冲霄汉的烟龙。

荒漠大野上的逶迤长河如游龙远去。夕阳西下，若车轮大小的圆圆的落日，通红通红，流光溢彩，将天空和戈壁沙漠烧灼熏染得如同一幅瑰美异常的油画，那种浓烈的色彩是王维从未经见过的，也是盛唐时的水墨颜料所无法描绘的。这让王维更加惊叹大自然的神奇创造。那种大漠的寂静和旷达，已经超越了字义本身，无法用语言描述。

日轮隐没于天际线时，霞光如溅射火花的通红的铁块，在逐渐暗淡，于是暮色便如青色的匹练似的铺开在广漠中。因为没有山岭的遮拦，天还亮着，这是一种暝光，离黑还有相当长一段距离。寂静中能听到马蹄和车轮发出的响声，这响声是沉闷的，沙土吸走了响亮的马蹄声和车轮的轧轧声。连迎面跑来的马队，也只有一团尘烟和马的嘶声，而没有蹄声。马上是顶盔贯甲、全副武装的士兵，伴有威武严厉的吆喝声。随从"唷"一声勒住马，大声道："这是从朝廷来的监察御史王公。"

"我等是驻守萧关的队伍，奉命巡视边境。都护崔将军不在萧关，现正在燕然巡视。王公从京师远道而来，一路辛苦了！"

在萧关驿站安顿后，短灯檠下，王维写下了《使至塞上》一诗：

> 单车欲问边，属国过居延。
>
> 征蓬出汉塞，归雁入胡天。
>
> 大漠孤烟直，长河落日圆。
>
> 萧关逢候骑，都护在燕然。

陶文鹏先生批曰："诗人兼画家的王维以横、直、曲、圆几根线条活脱脱描画出如此壮丽的大漠风光，被王国维赞叹为千古奇观。"

王维若不出使塞上，又何以能写出如此千古绝唱！

至德二载（757）四月，肃宗任命郭子仪为司空、天下兵马副元帅，率军赴凤翔，在白渠留连桥设伏，叛军大将李归仁全军覆没。首战告捷后，与关内节度使王思礼合兵向长安进军。结果被叛军以一字长蛇阵夹击，因此大败。肃宗向回纥怀仁可汗借了四千精锐骑兵来到凤翔。肃宗对郭子仪说："事情成败，在此一举。"郭子仪说："如果这一战不能收复长安，臣当以死来相报。"九月十二日，天下兵马元帅广平王李俶率领朔方诸道唐军及回纥、西域来援之大军共计十五万，号称二十万。唐军绵延横亘三十里，要与叛军决一死战。叛军十万人大反扑，唐军阵势大乱，李嗣业对众将说："今日如果不以身饵敌，则官军非败不可。"于是卸下铠甲，光着膀子，抡起长刀，大声呼叫，冲向敌阵。李嗣业勇猛砍杀，所向披靡，共杀数十人，叛军一时惊骇，竟然被其英勇所震慑。唐军见主将身先士卒，士气大振，回纥兵锐不可当，共杀死叛军六万余人，残兵退入长安城。半夜，叛军大将李归仁、安守忠与张通儒、田乾真均弃城逃走。

长安收复后，李俶、郭子仪率大军进攻洛阳。安庆绪集合全部精锐，以伪燕御史大夫严庄为指挥，与张通儒合兵，步骑共十五万，抗拒唐军。宝应元年（762）十月，李俶、郭子仪率大军在洛阳北郊大败史朝义军，歼其六万余人，俘其二万余人，史朝义仅率轻骑数百东逃往濮州。唐军收复洛阳后，仆固怀恩留回纥兵于河阳，派其子右厢兵马使仆固场及朔方兵马使高辅成率步骑万余人，乘胜追击史朝义，连克郑州、汴州等地。十月十八日，广平王李俶率军入洛阳。至此，两京均已收复。

十月二十三日，肃宗重回长安，忙于重建皇宫和迎接上皇天帝回长安，白白放弃了歼敌良机。安庆绪得到蔡希德、田承嗣、崔乾祐等人援助，在邺城建立了新的防御体系。与唐军又形成了对峙的局面。

投靠安禄山的唐朝官员这时又投降了唐朝。怎样处置这些摇摆不定的人，朝廷有两种意见，一种是从轻发落，一种是统统杀掉。当了太上皇的唐玄宗，早已忘记了自己就是那个弃长安而逃，陷百官于万劫不复之地的罪魁祸首。如果当年玄宗从容些，带上百官一起走，何至于让朝官们试玉数载，结果玉碎成琉璃。前边我还夸过玄宗不欲试着打碎琉璃是因为一旦打碎后再难合成完璧。此意非我独创而是出于塞万提斯所著《堂吉诃德》一书，原话已经记不得，但大意如此。普天之下帝王比婢子更加无情，玄宗失手打碎了这些价值连城的玉器不思愧疚仁宥，反声声喊杀："叛臣不可轻宥，当正其罪，以昭国法。"

肃宗也忘了马嵬坡兵变和永王璘的兄弟相残，若说撼动大唐百年基业使文武百官陷入支持谁的两难境地，间接陷人于不义，也有莫大责任。胜者为王，王者有理。肃宗慨然道："朝廷的大臣，不为朝廷分忧也就罢了，还要投降叛军，犯了叛国罪。但是现在叛军未灭，为了孤立叛军，让更多的人迷途知返。对那些协从的人员，从轻处理也是为了早日平定叛乱。你们几人共同审理，认真议定，意见统一之后上奏折。此事十分重要，处理得好，便能釜底抽薪，朕要亲自过问这件事。"

鸡一嘴鸭一嘴地争，最终分六等议处。

达奚珣等一十八人应斩首示众，家口没入官籍为奴；陈希烈等人，应敕令自尽，白绫毒药任选落个全尸，算是万幸。其余的人等或流放，或贬斥，或杖责，分别拟罪依例具奏。但也有例外，肃宗见斩犯中有故相燕国公张说之子，原任刑部尚书张均、太常卿驸马都尉张垍。张说对肃宗有恩，肃宗欲赦二人之罪。便上表启奏玄宗，希望玄宗念旧免其一死。玄宗却不同意。唐肃宗亲至兴庆宫面奏："臣非敢徇情坏法，但臣向非张说，安有今日，故不忍不曲宥其子。伏乞父皇法外推恩。"也许玄宗此时想起了当年自己主动说要让女婿张垍当宰相，而后却未承兑，成了空头支票，致使女婿归顺安禄山过了几天宰相瘾，自己也难辞其咎。终归还有过去的岳父女婿情分，还得顾及女儿的面子，就顺水推舟道："吾看汝面，姑宽赦张垍便了。张均这奴，我闻其引贼入宫，破坏吾家，决不可活。"肃宗见玄宗不肯也就不再多话。但是否背地里动些手脚，来个偷梁换柱，皇上心思，外人又哪里知道。

上皇即日下诏：张均、张垍，本俱应斩。今从皇帝意，止将张均正法，张垍姑免死，长流岭南。余俱依所拟。

张垍与李白和杜甫均有交情，那时诗人也是无奈，杜甫为请张垍举荐自己当官不得不一口气写了《奉赠太常张卿垍二十韵》曰："方丈三韩外，昆仑万国西。建标天地阔，诣绝古今迷。气得神仙迥，恩承雨露低。相门清议众，儒术大名齐。轩冕罗天阙，琳琅识介圭。伶官诗必诵，夔乐典犹稽。健笔凌鹦鹉，铦锋莹鹭鹈。友于皆挺拔，公望各端倪。通籍逾青琐，亨衢照紫泥。灵虬传夕箭，归马散霜蹄。能事闻重译，嘉谟及远黎。弼谐方一展，班序更何跻。适越空颠踬，游梁竟惨凄。谬知终画虎，微分是醯鸡。萍泛无休日，桃阴想旧蹊。吹嘘人所羡，腾跃事仍暌。碧海真难涉，青云不可梯。顾深惭锻炼，材小辱提携。槛束哀猿叫，枝惊夜鹊栖。几时陪羽猎，应指钓璜溪。"

估计因为这个人德行差，《全唐诗》只收了张垍一首名为《奉和岳州山城》的诗："郡馆临清赏，开扃坐白云。讼虚棠户曙，观静竹檐曛。悬榻迎宾下，趋庭学礼闻。风传琴上意，遥向日华纷。"从中可以见出张垍也是颇有文才的，但文才与人品似乎背道而驰了。

也有说，张垍被正法，张均被流放。张均流放时还赋诗一首以明其志："瘴江西去火为山，炎徼南穷鬼作关。从此更投人境外，生涯应在有无间。"以上均为外传所载。按正史所说"垍死于贼中"。

张垍死了，王维所画《雪中芭蕉》，便不知所终。

王维到达凉州幕府时，向与自己同龄的河西节度使崔希逸，宣示了玄宗嘉奖将士的圣旨。崔希逸接旨谢恩归座后，王维以为崔希逸会说一些感恩朝廷的话，殊不料崔希逸非常冷淡。王维不免动问："将军勇武绝伦，大破吐蕃军队，深入敌境二千多里，使敌人主帅闻风丧胆而逃走。圣上御旨褒奖，恩宠有加，将军为何如此忧戚？"

崔希逸长叹一声，说道："王公有所不知，末将惶恐之至。"王维更加疑惑："难道是战况不实？"崔希逸轻轻摇了摇头："非也，战况属实，分毫不差。""那到底怎么回事？"作为监察御史，王维必须要把事情弄个明白。崔希逸长叹一声，向王维讲述了事情的始末。

崔希逸镇守与吐蕃接壤的西北边陲，刚到任时有小摩擦。对方边帅叫乞力徐。崔希逸觉得与其敌对不如睦邻，便派人邀乞力徐面谈。乞力徐也是位仁者，见崔希逸态度诚恳，便欣然赴约面谈。双方坦诚相待，订立了不妨碍双方百姓耕种放牧，让百姓们友好相处，自由来往的条约。有违背此盟者天地共戮之。双方各撤去守备，凉州与吐蕃两方，互通有无，走亲串戚，牛羊遍野，呈现一派和平繁荣景象。

这时，吐蕃其他地方的部队向西攻击勃律。勃律向唐朝告急，玄宗下诏命吐蕃罢兵，吐蕃不听，出兵击破勃律。玄宗大怒。恰逢崔希逸府中的慊从孙诲进京奏事，想邀功受赏，奏称吐蕃毫无防备，请圣上下旨发兵掩击，必获大胜。玄宗即派内给事赵惠琮与孙诲同到凉州幕府。赵惠琮假传圣旨令崔希逸出兵偷袭吐蕃。崔希逸哪敢违背圣旨，只好违盟发兵。从凉州一鼓作气深入二千多里直达青海西，斩首二千余级，乞力徐只带少数亲兵逃走。赵惠琮和孙诲均受到厚赏，但从此吐蕃便与唐朝断绝了关系，不再朝贡。边境形势也骤然紧张起来。

崔希逸捶胸顿足，痛哭流涕，愧悔至极，哽咽失声：

"当时要是不出兵，将以违旨论处。把我革职，照样还会出兵，情况比有我亲自节制会更惨的。王大人，祸莫大于杀已降。几千条人命啊！主动请求与人家结盟，指天发誓，趁人不备，突然发兵，失信于天，失信于人，我还算什么人！我就是有八个嘴也说不清啊！"

王维听呆了。煌煌大唐，堂堂天朝，竟有此等事。《资治通鉴》载："希逸自念失信于吐蕃，内怀愧恨，未几而卒。"《新唐书》载："既而与惠琮俱见犬祟，疑而死，诲亦及它诛。"《旧唐书》载："行至京师，与赵惠琮俱见白狗为祟，相次而死。孙诲亦以罪被戮。"

在《太平广记》中崔希逸成了地狱里的判官。开元末，金坛县丞王甲，以充纲领户税在京。于左藏库输纳，忽有使者至库所云："王令召丞。"甲仓卒随去。出城行十余里，到一府署。入门，闻故左骑常侍崔希逸语声。王与希逸故三十年，因问门者，具知所以，求为通刺。门者入白，希逸问此人何在，遽令呼入。相见惊喜，谓甲曰："知此是地府否？"甲始知身死，悲感久之。复问曾见崔翰否，翰是希逸子。王云："入城以来，为开库司，未暇至宅。"希逸笑曰："真轻薄士，以死生易怀。"因问其由来。王云："适在库中，随使至此，未了其故。"有顷，外传王坐。崔令传语白王云："金坛王丞，是已亲友，计未合死。事了，愿早遣，时热，恐其舍坏。"王引入，谓甲曰："君前任县丞受赃相引。"见丞着枷，坐庭树下。问云："初不同情，何故见诬？"丞言受罪辛苦，权救仓卒。王云："若不相关，即宜放去。"出门，诣希逸别。希逸云："卿已得还，甚善。传语崔翰，为官第一莫为人做枉，后自当之。取钱必折今生寿。每至月朝十五日，宜送清水一瓶，置寺中佛殿上，当获大福。"甲问此功德云何。逸云："冥间事，卿勿预知，但有福即可。"言毕送出。至其所，遂活。

崔希逸在正史里没有地位，却赢得了后人的理解和尊敬。

五、民贵君轻强汉药

唐军收复两京之后，王维被从原路押回了长安，拘押于杨国忠的宅子里，等待发落。王维的好友，画家兼诗人郑虔原本是郑州荥阳郑氏家族，史称"累数世而屡显，终唐之世而不绝"，属"簪缨门第，诗礼传家"。少时举进士不第，困居长安慈恩寺。学书无钱买纸，见寺内有柿叶数屋，遂借住僧房，日取红叶肆书。天长日久，竟将数屋柿叶练完，终成一代名家，传为士林佳话。开元中苏颋推荐郑虔为著作郎。尝以当世事著书八十余篇。公务之余集缀当朝异闻，初成草稿八十余卷。不幸遭人诬告"私撰国史"，仓皇焚稿，外贬十年。郑虔自写其诗并画，表献玄宗。玄宗批曰："郑虔三绝。"因爱其才，专设广文博士一职给郑虔。与李白、杜甫为密友。杜甫有赠诗曰："才名四十年，坐客寒无毡。赖有苏司业，时时与酒钱。"郑虔的书画墨宝尤为后代皇室及达官贵人所珍藏，历代美术史家认为郑虔与王维一样是中国文人山水画的开创者，草书成就可与张旭媲美，高于怀素。

这样一个人才，被猝然逃走的玄宗弃之如敝屣，与王维一道落入安禄山之手，身陷叛逆之中，还以残弱之躯消极抵抗强虏。史载"伪授水部员外郎，托以疾，不夺。贼平，张通、王维并囚系，三人皆善画，崔圆使绘斋壁，因为祈解，得贬台州司户"，不得不以老弱残身于寒冬腊月长途跋涉去了台州。杜甫写诗相送："万里伤心严谴日，百年垂死中兴时。"台州地处荒僻，文风未开，郑虔衣冠言行，不同时俗，被当成怪人，诗曰："一州人怪郑若齐，郑若齐怪一州人。"郑虔遂大阐文教，首办官学，致力教化，终老于台州，成了台州胜景。

肃宗日理万机，却不能不见平恩县主，因为她是肃宗的堂妹，薛王李业的女儿。平恩县主丈夫韦斌陷贼后被安禄山署为黄门侍郎，已经死去。永王李璘江淮起兵，肃宗派韦斌的兄长韦陟，前往招谕，命永王李璘交出兵权，李璘不听。韦陟与淮南节度使高适、淮西节度使来瑱精诚团结，打败了永王李璘的军队，使肃宗得以坐稳龙墩。

平恩县主在肃宗面前泣不成声，哭诉了夫君韦斌为保住县主及孩子性命而被迫接受伪官，想借机行事而无机会，忧愤成疾，至死不忘朝廷和君主。夫君死前曾将他的心事托付给王维，可传王维见证。此前，肃宗收到太原少尹、刑部侍郎王缙的奏书，请求用自己的官职为陷贼受伪职的兄长王维赎罪。王缙在安史乱中佐助名将李光弼守住太原，显示出很高的才能，立有大功。初镇太原时，将官王无纵、张奉璋恃功而骄，认为王缙是文人而轻视他，不听命令。王缙按律将二人斩首，传首军中，诸将股栗，再没有敢违命者。王缙此时正自深受肃宗皇帝的宠爱和信任，所以他的请求在肃宗心中是颇有分量的。

肃宗之前已回绝了王维觐见的请求。朝廷定下陷贼诸官暂时一概不能召见。虽然因《凝碧池》一诗肃宗对王维有好感也不便破例。但为平恩县主，肃宗破例召见了王维。王维泣称罪臣，未为自己说一句辩诬的话，只把韦斌宴请自己，指心为誓又赠佩玦以为见证的经过如实描述一遍，拿出佩玦交给肃宗，请肃宗体察韦斌的一片忠心。肃宗安慰几句让王维退出。然而，尘埃并没有就此落定，个中还有曲折。

几日后，肃宗特别恩准，让王维回家候审。

河西节度使下设有赤水军、大斗军、建康军、宁寇军、玉门军、墨离军、豆卢军、新泉军、张掖守捉、交城守捉、白亭守捉等。崔希逸亲自陪王维到各地去巡察。晚上居延海附近有侦察兵来报说突厥有大规模行动，人马喧闹，火光冲天。崔希逸命令唐军不要紧张，严阵以待，他和王维一同登上城楼观瞧。只见在几里地外，大平原上火光冲天如起红云，约有几千人马驰骋呐喊，声威甚壮。崔希逸解释说：

"原野上白草茂盛，野兽众多，秋末冬初，突厥都要狩猎。先烧荒，把野兽烧出来，然后用骑兵和步兵包围兜剿，声势浩大。这种狩猎也有军事演习和军事威胁的作用。如我方准备不足，他们就会兴兵犯境。这些年我军戒备森严，军事力量强大，故而突厥不敢犯境。"

王维觉得好生新奇，一边听崔希逸介绍，一边观赏如火如荼的围猎场面，七律《出塞作》一首酝酿成功。诗曰：

> 居延城外猎天骄，白草连天野火烧。
> 暮云空碛时驱马，秋日平原好射雕。
> 护羌校尉朝乘障，破虏将军夜渡辽。
> 玉靶角弓珠勒马，汉家将赐霍嫖姚。

在居延城逗留巡行了几日，崔希逸陪王维返归凉州。路上忽然飘起了雪花。这在塞上是寻常事。两人披着雪花，策马边走边聊。叙谈正欢时，忽见有一匹快马迎面驰来，到得近前骑者翻身下马，向崔希逸递上一通军情战书。崔希逸看过之后，马上抽出一支令箭并写了一道书信交给来人。来人又上马飞驰而去。崔希逸笑着安慰王维说："小事情，都护来书告急，说有一股突厥军队偷袭包围了肃州的酒泉城。我已调军前去解围。这是一次小规模的战事，没有什么关系。"

王维觉得崔希逸胸有成竹，指挥若定，是一位难得的将才，油然而生敬意，在马上随口占了六句《陇西行》曰："十里一走马，五里一扬鞭。都护军书至，匈奴围酒泉。关山正飞雪，烽戍断无烟。"

崔希逸叹服道："王大人真是好诗才，这首诗如镜照人，实情实景。曹子建七步成诗，王大人走马吟句，在下好生佩服！佩服！"

五月里朝廷又派使者传达旨意。李林甫兼领河西节度使，调崔希逸回朝任河南尹。王维善后处理即行回朝。当晚崔希逸设酒宴向众将官告别。酒宴过后，众人散去，只请王维留下。崔希逸见四下无人，竟扑通一声跪倒在王维面前。王维大吃一惊，忙上前搀扶之。

崔希逸却不肯起来，道："王大人，我本想维持这里的安定，以赎回我所犯罪孽之万一。可朝廷下旨把我调回，我连赎罪的机会都没有了。我太对不起乞力徐及这一带的吐蕃百姓了！我预感恐怕将不久于人世。我知道你精于佛事，请你帮我做两件事。一是为我岳父大人超度作西方净土变，这是我早已答应老人的。二是请奏明圣上准许我女儿落发为尼献身佛门，以表达我对失信于乞力徐的忏悔。"

次日，崔希逸上路回朝，王维送出几里地远，挥泪告别。望着崔希逸的车马消失在飞尘中，似乎预感到这是与崔希逸的生离死别。忽听一阵箫鼓之声。转入路边一座荒村。村边祠庙聚集着一伙村民，在祭祀社神，祈求丰收。王维忽然就想起荀子所说："天行有常，不为尧存，不为桀亡，应之以治则吉，应之以乱则凶。""强本而节用，则天不能使之贫，养备而动时，则天不能使之病，修道而不贰，则天不能使之祸；故水旱不能使之饥，寒暑不能使之疾，妖怪不能使之凶。"

反之则凶："本荒而用侈，则天不能使之富，养略而动罕，则天不能使之全，背道而妄行，则天不能使之吉；故水旱未至而饥，寒暑未薄而疾，妖怪未至而凶。"荀子不信鬼神，但对善恶报应命运气数却相信。佛云："如是恶业，本自发明，非从天降，亦非地出，亦非人与，自妄所招，还自来受。"王维口占《凉州郊外游望》，五言四十字，便生动描绘出了边地殊异的风俗人情，诗曰：

> 野老才三户，边村少四邻。
> 婆娑依里社，箫鼓赛田神。
> 洒酒浇刍狗，焚香拜木人。
> 女巫纷屡舞，罗袜自生尘。

有道是：古圣先贤，同如此解，后人管见，分河饮水。

王维回到长安的宅子，李娘和六儿自有一番欢喜。六儿便讲起几次前去探看王维不被允许的事儿，抱怨说："这朝廷也怎辨不得黑白颠倒，把个为了朝廷宁肯舍了命也要尽忠的好人，偏就要逼迫成个坏人。早知这样，还不如那时暂且从了那胡儿，省得自己大死一回！"

王维不让六儿胡说。李娘却含泪道："也莫怪六儿，陷贼一事真也怨不得大郎，不是大郎不追随朝廷，是皇上撇下了大郎，天道真也不公！从古至今，屈原、蒙恬、苏武、李陵，蒙冤者可谓无数，后世有人为他们说句公道话还好，连句公道话捞不着说的蒙冤者，还不知有多少呢！知道的人说冤枉，不知的人还不知如何胡乱编派大郎，奴婢每见那些胡乱说话的人，就恨不能上前撕烂他们的贱嘴……"

凝碧池后来几成胜迹，咏唱多多。唐人张祜有诗名为《凝碧池》曰："莫折宫前杨柳枝，玄宗曾向笛中吹。伤心日暮烟霞起，无限春愁生翠眉。凝碧池边敛翠眉，景阳楼下绾青丝。那胜妃子朝元阁，玉手和烟弄一枝。"南宋辛弃疾填词《声声慢》，题"嘲红木犀·余儿时尝入京师禁中凝碧池，因书当时所见"曰："开元盛日，天上栽花，月殿桂影重重。十里芬芳，一枝金粟玲珑。管弦凝碧池上，记当时、风月愁侬。翠华远，但江南草木，烟锁深宫。　　只为天姿冷淡，被西风酝酿，彻骨香浓。枉学丹蕉，叶底偷染妖红。道人取次装束，是自家、香底家风。又怕是，为凄凉、长在醉中。"南宋词人韩元吉填《好事近·凝碧旧池头》亦咏之曰："凝碧旧池头，一听管弦凄切。多少梨园声在，总不堪华发。　　杏花无处避春愁，也傍野烟发。惟有御沟声断，似知人呜咽。"

不知者自然会胡说八道，但李娘的话并非空穴来风。朝野中的确有人质疑王维，便连后世也有人质疑王维，认为王维被授伪职无论如何都是污点，仅靠《凝碧池》一诗脱罪是不可以的，是侥幸甚或有沽名钓誉之嫌。这些人如同杜牧一样，希望所有的息夫人都是绿珠，最好是从楼上跳下去以死明志。反之便是不忠，便是不贞，便是污点。而王维自己，也因此而忏悔，终生都不肯原谅自己，成为永远的心痛。他后半辈子生活在一种自责的心态中，不住追问自己：为什么没有去死？

几天后有司开庭审理王维案子并招来裴迪当堂呈供。

裴迪自然是娓娓道来，讲述了自己亲眼目睹了凝碧池雷海青殉节，重病初醒的王维听后满脸泪水当场在自己掌心默写了《凝碧池》一诗的经过，以及自己和六儿如何一路上宣讲《凝碧池》和这首诗的故事。末了裴迪还提出了另一个更加有力的人证祢郎中，而且，祢郎中已经在门外等候召见。这里的关节是，洛阳收复之前，王维身体无大碍后，祢郎中便与王维分手，回老家去了。王维临行还特意赠诗《送祢郎中》曰：

> 东郊春草色，驱马去悠悠。
> 况复乡山外，猿啼湘水流。
> 岛夷传露版，江馆候鸣驺。
> 卉服为诸吏，珠官拜本州。
> 孤莺吟远墅，野杏发山邮。
> 早晚方归奏，南中才绝秋。

两京收复后，祢郎中还在家庆幸王维苦出了头。不料后来得到消息说，王维被从洛阳押解回长安，从贼狱出来又被关入了天牢，不觉大吃一惊。便想起当年裴迪有话要自己到长安行医时顺便去家中叙旧，顺便给母亲切问一番，因此还留了地址。祢郎中便去长安寻裴迪。恰好裴迪正在为王维的事上下奔走，见了祢郎中自然是又惊又喜。连连对祢郎中说："这真是天佑好人！这真是天佑好人！"

祢郎中上得堂来，不慌不忙，从自己在街上游方被叛逆抓去给王维看病说起，七七八八如实叙述了一遍。到紧要处，也免不了添点油加点醋，果真是五味俱全，把主审的有司和后堂听审的人等都说得唏嘘不已。祢郎中最后说："切莫说以死明志最好！有些人是山，有些人是水。这山和水合在一搭儿才是江山。王公柔弱平和，血性儿在骨头里边，弱不禁风却绵绵发力。若是火暴烈性，有一百个也会被害死。死何等痛快，比起来，生要比死难。人不能光为了自己痛快，个个都火暴死，撇下皇帝一人咋整？有生便有死，而最难的是乐生而知死。医家之道，阴阳调和，刚柔相济，这社稷的身子骨，才会好！"

祢郎中这番话竟把满堂人等都说愣了。

王维回到长安，崔希逸已于几天前死去。知之者皆为之惋惜。崔希逸之死让王维觉得叹惜，更觉得怨愤。王维到崔府凭吊过后，为崔希逸夫人李氏的父亲超度作西方净土变以追冥福，并撰写《西方变画赞并序》文。崔希逸为表忏悔失信于乞力徐之事，上表请皇上准许自己第十五女落发为尼奉佛，玄宗恩准。王维助其办理好相关事宜，并为此撰写《赞佛文》详述了此事的原委，以示崔家人对释迦佛的虔诚：

　　窃以真如妙宰，具十方而无成；涅槃至功，满四生而不度。故无边大照，不照得空有之深；万法偕行，无行为满足之地。唯兹化佛，即具三身；不舍凡夫，本无五蕴。实藉津梁法相，脱落尘容；始于度门，渐于空舍。然后金刚道后，为三界大师；玉毫光相，得一生补处。

　　左散骑常侍摄御史中丞崔公第十五娘子，于多劫来，植众德本。以般若力，生菩提家。含哺则外荤膻，胜衣而斥珠翠。教从半字，便会圣言；戏则剪花，而为佛事。常侍公顷以入朝天阙，上简帝心。虽功在于生人，深辞拜命；愿赏延于爱女，密启出家。白法宿修，紫书方降。即令某月日，敬对三世诸佛、十方贤圣，稽首合掌，奉诏落发。久清三业，素成菩萨之心；新下双鬟，如见如来之顶。绮襦方解，树神献无价之衣；香饭当消，天王持众宝之钵。唯娘子舍诸珍宝，涂彼戒香。在微尘中，见亿佛刹；如献珠顷，具六神通。

　　伏愿以度人设斋功德，上奉皇帝圣寿无疆。记椿树以为年，土宇无垠；包莲花而为界，又用庄严。常侍公出为法将，入拜台臣，身在百官之中，心超十地之上。夫人以文殊智，本是法王，在普贤心，长为佛母。郎君、娘子等，住诚性为孝顺，用功德为道场，将遍众生之慈，迥同一子之想。又愿普同法界，尽及有情，共此胜因，俱登圣果。

六、河清岭秀壮秦膏

王维被王缙从羁押之所接回长安家中。闭上大门，见四下里无人之时，兄弟俩才抱头痛哭，相对凝噎无语。哭够多时，王缙先揩干泪水，长叹一声劝慰王维说："兄长，咱不哭了，本来是喜事，该笑！这也算是不幸中之万幸。兄以自己的诗自证了清白救了自己的命，若无此诗，纵算浑身百口又如何分辨得清？可见王家有德，天道未泯！"

王维泪水满面，摇头道："圣上开恩，还不是因为缙弟甘愿以爵功相抵，这让为兄情何以堪？如何谢弟救命之恩……为兄不能促成弟的高升，竟然还累弟丢了大好的前程，为兄这心里，好生不是滋味啊！"

王缙忙制止王维道："兄长，休得如此说，弟的前程与兄长的性命相比，孰轻孰重？我们兄弟俩的情义哪里是爵功能比的？何况了，如果是弟陷于兄长的境地，兄长为弟更是会不遗余力，恨不以身相替呢！"

王维摇头叹气道："唉，这倒也是实情，为兄先前总是以为，以弟的心性，怕会一不留神惹出事来，危难之中义不容辞救弟的必是我这个兄长，随时都准备救弟于万一。可是谁又能料中，竟是为兄陷入万劫不复之境，救兄长于危难之中的却是弟，危难见真情，请受为兄一揖！"

半个月后便是除夕。鸡年即将过去，狗年即到。正月十五，太上皇册封肃宗皇帝为"光天文武大圣孝感皇帝"。正月下旬肃宗诏令将韦斌追封为"秘书监"之职，并敕准立碑纪念，碑文由王维执笔。刚进二月，王维得到新的任命，官职"太子中允"，正五品上阶，与陷贼前的给事中同一品阶。当时给事中不缺额，故给王维安排此职，虽未官复原职，却官复原阶了。时隔几日，又加集贤学士衔，这是个由正五品上阶以上官员才有资格担纲的角色，是掌管搜集整理图书的职务。王维恭请肃宗御赐匾额，肃宗欣然应允。当捧到御书墨迹时，王维表现出激动不已的样子，却是做给皇上看的。刚上完《谢除太子中允表》后，又上了《谢集贤学士表》，表达了自己受宠若惊的心情和对朝廷及圣上的忠心。从王维这首充满自卑和惶恐心情的《即蒙宥罪旋复拜官伏感圣恩窃书鄙意兼奉简新除使君等诸公》的诗中可以看出，王维在欢喜之中还是活在自责的阴影之下，诗曰：

> 忽蒙汉诏还归冕，始觉殷王解网罗。
> 日比皇朝犹自暗，天齐圣寿未云多。
> 花迎喜气皆知笑，鸟识欢心亦解歌。
> 闻道百城新佩印，迎来双阙共鸣珂。

以殷王的贤明和神勇来赞美肃宗解王维于倒悬之中，皇朝比太阳还要光明，寿与天齐的大唐江山和皇帝的寿命多少都不算多。饶尔不死还给官做的恩德，不欢笑就是大不敬，故尔强颜也得表现出欣喜若狂的模样，这样皇帝才会喜欢。皇家的寡情无义总是多于用情，战战兢兢，如履薄冰，怎么能欢喜得起来呢？太多的磨难和开悟已经不容他做小儿科状了。皇上和周遭人等对他愈好，他心中的不安就愈发强烈。自省和自我忏悔尖锐地苛责内心，因自我表现得不完美而想逃避自我，寻个地方躲起来独处以弥补心灵的失衡。对红尘俗世蚀骨销魂的无边的苍凉感和厌倦的情绪，如影随形，无处不在，拂之不去。

只有杜甫理解王维。杜甫在王维被重新授予官职之后，立即前来祝贺，并《奉赠王中允维》一首诗，这首诗用庾信与陈琳相比：

> 中允声名久，如今契阔深。
> 共传收庾信，不得比陈琳。
> 一病缘明主，三年独此心。
> 穷愁应有作，试诵白头吟。

庾信字子山，小字兰成，北周时南阳新野人。庾信辅佐梁元帝，奉命出使西魏，在此期间梁为西魏所灭。庾信以被器重而被强行留在北方封侯，受皇帝礼遇，却深切思念故国乡土，为身陷敌国而羞愧不已，郁郁而终。陈琳，字孔璋，建安七子之一。官渡之战前，陈琳作《为袁绍檄豫州文》，痛斥曹操，文笔辛辣，曹操被骂得连头痛风都霍然痊愈。袁绍兵败后，陈琳归附了曹操。曹操因爱才而丝毫没怪陈琳，还让他做官。杜甫把王维比作陷身敌国而不忘故国的庾信，是代袁绍而骂曹操的陈琳不可比的，暗合玄宗所说王维在险恶的环境中也不肯说朝廷及圣上半句坏话的节操。这让王维饱经沧桑凌辱和彷徨内疚的心得以滋养。

这个世界上，天生也罢，后生也罢，似乎就有那么一种人，诸如庾信、李陵、苏武等人，无须任何人苛责他，要求他，监督他，如同曾子一样："吾日三省吾身，为人谋而不忠乎？与朋友交而不信乎？传不习乎？"人们把这种人称为君子，王维即是。也有另一种人，如陈琳之类，刚痛骂过你转眼又可以投靠你，美其名曰"良禽择木而栖"。

王维未必若山一样玉碎石焚，却能如水一样锲而不舍。

开元二十八年（740）秋，王维被派去桂州"知南选"。初唐时全国大规模的官吏诠选升黜均到京师进行。唐太宗改洛阳以东的人集中到洛阳，在洛阳设置一个临时机构，朝廷派有关大臣前去办理，称作"东选"，被派去执掌此项工作的有关官员便称作"知东选"。高宗上元二年（675）又在岭南的桂州增设一个临时诠选官员的机构，岭南五管及黔中都督府等地的官员均到桂州听候诠选。后来连江南、淮南、福建地区也被划归这里。由朝廷派一名五品以上的大官代表吏部来执掌诠选大权，派监察御史或侍御史前来实行监视督察，名为"知南选"。

陆路转水路，顺流南下，到了襄阳。襄州刺史自然热情款待。王维品级虽不高，但职掌之事甚为重要，又是朝廷官员，地方官们当然不敢怠慢。次日游汉水。汉水是长江水系，又名汉江。江面宽阔，浩淼无穷，与天际相接，就像流去天外。王维赋《汉江临泛》诗云：

楚塞三湘接，荆门九派通。
江流天地外，山色有无中。
郡邑浮前浦，波澜动远空。
襄阳好风日，留醉与山翁。

王维诗中用了《晋书·山简传》的典故。山简是竹林七贤之一司徒山涛第五子，其父山涛应邀出仕，官做得挺大，推荐好友嵇康也当官，遭到嵇康严辞拒绝，嵇康写了《与山巨源绝交书》，许多人都是因为读了嵇康的绝交书才知道山涛的。山简，字季伦，有其父之风，历任太子舍人、黄门郎、青州刺史、镇西将军、尚书左仆射等职。永嘉三年（309），出任征南将军，都督荆、湘、交、广四州诸军事，镇襄阳。后加督宁、益二州军事。次年，王如在沔汉地区大肆劫掠，山简坚守襄阳。不久，迁驻夏口。永嘉六年（312）去世，年六十。

王维此诗用父子俩的典故，饶有意味。此时王维，业已看淡，仕与不仕，均在两可之间，已无早年一心求仕之心。诗中所写景象，壮阔幽寂，意境交融，高旷空灵，情致飘逸，已有凌虚凭风之姿。

闲聊中，襄州刺史透露说，张九龄请旨回乡祭祖，突发急病，五月七日病死在韶州曲江家中。这一噩耗使王维游兴全消，立刻返回寓所。张九龄六十八岁便已仙逝，这让王维想起了孟浩然。七八年前曾到孟浩然家拜访过，也不必问路，便一个人向冶城南园的孟宅而来。

孟浩然祖传园庐在襄阳城南郭外七里岘山附近的江村中。涧在户之北，故称北涧。房宅在涧之南，所以称涧南园。又因其地旧有冶城，故又名冶城南园，简称南园。院子里冷冷清清，门上挂着白幡，灵堂墙上挂着自己几年前给孟浩然画的那张《襄阳孟公马上行吟图》，灵牌上写着：先府君孟浩然大人之灵位。炉中几炷香火青烟袅袅。

王维眼里的泪唰地出来了。含泪上了香，磕了头，颤声问："嫂夫人，孟兄是何时仙逝的？怎么会这样突然？"孟夫人认出王维，眼睛红红地叹了口气说："怨他自己。一辈子作诗，一辈子嗜酒，一个人还好，遇到好朋友喝起来就没个够，没个了。三月前他背上生了毒疽，经医家细心调养疗治已见好。忌饮酒吃鲜物。怨他见了知心好友就什么也不顾。一个是兄弟你，再一个是李白，还有王昌龄、张子容。就在他服药满期那几天，王昌龄来了。他高兴得像个孩子模样……昌龄只是路过，住一个晚上。他去送行，一高兴就什么也不管不顾，喝得大醉，吃了不少鲜食。第二天病情突然加重，当天就……"

孟夫人说不下去了。王维含泪劝慰了，留下了随身所带银两，告别离去。孟夫人要留王维吃饭，王维哪还有吃饭的心情。接连两个好友亡故，张九龄至少还年近古稀，而孟浩然才五十岁，那么诗心纯诚古道热肠的一个好人，就因为家里来了个朋友，多喝了几口酒，多吃了几筷子时鲜，就被不明不白地带走？王昌龄只是路过，却带走了孟浩然，自己后来也被人打死，有这么耍笑人的吗？天妒英才，造化弄人，何以如此？好人不长命，反让坏人活千年，祸害人间。何以冥意如此不公？回到驿馆，王维含泪写了一首《哭孟浩然》五绝诗：

> 故人不可见，汉水日东流。
> 借问襄阳老，江山空蔡州！

王维并非一个爱哭之人，但这个世界太多当哭之事，这一段他已经哭了许多次了。哭泣是弱者最后的武器，也是无奈人生宣泄情感的唯一通道，尤其当你遭遇天地的暴政皇帝的强权之时。没了孟浩然的襄阳，王维一分钟也不想再多停留，即刻，便与六儿坐船去了桂州。

没了孟襄阳，襄阳从此天荒地老，蔡州成了一座空城。

后人没有听过祢郎中前边那番夹叙夹议的说话，也就免不了对王维有微辞。唐代时人与后人每每将王维归入陶潜一派，宋时苏门六君子之一的陈师道，在《后山诗话》中也是这么归纳的："右丞、苏州（韦苏州），皆学于陶，正得其自在。"徐曾《而庵诗话》也说："诗到极则，不过是抒写自己胸襟，若晋之陶元亮，唐之王右丞，其人也。"

陶渊明晚年日子过得很是艰难，时常没饭吃，故有《乞食》一诗曰："饥来驱我去，不知竟何之。行行至斯里，叩门拙言辞。主人解余意，遗赠岂虚来。谈谐终日夕，觞至辄倾杯。情欣新知欢，言咏遂赋诗。感子漂母意，愧我非韩才。衔戢知何谢，冥报以相贻。"

王维《与魏居士书》中便有不屑："近有陶潜，不肯把板屈腰见督邮，解印绶弃官去。后贫，《乞食》诗云：'叩门拙言辞。'是屡乞而惭也。尝一见督邮，安食公田数顷。一惭之不忍，而终身惭乎？"

陶渊明义熙元年（405）八月最后一次出仕为彭泽令，作《归去来兮辞》，解印辞官，开始了归隐生活。义熙四年（408）六月中家中火灾，宅院尽毁，被迫迁居。因此生活非常拮据，常出去蹭饭吃，并非讨饭，只不过饿了去寻口吃的而已。义熙十一年（415）朝廷诏征他为著作佐郎，称病没有应征。其间江州刺史王弘结交渊明白衣送酒。始安太守颜延之给渊明付酒钱。元嘉四年（427）檀道济去看望他，赠以粱肉，劝他出仕，渊明却拒绝了，所赠粱肉也没有收下。后卒于浔阳。

王维诗歌的精神境界已超凡脱俗，清代赵殿成在笺注王维诗集时说："天机清妙，与物无竞。"很多人将王维和陶潜等同视之，以为其"了无人气""孤悬傲立"，二人是相似的，其实不然。王维在一首《偶然作》的诗中，也早已表明了自己对陶渊明遁世的不认同：

陶潜任天真，其性颇耽酒。
自从弃官来，家贫不能有。
九月九日时，菊花空满手。
中心窃自思，傥有人送否。
白衣携壶觞，果来遗老叟。
且喜得斟酌，安问升与斗。
奋衣野田中，今日嗟无负。
兀傲迷东西，蓑笠不能守。
倾倒强行行，酣歌归五柳。
生事不曾问，肯愧家中妇。

王维认为陶渊明不为五斗米而折腰只是逞一时之性，得时人一时之夸赞，却陷自己于一生之不仁不义。人不可能脱离物质生活，一个人若无立足之地、安身之处、自足之力，谈何修身养性？你对自己不负责任，但要顾及他人。你人品高洁了，你自己痛快了，除写诗而外又不会别的谋生之道，反而天天要觍着脸乞食于旁人，麻烦朋友给你吃喝，陷妻儿老小于饥寒之中，这样的矫揉造作，不合乎人道和佛道。

王维早年间要拉扯弟妹养一大家子，就算仕途不顺达，也得忍辱负重，否则乞食的可能就是一大家子。以王维的个性，渴望隐逸而不能隐逸，他不敢不忍也不能为一己之意气就归去来兮，宁肯乞食而一惭再惭，也不肯委屈一下自己，以一惭而绝万惭。妻亡之后王维终身未再续弦，也没有纳妾，从不去妓院，终身都保持着僧侣般"居常蔬食，不茹荤血"的生活习惯。他早已悟透并臻于释儒道共同的"饭疏食，饮水，曲肱而枕之，乐亦在其中矣。不义而富且贵，于我如浮云"。

我有五律平水韵三首赞王维这种不以牺牲弱小而亮丽自己羽毛的识见曰："其一：欲成天下净，先拂几尘沙。所以家持国，因为国齐家。始而家适国，然后国宜家。堂室慵清洁，何谈扫落花？其二：草木惜根芽，牛羊亲犊娃。荣民能富国，热土可安家。汤汤千秋大，巍巍万代华。斜风斜吹柳，夕照夕飞鸦。其三：僻舍应能聪，偏田莫使聋。千山都爵伯，万水悉卿公。造化尊皇帝，民生作网红。春江南北水，浩浩扑西东。"

君子和而不同，周而不比。认知差一分就会有一分不同。

王维"知南选"一行，还顺路去了福建连江县的崇梵寺。覆釜山山水奇秀，溪流弯曲，云霞掩映，悦目怡情。东为斗牛峰，西为阳明庆峰，中峰似釜倒立，故名覆釜。王维有七言古风《寄崇梵僧（崇梵寺近东阿覆釜村）》曰："崇梵僧，崇梵僧，秋归覆釜春不还。落花啼鸟纷纷乱，涧户山窗寂寂闲。峡里谁知有人事，郡中遥望空云山。"

返程时王维还顺路去看望了多年不见的老朋友丘为。丘为在王维的诗人朋友当中，可谓是个奇人。丘为是苏州嘉兴人，对继母非常孝顺，孝顺到感天动地，常有灵芝生于堂下。起先科考累举不第，后累官太子右庶子。王维与之是好友，故有诗《送丘为落第归江东》曰：

怜君不得意，况复柳条春。

为客黄金尽，还家白发新。

> 五湖三亩宅，万里一归人。
>
> 知尔不能荐，羞称献纳臣。

此诗颈联叠用四个数字，自然贴切，语意蕴藉，堪为典范。

丘为归山读书数年，于玄宗天宝二年（743）进士及第。给俸禄之半以终身。丘为八十岁时辞官回家，继母还活着。于贞元年间卒，活了九十六岁。相传是唐代享寿最高的一位诗人。丘为的诗格调清幽淡逸，多写田园风物，属盛唐田园山水诗派。以《题农父庐舍》《寻西山隐者不遇》《泛若耶溪》等为代表作，较著名的有与王维《左掖梨花》唱和诗："冷艳全欺雪，余香乍入衣。春风且莫定，吹向玉阶飞。"王维《左掖梨花》："闲洒阶边草，轻随箔外风。黄莺弄不足，衔入未央宫。"

"冷艳全欺雪，余香乍入衣"堪称佳句。丘为还有一诗《题农父庐舍》也为时人称道："东风何时至，已绿湖上山。湖上春已早，田家日不闲。沟塍流水处，耒耜平芜间。薄暮饭牛罢，归来还闭关。"

王安石《泊船瓜洲》中的"春风又绿江南岸"，就是脱胎于此。

王维看望丘为后，临行还写了《留别丘为》，此诗自然流畅，潇洒飘忽，不事对仗雕琢，归心切切，依依惜别，别有一番情致：

> 归鞍白云外，缭绕出前山。
>
> 今日又明日，自知心不闲。
>
> 亲劳簪组送，欲趁莺花还。
>
> 一步一回首，迟迟向近关。

王维归心不得闲，丘为一日复一日地挽留，终究留不住王维的归心。是什么在诱惑王维回家？家中既没有恩爱妻子等候，又没有颜如玉的妾室盼归，更没有君王召见，金银财宝等他，只有一方沃土和母亲兄弟姐妹以及友人，足见乡土、亲情、友情在王维心中的分量。

王维从桂州"知南选"归来时已是开元二十九年（741）暮春时节。回来后便去看望母亲和兄弟姐妹，让六儿送上给母亲和兄弟妹子带的各式礼物，谈了一番此行的所见所闻，端的是个个欢喜。然后又与诸位朋友相见，亲热叙谈了一番，好好地喝了几顿大酒，这才心闲。

恰逢羌族人夫蒙灵詧都护使要回安西任所。夫蒙灵詧在西域为官时功勋卓著。他以潜兵偷袭攻克怛罗斯城，擒尔微特勒，随后乘胜攻入曳建城，接回交河公主，悉收散发之民数万给拔汗那王。使唐军威震西陲。王维《奉和圣制送不蒙都护兼鸿胪卿归安西应制》曰：

> 上卿增命服，都护扬归旆。
> 杂虏尽朝周，诸胡皆自郐。
> 鸣笳瀚海曲，按节阳关外。
> 落日下河源，寒山静秋塞。
> 万方氛祲息，六合乾坤大。
> 无战是天心，天心同覆载。

此五言意境幽邃，多为宽对，可见不拘一格，堪为佳句。后四句则表明了王维希望当今皇上能心系和平，勿穷兵黩武，消弭战乱，和合天地之愿。烟消三昧金，炉火九秋侵。欲隐悠悠意，终怀济世心。

七、诗书画乐自然起

官复原品后的一段时间，王维得空便去长安城内各处寺院走动礼佛。去荷泽寺问佛时神会大师请托王维。神会大师，是禅宗六祖慧能晚期弟子，荷泽宗的创始者，也是六祖著名的法脉传人之一。安史之乱起，两京板荡，时大府各置戒坛度僧，聚香水钱，以充军需。请师主坛度之事，所获财帛悉充军需。乱平后，神会和尚卖度牒筹饷助兵有功封为国师。肃宗召入宫内供养，并建造禅宇于荷泽寺中，诏请神会大师住持，故世称荷泽大师。神会欲发布由师兄法海笔录，自己密藏的慧能讲说稿《坛经》。为配合《坛经》发行，神会请大诗人、有名禅者王维为慧能树碑立传。王维焉敢不满口应允，遂认真写来。

为王维立传不能不读此碑，禅宗虽然分为南北，但小异大同。此碑是王维对禅宗的阐释和自己的体认，非佛家套语可比，故录王维《能禅师碑》并序，后边对此还有阐释，不循此径难入王维内心世界。

　　无有可舍，是达有源；无空可住，是知空本。离寂非动，乘化用常，在百法而无得，周万物而不殆。鼓枻海师，不知菩提之行；散花天女，能变声闻之身。则知法本不生，因心起见，见无可取，法则常如。世之至人，有证于此，得无漏不尽漏，度有为非无为者，其惟我曹溪禅师乎！

　　禅师俗姓卢氏，某郡某县人也。名是虚假，不生族姓之家。法无中边，不居华夏之地。善习表于儿戏，利根发于童心。不私其身，臭味于耕桑之侣；苟适其道，膻行于蛮貊之乡。年若干，事黄梅忍大师。愿竭其力，即安于井臼；素刿其心，获悟于稊稗。每大师登座，学众盈庭，中有三乘之根，共听一音之法。禅师默然受教，曾不起予，退省其私，迥超无我。其有犹怀渴鹿之想，尚求飞鸟之迹。香饭未消，弊衣仍覆，皆曰升堂入室，测海窥天，谓得黄帝之珠，堪受法王之印。大师心知独得，谦而不鸣。天何言哉？圣与仁岂敢？子曰：赐也，吾与汝弗如。临终，遂密授以祖师袈裟，而谓之曰："物忌独贤，人恶出己，吾且死矣，汝其行乎？"

　　禅师遂怀宝迷邦，销声异域。众生为净土，杂居止于编人。世事是度门，混农商于劳侣。如此积十六载。南海有印宗法师，讲《涅槃经》，禅师听于座下，因问大义，质以真乘，既不能酬，翻从请益。乃叹曰："化身菩萨，在此色身，肉眼凡夫，愿开慧眼。"遂领徒众，尽诣禅居，奉为挂衣，亲自削发。于是大兴法雨，普洒客尘。乃教人以忍，曰："忍者，无生方得，无我始成，于初发心，以为教首。"至于定无所入，慧无所依，大身过于十方，本觉超于三世。根尘不灭，非色灭空。行愿无成，即凡成圣。举足下足，长在道场。是心是情，同归性海。商人告倦，自息化城。穷子无疑，直开宝藏。其有不植德本，难入顿门，妄系空花之狂，曾非慧日之咎。常叹曰："七宝布施，等恒河沙。亿劫修行，尽大地墨。不如无为之运，无碍之慈，弘济四生，大庇三有。"

既而道德遍覆，名声普闻。泉馆卉服之人，去圣历劫。涂身穿耳之国，航海穷年。皆愿拭目于龙象之姿，忘身于鲸鲵之口，骈立于户外，趺坐于床前。林是旃檀，更无杂树；花惟薝蔔，不嗅余香。皆以实归，多离妄执。九重延想，万里驰诚，思布发以奉迎，愿叉手而作礼。则天太后，孝和皇帝，并敕书劝谕，征赴京城。禅师子牟之心，敢忘凤阙。远公之足，不过虎溪。固以此辞，竟不奉诏。遂送百衲袈裟及钱帛等供养。天王厚礼，献玉衣于幻人。女后宿因，施金钱于化佛。尚德贵物，异代同符。至某载月日中，忽谓门人曰："吾将行矣！"俄而异香满室，白虹属地。饭食讫而敷坐，沐浴毕而更衣。弹指不留，水流灯焰。金身永谢，薪尽火灭。山崩川竭，鸟哭猿啼。诸人唱言，人无眼目。列郡恸哭，世且空虚。某月日，迁神于曹溪，安座于某所。择吉祥之地，不待青乌；变功德之林，皆成白鹤。

呜呼！大师至性淳一，天姿贞素，百福成相，众妙会心。经行宴息，皆在正受。谈笑语言，曾无戏论。故能五天重迹，百越稽首。修蛇雄虺，毒螫之气销；跳狉弯弓，猜悍之风变。畋渔悉罢，蛊酖知非。多绝膻腥，效桑门之食；悉弃罟网，袭稻田之衣。永惟浮图之法，实助皇王之化。弟子曰神会，遇师于晚景，闻道于中年，广量出于凡心，利智逾于宿学，虽末后供，乐最上乘。先师所明，有类献珠之愿。世人未识，犹多抱玉之悲。谓余知道，以颂见托。偈曰：

五蕴本空？六尘非有？众生倒计，不知正受。

莲花承足，杨枝生肘，苟离身心，孰为休咎！

至人达观，与物齐功，无心舍有，何处依空？

不着三界，徒劳八风，以兹利智，遂与宗通！

愍彼偏方，不闻正法，俯同恶类，将兴善业。

教忍断嗔，修慈舍猎，世界一花，祖宗六叶。

大开宝藏，明示衣珠，本源常在，妄辙遂殊。

过动不动，离俱不俱，吾道如是，道岂在吾！

道遍四生，常依六趣，有漏圣智，无义章句。

六十二种，一百八喻，悉无所得？应如是住！

把《能禅师碑》交出后，王维心中没了负担。

时已过午，正好好友崔兴宗和裴迪来访，便一起去喝酒。这一程裴迪随崔兴宗在终南山脚下隐居。二人希望王维也到他俩隐居的地方买个别墅，可以常在一起饮酒品茶，作诗论画。王维便有些心动。终南山位于长安城南段，峰峦叠嶂，山势崇峻，怪石嶙峋，松竹茂密，八水交流。许多王公大臣在都市里待腻了，便到这一带修建别业。唐代又崇拜佛道，这里寺庙道观密布，还住着些想走"终南捷径"的隐士。王维便在终南山买下一处别业，开始过"亦官亦隐"的日子。

张九龄死了，孟浩然也死了，裴耀卿被赶出朝廷。剩下些诸如李林甫之类不是獐头鼠目便是脑满肠肥之流。六年前考中进士的李颀任新乡尉后，不肯巴结逢迎上司，连续五年不得升迁，一气之下愤然辞职，回到嵩山脚下的东川炼丹修道去了。王维有诗《赠李颀》：

闻君饵丹砂，甚有好颜色。

不知从今去，几时生羽翼？

王母翳华芝，望尔昆仑侧。

文螭从赤豹，万里方一息。

悲哉世上人，甘此膻腥食！

春花落尽，立夏伊始，往秋而去，归于冬耶，又向春去，轮回不尽也。许多朋友，络绎亡故，如涟漪，似梦境，归于渊薮。唯目送而已，心有戚戚焉。我有《定风波》新韵两首浩叹此时王维的心境曰："络绎金销水拭痕，忽焉玉殒梦惊魂。翠压胭脂青挑衅，敷粉，三元节里鬼开门。　　鸦鼓社戏忙赶趁，孤愤，奈何桥畔孟婆吞。猝挈白头泼素刃，蹂躏，旧朋多少入新坟。""姹紫三国乱汉伦，嫣红吴蜀续前尘。立夏缤纷归魏晋，谁信？九秋天下雪于秦。　　旻上昊苍八卦阵，夺印，二十四气率三军。十二地支光马迅，飞瞬，落花未尽又趋春。"

这使王维的内心产生了从未有过的苍凉与孤独感，他也曾产生过彻底弃职归隐的想法。但张九龄的话一直铭刻在心：多一个好人占住官位，就少一个坏官。大隐隐于朝廷。他又曾亲耳听过神会大师的点拨：苦乐随缘，得失随缘，无增无减，有求皆苦，无求乃乐。

孔子说宁武子："邦有道则明，邦无道则愚。其知可及也，其愚不可及也。"就让诸如李林甫之类奸佞一边颂圣一边营私去吧，我王维要远离蝇营狗苟猫争鼠斗蜗角功名，归真于山水返璞于田园了。连续几天的休沐假，王维趁机熟悉了一下自己新买的终南山别业的周遭。

顺着门前溪水溯流而上，行够多时便进入终南山的一个溪谷，水流从满山的裂石之间湍奔而来，已然不见了路径。王维便攀爬而上以穷其源。远远听得雷鸣之声，崖与天的接缝处，忽见一道如龙的白练，吞吐起一道半圆的七色虹彩，哦，原本这溪流竟然是绝崖之上垂直悬挂的瀑水帘布，跌落而成。激溅起的白雾随风飘荡，映射着阳光，变幻出光怪陆离的霓虹。跌水处乱石在积年水瀑蚀磨之下成坑壑，壑中滚滚汩汩在瀑注的冲激下如同一锅沸汤，煮出震耳的水声，吞噬了王维发出的惊呼。过后王维知道，此乃高冠瀑布，位于高冠峪内，落差超过二十米，急流飞溅，直下深潭，响声如雷。王维不知道的是，比王维小十六岁的边塞诗人岑参在几十年后也会来这里探胜，并有诗赞之云："岸口悬飞瀑，半空白皑皑。喷壁四时雨，傍村终日雷。"时光可以错过王维与岑参的交往，但不会错过人同此心的审美和惊叹。

今人只知岑参赞高冠瀑布的诗，而不知当年王维在此留恋所写的杂言。这里权且点题。弥天的水云吞没了王维的身影，湿气打湿了王维的衣衫，王维却全然不顾，兀自在瀑布旁一块石头上坐下来，只在心里默诵着两句如白龙画水炯然生晴的诗：行到水穷处，坐看云起时。

真的就从浪花翻涌的漩涡中，露出了一双幽绿的眼睛，怯怯地向王维窥望。王维心跳了一下，以为真是龙睛。细瞅却觉得眼睛太小了些，再看，发现了一个小小的头和一条细细的颈，见没有危险，便露出圆圆的身躯，在涡流中开始戏耍。却原来是一只足有脸盆大小的鼋鱼。王维知道鼋鱼是淡水龟鳖类中体形最大的一种生物，没有龟类的角质盾片，体形大而扁，嘴不像鳖那样长而尖，吻极短。没有耳朵却不是个聋子，全凭眼睛视物。通过口器排泄体内各种废物。

这只在急流中随缘而来的白鼋，在漩涡中随波逐流，遇了危险会随机应变，碰上涡漩会随力顺势，遇上障碍便随物绕形，绝不直来直去拿身体撞石头。纵令困在坑水乱石中也能随遇而安从容面对，反而得以形神地随心所欲。王维因此而大彻大悟，来不及推敲，便以古风记之，回家之后，才题之以《白鼋涡》并小注曰"杂言走笔"：

> 南山之瀑水兮，激石滴瀑似雷惊。人相对兮不闻语声。
> 翻涡跳沫兮苍苔湿，藓老且厚，春草为之不生。兽不敢惊动，
> 鸟不敢飞鸣。白鼋涡涛戏濑兮，委身以纵横。主人之仁兮，
> 不网不约，得遂性以生成。

回去的路上遇到一位看山护林的老人，相偕同行。老人给王维讲了许多终南山的野趣林事，使王维听得入迷，不想与之分手。回去后感受已经激荡，便有流传千世万古的《终南别业》五律从心中流出：

> 中年颇好道，晚家南山陲。
> 兴来每独往，胜事空自知。
> 行到水穷处，坐看云起时。

偶然值林叟，谈笑无还期。

历代诗评家无不盛赞此诗。南宋魏庆之在《诗人玉屑》中称："此诗造意之妙，至与造物相表里，岂直诗中有画哉！观其诗，知其蝉蜕尘埃之中，浮游万物之表者也。"北宋黄山谷赞曰："余顷年登山临水，未尝不读王摩诘诗，顾知此老胸次，定有泉石膏肓之疾。"元代方回在《瀛奎律髓》中赞之："右丞此诗有一唱三叹不可穷之妙。"当代学者骆玉明评价诗中"行到水穷处，坐看云起时"两句时说："这大概是中国古诗中内涵最为丰富，意境最为美妙的佳联之一。"笔者亦不禁赞叹：自况云生境，简述缘起之。天机藏禅趣，经行犹然记。林叟还兼及，烟火不能止。全为这两句"行到水穷处，坐看云起时"。山穷时待云起，柳阴还看花晴，人生境界如此，灰飞炉火纯青。故此，我有七绝平水韵赞王维此行所得《白鼋涡》古风和这首五律曰：云起水穷空幻生，色遮不闭日头晴。瀑危反使鼋安逸，烟灭方知灶火明。

既然如此，夫复何求，一切随缘吧！

过了春节。正月，改元为天宝。正月末，按例对朝官调动。王维由从七品下的殿中侍御史迁升为从七品上的"左补阙"，又回到谏官"立仗马"的职位，要经常随伴皇帝，上朝次数频繁了许多。

十月，圣上要携杨太真幸骊山，两省官员都要扈从，王维也在其列。散骑常侍队伍中有一位面目轩昂，仪态俊朗，颇有神采的骑者，便是新授官翰林供奉的李白。三天后玄宗在便殿中召见随驾群臣。令翰林学士李白即景即事赋诗以增雅兴。李白提笔写《侍从游宿温泉宫作》：

羽林十二将，罗列应星文。
霜仗悬秋月，霓旌卷夜云。
严更千户肃，清乐九天闻。
日出瞻佳气，葱葱绕圣君。

玄宗雅兴大发，要朝臣酬唱，话音刚落，李林甫便有诗献上。玄宗赞美数声，扫视群臣说："哪位爱卿和一首，也是盛事。"

众人都低头不语。玄宗盯着王维，微笑道："二十年前，一首《息夫人》使诸多才子搁笔，今日之和作，舍卿其谁也？"

王维只能遵旨。援笔挥毫，一气终篇，《和仆射晋公扈从温汤》：

> 天子幸新丰，旌旗渭水东。
> 寒山天仗里，温谷幔城中。
> 奠玉群仙座，焚香太一宫。
> 出游逢牧马，罢猎有非熊。
> 上宰无为化，明时太古同。
> 灵芝三秀紫，陈粟万箱红。
> 王礼尊儒教，天兵小战功。
> 谋猷归哲匠，词赋属文宗。
> 司谏方无阙，陈诗且未工。
> 长吟吉甫颂，朝夕仰清风。

此篇虽是和李林甫之诗，但还是歌颂玄宗，只在结尾处点出李林甫，并没有什么阿谀奉承之语。自然又赢得了一片赞美之声。

王维与李白的这次相遇，是毕宝魁先生精心安排的。王维与李白相遇于华清池，王维本应和李白，却和了李林甫。从情理上讲，两人同朝为官，想相互之间不见面都难，肯定是经常见面的，只是由于内心有什么别扭，没有成为好友。我在前边说过李白个别诗句有抄袭王维的嫌疑，但王维是个宽厚的人，虽然这种事会让任何人都觉得心里有些小小的不舒服，但断没有小气到王维因此与李白不相往来。

前边说过，玉真公主和李白、王维除了正常交往而外，根本没有任何非正常关系。这还不算，甚至有人说王维曾经暗恋武惠妃，王维所写闺怨诗《秋夜曲》："桂魄初生秋露微，轻罗已薄未更衣。银筝夜久殷勤弄，心怯空房不忍归。"就是王维在宁王府写给武惠妃的。现今中国已经进入泛娱乐化时代，天上地下满嘴跑火车，歪曲历史、调侃古人、丑化尊者、八卦人生，帝王将相才子佳人英雄豪杰，无人能得以幸免。如此荒唐的事情也可以杜撰，可见人文生态恶化到了什么程度。

王维与李白不相往来的真正原因当为互相不喜欢。

王维在开元二十八年（740）所写《大荐福寺大德道光禅师塔铭》说自己"十年座下俯伏受教"，可知王维二十多岁时即已受教于名僧。王维与禅宗南北二派都有很深的关系。大照禅师即普寂，为禅宗北派祖师神秀的大弟子。神秀示灭后，其法众即由普寂统领。《宋高僧传》记述：开元十三年（725），即王维二十七岁时，普寂由洛阳移居长安，"王公大人，竞来礼谒"。崔氏得拜这样一个高僧为师，守戒习禅三十多年，自然是一个颇有修养的居士了。王维写过《为舜阇黎谢御题大通大照和尚塔额表》，大通禅师是神秀的赐谥，大照禅师是普寂的赐谥。王维又应南派首领神会之请，为其师慧能撰写《能禅师碑》，使之成为研究慧能哲学思想的重要史料。王维信奉禅宗，不存门户之见，与北派禅师密切来往，与南派禅师交游论道，这在当时是很难得的。

王维有净土宗的思想。他的无可无不可与圆通处世混同仕隐有所不同，具有儒学、佛学和玄学融合的特点。只要坚持底线，不废大伦，长林丰草与官署门阑，并无根本差异。这与《庄子》的"道无不在"之义是相似的。"漆园傲吏，著书以秭稗为言；莲座大仙，说法开药草之品。道无不在，物何足忘？"（《荐福寺光师房花药诗序》）《维摩诘经·方便品》："入诸淫舍，示欲之过；入诸酒肆，能立其志。"《坛经》第十七节："虽即见闻觉知，不染万境，而真性常自在。"无须忘弃外物。

生于唐贞观十二年（638）的慧能，与王维是同时代人。不似生于东晋（334—416）的净土宗初祖庐山慧远大师是个古人。慧远生于雁门楼烦，是笔者的山西雁北老乡，十三岁时便随舅父游学，精通儒学，旁通老庄。慧远曾发出这样的感叹："儒、道、阴阳、法、名、墨、纵横、杂、农九流的学问，不过是糠秕。"慧远在庐山创立了东林寺，背靠香炉峰，傍依瀑布，以山石垒基，环松树以成林，劈清泉使绕阶，白云起缭绕，葱郁凝翠烟，幽静清雅，使寺院与自然融合，尽收物我之美。凡是前来瞻仰的人，都有归真返璞之感。慧远内通佛理，外善群书，二十四岁时便开始讲经说法，听众有不能理解的地方，慧远大师便援引庄子的义理为连类，采用格义方法，令听众清楚地领悟。走出了释玄儒相互融会贯通的先手。鸠摩罗什读到慧远所著《法性论》，大加赞叹云："边国人未有经，便暗与理会，岂不妙哉！"慧远大师容貌威严，令人一见顿生敬畏之心。据说恃才傲物的谢灵运见了慧远大师也肃然心服。慧远派人远赴印度取经，于庐山置般若台译经，成为中国翻译史上私立译场译经的第一人。

慧远降低了成佛的艰深高难的门槛，使之大众化，只要念佛发愿行善积德即可往生净土，是当之无愧的中国净土宗的初祖，也是将佛法中国化的先行者。六祖慧能也是如此，他是个贫寒的劳苦之人，目不识丁，他创立的禅宗只须顿悟便可修行，连念佛都省略了，不讲形式弃有相成佛，而举定慧以无相成佛，更加合万法为空的佛理。恰似风行草木，无不为之拜伏摇荡。他所创立的禅法几乎成了汉传佛教的代名词，佛教被全然中国化，西方人甚至称慧能为东方的耶稣。

慧能从弘忍受学。弘忍曾经说：你是岭南人，又是獦獠，如何堪作佛？慧能却辩曰：人有南北，佛性岂有南北？和尚佛性与獦獠佛性无别；和尚能作佛，弟子当能作佛。弘忍让他在碓房舂米。慧能在碓房踏碓八个月。当时东山禅众达七百人，弘忍命各人作偈呈验。时神秀为众中上座，即作一偈云："身是菩提树，心如明镜台。时时勤拂拭，莫使惹尘埃。"慧能在碓房改作一偈，请人写在壁上。偈云："菩提本无树，明镜亦非台。本来无一物，何处惹尘埃！"弘忍即于夜间，召慧能试以禅学造诣，传与衣钵。怕不服者加害慧能，弘忍让慧能赶快返回南方，不到必要时不能显露六祖身份。待时行化。

慧能回到广东曹溪，过了十六年至广州法性寺；因有二僧辩论风幡，一个说风动，一个说幡动，争论不已。慧能插口说：不是风动，也不是幡动，是你们的心动！从此之后，慧能开始公开收徒传教，成禅宗"南宗"，与神秀的北宗分庭抗礼。门人法海编录其法语成《法宝坛经》，慧能在王维十五岁时，即先天二年（713）圆寂于新州国恩寺，世寿七十六。慧能的禅法以定慧为本。定是慧体，慧是定用，犹如灯光，有灯即有光，定慧互为一体。自心既不攀缘善恶，也不沉空守寂，即须广学多闻，识自本心，达诸佛理。觉性本有，烦恼本无。契证觉性，即可顿悟。不以静坐敛心才算是禅，行住坐卧动作无不可以参悟。禅机原本就说不得，未说是对，说出来就错。"心量广大，遍周法界，去来自由，心体无滞，即是般若。一切般若智，皆从自性而生，不从外入。若识自性，一悟即至佛地。"舍离文字义理直澈心源，"如人饮水，冷暖自知"。王维有"不用禅语，时得禅理"的诗，上文所引"行到水穷处，坐看云起时"即是王维的禅机。《法宝坛经》与《维摩诘经》相通，都主张居家修行，顿悟成佛，这正暗合了王维的禅道观。屠刀放下，般若激活。布袋撂过，人就成佛。

八、除昧仍须明月刀

王维生于太原祁县，长在河东蒲州，仕于长安，中年后与终南山结下了不解之缘。终南山是秦岭中脉，海拔二千六百零四米。地形险阻、道路崎岖，大谷有五，小谷过百，连绵数百里。《左传》称终南山"九州之险"，《长安县志》载："终南横亘关中南面，西起秦陇，东至蓝田，相距八百里，昔人言山之大者，太行而外，莫如终南。"

终南山又名太乙山、地肺山，简称南山。楚康王时尹喜为函谷关关令，于终南山见紫气东来，预感必有圣人经关。不久一位身披五彩云衣的老者——即老子骑青牛而至，尹喜忙把老子请到楼观，执弟子礼。老子为尹喜讲授《道德经》五千言，然后飘然而去。秦始皇曾在楼观之南筑庙祀老子，汉武帝于说经台北建老子祠。魏晋南北朝时期，北方名道云集楼观，增修殿宇，开创了楼观道派。唐代，李唐宗室奉道教始祖老子为圣祖，大力尊崇道教，特别是因楼观道士岐晖曾赞助李渊起义，故李渊建立唐朝后，对楼观道特予青睐。武德（618—626）初，修建了规模宏大的宗圣宫。主要建筑有文始、三清、玄门等列祖殿，还有紫云衍庆楼和景阳楼等，成为古楼观的中心，附丽者一时云集。

终南山有两条古道:一是子午道,是西安通往汉中、四川的要道。唐代,四川涪州(今涪陵市)进贡杨贵妃的荔枝,取道西乡驿,不三日即到长安,因此这条道也名荔枝道。二是武关道,是西安经商洛通楚、豫的大道。秦始皇二十八年(前219)"自南郡由武关归",走的即是此道。

终南山历代多隐士,著名的有老子李耳、文始真人尹喜、垂钓渭水的姜子牙、封为财神的赵公明、药王孙思邈、华严宗师杜顺、鸠摩罗什、昙摩流支、张良、钟离、阇那崛多等人。让王维感兴趣的是鸠摩罗什,他是《维摩诘经》的译者。后秦弘始三年(401)姚兴攻伐后凉亲迎罗什至长安,入逍遥园西明阁,以国师礼待,组织宏大的译场,请罗什主持译经事业。尔后十余年间,罗什悉心从事译经和说法,共译经三十五部,二百九十四卷,在中国译经和佛教传播史上,具有划时代的意义。

王维注定也要成为终南山历史上著名的隐士之一。

最后一位弟弟成家立业之后,母亲崔氏已经六十多岁。王维萌生了要把母亲接来同住以尽孝心的想法,这才发现终南山的别业面积太小。王维这样想的当儿,裴迪便告诉王维一个消息,已故诗人宋之问在蓝田辋川有一个别墅,宋之问死后落入他弟弟宋之悌的手中。最近宋之悌也死了,家人正在准备出售。王维便请弟弟王缙和好友裴迪一起前去观看。辋川在蓝田县西南五公里的峣山,是秦岭北部一个风光秀丽的川谷。两岸山谷间有几条小河流向欹湖,水流辐辏如辋,所以名为辋川。自峣关口到飞云山下的鹿苑寺,川长大约十五公里。经蓝田县城往西南,大约行走几里路,便进入险峻的山路。再行走一小段路程,路径越来越窄,只能容一辆马车通行。两边都是几十丈高的悬崖峭壁,怪石嶙峋。张良帮助汉高祖偷袭咸阳,走的就是这条路。

走出山口却豁然开朗,峰峦叠嶂,平野旷爽,良田美竹,屋舍俨然,似乎误入了武陵源。进入谷中一半便是孟城坳,宋之问的别墅就坐落在孟城坳。别墅稍加装修整饬便可居住。站在孟城口门前的台阶上向川中眺望,只见下面是一个面积很大的湖泊,水面宽阔,波光粼粼。在湖泊周围，有秀美的田野，还点缀着疏落的人家。湖心犹有小亭一楹。以湖水为中心，川谷中仿佛是一个与世隔绝的仙境。

宋之悌已死，宋家急于卖掉辋川别业，价格也不贵。王维变卖了终南别业，再把积蓄的俸禄拿出来，不足处王缙补之，便出资买下了辋川别业。裴迪和崔兴宗也把终南山脚下的房屋卖掉，跟王维同到辋川隐居。王维又亲自画图，雇来一些巧手工匠，把宋之问原来的景点逐一进行了改造，随物赋形，就地取材，匠心独运，以画家的眼光增设了不少新的景观。以湖水为中心。因此湖的湖床地形西南高起而东北低下，呈倾斜状，王维就称之为"欹湖"。在欹湖西北角，有两个高大的土丘，上边可供人们憩息游览，王维便称它为北垞。湖面东西一里多宽，南北五里多长。湖面则称"南垞"。湖边又设置命名"白石滩""柳浪""临湖亭""金屑泉""茱萸泮""辛夷坞"等一些景点。皆为随地形地貌略加点缀而已，花钱甚少，事半功倍。

由孟城坳往南走，在川谷另一端，地势崇高而幽静，王维为母亲崔氏在这里建了一个草堂精舍，宽敞的庭院，幽雅的屋宇，按照僧俗生活设计了房间，有烧香诵经念佛的大佛堂。在从孟城坳到草堂精舍的途中，王维又巧借地形地貌，设置了"竹里馆""文杏馆"等景点。

在孟城坳斜对面隔湖相望，峭拔的山峰下有一个养鹿场，养了几头梅花鹿以作观赏，周围用高高的木头栅栏围起来，就叫鹿寨，寨字也写作柴，也是二十景点中的一景。在辋川南边有道山岭是通往南端出口的要道，山下是大路，山腰有条曲折崎岖的小路，叫作"斤竹岭"。

经过修葺的辋川别业已经可堪住人，王维和弟弟王缙就把母亲崔氏接来，正式住进了辋川。王维住在孟城口，母亲崔氏住在草堂精舍里。裴迪也把家搬来，安置在北垞的旁边。王维在长安城道政场中还有一个居处，朝事紧要时便在那里住几天，只要时间充裕王维便回辋川。经过访问当地的老人，查阅史料，王维才知道，这座古城原来是南朝宋武帝刘裕所建。东晋末年，刘裕率军收复长安，灭了后秦，率军经过辋川。因为军中的官员都是江南人，见关中平原风情景物与江南颇异，很多人产生了思乡情绪。刘裕进到辋川后，发现这里的山山水水很像江南，于是便在这里修了一个城堡，起名叫思乡城。举凡有思乡心切者，便可到此城里来住一段。但这一措施并未能留住江南官兵的心，最后还是人心思归，长安复为北魏所得。不过，思乡城的故址和说道，却永远留在辋川山谷之中。如今成了王维的别墅中心。

物换星移，沧海桑田，古人曾是今人，今人终成古人。

苑咸，生卒年不详，京兆人。工诗，能书梵字，兼通梵音。举进士登第，为李林甫主书记。开元末，拜司经校书、中书舍人。尝为孙逖草除庶子诏，议者以为知言。后贬汉东郡司户参军。复起用为中书舍人，永阳太守。有文集若干卷传于世。苑咸现存诗不多，有《送大理正摄御史判凉州别驾》颇堪一读："天子念西疆，咨君去不遑。垂银棘庭印，持斧柏台纲。雪下天山白，泉枯塞草黄。伫闻河陇外，还继海沂康。"

天宝四载（745），王维任"左补阙"已满三年，官职循例又升一级，由从七品上的左补阙升迁为从六品下的侍御史。朝廷委派他以侍御史的身份到新秦郡一带巡视。即今神木县一带。这片土地先后有熏育（荤粥）、猃狁、戎翟（同狄）、林胡等部族生活在这里。《史记·匈奴传》载：武王放逐戎夷。在泾河、洛河以北，叫作荒服。又说周襄王十六年（前636）晋文公讨伐戎翟，使他们居住在河西圁洛一带，号称赤白翟。可见县境在春秋以前，一直被北方各游牧民族占有。唐王朝一统后，始在县境内设置州、县。之前为新秦县，唐开元十四年（726）置新秦郡。新秦郡位于河套之南，陕北之北，自古水草丰美，牛羊遍野，森林茂密。

王维出使新秦郡，又获得一次增广见识的机会，他且行自走，穿过疏林草原，涉过肥沃的河套平原，爬上高高的大山，面对生长在白云缭绕的高山之上的松君子，发出了由衷的赞叹，《新秦郡松树歌》：

青青山上松，数里不见今更逢。
不见君，心相忆，此心向君君应识。
为君颜色高且闲，亭亭迥出浮云间。

清代王夫之在《唐诗评选》中说："真情老景，雄风怨调，只此不愧汉人乐府。"此一程，因经见阅历的增广，人生感悟的影响，王维诗风大变，开始吸纳民歌风，自然落体，从纯粹走向丰茸，完全脱离了律绝的束缚，多采用长短句，但仍然讲究平仄音韵。他在路经榆林地区时，又以五言七言混搭的方式，写下了《榆林郡歌》：

> 山头松柏林，山下泉声伤客心。
>
> 千里万里春草色，黄河东流流不息。
>
> 黄龙戍上游侠儿，愁逢汉使不相识。

王维刚当上侍御史，就被派往塞北，一去往返就是一年，天宝五载（746）春天，返回京师。到朝廷交差后，便急匆匆赶回辋川。乡亲朋友都来问长问短。王维的心情豁然开朗，写下《辋川别业》一诗：

> 不到东山向一年，归来才及种春田。
>
> 雨中草色绿堪染，水上桃花红欲燃。
>
> 优娄比丘经论学，伛偻丈人乡里贤。
>
> 披衣倒屣且相见，相欢语笑衡门前。

王维回到辋川，继续过着亦官亦隐的生活。侍御史是御史台中的重要职务，当上侍御史，就意味着要从台省之官转调到尚书省所属各部去任实职。御史台的官员基本上属于监察性质，属清水衙门。尚书省各部的官员才是真正的行政官员。按照唐朝的惯例，所有的官员当上侍御史后，不出几个月，就会被调到"南省"去任实职。

唐代的尚书省，设在皇宫的南端，故有此种称呼。

出任侍御史后，王维因公务关系又接触过几次苑咸。苑咸比他年轻，资历比他浅多了，但因为是李林甫的红人，已经当上了中书舍人这一正五品上的要职。论品级也比王维高出许多。苑咸很有才华，也一直非常尊重王维。王维虽然讨厌李林甫，但对苑咸并不烦。于是写了一首

《苑舍人能书梵字兼达梵音皆曲尽其妙戏为之赠》的诗给苑咸：

> 名儒待诏满公车，才子为郎典石渠。
> 莲花法藏心悬悟，贝叶经文手自书。
> 楚辞共许胜扬马，梵字何人辨鲁鱼。
> 故旧相望在三事，愿君莫厌承明庐。

前两句赞扬苑舍人才能出众和职务清高，最后两句含而不露地说出本意。"三事"指三公，即执政要员的意思，故旧是指王维本人。表面意思是说，老朋友我在指望你能早些显贵，你也不要因久在官场而觉得有些厌倦。还可作一种理解，即这里的"三事"指李林甫，言外之意，你苑舍人是李林甫的红人，能否给我去问一问，协调协调，别人当侍御史不出半年准升迁，我为什么快到一年半了也不升迁呢。

王维把诗交出之后，满心希望地期待着下文，可再次上朝并没有什么动静，下朝时得到苑舍人转交来的酬答诗，王维忙展开看："王员外兄以予尝学天竺书，有《戏题》见赠。然王兄当代诗匠，又精禅理，枉采知音，形于雅作。辄走笔以酬焉。且久未迁，因而嘲及。"

苑咸诗曰："莲花梵字本从天，华省仙郎早悟禅。三点成伊犹有想，一观如幻自忘筌。为文已变当时体，入用还推间气贤。应同罗汉无名欲，故作冯唐老岁年。"

"应同罗汉无名欲，故作冯唐老岁年"，是说自己信佛，应该像罗汉那样，没有名利的欲望，像冯唐一样年老不遇？是批评自己不该有欲望呢？还是批评自己不肯去巴结炙手可热的李丞相呢？态度不明朗。该说的也说了，至于巴结李林甫，绝不是我王维做的事。

恰巧住在北垞的裴迪来访。王维便留裴迪一起共享晚餐，喝酒解闷。席间裴迪又提起为何久不升迁的话头，并问王维作何打算。王维借着酒兴面对知心好友吐露真言，即《酌酒与裴迪》诗曰：

> 酌酒与君君自宽，人情翻覆似波澜。

　　白首相知犹按剑，朱门先达笑弹冠。

　　草色全经细雨湿，花枝欲动春风寒。

　　世事浮云何足问，不如高卧且加餐。

　　王维和裴迪都喝过了量，裴迪就住在王维客室里了。

　　辋川因为在终南山一抱，冬天不冷，夏天不热，是有名的远寒避暑胜地。春天与夏天的间隔似乎也不那么分明，同样一轮太阳，它的热被拱立的山峰和满山苍松翠柏溪涧云雾化解遮蔽了。隔三差五就会来一阵雨，有时一天会下好几场雨，雨停之后，四山之上的雨水还会湍流好长时间，这些积雨消去了山中的暑热，这在长安几乎是不可想象的。王维细心观察后在《积雨辋川庄作》诗中描绘了此间旖旎风光：

　　积雨空林烟火迟，蒸藜炊黍饷东菑。

　　漠漠水田飞白鹭，阴阴夏木啭黄鹂。

　　山中习静观朝槿，松下清斋折露葵。

　　野老与人争席罢，海鸥何事更相疑。

　　这首七律是王维田园诗的一首代表作。古往今来颇多人士将其推为全唐七律的压卷之作，说它"空古准今"臻于极致，固然因为个人偏嗜，却也不无道理。清代赵殿成笺注《王右丞集》卷十曰："淡雅幽寂，莫过右丞《积雨》。"当为中肯之评。诗中尤以"漠漠水田飞白鹭，阴阴夏木啭黄鹂"两句最为后人所激赏，这里不赘述。

　　雨一场一场下，下着下着，山里的秋天便来了。秋天的雨与夏天有所不同，一场秋雨一层色，山上的色彩有了变化，纯然的苍郁之中有了杂色、褐色、红色、金色。雨润泽的山谷，如同水洗也似，空旷的山谷弥漫着雾气。裂石牙突的岭峦间白云起处，自在舒卷。汇了四山雨水的淙淙溪水，欢快地激石而鸣，汇流入欹湖涨起了清波。空山间回荡着鸟的水灵灵的啼声，形成声音的涟漪，在远天消失。暮色如烟，日之夕矣，牛羊下来。如画般静谧安祥的风光，使有感于斯情斯景的王维，诗兴大发，写下了为后世最为称道的《山居秋暝》一诗：

> 空山新雨后，天气晚来秋。
> 明月松间照，清泉石上流。
> 竹喧归浣女，莲动下渔舟。
> 随意春芳歇，王孙自可留。

陶文鹏先生在《王维、孟浩然诗选评》一书对此诗点评道：首联不仅点明了地点、季节、气候，而且传达出一种空旷、清新、恬静、凉爽的情调气氛。颔联写月照松间，泉流石上，语言清淡自然，随意挥洒，却妙状景物的光、色、声响，浑然天成地展现出一个清幽明净又生机盎然的意境。颈联运用"暗示"和"因果倒置"手法，听竹喧而知浣女归，见莲动而知渔舟返，真实地传达出诗人的感觉过程。尾联反用《楚辞·招隐士》诗意，表现山中无论春光秋色都美妙无比，自己愿长住山中。全篇字面上用赋的手法借景抒情，实际通篇有象征意味：这月下青松与石上清泉，这些生活在翠竹红莲中的勤劳、纯朴、各得其乐的人们，正是诗人心中的"桃花源"，体现了王维对诗意栖居的理想境界的设想和追求。

造化有四时的变化，自然有大千的壮观。但同样的变化，同样的壮观，同样是秋天，同样是雨后，而且是同一天，却会因心境的陡然的变化，使人的感受天差地别。也就是在写前诗的晚上，王维忽然发现烛光里的母亲，满头白发，容颜也憔悴了许多。印象中那个年轻俏丽贤良的母亲恍如隔世。联想到两鬓斑白的自己，可能到了这个年纪还比不上母亲，不免就感慨人生的易老，心里怫然而生淡淡的惆怅。

听着窗外的雨声，独坐蒲团之上打坐，被雨水逼进屋里的一只金蛉子和两只蟋蟀，在灯影里，忽东忽西地鸣叫。偶尔，还会从屋后崖树上，有被秋雨打落的山核桃，"砰"的一声大响落在屋顶上，然后咔嗒嗒地发着碎响，顺瓦垄沟滑下倾斜的屋顶，跌落院中泥泞里溅起一声闷响。又回寂然。寂然里雨声和虫声又起。《秋夜独坐》因境而生：

独坐悲双鬓，空堂欲二更。

雨中山果落，灯下草虫鸣。

白发终难变，黄金不可成。

欲知除老病，唯有学无生。

时光如流水，流过即消逝，年华留不住，红尘老病之。顾影不见昨，翘首空自知。无知的草木昆虫同有知的人一样，都在无情的时光、岁月的消逝中零落哀鸣。万物有生灭，自然却永存。"黄金不可成"的长生不老丹无助于生死。万缘放下，唯以佛法自励。只有佛教的灭寂和无生，具有根除解脱生老病死的可能。这就是皈依佛门的意义。

王维交游广阔，朋友众多，但众多朋友中最知心的当属裴迪。

裴迪没有杜甫的才情、孟浩然的至情至性、卢象的恃才傲物，有的只是一颗对王维始终不渝患难与共的真心而已。他对杜甫也一往情深。杜甫有诗《和裴迪登蜀州东亭送客逢早梅相忆见寄》云：

东阁官梅动诗兴，还如何逊在扬州。

此时对雪遥相忆，送客逢春可自由。

幸不折来伤岁暮，若为看去乱乡愁。

江边一树垂垂发，朝夕催人自白头。

裴迪开元末在张九龄荆州幕府，孟浩然当时也在张九龄荆州幕府，二人都是王维最好的朋友，又都是张九龄忠实的追随者，故而两人关系很铁。孟浩然有《从张丞相游纪南城猎戏赠裴迪张参军》诗曰：

从禽非吾乐，不好云梦田。

岁暮登城望，偏令乡思悬。

公卿有几几，车骑何翩翩。

世禄金张贵，官曹幕府贤。

顺时行杀气，飞刀争割鲜。

十里届宾馆，征声匝妓筵。

高标回落日，平楚散芳烟。

何意狂歌客，从公亦在旃。

　　王维对裴迪更是深情款款，唱和诗中多称裴迪为秀才，裴迪今存诗二十八首，几乎都是同王维的唱和之作。王维诗集中涉及与裴迪赠答、同咏之作多达三十余篇，超过王维所有的朋友。由此可见两人之间交往的密切。从王维《赠裴迪》："不相见，不相见来久。日日泉水头，常忆同携手。携手本同心，复叹忽分襟。相忆今如此，相思深不深。"自从裴迪冒险到菩提寺探望并多方营救王维之后，两个人的关系更铁了。同时裴迪也受到了王维的影响，在与王维共同隐居之时，也接受了一些佛教思想，他在《游感化寺昙兴上人山院》写道：

不远灞陵边，安居向十年。

入门穿竹径，留客听山泉。

鸟啭深林里，心闲落照前。

浮名竟何益，从此愿栖禅。

　　芥子纳须弥，须弥藏芥子，日月如此强梁，天地偌般霸蛮。宋之问的别墅如今已成了王维的住宅，王维身后此宅又不知会归何人去居住。红尘俗世过客，肉身中空芭蕉，人生似浮沫，若朝露，须臾迅朽，弹指倏忽，何其快也！不免感触良多，便书五绝《孟城坳》一诗曰：

新家孟城口，古木余衰柳。

来者复为谁，空悲昔人有。

　　新家所在孟城坳，曾经古木森森，如今却被砍伐得只剩下一些衰败的杨柳。天地悠悠，物换星移，人生一世，草木一秋，昔人已成去者，来者终成昔人。后来者又会是谁？是否也会发出这样的询问？

裴迪见状，不免技痒。随后唱和五绝《孟城坳》道：

> 结庐古城下，时登古城上。
> 古城非畴昔，今人自来往。

王维拊掌称好。以为裴迪的诗自有其妙。王维又咏《华子冈》：

> 飞鸟去不穷，连山复秋色。
> 上下华子冈，惆怅情何极！

鸟儿不断向南飞去，连绵的岭峦秋色斑斓，从山下爬上华子冈之后，何以会怅然若失？因为这些美不胜收的景色，正随飞鸟而穷。

裴迪吟慢几拍，但也成《华子冈》曰：

> 日落松风起，还家草露晞。
> 云光侵履迹，山翠拂人衣。

由此发端。之后，王维便和裴迪刻意为之，日每闲暇之时，二人或脚穿麻鞋，或手拄竹杖，乘兴出游，先还漫无目的，只是信马由缰率性而为。那日王维成《文杏馆》和《斤竹岭》两首五绝诗曰：

> 文杏裁为梁，香茅结为宇。
> 不知栋里云，去作人间雨。

文杏即银杏，俗称白果树，木质纹理坚密，是建筑和手工业的高级用材。王维曾手植银杏树在辋川一处，迄今犹然健在。汉司马相如《长门赋》："刻木兰以为榱兮，饰文杏以为梁。"以银杏为梁，用香茅草盖顶，时人以为乃是最好的房舍。住在里边的主人如同仙人，与自然六神合体。银杏与香茅搭建的山居，可吞吐云雾，覆雨人间。

> 檀栾映空曲，青翠漾涟漪。
> 暗入商山路，樵人不可知。

《上林赋》是司马相如的一篇大赋，以夸耀的笔调描写了汉天子上林苑的壮丽和物产的丰富，其中就写到"欃檀"。檀又称为青檀，属落叶乔木，木质坚硬，用于制家具、乐器等。檀树在盛唐之时还随处可见，东汉蔡伦死后弟子孔丹拿檀树造宣纸。时下老檀资源已经全然告罄。栾树开黄花，结黑色蒴果，叶子可制栲胶，花可做黄色染料，种子可用来榨油。《唐本草》：合黄连作煎，疗目赤烂。由于檀栾为美树佳木，故古人多借檀栾之秀美葱茏的特性来形容美好事物。如盛唐时上官婉儿诗中的"檀栾竹影"，南宋词人吴文英词中的"檀栾金碧"等，多用来形容竹或人的秀美，与后人借竹以喻人，可谓异曲同工。

王维在《斤竹岭》一诗中，也未能免俗，首联起句便告诉人们《斤竹岭》上"檀栾映空曲，青翠漾涟漪"，风中不光有秀美如檀栾般漾起青翠涟漪的竹林，而且在周遭的空谷曲峁之上真的生有檀树和栾树。这些美树佳材的存在，便有了《诗经》中"坎坎伐檀兮"的诗句。檀、栾以及一种可以加工成软木塞的黄檗木，通过商山路运往谷外换钱，这对山上的原生态是一种显而易见的破坏，虽然工具尚且简陋，但造成的损害已足以让王维忧心。樵人却并不知自己干了些什么。

裴迪也和了《文杏馆》与《斤竹岭》各一首却不步韵：

> 迢迢文杏馆，跻攀日已屡。
> 南岭与北湖，前看复回顾。
> 明流纡且直，绿筱密复深。
> 一径通山路，行歌望旧岑。

四季咸宜，水陆皆可，逐一往下排比，依序互相酬唱。

有时让僮仆把篙，荡一叶轻舟，或是王维和裴迪两人自驾一艘小船，啸傲湖山。那天先在鹿柴听了呦呦鹿鸣，喂了梅花鹿。王维就先吟了《鹿柴》，诗中有三千空灵，十万窈窕，八百罗汉，二十四个气象。山深林密。啾啾鸟语，唧唧虫鸣，瑟瑟风声，潺潺水响，悠悠天籁。破寂人语，见声不见影。空谷传音，愈见谷空。日影偏移，落照斜晖，透过斑斑驳驳的枝缝叶隙，照在林中落寞的青苔上，愈显岑寂：

空山不见人，但闻人语响。
返景入深林，复照青苔上。

裴迪被吓住，不敢回应。王维便学了长安的雅言激励裴迪，这是王维从六儿那里学来的："秧歌讲究扭，诗歌需要拧，作起诗来格拧拧。要抖起十二分的精神圪死了拧，拧着拧着意境诗句就美上了！"

裴迪就抖起脑筋往《鹿柴》上拧，拧的鹿角开了叉，真就有了：

日夕见寒山，便为独往客。
不知深林事，但有麏麚迹。

麏麚亦作麕麚。典出《楚辞·招隐士》：白鹿麏麚兮或腾或倚。泛指鹿类动物。古人隐居常以麕麚为侣，王维设鹿柴养鹿也寓此意。王维就叫一声，美塌了！裴迪抱拳揖一声，日塌的！王维就再来一首《木兰柴》，秋深颜色，斜阳落照，远山晴岚，牛羊下山，飞鸟离树。霞彩涣涣，夕照里的山色峰峦，一时之间，历历在目，无所遁形。

秋山敛余照，飞鸟逐前侣。
彩翠时分明，夕岚无处所。

峰峦在晚霞的映射下美得如醉若痴，殊不知这美是日色的回光返照，飞鸟络绎离去追寻伴侣，晴岚烟霭即将失去色彩和绿色的庇护。

木兰为落叶乔木，状如楠树，皮甚薄而味辛香。四月初始开，二十日即谢，不结实。花有红、黄、白数色。木肌细而心黄。道家用合香亦好。树高数仞。叶似菌桂叶，有三道纵纹，叶辛香不及桂。枝叶俱疏。其花内白外紫，亦有四季开者。深山生者尤大。可入药。裴迪因此就说："木兰何等金贵，非要当柴？那就《木兰柴》了。秋色中的晴岚即将因为冬天的到来而流离失所，这个意思好却学不来！"

> 苍苍落日时，鸟声乱溪水。
> 缘溪路转深，幽兴何时已。

莫看五绝短，句里乾坤大，字间造化深。

四季春夏秋冬，十二个月的各异风景，二十四个节气都有细微差别，都要有所顾及和涉猎。往往是到了地方，熟视之，详察之，三思之，王维便先作一首五绝，裴迪再和作一首。王维才思敏捷，每到一地总是率先吟出口来，写到纸上，便透着不公平。裴迪就由不得促狭起来，让自己的心里，多生了几个心眼。先行在夜里捻断了几根稀疏的须子，预备好了次日的诗，到了地方还没等王维开口，便先声夺人道："这回我先来！"拉着调门唱了首预先做好在那里的《茱萸沜》：

> 飘香乱椒桂，布叶间檀栾。
> 云日虽回照，森沉犹自寒。

茱萸是一种常绿带香的植物，又名"越椒""艾子"，具备杀虫消毒、逐寒祛风的功能。木本茱萸有吴茱萸、山茱萸和食茱萸之分，落叶小乔木，开小黄花，果实椭圆形，红色，味酸，可入药。在九月九日重阳节时爬山登高，臂上佩戴插着茱萸的茱萸囊，据说有驱邪、生香、吉祥、思念的意思。王维知裴迪在茱萸沜水墙里边，已经先行伏备了兵马的，却是由他，也不说破。吟自己的《茱萸沜》道：

结实红且绿，复如花更开。

山中傥留客，置此芙蓉杯。

五花林中，茱萸结实，熟者已红，半熟者犹青。秋色斑斓，好像花朵重开。晚秋开花的木芙蓉让人觉得春天又来了，会变色的花朵好似一只只喇叭状的酒杯，傥有客来，茱萸果装入这芙蓉杯，岂不是一件美事。裴迪却笑王维："明明是茱萸果，偏说是芙蓉杯，拧了！"

王维笑指满树鲜红的茱萸果和擎了酒杯的芙蓉花朗声笑道："这不是盛了颗颗茱萸果的芙蓉杯，莫非是治腰腿痛的艾炙罐儿吗？"

裴迪只好认栽。行到下一个地方，天已经黑下来，一轮明月升起来，清光如水。还没到地方，裴迪便大起声音再唱一首《白石滩》：

跂石复临水，弄波情未极。

日下川上寒，浮云澹无色。

王维笑看裴迪，却不说破，朗声歌《白石滩》曰：

清浅白石滩，绿蒲向堪把。

家住水东西，浣纱明月下。

裴迪说："这么晚了，哪里寻个浣纱女……"刚说罢了，却见不远处的溪水边，真有个女子在洗衣服。王维这才玩笑地冲裴迪道："'日下川上寒，浮云澹无色。'好句！只是不应景儿，日下不见火烧云，晴天一轮大月亮。昨儿写诗时，没想到今儿个爽晴，还来晚了？"

裴迪不答，佯作不知。闭了嘴儿，只是个偷笑。天黑了，两人便踏着月色回去吃饭睡觉，说好翌日再行继续。不料裴迪家里来人要他回去，说是母亲身子不好。裴迪便急忙回家去，竟中断了美事。

这一中断，便萧杀了千山，往冬里去了。

第四章

叶共荒唐满地飘

一、田隐终南蚌病珠

次日上朝，王维接到吏部的任命，调他出任库部员外郎。库部员外郎是尚书省兵部库部司次官，从六品上。侍御史是从六品下，又升了一阶。王维明白，这一定是苑舍人从中起了作用，要不然是不会碰巧在此时升迁的。马上写下了一首答谢诗《重酬苑郎中并序》："顷辄奉赠，忽枉见酬。叙末云：且久不迁，因而嘲及。诗落句云：应同罗汉无名欲，故作冯唐老岁年。亦解嘲之类也！"诗曰：

> 何幸含香奉至尊，多惭未报主人恩。
> 草木岂能酬雨露，荣枯安敢问乾坤。
> 仙郎有意怜同舍，丞相无私断扫门。
> 扬子解嘲徒自遣，冯唐已老复何论。

王维离开御史台到尚书省库部供职。他依旧奉行以前的准则：职责内的工作要尽职尽责，分外的事概不过问。该上朝就上朝，该领俸禄就领俸禄。稍有点闲暇时间便回辋川去休息游玩，或独行，或与裴迪同行，或登览斤竹岭、华子冈，或泛舟欹湖，倒也清闲自在。

农历十二月的末尾，四山环抱的辋川，往日个的阳气还在山坳里聚着未散，气候竟然如江南一样温和舒畅。王维想想过去的旧居蓝田山，便想去走一走。觉得独自一人很无趣，便唤了六儿一起。六儿毕竟不是裴迪，除了唱酸曲儿，却至今没有学会作诗。可是裴迪却在家里温习经书准备明年科考，仓促中又哪敢前去打扰。只能和六儿一起到山中走走。先是在感配寺跟寺中住持一起吃了素斋，便离开了。

王维向北渡过深青色的灞水，月色如水朗照着白色的城郭。施施然登上华子冈，见辋水在月光下泛起丝丝烂银般的涟漪，水中的月影随着波纹上下浮动。远处寒山中闪耀着点点灯火，透过林中的幽暗可以看得很分明。深巷中狗的叫声似豹吼。春米声从村子里传来，与寺院中做晚课的稀疏的钟声相互交错。王维独自安静地坐在冰冷的石头上，六儿像不存在，在边上打瞌睡。这让王维更加思念裴迪。想起了和裴迪挽着手，在狭窄的山径间漫步，嬉弄云水，啸傲烟霞。

王维想今冬估计是没有希望与裴迪同游了，要等到科考结束，那时春天也就来了，草木会重新茂盛地生长，那时的山景会比现在更加好看：河里的鲦鱼轻捷地跃出水面，鸥鸟飞来张着雪色的翅膀，天上的星会落下来变成晨露，打湿青草，清晨雉鸡在绿色麦田鸣叫，万象更新，春色如期返回。希望裴迪会来同游，完成中断辋川二十个景点的记游。不知他能不能来？这要写信问问他，如果他不是个与众不同的人，难道我王维会请他来吗？想来的人多了去了！不仅仅是游山玩水，这里边大有旨趣，不知裴迪是否明白？人与人若不能真相知，在一起是很无趣的。今天的事一定要告诉裴迪，委托运送黄檗的人带出山去。真是一言难尽，还是不说了，回家去写这封信吧！

黄檗木又名黄波椤树，是芸香科黄檗属落叶乔木。木栓层是制造软木塞的材料。树皮内层入药，味苦，性寒。唐时黄檗木、檀木的需求量大，但毕竟还是有限，还不至于把终南山的树伐光。这都是让王维为之感慨的。还要借重驮黄檗诸材出辋川的相识带信给裴迪，王维也就顾不得感叹，回去匆匆给裴迪写了《山中与裴秀才迪书》：

> 近腊月下，景气和畅，故山殊可过。足下方温经，猥不敢相烦，辄便往山中，憩感配寺，与山僧饭讫而去。
>
> 北涉玄灞，清月映郭。夜登华子冈，辋水沦涟，与月上下。寒山远火，明灭林外。深巷寒犬，吠声如豹。村墟夜舂，复与疏钟相间。此时独坐，僮仆静默，多思曩昔，携手赋诗，步仄径，临清流也。
>
> 当待春中，草木蔓发，春山可望，轻鲦出水，白鸥矫翼，露湿青皋，麦陇朝雊，斯之不远，倘能从我游乎？非子天机清妙者，岂能以此不急之务相邀？然是中有深趣矣！无忽。因驮黄檗人往，不一。山中人王维白。

裴迪收到王维的来信后，被王维信中描述的美景挑逗得差点要放下功课，立刻跑去找王维玩。可是看着母亲期盼的眼睛，裴迪不敢走啊，光耀门楣的事比拥抱自然还重要吗？裴迪真的是有些糊涂了，自然之子非得要学这些远离自然的东西，究竟是为什么呢？

裴迪心里抗拒可表面上还得温经。裴迪在次年科考中不幸仍然名落孙山。也许裴迪这一辈子只能当个秀才。秀才有什么不好？不一样可以写诗做王维和杜甫的朋友吗？杜甫和孟浩然不也没有科考及第？中了状元的王维不一样落落寡欢，需要这些没中过状元的朋友吗？

翌年，落第的裴迪灰黯着自己去辋川寻王维时，王维并没有为裴迪没有高中而假装难过，也没有假惺惺地去安慰裴迪，反而表现出高兴的样子，并明白无误地告诉裴迪说："没中有没中的好处，你如果中了状元，就会想当官，当了小官，还想当大官，当了大官就会众星捧月，捧出更大的贪婪和欲望。许多烦恼都是从中状元开始的。"

人生有得有失，得到的越多，失去的也越多。

转眼就到了春天。裴迪从王维游之，以证明王维的辋川别业，是真的"天机清妙""中有深趣"不同凡响。欲如此，人天先得合体，敬畏之心必须有，毕竟天地乃生养人与万物的父母，孝顺父母，友爱兄弟姐妹是理所当然的。不能因为人有灵性，就想与天地同起同坐，动手动脚，甚至忤逆不道。对山川草木，大千万物，也得互相尊重。

故尔王维和裴迪每回出游，都要先请示一下天，今日天老爷心情如何？下不下雨？有没有风？再问一下山，绿了没有？询一下水，碧了不曾？也要审花度草，花红了未？草长了没？征求鸟兽虫鱼的意见，鸣乎、啸乎、飞乎、出水乎？只有这样问明白了，才可能见到王维所标榜的"草木蔓发，春山可望，轻鲦出水，白鸥矫翼，露湿青皋，麦陇朝雊"的大美绝妙的景致。若非要反着来，那一定什么也没有。

此次坐轻舟，划却辋川好。先去了《临湖亭》赏月，碧汪汪的叶片，满湖莲花，匝波芙蓉，才才打了些小小的骨朵儿。芙蓉凝露争，三两柳莺声。叶有莲花意，根无藕断情。王维心急，先让它们开了：

> 轻舸迎上客，悠悠湖上来。
> 当轩对樽酒，四面芙蓉开。

此芙蓉非木芙蓉，乃是水芙蓉，也即莲花。莲花在佛教中地位尊崇，为印度国花，因其叶大、花美、味香、洁净，被赋予很多宗教的义理和艺术上的内涵，如出污泥而不染，濯清涟而不妖之类。裴迪便是王维的上客。裴迪没有为难芙蓉仙子，实写《临湖亭》风致：

> 当轩弥溔漾，孤月正徘徊。
> 谷口猿声发，风传入户来。

又去踩着月色，踏着狭窄的山径，去探访《宫槐陌》。千年老槐又出新绿，苍苔遍地，去年的槐叶在树下残留，这些苍苔残叶使景色显得天荒地老，真害怕寺庙里的和尚为了迎送香客把它们都清扫了去。

> 仄径荫宫槐，幽阴多绿苔。

　　应门但迎扫，畏有山僧来。

　　裴迪的联想力却比王维差了几步，看见《宫槐陌》上去年的残叶苍苔，就想起去年秋来山雨频密，打落的黄叶怎么至今没有人扫？

　　门前宫槐陌，是向欹湖道。
　　秋来山雨多，落叶无人扫。

　　景色如同花草，也得精心伺弄，耐心等候。
　　几日的风和日丽，几日不舍朝暮的生长，将养得欹湖的风韵情致大有看头之时，隔天便去咏《欹湖》和湖边的《柳浪》。王维的思维飘忽不定，从不按常理出牌，里钩外连，漫天里织网，总是别出心裁：

　　吹箫凌极浦，日暮送夫君。
　　湖上一回首，山青卷白云。

　　王维赏欹湖时带了一根长箫，凌风而吹，呜呜咽咽，却对应了浦口津上送夫君离去的一对男女，更添缠绵。收回望眼，蓦然回首湖上空旷处，却见青山卷着白云，白云缠绕着青山，如那对伉俪一样。

　　分行接绮树，倒影入清漪。
　　不学御沟上，春风伤别离。

　　星黄月亮荧，日赭地球馨。柳起莲花座，山生玉净瓶。杨柳在湖边是分行栽种的，绮丽的样子映入泛着涟漪的湖波之中，这样的依偎是美好的。不要贪图荣华富贵顺御沟流入长安宫中的玉液池，或是洛阳的凝碧池，那里的杨柳和池水是春风吹不到的，有无穷苦也。
　　裴迪的游《欹湖》却只是游而已，扣在弦上的羽翎箭，射出去之后，因为力道小了些，又被清风吹回来，如同没有射过：

空阔湖水广，青荧天色同。
舣舟一长啸，四面来清风。

裴迪的《柳浪》还是如此，圪拧了半日，也没浪出陶潜家：

映池同一色，逐吹散如丝。
结阴既得地，何谢陶家时。

再一日，两人便去了《漆园》。

漆园是种漆树的地方，漆树高达二十米，分泌的乳汁是天然的树脂涂料，可制作漆器。漆器在商周时以松石、螺钿、蚌泡等作镶嵌花纹，使漆器的天地更为广阔。庄子曾作过宋国的漆园吏。王维自然明白漆树的经济价值，知道古人与今人一样，离了经济没法活，家中能出一个小官，便如同园子里多了几棵漆树，年年都可有固定收入了。

历朝历代的官儿吏儿，与漆树是可以画等号的：

古人非傲吏，自阙经世务。
偶寄一微官，婆娑数株树。

王维的辋川《椒园》不同于北京中海的椒园。是真的椒园，种满了花椒树。花椒，芸香科植物，落叶灌木或小乔木，果实是调料。所以王维在咏这首五绝时，将花椒与桂皮、杜若相提并论，三种都是芳香植物，可入药，可调味，假人间烟火的繁华，下天上帝子、人间佳人、云中仙君的威风。它们烹饪的美食，仙凡都无法拒绝：

桂尊迎帝子，杜若赠佳人。
椒浆奠瑶席，欲下云中君。

裴迪的《漆园》《椒园》犯的却还是石头打石头的错误，打了半日的石头，溅得满天尘灰，临了，还落了满地的石头渣子：

> 好闲早成性，果此谐宿诺。
> 今日漆园游，还同庄叟乐。
>
> 丹刺胃人衣，芳香留过客。
> 幸堪调鼎用，愿君垂采摘。

诗歌一样是萝卜青菜，原本可以各有所爱，除了滋味营养不去说它。同样的青菜萝卜，模样、内在、肌理、色、香、味，却有大大的不同。不比，可统统一言以蔬菜蔽之。相比之下，却可以高下立判。

没有比较就不会有鉴别。比较是一门重要学科。

由以上比较可以见出，王维的诗思，并非神鬼莫测，之所以莫测是因为你不知道的他知道，你知其然，他知其所以然。这与王维的博学多识，细心观察，认真思考是分不开的。更重要的一点是，王维总是能够跳出五行，以芥子而思及须弥，从细微处阅无量数，察天地万物之链接，环环推之，由小而见大，自有限而及于无穷，从不以一斑而窥全豹。佛家的奥义，禅宗的玄机，诗、书、画的妙理，全在其中。

二、檀栾毓坳孟城湖

让王维忧心的是母亲崔氏，这些日子，身体大不如从前，免不了天天去问候，奉承汤药。还请来了京都最好的大夫，给母亲问诊，却是个个说不出什么，只说积劳成疾，忧思太过之类。恰好张道士前来看望王维，王维知道张道士出家前是个医家，便请张道士给母亲望闻问切了一番。张道士却当面说崔氏没病，只要安心静养就好了。

崔氏也神色坦然地说自己没病。

过后王维问张道士，张道士却是一脸的肃然，半晌不说话。

王维问之再三，张道士便款款言曰："这世上有一种病，神仙也治不好。你道是什么病？这病名曰：没病！没病却有病象，病家不以为然，亲人乱作一团。何故如此？乃是因为，病人自己不想在这个尘世待着了，一心只想走去另一个世界，你说这病医得不？"

王维心里大悟，却不能说什么别的。临走时王维要给张道士一些谢仪，张道士死活不肯要，王维便赋诗一首《送张道士归山》云：

先生何处去，王屋访茅君。

别妇留丹诀，驱鸡入白云。

人间若剩住，天上复离群。

当作辽城鹤，仙歌使尔闻。

张道士的话让王维心安了不少，心想母亲清修多年，也是有根果之人，还是尊重母亲暗自里的心愿为好，不能强予医药针灸，顺其自然最好，大惊小怪，反有逆孝道。天宝八载（749）与王维相善的前宰相萧嵩去世，王维作《故太子太师徐公挽歌四首》悼之：

功德冠群英，弥纶有大名。

轩皇用风后，傅说是星精。

就第优遗老，来朝诏不名。

留侯常辟谷，何苦不长生。

谋猷为相国，翊戴奉宸舆。

剑履升前殿，貂蝉托后车。

齐侯疏土宇，汉室赖图书。

僻处留田宅，仍才十顷余。

旧里趋庭日，新年置酒辰。

闻诗鸾渚客，献赋凤楼人。

北首辞明主，东堂哭大臣。

犹思御朱辂，不惜污车茵。

久践中台座，终登上将坛。

谁言断车骑，空忆盛衣冠。

凤日咸阳惨，笳箫渭水寒。

无人当便阙，应罢太师官。

悼罢也就了了。转眼时已属秋。

芸芸百草生，瑟瑟万山侵。欲得悠悠闲，还怀戚戚心。王维想着入冬后道路难行，便邀裴迪来辋川继续未竟之诗。一天之内两人连游了四个景点，各人写了四首五绝。王维的诗依序排列为《南垞》《金屑泉》《栾家濑》《北垞》，虽然都是同日所写，细品，却各有千秋：

轻舟南垞去，北垞森难即。

隔浦望人家，遥遥不相识。

坐着船往南垞去，可见房舍人家隐约，回望北垞却萧萧森森，林草郁郁，不能望穿。隔水相望南垞人家，人影来去，遥遥地，也不能从中辨认出张三或是李四，王维暗自思忖：那里的人家我原本都是认识的，只隔了这么一条溪水，便一个也认不出了，人，真是眼拙啊！

日饮金屑泉，少当千余岁。

翠凤翔文螭，羽节朝玉帝。

日光照射下的泉水如同金屑，泉水已历千年不止，从金屑泉中飞出碧羽的凤凰与满身文彩的蟠螭，这时正鼓动云翼向玉帝飞去。

> 飒飒秋雨中，浅浅石溜泻。
> 跳波自相溅，白鹭惊复下。

从石头和沙石中渗出的溪水，在秋天的风雨中清清浅浅地从青石板上漫过，激石而起的跳荡的浪珠波头，自相激溅，空中的白鹭以为有鱼儿在水下边吹浪鼓波，惊喜地俯冲下来，没想却扑了空。

> 北垞湖水北，杂树映朱栏。
> 逶迤南川水，明灭青林端。

湖水的北边就是北垞，杂树林掩住了朱红的雕栏。曲折而来的南川水，在阳光的映照下，波头在远处青碧的林带尽头，明明灭灭。

裴迪也自依序和鸣，不敢随便乱了谱系。先《南垞》而后《金屑泉》《栾家濑》终于《北垞》。王维先就赞了几句。诗曰：

> 孤舟信一泊，南垞湖水岸。
> 落日下崦嵫，清波殊淼漫。

> 萦渟澹不流，金碧如可拾。
> 迎晨含素华，独往事朝汲。

> 濑声喧极浦，沿涉向南津。
> 泛泛凫鸥渡，时时欲近人。

> 南山北垞下，结宇临敧湖。
> 每欲采樵去，扁舟出菰蒲。

王维诗的意境，总是幽远飘逸，错落回合，寻常中见深意。诸如"隔浦望人家，遥遥不相识。""翠凤翔文螭，羽节朝玉帝。""跳波自相溅，白鹭惊复下。"身在凡尘中，神已"明灭青林端"，与天地形影相合。裴迪也"泛泛凫鸥渡，时时欲近人"，"萦湾澹不流，金碧如可拾"，拾得有佳句，"每欲采樵去，扁舟出菰蒲"，也很有了嚼头。

晚上两人饮酒，王维着实夸了裴迪几句，裴迪也觉写诗的本事大有长进，从心里感谢王维的点化。王维便肃然神情，若有所思地说了一番话：君子以布仁施义、活国济人为适意。比布衣以同年，甘蔬食而没齿。观身如聚沫，而人莫不自厚，而视财若浮云。大唐之繁盛近年已见内囊，物奢而思俭，欲极必抱朴，否极泰来，泰极必否来。万寻红尘中，人必思净土，辋川诗就是。故待所有诗作写完之后，可结集独出一个册子，就叫辋川诗集，也是一种启人归化自然的功德！

裴迪自是欢喜，说，那我也能青史留名了！

李邕（678—747），唐代书法家，字泰和，广陵江都（今江苏扬州）人。少年成名，后召为左拾遗，曾任户部员外郎、括州刺史、北海太守等职。李邕为行书碑法大家，书法风格奇伟倜傥。李后主说："李邕得右将军之气而失于体格。"《宣和画谱》说："邕精于翰墨，行草之名由著。初学右将军行法，既得其妙，乃复摆脱旧习，笔力一新。"传世碑刻有《麓山寺碑》《李思训碑》等。李邕能诗擅文，书法造诣颇深。他的书法追求变法图新，初学右军，参以北碑及唐初诸家楷书及行书笔意，形成了他自己鲜明的风格特征。他擅长行楷书，留下了很多优秀的作品。杜甫与李邕也有往来，曾经写诗赞美李邕的书法兼及李邕的为人："声华当健笔，洒落富清制。"

李邕喜欢结交文人和侠义之士。豪放奢侈，肆意妄为，贪财是李邕的致命弱点。唐人牛肃在其笔记《纪闻》中，披露了一件跟日本遣唐使团有关的秘闻："唐江夏李邕之为海州也，日本国使至海州，凡五百人，载国信。有十船，珍货数百万。邕见之，舍于馆。厚给所须，禁其出入。夜中，尽取所载而沉其船。既明，讽所馆人白云：'昨夜海潮大至，日本国船尽漂失，不知所在。'于是以其事奏之。敕下邕，令造船十艘，善水者五百人，送日本使至其国。邕既具舟具及水工。使者未发，水工辞邕。邕曰：'日本路遥，海中风浪，安能却返？前路任汝便宜从事。'送人喜。行数日，知其无备，夜尽杀之，遂归。"

李邕与李白和杜甫交往颇深。天宝四载（745），时年四十四岁的李白与李邕相见于益都任上。益都有一个女子，丈夫被人谋害。女子持刀复仇，刺杀真凶而获狱，罪当极刑。李邕上疏朝廷，救下女子，李白因之感奋，写下了叙事乐府诗《东海有勇妇》："学剑越处子，超然若流星。捐躯报夫仇，万死不顾生。白刃耀素雪，苍天感精诚……豁此伉俪愤，黎然大义明。北海李使君，飞章奏天庭。舍罪警风俗，流芳播沧瀛。名在烈女籍，竹帛已光荣。"又上《上李邕》诗曰："大鹏一日同风起，扶摇直上九万里。假令风歇时下来，犹能簸却沧溟水。世人见我恒殊调，闻余大言皆冷笑。宣父犹能畏后生，丈夫未可轻年少。"

唐天宝四载（745），李白与杜甫游齐鲁，北海太守李邕，连日赶往齐州与杜甫会面。李邕与杜甫把酒长谈，说诗论史，杜甫留下了"海右此亭古，济南名士多"的佳句。李邕时年六十八岁，名满天下，初出茅庐的杜甫才三十三岁。李邕慧眼识珠，对年轻时的杜甫，有知遇之恩。

天宝六载（747），王维任库部员外时，李邕年已七十岁，宰相李林甫素来对李邕有所忌惮，故兴冤狱，将李邕、裴敦复等人杖杀。李白愤怒之极，感叹嗟呼："黄金散尽交不成，白首为儒身被轻。一谈一笑失颜色，苍蝇贝锦喧谤声。曾参岂是杀人者？谗言三及慈母惊。……达亦不足贵，穷亦不足悲。韩信羞将绛灌比，祢衡耻逐屠沽儿。君不见李北海，英风豪气今何在？君不见裴尚书，土坟三尺蒿棘居！少年早欲五湖去，见此弥将钟鼎疏。"杜甫悲痛道："钟律俨高悬，鲲鲸喷迢递。坡陀青州血，芜没汶阳瘗。哀赠竟萧条，恩波延揭厉。"

连一个七十岁老人都不肯放过，可见李林甫之狠。

天宝七载（748）十二月戊戌，是玄宗皇帝自己还是宫中有人说，看见老子踩着祥云飘然进入了华清宫之朝元阁。李唐王朝奉李耳为始祖，于乾封元年（666）二月追号为"太上玄元皇帝"，天宝二年（743）正月加尊号"大圣祖"三字，天宝八载（749）六月又加尊号为"圣祖大道玄元皇帝"。身为玄元皇帝的老子出没于华清宫之朝元阁是一件吉瑞，故玄宗改朝元阁为降圣阁。王维《奉和圣制登降圣观与宰臣等同望应制》诗曰：

> 凤宸朝碧落，龙图耀金镜。
> 维岳降二臣，戴天临万姓。
> 山川八校满，井邑三农竟。
> 比屋皆可封，谁家不相庆？
> 林疏远村出，野旷寒山静。
> 帝城云里深，渭水天边映。
> 佳气含风景，颂声溢歌咏。
> 端拱能任贤，弥彰圣君圣。

虽然是应制歌功颂德，但"林疏远村出，野旷寒山静。帝城云里深，渭水天边映"，堪为佳句。王维描写城外与城里景色，以"疏、远、旷、寒"四字，与"出、静、深、映"四字互动，从而产生了意想不到的效果，形容词被变成动词，如静、深，动词又被变成形容词，如出、映，不细品，不知其遣字之妙。这是王维的一个本事。

不仅在遣词造句上王维不拘一格，在对宗教信仰以及各种事物的认知上，也从不落俗套和窠臼。此时大唐已由单纯奉道而三教合一。王维信奉的禅宗原本就是在道家基础上发展起来的，参禅本就是道家的参悟法门。老子的《道德经》也是王维非常信奉的经典。所以在王维的心里，从来没有古今中外的流派之分，万法归宗，纷繁终于一空。

不拘门派，多里求索，只说义理，无分贵贱，是王维所持。

王维在洛阳时曾有《酬黎居士淅川作（昙壁上人院走笔成）》诗写道："侬家真个去，公定随侬否？着处是莲花，无心变杨柳。松龛藏药裹，石唇安茶臼。气味当共知，那能不携手？""莲花"即净土，"变杨柳"，即成为菩萨。诗中黎居士，与王维《愚公谷三首——青龙寺与黎昕戏题》中的黎昕，估计是同一个人，且与王维过从甚密。

愚公谷最早见于《韩子》：昔齐桓公入山，问父老，此为何谷？答曰："臣旧畜牛生犊，以子买驹，少年谓牛不生驹，遂持而去。傍邻谓臣愚，遂名为愚公谷。"故事说，齐桓公打猎，追一头鹿走入一个山谷，问一个老人这是什么谷？老人说：名为愚公之谷。桓公问为什么叫愚公谷？老人说，我养的一头母牛生了牛犊子，长大后卖掉，又买了一头马驹，有一个少年说：牛不能生马。就把我的马驹硬给牵走了。周围的人都说我愚，把我住的这个谷叫愚公谷。齐桓公听后批评老人道：老人家你真的很愚，怎么就任凭少年把你的马驹牵走了？

齐桓公回去之后，次日把这个故事讲给管仲听，管仲抱拳说：这是我为政不当造成的错误，要是尧在世，皋陶来当法官，谁还敢夺老人的马驹？老人年迈力衰打不过少年人，诉讼又不公平，才不得不把马驹让少年牵走。这说明政令要赶紧改！孔子听说了这个故事后，这样评说道：弟子们你们要牢牢记住，齐桓公是个霸道的君主，管仲是个贤能的辅佐；看问题的角度不一样，所以人们常常以智为愚，连齐桓公和管仲这样杰出的人有时都不免如此，何况那些不如他们的人。

此愚公非彼移山之愚公。齐桓公愚蠢并不可怕，管仲要是一样愚蠢，就十分地可怕了。齐桓公只见其然而不见其所以然，管仲却能见微知著，及时改之，江山得以长久。大唐弃张良而举阿瞒，阿瞒即是曹操那厮，他的处世原则是宁叫我负天下人，不叫天下人负我。天下皆阿瞒，时下多愚公，不乱能何？千年后，阿瞒普世，愚公绝迹。危哉！

王维在青龙寺与黎昕同游假想中的愚公谷，又将以何种理念和逻辑来厘清个中的智愚问题呢？这关乎着未来人类自身的生死。

《愚公谷三首》诗云：

愚谷与谁去，唯将黎子同。

非须一处住，不那两心空。

宁问春将夏，谁论西复东。

不知吾与子，若个是愚公？

吾家愚谷里，此谷本来平。

虽则行无迹，还能响应声。

不随云色暗，只待日光明。

缘底名愚谷，都由愚所成。

借问愚公谷，与君聊一寻。

不寻翻到谷，此谷不离心。

行处曾无险，看时岂有深。

寄言尘世客，何处欲归临。

王维诗中的愚公，以智为愚，以愚为智，以愚自乐。但智愚皆不可执着，自以为是，太过执着，智愚生蠢。不执着于智，即是慧。不执着于愚，即是悟。无智不可怕，无心才可怕。有心即有愚公谷，无心哪得鹿鸣寨。遁世归真不可怕，乱世争锋才堪畏。个个七情飞，人人三魂昧。心灵所在愚公谷，只有我行我素哉，却无其奈我何为。

王维还有《过崔驸马山池》一诗可以遥遥相佐，互映成辉：

画楼吹笛妓，金碗酒家胡。

锦石称贞女，青松学大夫。

脱貂贳桂醑，射雁与山厨。

闻道高阳会，愚公谷正愚。

有相无相，证之于庄子：何不树之于无何有之乡？

王维以般若力，生菩提家。全家人虔信佛法，茹素戒杀。王维的名字本身就深含禅机，连读恰为"维摩诘"。《旧唐书·王维传》载："妻亡不再娶，三十余年孤居一室，屏绝尘累。"《宋高僧传》对王维有记载："释元崇以开元末年从璇禅师谘受心要，日夜匪懈。璇公乃因受深法与崇。历上京，遂入终南，至白鹿，下蓝田，于辋川得右丞王公维之别业。松生石上，水流松下。王公焚香静室，与崇相遇神交。"

王维所撰《大唐大安国寺故大德净觉禅师碑铭》有名句："猛虎舐

足，毒蛇熏体；山神献果，天女献花。澹尔宴安，曾无喜惧。"王维才思绝妙超群，品格也极为高贵，母去世后，他"柴毁骨立，殆不胜丧"。经历了安史之乱的惨痛遭遇，晚年的他更是苦行斋心，"不衣文彩"，除饭僧施粥外，"退朝之后，焚香独坐，以禅诵为事"。

《新唐书》记"素奉佛，不茹荤食肉，晚节尤谨"，甚至劝说代宗皇帝李豫信佛。《旧唐书》说他"斋中无所有，唯茶铛、药臼、经案、绳床而已"。他的《游感化寺》诗："抖擞辞贫里，归依宿化城。绕篱生野蕨，空馆发山樱。香饭青菰米，佳蔬绿芋羹。誓陪清梵末，端坐学无生。"一碗青菰米，一钵绿芋羹，似乎就已经知足了。

王维交游的僧人居士很多，诗文中有名有姓者将近三十人。从王维写的《赞佛文》《绣如意轮像赞》《为干和尚进注仁王经表》《与胡居士皆病寄此诗兼示学人》《谒璇上人》等诗文可以看出，王维对佛学，尤其是禅学，具有很深的造诣。王维一生遍访名僧大德，"以玄谈为乐"，颇多证悟。据《神会语录》载，神会居南阳时，王维以修道解脱之事相询，神会答曰："众生本自心净，若更欲起心有修，即是妄心，不可得解脱。"王维听后很吃惊，叹言："大奇！"并说，"曾闻大德，皆未有作如此说。"与神会禅师"语经数日"，反复参究，深膺其旨，叹曰："此南阳郡，有好大德，有佛法甚不可思议！"

王维的诗包含有深远的禅意，爱用"静""澹""远""闲"一类字眼，还有"禅""寂""空""无生"等佛家用语。这得益于他对禅理的玩味与修习，以禅者的目光观览万物，如："人闲桂花落，夜静春山空。月出惊山鸟，时鸣春涧中。"早年诗作《春日上方即事》有"好读高僧传，时看辟谷方"，及"北窗桃李下，闲坐但焚香"的诗句，如《山中寄诸弟妹》诗："山中多法侣，禅诵自为群。城郭遥相望，唯应见白云。"《与苏卢二员外期游方丈寺而苏不至，因有是作》谓："共仰头陀行，能忘世谛情。"《蓝田山石门精舍》更有："老僧四五人，逍遥荫松柏。朝梵林未曙，夜禅山更寂。"

王维禅诵之余，常以吟诗作画自娱。许多富有画意的山水田园诗就是在这种情况下写就。《旧唐书》载："晚年长斋，不衣文采。得宋之问蓝田别墅，在辋口。辋水周于舍下，别涨竹洲花坞。与道友裴迪，浮舟往来，弹琴赋诗，啸咏终日。尝聚其田园所为诗，号《辋川集》。"

宋代大文豪苏轼在《东坡题跋》卷五《书摩诘蓝田雨图》中对王维诗的意境作了恰如其分的总结："味摩诘之诗，诗中有画；观摩诘之画，画中有诗。"并且还举出王维《山中》诗："荆溪白石出，天寒红叶稀。山路元无雨，空翠湿人衣。"作为其诗中有画的例子。

三、落英风送秋虫语

天宝九载（750）二月，王维的母亲崔氏，安详逝世。

王维、王缙及弟弟妹妹为母亲办了隆重的丧事，诵经做法事，超度亡灵，礼数周到。母亲过世使王维异常悲痛，数日不思茶饭，身体渐渐消瘦。按照古礼，王维要为父母守丧三年。天宝十一载（752）三月守丧期满。王维因思念母亲，人已经"柴毁骨立，殆不胜丧"。王维复出时，还没有走出辋川，已经有许多官员和朋友前来看望，王维无心一一作答，故统一作答，诗曰《酬诸公见过》（并注：时官未出，在辋川庄）：

> 嗟予未丧，哀此孤生。屏居蓝田，薄地躬耕。
> 岁晏输税，以奉粢盛。晨往东皋，草露未晞。
> 暮看烟火，负担来归。我闻有客，足扫荆扉。
> 箪食伊何？鼬瓜抓枣。仰厕群贤，皤然一老。
> 愧无莞簟，班荆席藁。泛泛登陂，折彼荷花。
> 静观素鲔，俯映白沙。山鸟群飞，日隐轻霞。
> 登车上马，倏忽云散。雀噪荒村，鸡鸣空馆。
> 还复幽独，重欷累叹。

服阕回朝，王维被任命为吏部郎中。守丧前王维的官职由库部员外郎提升为从五品上的库部郎中。库部郎中是库部司的长官，库部员外是次官，也就是由副职转为正职。吏部郎中是吏部尚书、吏部侍郎以下的官职，共设两名，相当于名次靠后的副部长，正五品上阶，王维品级又升了两阶。官职的晋升似乎并未给王维带来什么喜悦。

但也有欢乐忘忧之时。天宝十一载（752）这一年，宫中禁苑中的樱桃大熟，玄宗赏赐文武百官各一青丝笼大红樱桃。樱桃性热，益气补中，多食无损。王维没有独吃，而是拿回家与朋友们一起分吃。那时吃樱桃也是很有讲究的，洗净之后置于盘中，浇以桂花蜂蜜、牛奶酪或甘蔗糖浆，黄澄澄、白浓浓、红艳艳、香甜甜，既好看，又好吃，爽口、怡人，十分有趣。王维有诗记之曰《敕赐百官樱桃》：

芙蓉阙下会千官，紫禁朱樱出上阑。
才是寝园春荐后，非关御苑鸟衔残。
归鞍竞带青丝笼，中使频倾赤玉盘。
饱食不须愁内热，大官还有蔗浆寒。

裴迪是否同吃？不知道，但与王维分吃的崔兴宗却一边大啖樱桃一边大嚼王维的诗，并《和王维敕赐百官樱桃》曰："未央朝谒正逶迤，天上樱桃锡此时。朱实初传九华殿，繁花旧杂万年枝。未胜晏子江南橘，莫比潘家大谷梨。闻道令人好颜色，神农本草自应知。"

天宝十二载（753）晁衡乘船回日本国探亲，王维为他送行并赠诗《送秘书晁监还日本国》。大海和日本对王维来讲，是相对陌生而神秘的，使王维颇多神往和猜想，诗中也有瑰丽的想象：

积水不可极，安知沧海东。
九州何处远，万里若乘空。
向国唯看日，归帆但信风。
鳌身映天黑，鱼眼射波红。
乡树扶桑外，主人孤岛中。
别离方异域，音信若为通。

晁衡，原名仲满、阿倍仲麻吕，是个地道的日本人。唐玄宗开元五年（717）日本奈良时代的遣唐留学生。改名为晁衡，字巨卿。开元年间参加科举考试，高中进士。历仕三朝（玄宗、肃宗、代宗），任秘书监、兼卫尉卿、左散骑常侍安南都护，中日文化交流杰出的使者。仲麻吕学识渊博，才华过人，性格豪爽，是一位天才诗人。与王维、李白、储光羲、赵晔、包佶等人都有密切交往。储光羲的诗名也因晁衡而远播于东瀛，并被供奉于日本京都的诗仙祠中。晁衡曾送给李白一件日本裘，使李白很受感动。仲麻吕归国后误传在海上遇难，李白挥泪写下了《哭晁卿衡》诗："日本晁卿辞帝都，征帆一片绕蓬壶。明月不归沉碧海，白云愁色满苍梧。"仲麻吕回长安后看到李白为他写的诗，百感交集，当即写下了《望乡》一诗："卅年长安住，归不到蓬壶。一片望乡情，尽付水天处。魂兮归来了，感君痛哭吾。我更为君哭，不得长安住。"连这个日本人也为李白抱冤叫屈。

这年十一月丁卯日，恶贯满盈的李林甫终于死了。

王维期待着新的执政者能是一个忠正之臣。万万没有想到，接替李林甫当宰相的竟是杨国忠。一代不如一代，朝政混乱如故，只是把李林甫的人排挤出局，杨国忠的党羽遍布朝廷。天鸣落日金，月弹破云琴。夕闭繁华昨，朝开空旷今。大唐的朝事已不可为，凡是涉及朝政大事的，王维尽量避开，而一些文人雅事，则很少能缺了他。

天宝十四载（755）时，王维的官职又提升一级。由从五品上的吏部郎中升为门下省的正五品上给事中。这是个很重要的职务，俸禄增加了，政治地位并没有什么改变。他依旧是个聋子的耳朵——配伴。

那一天裴迪过来时，王维便与裴迪结伴，先去辛夷坞坐观一番风景。山色清寂，涧水幽暗，四下里连个人影也见不到。只有几株辛夷花树和几棵木芙蓉树，各开各花，自开自落，也已经快要开残了。世事纷呈，人事代谢，与花开花落并无两样，唯一的不同是花无知，来年可再生，人有识却一去不返。不觉有所感触，便出口吟道：

木末芙蓉花，山中发红萼。

涧户寂无人，纷纷开且落。

裴迪见王维写了木芙蓉，便笑王维说："明明是辛夷坞，你却偏选了木芙蓉，却为何故？"王维笑说："辛夷已谢，也没有什么好选的，就是心境使然也！"裴迪便摇头晃脑吟出他的《辛夷坞》道：

绿堤春草合，王孙自留玩。

况有辛夷花，色与芙蓉乱。

辛夷花即是玉兰花，属木兰科，落叶乔木，高数丈，其木有香气也。花初出枝头，苞长半寸，尖锐俨如笔头，俗称木笔。及开则似莲花而小如盏，紫苞红焰，作莲及兰花香，亦有白色者，人又呼之为玉兰。王维称好，赞曰："裴秀才迪的诗越发精进了，竟拿辛夷花来乱芙蓉花，接上了前一句的'王孙自留玩'，就留给他们把玩吧！"

果真两人就撇下清寂的涧谷与两种即将凋零的残花，留与王孙把玩，相伴自去竹里馆游玩。竹里馆没有馆，只有一片竹林。竹林里有两块长条青石，上边放了一张古琴。这里是王维来得最多的地方，每逢心情郁闷时，或写诗画画手酸时，便来这里弹琴解闷儿。

王维坐下来，便开始弹琴，弹的是高山流水。一时间竹叶萧萧，天籁阵阵，仿佛眼前有巍巍高山耸云，耳畔有汤汤流水争声。裴迪听得竟然忘情，忘了作诗。一曲终了，王维收手，仰天吟五绝《竹里馆》：

独坐幽篁里，弹琴复长啸。

深林人不知，明月来相照。

吟声如啸，长歌似箫，吟啸声落，犹有余声在幽谷迭荡，不绝如风缕，不灭如林籁。周遭一片静默。静默中见一轮明月起于天际，出于云雾，清光透过林枝叶隙，如水银泻地，似追光罩影，霎时间抚琴者的头脸与所在，竟然灿烂绰约，如影似幻。裴迪大惊，疑心自己置身仙境，而王维便是仙境中的那个天人。直到王维伸手在琴上当心一划，方才醒过神来，拊掌良久，却假装不服："诗是好诗，琴也弹得好，就是……明明本秀才在此，偏就说是独坐，目中无迪也！"便作势要走，说，"你这诗太霸道，本秀才还是走得的好，不敢和了！"王维忙扯住裴迪，哄裴迪开心，裴迪心头灵光一现，吟《竹里馆》道：

> 来过竹里馆，日与道相亲。
> 出入唯山鸟，幽深无世人。

王维笑道："好一个'出入唯山鸟，幽深无世人'。裴秀才迪，你敢情真是怒了呀！骂我也还罢了，怎么把自己也都骂在里边了！"

裴迪恍然，细想也还真是，不免与王维开怀大笑。

王维与裴迪同咏辋川孟城坳二十景，就这样游完了。各成五言诗二十首，由王维辑《辋川集》并撰序云："余别业在辋川山谷，其游止有孟城坳、华子冈、文杏馆、斤竹岭、鹿柴、木兰柴、茱萸沜、宫槐陌、临湖亭、南垞、欹湖、柳浪、栾家濑、金屑泉、白石滩、北垞、竹里馆、辛夷坞、漆园、椒园等，与裴迪闲暇，各赋绝句云尔。"

辑录成册，晓示友人，一时间，洛阳纸贵。

既然已经有了四十首"辋川诗"，为什么不把诗中描述的风物画在图上呢？王维在没有上奏表之前，便开始在辋川崔氏生前诵经的那间大佛堂的一面大墙上创作大型单幅壁画《辋川图》。这幅图原本是王维在勘察完辋川地形之后，早已彩绘在丝绢之上，供匠人们修筑二十个景点的蓝图。王维之所以要和裴迪完成这二十个景点的诗记，便是为了实现这个缜密的梦想：辋川如同自己的创造物，在生离死别之前，总要造个影儿留个全乎的念想吧？给母亲专门建造的大佛堂本就是寺庙建筑，不必大兴土木，只需处理一下即可还原成寺庙。

毕竟辋川是王维的产业，所以清源寺后来修建的蓝图，也是根据王维的提议形成的。因为王维壁画的存在，原封不动保留在崔氏生前诵经的佛堂，使之成为清源寺的一部分，而《辋川图》则成了清源寺的镇寺之宝。这也是王维为纪念母亲而特意设计的一个情节。崔氏的身影可以随着清源寺的出现继续存在下去。这样就圆满地达成了王维舍出辋川别业想要体现的"上报圣恩，下酬慈爱"的心愿和目的。

王维在创画《辋川图》之时，可谓是调派了所有手段，动员了诗歌、音乐、绘画、书法等诸种艺术的元素，于山环水抱，云遮雾绕之中，将诗中所述辋川二十景，巧妙布局，周全剪裁，一无遗漏，或疏或密，或详或简，或隐或现，全部写入了画图中。画面主体以别墅为中心，向外展开，依山傍水。画面之上，树林掩映，巉岩竞秀，河流争声，房舍俨然，舟楫生动，人物仿佛。别墅里亭台楼榭，错落有致，画家用细笔重色描画，将别墅表现得细致入微，突出了建筑的古朴和端庄，也表现出一派安静而祥和的景象。主画面亭台楼榭掩映于群山绿水之中，古朴端庄。图里人物，弈棋饮酒，投壶流觞，个个儒冠羽衣，意态肃然。别墅外云水流肆，偶有舟楫过往。游客在舟，船夫正自发力撑船。一派动静相宜，闲适从容，生动传神，自然飘逸的气象。

《辋川图》画中有诗，诗中有画，开启了诗画并重的先河。

王维对田园生活何以如此渴求？只因三岔口选错了道路，若不怀揣侥幸留以观望，早些遁迹于自然画图，能省却多少烦恼！殊不知这一留，便留到了安史之乱，留到了唐玄宗的出逃，留到了被捉去强行授了伪职，留到了王缙为救自己宁愿削官减爵，留到了自己被从狱中放出来，并重新官复原品，却再也不能也不敢更不忍再提辞官归隐之事。朝廷的恩典无以为报，拂袖走人，岂非不仁不义小人行径？为了感恩朝廷，王维不仅得自己入仕，还得违心地劝说他人入仕。

魏居士是唐初名臣魏征之后人。时年六十岁的王维在《与魏居士书》一文中，苦口婆心地劝魏居士出仕，既有对魏征后人的悉心爱护，更是忠君思想的本能流露，此文对认识王维至为重要，故录如下：

足下太师之后，世有明德，宜其四代五公，克复旧业。

而伯仲诸昆，顷或早世，唯有寿光，复遭播越。幼生弱侄，藐然诸孤，布衣徒步，降在皂隶。足下不忍其亲，杖策入关，降志屈体，托于所知。身不衣帛，而于六亲孝慈。终日一饭，而以百口为累。攻苦食淡，流汗霡霂，为之驱驰。仆见足下，裂裳毁冕，二十余年，山栖谷饮，高居深视。造次不违于仁，举止必由于道。高世之德，欲盖而彰。

又属圣主搜扬仄陋，束帛加璧，被于岩穴。相国急贤，以副旁求，朝闻夕拜。片善一能，垂章拖组。况足下崇德茂绪，清节冠世。风高于黔娄善卷，行独于石门荷蓧。朝廷所以超拜右史，思其入践赤墀，执牍珥笔，羽仪当朝，为天子文明。且又禄及其室养，昆弟免于负薪，樵苏晚爨。柴门闭于积雪，藜床穿而未起。若有称职，上有致君之盛，下有厚俗之化。亦何顾影踽步，行歌采薇？是怀宝迷邦，爱身贱物也。岂谓足下利钟釜之禄，荣数尺之绶？虽方丈盈前，而蔬食菜羹。虽高门甲第，而毕竟空寂。人莫不相爱，而观身如聚沫。人莫不自厚，而视财若浮云。于足下实何有哉！

圣人知身不足有也，故曰："欲洁其身，而乱大伦。"知名无所著也，故曰："欲使如来，名声普闻。"故离身而返屈其身，知名空而返不避其名也。古之高者曰许由，挂瓢于树，风吹瓢，恶而去之。闻尧让，临水而洗其耳。耳非驻声之地，声无染耳之迹。恶外者垢内，病物者自我。此尚不能至于旷士，岂入道者之门欤！降及嵇康，亦云："顿缨狂顾，逾思长林而忆丰草。"顿缨狂顾，岂与俯受维絷有异乎？长林丰草，岂与官署门阑有异乎？异见起而正性隐，色事碍而慧用微。岂等同虚空，无所不遍；光明遍照，知见独存之旨邪？此又足下之所知也。

近有陶潜，不肯把板屈腰见督邮，解印绶弃官去，后贫。《乞食》诗云："叩门拙言辞。"是屡乞而多惭也。尝一见督邮，安食公田数顷。一惭之不忍，而终身惭乎！此亦人我攻中，忘大守小，不顾其后之累也。孔宣父云："我则异于是，

无可无不可。"可者适意，不可者不适意也。君子以布仁施
义、活国济人为适意。纵其道不行，亦无意为不适意也。苟
身心相离，理事俱如，则何往而不适？此近于不易，愿足下
思可不可之旨。以种类俱生，无行作以为大依，无守默以为
绝尘，以不动为出世也。

　　仆年且六十，足力不强。上不能原本理体，裨补国朝。
下不能殖货聚谷，博施穷窭。偷禄苟活，诚罪人也。然才不
出众，德在人下，存亡去就，如九牛一毛耳。实非欲引尸祝
以自助，求分谤于高贤也。略陈起予，唯审图之。

　　为了劝魏居士入仕，王维在信中不惜将自己终生积累的处世哲学和
盘托出，强调君子当"造次不违于仁，举止必由于道"，不能因"爱身"
而"贱物"，更不能"欲洁其身而乱大伦"，这难道有什么不对吗？
　　这让王维一时间处于两难之中。

　　王维二十首辋川诗春夏秋皆有，而独缺了冬，那是因为辋川的地形
地物所决定的，一旦大雪封山，往往道路断绝了行人，裴迪进不来了，
王维也出不去。而且入冬后为了不影响上朝，王维便会搬到长安城的
宅子里去住，诗中便缺席了冬君。但王维除了《雪中芭蕉》之外，还有
游蜀时画过的蜀道雪景图，虽然原画失传，但有许多收入了图册，成为
中国画雪景最早的一个画家。至今王维还有一幅传世的《雪溪图》藏于
台北故宫博物院。这也算是一个小小的弥补。四季中三季诗画皆有，王
维如何看待冬季，在王维的笔下，雪将如何处理？
　　都说王维的《雪溪图》表现的是乡村雪景，而我却觉得这幅画中
所画是王维辋川二十个景点之一的欹湖，是一幅表现辋川欹湖雪景的小
品。画面分近、中、远三部分：近景山隅一角，道路横斜。路边有小桥、
篱舍、村店、屋宇。路上有一人匆匆而行，还有一人赶着四头猪，似乎
正要过桥。画面正中有一座临溪房屋，可能是村头店铺。屋后有五六棵
树木，疏疏落落，十分荒寒。中景为溪流。平静的水面上有一条篷船，

有两个人撑篙摆渡。远景是对岸起伏的山坡，几间村舍掩映于茫茫雪色之中。整个画面白雪皑皑，江村寒树，野水孤舟，组成一片寂静空旷的景象。画上点缀了几个各行其是的人物，增添了几许生活气息，也更加衬托出大地的宁静。这分明就是欹湖。

如果再对照《辋川图》的布局来看，这幅雪溪图就更像是《辋川图》上放大了的欹湖部分了。《新唐书·王维传》中记载说：王维"至山水平远，云势石色，绘工以为天机所到，学者不及也"。这篱舍半露、溪桥斜跨、老树槎枒、茅屋闲置；中景是一条静静流淌的大河，欹湖是河流中的一段；远景中平坡密林，小屋卓立，隐约可见，整个画面呈现一种朦胧幽深的情趣。从构图上显然是王维非常善于画的平远山水。画与王维的诗是一脉相承的，诗中也常用平远手法来表现风物："湖上一回首，山青卷白云""大漠孤烟直，长河落日圆"。

王维的这幅《雪溪图》现藏台北故宫博物院。

当时，士大夫阶层争相传抄《辋川集》。梨园弟子，勾栏酒肆，寺观庙堂，均有流传。不久便流布天下，行销海内外。裴迪也因与王维唱和而随之声名大振。《辋川集》乃是王维诗歌集中数量最大的系列组诗，成为后人研究王维的珍贵史料。王维在日本的影响比中国还要大，日本现代学者入谷仙介曾对王维的辋川诗有过详尽分析，其中也有妄自揣摩臆测不尽如人意处，收在他的专著《王维研究》一书中。

这时，綦毋潜忽然来向王维辞行。说他明天午后要归隐江东。綦毋潜正在秘书省供职，无缘无故为何要走？綦毋潜与王维已是多年好友，自然实不相瞒："圣上昏庸，杨国忠小人得志。安禄山蓄意谋反已久，圣上一味纵容。几月前又特准其以蕃将代汉将，无疑是养痈遗患。官况日恶，朝政日非，天下将乱。我思考数日，下决心要离开官场这是非之地。否则，大乱一起，进退维谷，就不好做人了。"

第二天午后，王维到灞桥为綦毋潜送行，七八位诗人饯别，写诗相送。王维即兴写下了已萌退意的《送綦毋校书弃官还江东》诗：

明时久不达，弃置与君同。

天命无怨色，人生有素风。

念君拂衣去，四海将安穷。

秋天万里净，日暮澄江空。

清夜何悠悠，扣舷明月中。

和光鱼鸟际，澹尔兼葭丛。

无庸客昭世，衰鬓日如蓬。

顽疏暗人事，僻陋远天聪。

微物纵可采，其谁为至公。

余亦从此去，归耕为老农。

"余亦从此去，归耕为老农。"王维想要退出官场，可就在他犹豫徘徊的时候，杜甫忽然前来拜访王维。杜甫有诗《奉赠韦左丞相丈二十二韵》。韦见素当时是左丞相，便推荐杜甫当了个左拾遗。王维多了个好朋友，这个好朋友积极入仕的精神无形给王维增加了一点勇气。王维便想，自家已经萌了退意，别个却还在拼命往里挤，说明没得救只是自己的错觉，也许未必有那么坏，不妨再看看，何必仓促决定，何不留一留，再作打算。于是便暂时消泯了归耕为老农的念头。

这一年，常在皇帝周围，掌宣达诏令，驳正政令之违失，地位十分显赫的门下省的郭承嘏给事中退休还乡，王维有诗《酬郭给事》：

洞门高阁霭余辉，桃李阴阴柳絮飞。

禁里疏钟官舍晚，省中啼鸟吏人稀。

晨摇玉佩趋金殿，夕奉天书拜琐闱。

强欲从君无那老，将因卧病解朝衣。

这一年王维身心俱疲，已萌解冠养病之想，却委决不下。这一年王维与丘为、皇甫冉作同题《左掖梨花》诗："闲洒阶边草，轻随箔外风。黄莺弄不足，衔入未央宫。"梨花黄莺弄，衔入未央宫。要给皇帝看，贵妃黏玄宗。丘为和《左掖梨花》曰:"冷艳全欺雪,余香乍入衣。春风且莫定,吹向玉阶飞。"玉阶梨花旋,离乱已不远。冰霜原无香,风流恐断绝。皇甫冉《和王给事维禁省梨花咏》:"巧解逢人笑,还能乱蝶飞。春时风入户,几片落朝衣。"沾衣花不下,斜阳生残霞。鸡狗举刀兵,蛐蛐龇獠牙。霓裳羽衣曲,出离帝王家。

也就是这一年,安史之乱猝然爆发。

这幅绢本设色的《雪溪图》,纵三十八点五厘米,横三十二点五厘米,无款。右上角有宋徽宗御笔题签"王维《雪溪图》"五字。历代鉴定家都认为是王维真迹。《雪溪图》传世以来,宋徽宗、吴镇、董其昌、项元汴、乾隆等都认为此图是王维真迹。此图在取材、构图、意境等方面都与王维作品的个性风格和特点相符。宋徽宗认为此图是真迹,说明此图曾入宣和内府。但《宣和画谱》书中并无此画记载,宋徽宗见到此图的时间应为《宣和画谱》成书之后,已无法把此图写进《宣和画谱》。

元代此画流落到民间,元四家之一的吴镇见过此图,并写有题画诗,内容是:"晓径沾衣湿,登台试屐危。乾坤增壮观,江海得深期。历乱瑶华吐,纷披玉树枝。精微谁与并,顾陆颇相宜。碧树拥江扉,朱帘卷翠微。崇朝无客过,傍晚有渔归。岭耀梅重白,堤萦絮正飞。若留清夜赏,铅粉更光辉。"除此图外,吴镇还见过王维《春溪捕鱼图》和《秋林晚岫图》并写有题诗。可见吴镇并不只是见过王维的一幅作品。他可以把这两幅作品当成参照物对《雪溪图》进行真伪鉴定。

既然吴镇认为此图是王维真迹,那么应该是可信的。

明代时此图仍在民间流传。董其昌、项元汴都见过此图,并且都认为是王维真迹。董其昌见到此图说:"有宋徽庙御题,有历代小玺,无遗复论,当为稀世之宝。"董其昌有"右丞画癖",只要听说哪里有王维的绘画作品,他都要千方百计地一睹为快。可见董其昌对王维十分推崇而且也很有研究,他评价此图说:"当为稀世之宝。"说明董其昌认为此图是王维真迹。项元汴也见过此图,他说:"仅盈尺有咫,设色高古，位置幽远。有刺篙济渡者，有牧奴驱而归者，神采溢目。"项元汴（1525—1590），明浙江嘉兴人，工书能画。不惜重金收购法书、名画、玉石、书籍，是明代著名收藏家，他的鉴定是比较有说服力的。清宫编纂的《石渠宝笈》记载此图曾收录进清内府。乾隆曾见过此图，他说："维画真者不可得，得之与羲、献墨妙相埒，此图笔墨浑厚，非宋元以来刻画者所能措手，可定为辋川真迹无疑。"

从这段记载中可以看出，王维的传世作品到清代时已经为数不多了，乾隆皇帝认为《雪溪图》的水平已经达到相当的高度，不是后来的宋元画家所能达到的，可以和王羲之、王献之的书迹相媲美。

据推测这幅《雪溪图》系王维在辋川为母守丧时所画。

四、繁露溪随春雁凫

天宝十五载（756）七月九日，李亨在杜鸿渐等人的陪同下，抵达朔方军大本营灵武。经过一番布置与筹划，七月十二日，李亨在灵武城的南门城楼，举行了简单的登基仪式，改年号为至德，并且将当年改为至德元载，玄宗被推尊为太上皇。宋代史学家范祖禹评说，肃宗至灵武称帝，此乃"太子叛父"，是"不孝"，是未经玄宗许可的擅立。但肃宗灵武即位后打出了平叛靖乱的大旗，扭转了玄宗出逃后全国平叛战争的被动局面，是一个势所必然的正当理由。这种被后人诟病的被动局面，在乾元元年（758）春的正月被正式改变，这一天太上皇玄宗正式册封新皇帝李亨为肃宗皇帝。二月乙巳日肃宗皇帝御兴庆宫，奉册上皇徽号曰"太上至道圣皇大帝"，似乎表面上父子俩解除了马嵬坡兵变的心结，达成了和解，但相互间的权力争斗并没有停止。

肃宗受制于权臣李辅国和张皇后，对玄宗的朝臣逐渐贬黜。六月份，先后把房琯和贾至、严武、杜甫贬出朝廷。王维与三人关系密切，所幸未被牵连，但临深履薄之感在王维的心里愈加危重。

安庆绪逃出洛阳后，惶惶不可终日。史思明归顺唐朝。肃宗封史思明为归义王，继续担任范阳节度使，他的七个儿子都封了高官。乾元元年六月史思明再次反叛，并与在邺城的安庆绪遥相呼应。

肃宗似乎是与玄宗赌气，你贬谪不用的人我偏要用。不久后王维的官职又有所晋升，他被提升为从四品上的尚书右丞，佐助右仆射分管尚书省的三个部，是个有职有权的高官。但这时的王维对此已经淡然，只是尽心职事而已，并未得鱼忘筌。肃宗崇信佛教，即使在平定安史之大战中，也常请僧人念佛祈祷，求佛祖保佑。王维自然知道这些情况。他为了帮助肃宗祈佛，兼之纪念自己的亡母，经过了再三的思考斟酌，为了"投我以木桃，报之以琼瑶"的大义，虽然百般不舍，还是决定献出自己的辋川别业，因为这是王维手里绝无仅有最值钱最有价值的东西了。写了一道《请施庄为寺表》，言辞备极恳切。早朝时王维将奏表呈给肃宗。散朝后肃宗认真看了王维的这个奏表：

> 臣维稽首：臣闻罔极之恩，岂有能报。终天不返，何堪永思。然要欲强有所为，自宽其痛。释教有崇树功德，宏济幽冥。臣亡母故博陵县君崔氏，师事大照禅师三十余岁。褐衣蔬食，持戒安禅。乐住山林，志求寂静。臣遂于蓝田县营山居一所。草堂精舍，竹林果园，并是亡亲宴坐之余、经行之所。臣往丁凶衅，当即发心，愿为伽蓝，永劫追福。比虽未敢陈请，终日常积恳诚。
>
> 又属元圣中兴，群生受福。臣至庸朽，得备周行。无以谢生，将何答施？愿献如天之寿，长为率土之君。唯佛之力可凭，施寺之心转切。效微尘于天地，固先国而后家。敢以鸟鼠私情，冒触天听。伏乞施此庄为一小寺，兼望抽诸寺名行僧七人，精勤禅诵，斋戒住持。上报圣恩，下酬慈爱。无任恳款之至。

肃宗看了奏表后很感动，觉得王维肯献出自己视为命根子的辋川别业给朝廷，这说明王维是个有良心的人，朕没有看错，尤其被"上报圣恩，下酬慈爱"这两句话打动了，龙颜大悦，马上朱批照准。

先有辋川诗，后有辋川图，诗画因此合体。

辋川献给了皇上，王维自然要择日离去，辋川的一应事物，就让六儿向来人交割。临行前王维把六儿和李娘叫来，说："有一件事情我一直放在心上。李娘你是六儿的同乡，又是六儿在那个什么地方发现了你，把你赎出来的。我觉得你俩是挺好的一对儿。乘着我还在辋川，李娘、六儿，你俩的婚事，我看还是在辋川办了吧？"

王维这一番话，直来直去的，把李娘说了个大红脸。六儿瞅了李娘一眼，却是坦然道："俺对李娘没说的，要看李娘的心意了！"

说起来，这里还有故事。安史之乱前，六儿没事儿去平康里的烟花柳巷中闲逛，因为六儿也是个正当年的健康的男人，自然不时也要寻人相好。那一日，偶然巧遇了一个同村的儿时玩伴，名叫英儿。英儿逃荒时爹娘怕她饿死在路上，便把她卖给了平唐里的烟花巷。六儿那天回来之后，几日都闷闷不乐。王维便问六儿怎么啦，六儿就说在烟花巷里见到了打小儿一起长大的英儿，想赎她出来，可是却没有钱。王维听了，便让六儿带自己过去。见英儿面善，生得也整齐，就把英儿从烟花巷子里赎了出来。之后就成了李娘。王维的意思是成全六儿一桩好事，一直想让六儿和李娘成亲。李娘却一直不肯答应，只一日三餐，尽心给王维变着法儿做素食。总想着要当牛做马报答王维的赎身之恩。每回王维想要撮合她和六儿时，李娘总是支支吾吾吞吞吐吐的，一双眼儿只盯着王维看。六儿自然明白李娘的心思，也不好多说什么，才有方才一句。没想到这回李娘却没有再犹豫，就羞羞地点了个头儿，想来是已经绝了非分的念想，竟是满脸通红地应允了。

王维大喜，便择了日子，张灯结彩，给六儿和李娘办了喜事。李娘原本就生得有姿色，加上沦落风尘多年，见多识广，更添了几分时尚风韵。加上宅心仁厚，虽然天天在男人堆里混，但却并未沾染多少烟花女子的坏习性。是个知恩图报的人。也不嫌六儿生得困窘，于是一个牧羊汉，便与一个从良的烟花女，结成了一对儿欢喜冤家。

王维撮合了六儿和李娘的姻缘之后，忽然觉得心中畅快无比，好像放下了一块千钧大石。细细一想，这才明白，自打认识了六儿并带六儿出来，想着要让六儿读书认字，谋个功名，可六儿天性不屑也不想学，王维只好作罢。只是六儿的归宿结果却一直沉沉压在王维的心头，想要给六儿成个家的念头，挥之不去。给李娘赎身原本也是为了促成六儿的婚事，偏李娘却不肯，反把一番情意往王维身上纠缠。这对王维无形也是一种考验。王维也非草木，什么都明白，虽然心如槁木死灰，灰烬中的火星偶尔还会蠢动，熄灭也是需要定力的。李娘的存在无形之中对王维形成了一种潜在的无时不刻的威胁。现在威胁终于化解，石头落地，着实对王维也是一种身心上的释然解脱。

辋川与人有所不同，再好也是身外之物，人事了了，物事自然就迎刃而解。于是在一个秋末冬初的日子，王维告别居住了十六年之久的辋川别业，告别了安放着自己心灵的所在，告别了二十个景点四十首诗和一幅辋川图。但王维告别不了母亲的坟墓和崔氏的大佛堂。

所以，车马行到辋川口的时，王维写下《别辋川别业》：

依迟动车马，惆怅出松萝。
忍别青山去，其如绿水何？

江河溪流无不源起深山幽涧，井泉塘泽大都出于雨雪地下，纵有诸般的不愿，却非得流布开去，滋养大地上土生土长的红尘万物，这便是水的宿命。诗中的王维，如同从青山流出的一股绿水，虽然缠绵悱恻，依恋不舍，但造化弄人，不舍也得舍，却该当流向何方？

辋川图中群山环抱的别墅，由墙廊围绕，形似车轮的辐辋。树木点缀，楼榭亭台，层叠端庄。构图上采用中国画传统的散点透视法，略向下俯视，将层层深入的屋舍完全呈现在观者目前。墅外蓝河蜿蜒流淌，有小舟载客而至，意境淡泊，超尘脱俗。勾线一丝不苟，劲爽坚挺，随类敷彩，浓烈鲜明。山石以线勾廓而无皴笔，染赭色后在石面受光处罩以石青、石绿，凝重艳丽。楼阁则刻画精细，几近界画。

后来清源寺圮毁，原作壁画湮灭无存，只有历代临摹本存世。

圣福寺摹本纵二十九点八厘米，横四百八十一点六厘米，构图着色尚有唐人气息，共绘辋川二十景：孟城坳、华子冈、文杏馆、斤竹岭、鹿柴、木兰柴、茱萸泮、宫槐陌、临湖亭、欹湖、柳浪、金屑泉、白石滩、竹里馆、辛夷坞、漆园、椒园等。若配以王维与裴迪的诗，更见神韵。

美国西雅图摹本全图纵二十九点九厘米，横四百八十点七厘米，有李珏、冯子振、袁桷诸人跋。此卷为绢本，水墨，淡设色有"寒云珍藏宋人名迹"等印，且有寒云题跋："是卷设色精雅，笔意生动，洵为宋人名迹。得时款已失去，读元人李珏跋，知为郭忠恕复本，当无疑也。"

《辋川图》在世界各国均有一定影响，尤其在韩国获得了极高的赞誉，并对韩国古代文人山水画和山水田园诗的创作产生了深远的影响。韩国人在评价中国的文人山水画和韩国自己的文人画时，往往是以《辋川图》作为最高的境界或标准。这又是王维始料未及的。

后人评价依据，多以圣福寺藏本和西雅图摹本的《辋川图》为蓝本，二者基色皆以青绿为主，有李思训、李昭道青绿山水的特色。山石多勾斫，皴擦极少，明显有早期山水画的稚拙和图式化倾向，但从构图、意境等方面，已是五代山水画结构程序的先行和前奏。画面群山环抱，树林掩映，亭台楼阁，端庄森严，于古朴中仍保留了李思训"神仙山"之虚无缥缈的情势。淡泊简逸，悠然出世，给人身心极大的愉悦，颇切合文人的心境。这一点同李思训、李昭道的富贵、神仙倾向有明显不同。这也是王维诗情与画意合二为一超凡脱俗的佐证。

历代关于《辋川图》的记载一直都繁缛庞杂。唐代学士朱景玄《唐朝名画录》有云："山谷郁盘，云飞水动，意出尘外，怪生笔端。"宋代黄庭坚《山谷题跋》："王摩诘自作辋川图，笔墨可谓造微入妙。"元代汤垕《画鉴》："其画辋川图，世之最著也。"明代杨士奇："《辋川图》，古今人品，为画家最上乘。"清代编修王鼎："辋川为终南胜迹。自王右丞绘图后，代有临摹，唯宋代郭忠恕为最。……当与斯图并垂不朽矣。"清代画家、诗人查冬荣："关中多崇峻之区，盖天府之雄都，而九州之上腴也，灵秀特钟，人文蔚起，风骚寄迹，丘壑流馨，大抵地以人传。今尤昔盛，此摩诘《辋川图》并称不朽也。"清代翰林全庆："辋川为摩诘养志之所。其诗其图，艳称千古。"

《辋川图》叙事性的连景处理法，符合游景山水的实际状态，并且呈现了庄园生活的内在悟道历程，与唐代一般流行的单幅平远、高远等山水样式完全不同，也异于卢鸿一《草堂图》那类传统的分景式册页，而创造了一种新的山水画形式，影响了日后李公麟《龙眠山庄图》《赤壁赋图》等文人画作。宋代出现了大量王维画作和辋川手卷，宣和御府所收藏李思训的画仅十七卷，收藏王维的画却多达一百二十多卷，不乏赝品。自北宋开始，《辋川图》版本众多，且良莠不齐。宋代摹本中，独以北宋《郭忠恕临王维辋川图》为大宗，且郭本用笔精妙，与王维相仿。到了元代，还出现了赵孟頫、王蒙、商琦、唐棣等人版本的《辋川图》。其中王蒙的版本是个特殊现象，从明代宋旭《仿王蒙辋川图》中可以看出，作者给较传统的《辋川图》样式加入了更多主观演绎的成分，并非忠实的临摹。到了明清两代，存世《辋川图》版本最多也最繁杂，很多题款为宋元的《辋川图》很有可能是明代的仿作。明代有董其昌等人把王维的绘画地位直捧至从未有过的至高地位，使《辋川图》的延续呈现更为复杂的状况。清代以后《辋川图》的版本愈益泛滥，冠以辋川题款的山水单本、册页、手卷等多多，文人画家"借题发挥"的现象更加明显，时到今日更是无以复加。

千年后的诗画纷纭笔墨官司已经轮不到王维操心了。

《宣和画谱》收入了王维的二十四幅画作。雪景图便有：《雪山图》《雪江诗意图》《雪江胜赏图》等。王维的雪景作品还有明张丑《清河书画舫》中提到的《江山雪霁图》，明詹景凤《东图玄览》中谈到的《辋川雪图》，清高士奇《江村消夏录》中的《万峰积雪图》，等等。其中《辋川雪图》明白无误以辋川命名，王维中晚年的生活基地只有辋川，《雪溪图》所画敧湖当为不假，此乃情理之揣测。

宋徽宗存世作品中就有一幅《雪江归棹图》。此图绢本设色。纵三十厘米，横一百九十厘米。是宋徽宗山水画的代表作。此画以长卷形式表现了雪后郊野的江山景色。整幅画中雪意茫茫，寒气逼人。明王世贞对此画评价极高。他说："此图遂超丹青蹊径，直闯右丞堂奥，下亦不让郭河阳。"更有甚者，董其昌认为此图系王维所作，是宋徽宗做了手脚，把王维的画改在了自己名下。他说："至于山水惟见此卷，观其行笔布置，所谓云峰石色，迥出天机，笔意纵横，参乎造化者，是右丞本色，宋时安得其匹也？"董其昌的观点有失偏颇。宋徽宗虽然是一个昏庸无能的皇帝，但无损他是一个成就非凡的画家，在绘画创作上有不朽成就。造成后人误解的原因只能是宋徽宗曾认真临摹、学习、研究过王维的雪景山水画，所以才能画出足以乱真王维画作的作品。由此可见宋徽宗对王维雪景山水画的鉴定是权威的。

王维对雪景山水崇尚，是因为它象征着文人的高洁品格和不与世俗同流合污的志趣。禅的本意就是沉思冥想，恰如雪世界的清冷寂寥空灵。禅宗的最高境界是禅定，雪景体现清寂和空茫，寄托幽远安定的心志。禅宗主张于"妄念不生，坐见本性"中解脱心灵的痛苦，而这都缘于一个静字。《雪溪图》就是在着意追求静谧之美的意境。母亲过世后王维便以这种禅机的皑皑，来寄托对母亲洁净的哀思。

这时，安史之乱还在继续，大唐江山仍在离乱中。

乾元二年（759）正月，史思明僭称大圣周王。留下儿子史朝义驻守，自己回到范阳，五月，更国号大燕，自称应天皇帝，年号顺天，立妻子辛氏为皇后，封儿子史朝义为怀王，任命周挚为宰相、李归仁为将军，改称范阳为燕京。半年后再次攻陷洛阳。唐廷方面再度陷入被动局面。当年安禄山叛军攻陷潼关，兵锋直指长安。仓促之间，长安百官跟不上仓皇西逃的玄宗，被叛军俘获。以前任宰相陈希烈为代表，很多人出于无奈担任安史政权伪官。唐肃宗收复两京后，对这些曾被父皇抛弃、被迫投降的官员深为记恨，将陈希烈等三十九人治以重罪。其中"斩于独柳树者十一人，珣及韦恒腰斩，陈希烈等赐自尽于狱中者七人，其余决重杖死者二十一人"。史思明说："希烈（陈希烈）等皆大臣，上皇弃而西，既复位，此等宜见劳，返杀之，况我本从禄山反乎？"肃宗对此后果视而不见，"三司用刑连年，流贬相继"，致使"河北叛人畏诛不降，兵连不解"。面对战火连绵的严重局面和遥遥无期的平叛之路，肃宗最后才感叹："朕为三司所误。"

肃宗缺乏玄宗当年行政的魄力，新的权臣奸佞又开始当政，遂为张皇后和李辅国所挟持。李俶作为唐肃宗的长子，一直担任元帅之职，军功不可磨灭，立为太子很自然。张淑妃以为自己做了皇后，儿子就理所当然应该是太子，因为年龄小暂时还不能与李俶竞争，但已经在紧锣密鼓地运作，希望唐肃宗能和唐玄宗一样活过七十岁。

玄宗被强迫移到西内苑，高力士被流放，陈玄礼被迫致仕。玄宗的人全部被赶出了京师。玄宗成了真正的孤家寡人，名为太上皇，形同软禁。乐师贺怀智觐见唐玄宗，呈上一条保存八年的领巾，那是杨贵妃跳舞时遗落的。香味依旧，唐玄宗瞬间老泪纵横。杨贵妃沐浴的汤池堆叠着沉香，沐浴出水，涂上西域进贡的香精出门，食用沁人心脾的花露，使得唇齿生香。身藏香料，十米之外，香气袭人。千年之后有作家蒋蓝揭秘，杨贵妃的体香之谜，源于西域秘香——沙枣花露。

杨贵妃死后，体香缥缈，在民间异化成种种传说。马嵬坡的杨贵妃墓，原为土冢，因盛传土有异香，能驻颜美容，凡去者纷纷前去偷土，致使土冢挖下去数尺，不得不砌砖以保护。相传杨贵妃在佛堂前梨树下被缢杀时，脱落了一只袜子，高力士捡起来藏在了怀中。玄宗梦见杨贵妃诉说此事，便问高力士："贵妃遇难时丢下一只袜子，你收起来了吗？"高力士便把袜子交还给了玄宗，据说玄宗因此还写了一首香艳的《妃子所遗罗袜铭》，真假不知，录在这里："罗袜罗袜，香尘生不绝。细细圆圆，地下得琼钩。窄窄弓弓，手中弄初月。又如脱履露纤圆，恰似同衾见时节。方知清梦事非虚，暗引相思几时歇？"

皇宫里如此，那么，民间又当如何？

东都洛阳二次陷落之后，逃难的百姓都拥来了长安，一个个衣衫褴褛，面黄肌瘦，老者叹气，幼者啼哭，有的人已奄奄一息，干脆就躺在路旁呻吟着等死，那情景惨不忍睹。王维心如刀剜，回到家中便铺纸研墨，据此上表肃宗皇帝《请回前任司职田粟施贫人粥状》曰：

> 右：臣比见道路之上，冻馁之人，朝尚呻吟，暮填沟壑。
> 陛下圣慈怜愍，煮公粥施之，顷年已来，多有全济。至仁之
> 德，感动上天，故得年谷颇登，逆贼皆灭，报施之应，福佑

昭然。臣前任中书舍人给事中，两任职田，并合交纳，近奉恩敕，不许并请。望将一司职田，回与施粥之所，于国家不减数粒，在穷窘或得再生，庶以上福圣躬，永弘宝祚。仍望令刘晏分付所由讫，具数奏闻，如圣恩允许，请降墨敕。

王维的意思是实在看不下百姓没饭吃，想要皇上批准让出自己的职分田的全部收成，煮大锅粥来救那些要饿死的人。唐朝文武官员各给职分田，按品级大小多少不等。王维先任中书舍人，后任给事中，都是五品，五品官是六顷。王维当时共有职分田十二顷。他上表请求全部献出来施粥给穷人。皇帝未批。他又再次恳请，方得批准。

此时的王维已心力交瘁，只能把属于自己的东西施舍出来，为朝廷为百姓做一点善事而已。舍庄为寺，献粮煮粥。王维的居所，家徒四壁，已经一无所有，"唯茶铛、药臼、经案、绳床而已"。王维有心无力，每日唯有吃斋诵佛，心心念念，为国家和百姓向上天祈福而已。

王维的内弟崔兴宗为避北方战乱，要去川蜀与江汉之地游历。王维想到自己老病缠身，困顿于长安，竟然是哪里也去不了，不免神情黯然。唯有祈愿朋友此去平安顺遂。诗曰《送崔九兴宗游蜀》：

> 送君从此去，转觉故人稀。
> 徒御犹回首，田园方掩扉。
> 出门当旅食，中路授寒衣。
> 江汉风流地，游人何岁归。

崔兴宗刚走不久，裴迪又骑马前来找王维。王维离开辋川后，裴迪也把自己在北垞的宅子卖了，想在这乱世中另寻出路，特来向王维辞行。王维让裴迪去四川找好友严武和杜甫，与裴迪不谋而合。时年王维已经六十多岁，裴迪也五十多岁。数十年知己乍然分手自有无限的凄然感慨，却又不知从何说起，只能相对无语，默然良久，唏嘘揖别。

王维送裴迪到大门口，裴迪让他回去，王维不肯，倚门而立，要看着裴迪走，裴迪只好由着王维。裴迪上马远去，王维目送裴迪的身影一点一点消失，终于消失在巷外，垂垂老矣的王维，昏花眼里潸然泪下，无限落寞、怅然、清寂地吟出了一首充满无奈而伤感的诗：

宿昔朱颜成暮齿，须臾白发变垂髫。
一生几许伤心事，不向空门何处销？

但是，往日酬唱的那些人，都已络绎远去了。

五、空谷丹青灵映绿

王维在辋川居家里还有几首诗值得提及。

一首诗是王维直言村民简朴生活和天然旨趣的五言诗《田家》："旧谷行将尽，良苗未可希。老年方爱粥，卒岁且无衣。雀乳青苔井，鸡鸣白板扉。柴车驾羸牸，草屩牧豪豨。夕雨红榴拆，新秋绿芋肥。饷田桑下憩，旁舍草中归。住处名愚谷，何烦问是非。"

更有一首《渭川田家》曰："斜阳照墟落，穷巷牛羊归。野老念牧童，倚杖候荆扉。雉雊麦苗秀，蚕眠桑叶稀。田夫荷锄至，相见语依依。即此羡闲逸，怅然吟式微。"

还有一首诗是王维赠友人刘蓝田的，有说是卢象所作，但从写景状物和行文风格可认定为王维。诗曰："篱间犬迎吠，出屋候荆扉。岁晏输井税，山村人夜归。晚田始家食，馀布成我衣。讵肯无公事，烦君问是非。"这三首诗放在一起，足见王维对田园风光淳朴人情的挚爱，对官场尔虞我诈的厌恶。更多的是寄寓了王维对农民田租赋税之重的深深的同情和有心无力的自己的辛酸，与诗人半官半隐的生活可谓丝丝入扣。刘蓝田是王维的朋友，也是当地父母官，王维在诗的末句"烦君问是非"，委婉拜托刘蓝田过问此事，但并未直接点明赋税之重，讽谏之意通过全诗的层层铺排，尽在不语之中。

但有一点是，晚年的王维，写诗比过去少了。据考证，在上元二年（761）春王维只写了一首《留别钱起》的诗。

钱起（722—780），字仲文，今浙江湖州市人，早年赴考数次落第，唐天宝十载（751）进士。大历十才子之冠。时有"前有沈宋，后有钱郎"之称。钱起试帖诗《省试湘灵鼓瑟》最为著名："善鼓云和瑟，常闻帝子灵。冯夷空自舞，楚客不堪听。苦调凄金石，清音入杳冥。苍梧来怨慕，白芷动芳馨。流水传潇浦，悲风过洞庭。曲终人不见，江上数峰青。"此诗得到王维很高评价。

王维与钱起的交游是在钱起任蓝田县尉期间。在时任太子中庶子和中书舍人的王维看来，钱起是值得赞许奖掖的后起之秀。王维有诗作《春夜竹亭赠钱少府归蓝田》："夜静群动息，时闻隔林犬。却忆山中时，人家涧西远。羡君明发去，采蕨轻轩冕。"钱起则作《酬王维春夜竹亭赠别》："山月随客来，主人兴不浅。今宵竹林下，谁觉花源远。惆怅曙莺啼，孤云还绝巘。"后王维作《送钱少府还蓝田》，钱起以《晚归蓝田酬王维给事赠别》相和。后钱起又有《蓝上茅茨期王维补阙》等诗。王维离开辋川后，钱起还常去辋川，有感于《中书王舍人辋川旧居》："几年家绝壑，满径种芳兰。带石买松贵，通溪涨水宽。诵经连谷响，吹律减云寒。谁谓桃源里，天书问考槃。一从解蕙带，三入偶蝉冠。今夕复何夕，归休寻旧欢。片云隔苍翠，春雨半林湍。藤长穿松盖，花繁压药栏。景深青眼下，兴绝彩毫端。笑向同来客，登龙此地难。"还有触景伤情的《故王维右丞堂前芍药花开，凄然感怀》诗："芍药花开出旧栏，春衫掩泪再来看。主人不在花长在，更胜青松守岁寒。"所以当时已经有人称钱起为王维的继承者和传人。

王维在《留别钱起》诗中也称钱起为知音：

卑栖却得性，每与白云归。

徇禄仍怀橘，看山免采薇。

暮禽先去马，新月待开扉。

霄汉时回首，知音青琐闱。

"徇禄仍怀橘，看山免采薇。"从中可见王维当时的心境。

这一段时间里，王维渐觉身体困乏，心力不支，眼睛昏花，连正常上朝也有些力不从心。思及弟弟王缙此时正在千里之外的成都任蜀州刺史，念弟心切，王维便给肃宗皇帝写了一篇《责躬荐弟表》：

臣维稽首言：臣年老力衰，心昏眼暗。自料涯分，其能几何。久窃天官，每惭尸素。顷又没于逆贼，不能杀身。负国偷生，以至今日。陛下矜其愚弱，托病被囚。不赐疵瑕，累迁省阁。昭洗罪累，免负恶名。在于微臣，百生万足。昔在贼地，泣血自思：一日得见圣朝，即愿出家修道。及奉明主，伏恋仁恩。贪冒官荣，荏苒岁月。不知止足，尚忝簪裾。始愿屡违，私心自咎。

臣又闻，用不才之士，才臣不来。赏无功之人，功臣不劝。有国大体，为政本源。非敢议论他人，窃以兄弟自比：臣弟蜀州刺史缙，太原五年，抚养百姓，尽心为国，竭力守城。臣即陷在贼中，苟且延命。臣忠不如弟，一也。缙前后历任，所在著声。臣忝职甚多，曾无裨益。臣政不如弟，二也。臣顷负累，系在三司，缙上表祈哀，请代臣罪。臣之于缙，一无忧怜。臣义不如弟，三也。缙之判策，屡登甲科，众推才名，素在臣上。臣小言浅学，不足谓文。臣才不如弟，四也。缙言不忤物，行不上人，植性谦和，执心平直。臣无度量，实自空疏。臣德不如弟，五也。臣之五短，弟之五长，加以有功，又能为政。顾臣谬官华省，而弟远守方州。外愧妨贤，内惭比义。痛心疾首，以日为年。

臣又逼近悬车，朝暮入地。阒然孤独，迥无子孙。弟之与臣，更相为命。两人又俱白首，一别恐隔黄泉。倘得同居，相视而没。泯灭之际，魂魄有依。伏乞尽削臣官，放归田里。赐弟散职，令在朝廷。臣当苦行斋心，弟自竭诚尽节，并愿肝脑涂地，隙越为期。葵藿之心，庶知向日。犬马之意，何足动天。不胜私情恳迫之至。

王维为了见弟弟一面，便效法弟弟当年，责自己有五短，弟王缙有五长，愿意尽削自己的官职，请皇上赐王缙一个散职，使其能早回京师，以便兄弟团圆。言辞恳切，颇为感人。上表后王维便静等回音。

这天，跟王维学诗学佛的弟子慕容承来访，还带来四个素雅的小菜，一大碗雕菰米饭。没有亲人在身边照顾，却有弟子特意送来斋饭，这份情意使王维胃口大开。吃完之后慕容承问恩师近日有何新作。王维说近些时思维迟钝，懒得作诗。今天精神头儿好，真要为你的这素馔作首诗。慕容承请王维写下来。王维写道《慕容承携素馔见过》：

> 纱帽乌皮几，闲居懒赋诗。
> 门看五柳识，年算六身知。
> 灵寿君王赐，雕胡弟子炊。
> 空劳酒食馔，特底解人颐。

"老师，'门看五柳识'弟子明白，可'年算六身知'的'六身'是什么意思？"慕容承问。"'六身'？这你应该明白呀。《左传》上不是有'亥有二首六身'一语吗？你再联系本诗和老夫的情况，仔细琢磨琢磨是什么意思？"王维没有点破，而是启发弟子独立思考。

慕容承沉思片刻喜道："老师，我明白了。'亥有二首六身'，那么，'二首'和'六身'都可代'亥'字。老师您正是亥年生人。'年算六身知'，也就是'算六身知年'，即知道您生在亥年就可算出年龄，与上句的'看五柳识门'对得天衣无缝。用'六身'而不用'二首'来对'五柳'，是为平仄相合，真是妙极了。老师，我说得对不对？"

以上故事当是毕宝魁先生书中最得意的一笔，毕先生由是得出结论："王维点着头笑了笑。慕容承的这顿饭引发了王维的诗兴，正是王维的这首诗，才为我们今天确定王维生年提供了一条非常有说服力的内证。这一点，不论慕容承还是王维，恐怕都是始料不及的。"

王维生于武周圣历二年（699）己亥年据此得来。

大唐的救星不是大唐自己，而是叛军的内乱。若非安庆绪暗杀亲爹安禄山，安禄山的部将史思明杀了安庆绪，史思明和小儿子史朝清又死在大儿子史朝义手里，叛军真有可能一举推翻大唐天下。

蔡东藩《唐史演义》写到史朝义杀其父史思明。原因与安禄山被杀相类似。土豪有女辛氏，尚未字人，偶见思明面目魁梧，暗生羡慕，便请诸父母，愿嫁思明。父母以思明微贱，不欲相攸，偏该女拚生觅死，硬欲嫁他，也只得听女自便。思明既娶得辛女，欢爱异常，对之前所生之子史朝义反而生疏。辛氏生子史朝清，思明倍加珍爱，渐渐嫉视朝义。只朝义素性循谨，待士有恩，朝清淫酗好杀，士卒多乐附朝义，怨恨朝清。所以思明僭称帝号，已立辛氏为后，独至建储一事，始终未决。及朝义攻陕屡败，遂决议除去朝义，立朝清为太子。

三角城竣，即于次日下令，再命朝义攻陕，阅日未克，便当斩首，并在鹿桥驿待报。这令一下，朝义原是自危，就是朝义部下，亦皆恐惧。部将骆悦、蔡文景，密白朝义道："陕城岂一日可下？悦等与王，明日就要被斩首了。"朝义道："奈何奈何？"悦复道："主子欲废长立幼，所以借此害王，今日只好强请主子，收回成命，或可求生。"

朝义俯首不答。悦与文景齐声道："王若不忍，我等将降唐去了。"好似严庄之说庆绪，唯口吻却是不同。朝义急得没法，不得已语二人道："君等须好好入请，毋惊我父！"悦等遂率部兵三百，待夜入驿，托言有要事禀报，径入思明寝所，四顾不见思明，便叱问寝前卫士。卫士已缩做一团，不敢遽答。悦与文景，立杀数人，才有人说他如厕，指示路径。悦等驰入厕所，仍然不见思明，忽闻墙后有马铃声，丞登墙瞭望，见有一人牵马出厩，正在跨鞍。悦部下周子俊，弯弓发矢，正中那人左臂，坠落马下。子俊即逾垣出视，悦等亦相继跃出，到了马前，仔细一瞧，正是思明。当下将他两手反剪，捆绑起来。

思明受伤未死，便问由何人倡逆。悦大声道："奉怀王命！"思明道："我早晨失言，应有此事，但为子岂可弑父？为臣岂可弑君？尔等难道未知么？"悦复道："安氏子为何人所杀？况足下杀人甚多，岂无报应？"答语妙甚。思明太息道："怀王怀王，乃敢杀我么？但可惜太早，使我不得至长安。"悦不与多言，竟牵思明至柳泉驿，令部兵守着，自还报朝义道："大事成了。"朝义道："惊动我父否？"悦答言未曾，遂令许季常往告后军。季常即许叔冀子，叔冀正与周挚驻军福昌，一闻季常入报，叔冀却不以为意，既可叛唐，何妨叛思明。季常驰还，悦即劝朝义道："一不做，二不休，大义灭亲，自古有的。"

朝义已不知所为，支吾对答，悦遂至柳泉驿，缢杀思明，借毡裹尸，用橐驼载还东京。当下遣使奉迎朝义，共至东京。朝义即日称帝，改元显圣，令部将向贡、阿史那玉，率数百骑往范阳，令图朝清。

朝清尚未知思明死耗，既见贡、玉，便问及思明安否？贡伪说道："闻主上将立王为太子，特令贡等促王入侍，请王即日启行！"朝清大喜，即命治装。贡与玉退出后，密令步骑入牙城，专俟朝清出来，便好动手。偏朝清得微察密谋，竟摄甲登城楼，召贡诘问。贡潜伏隐处，但遣玉陈兵楼下，与相辩答。朝清怒起，拈弓在手，射毙玉军数人，玉返马佯奔，那朝清不识好歹，下楼出追，才经百余步，贡在朝清背后，骤马发箭，立将朝清射倒。玉还马再战，杀退朝清左右，便将朝清擒住，复与贡突入城中，揭示朝义檄文，一面搜获朝清母辛氏，与朝清一并杀讫。辛氏愿嫁思明，得为皇后，似具慧眼，却如是收场。

上元二年（761）春，史朝义弑父史思明，杀弟史朝清。

史思明比安禄山幸运，他和大诗人王维死在同一年春。司马迁在《报任少卿书》中说："人固有一死，或重于泰山，或轻于鸿毛，用之所趋异也。太上不辱先，其次不辱身，其次不辱理色，其次不辱辞令，其次诎体受辱；其次易服受辱，其次关木索，被箠楚受辱，其次剔毛发、婴金铁受辱，其次毁肌肤、断肢体受辱，最下腐刑极矣。"

有生便有死，死与死有所不同，有的人死得比泰山还重，有的人死得比鸿毛还轻。生前追求的东西的不同决定死的不同。人生在世不能辱没祖先，自身不受侮辱，不仰鼻息受辱，不因言语受辱，不被捆绑在地上受辱，不因穿上囚服受辱，不被戴上脚镣手铐杖击鞭笞而受辱，不被剃光头发颈戴枷锁而受辱，更不能毁坏肌肤、断肢截体而受辱，最下等的是腐刑，去势阉割对人的侮辱，是达于极致的。

安禄山、史思明之流，为皇帝梦杀害侮辱了无数人，最终被自己的儿子部属杀死，也即以其人之道还治于其人之身，被以最屈辱的方式取走了性命，这是一报还一报的死，自然也是轻于鸿毛的。王维之死却是一个大僧大德的死。那天中使前来传达肃宗皇帝口谕，褒奖王维以国事为本，主动让贤、友于兄弟的美德。告知王维已拟诏吏部，授王缙为左散骑常侍，即日回长安，以便他们兄弟朝夕相处。王维知道左散骑常侍是归属门下省的正三品下高官，随侍皇帝左右，是个清要之职。闻罢圣谕，王维受宠若惊，感恩戴德，山呼万岁，并恳请中使品茶稍坐，他要写一篇谢表，感谢浩荡皇恩。中使们素敬王维的品行，知王维是大才子，自然应允。王维提起如锥狼毫，一挥而就，文不加点，写成了情深义厚的《谢弟缙新授左散骑常侍状》，曰：

> 右：臣之兄弟，皆迫桑榆。每至一别，恐难再见。匪躬之节，诚不顾家；临老之年，实悲远道。陛下均平布政，中外递迁。尚录前劳，仍收旧齿。使备顾问，载珥貂蝉。趋侍玉墀，从容琐闼。不材之木，跗萼联芳；断行之雁，飞鸣接翼。自天之命，特出宸衷。涂地之心，难酬圣造。不胜戴荷踊跃之至。
> 上元二年五月四日，通议大夫守尚书右丞臣王维状进。

数日后，肃宗皇帝下了御笔亲书的答诏，洋洋洒洒，对王维兄弟又是一番褒奖。王维不胜欣然。心知此时王缙已由蜀州转任凤翔，凤翔距长安不过三百多里路。相见的日子也不过就在几日后了。

王维仿佛看见弟弟已经在接旨了，谢恩平身，走出门去，便跨上了一匹骏马，蹄声嘚嘚向长安奔来了，卷起的尘烟被远远地抛在身后了。快马是可以保护主人衣服洁净的，因为灰尘追不上他，希望缙弟就是骑乘着这样的好马，驮着主人远离那些肮脏……王维心里一动，便见天女冲他抛撒天花，笑盈盈地说，维摩诘，你还等什么呢？

王维说我在等我缙弟，他已经在路上了……王维这么说时，那些天花便粘附在他的衣服上积了一层。天女无声地叹息，化成了翠儿的模样，声音缥缈传来，王维只隐隐听见似乎是说……佛说：有名妙喜的国土，佛号称为无动，这位维摩诘便是从那妙喜国投生此土的……你前往上方世界，还要度过四十二恒河沙数的佛国土，你没有时间耽搁……王维知道已经来不及向缙弟弟当面告别了。他起身在香炉中点起三炷香，命仆人快把笔砚纸张取来，然后盘膝坐在蒲团上，在面前的小几上铺好纸，提起笔，从容地给弟弟王缙写了一封诀别信。又给几位弟妹逐一写了几封简单书信。写完最后一信最后一字时，笔从他的手中悄然滑落，在纸上留下偌大的一痕如花的墨迹。王维觉得心血一阵上涌，便见天女冲他招手，眼前飞花点点，虹彩片片，忽觉身轻如炉中氤氲的香烟，倏忽间，已升上天空，化入无边的虚空之中了。

《旧唐书·王维传》在写到王维临终时是这样描写的："临终之际，以缙在凤翔，忽索笔作别缙书。又与平生亲故作别书数幅，多敦厉朋友奉佛修心之旨，舍笔而卒。"后人有大僧大德据此描述高度评价说，临终正念分明又甚从容，可证平素参悟修持之功非比寻常。

王缙回来时，兄长已离他而去，王缙唯有痛哭。

六、佛堂粉壁雪涂朱

王维留给王缙的书信中，安排了自己的后事。他要王缙葬礼一切从简，把他安葬在辋川别业清源寺西母亲崔氏的墓旁，永远守候侍奉母亲。仆人告诉王缙，王维在临终前一直在惦记他和念叨他，王缙只能啜泣哽咽，恨自己无力回天。王维的几个弟妹以及六儿、李娘还有王氏家人都来了，为王维办了一个简单而又隆重的葬礼。按照王维生前的遗愿，他的灵柩被运回辋川下葬，下葬时，有细雨如泣。

王维死后的第二年，公元七六二年，肃宗忽然生病，几个月不能上朝视事。四月，玄宗在思念贵妃中溘然而逝。肃宗思及自己的种种不孝，为之悲恸不已，病情加剧。张皇后当即召见太子说："李辅国久掌禁兵，权柄过大，他心中所怕的只有我和你。眼下陛下病危，他正在勾结程元振等人阴谋作乱，必须马上先诛杀他们。"太子李俶说："父皇病情正重，不宜向他奏告，如果诛杀李辅国，父皇一定震惊，于他贵体不利，此事暂缓再说吧。"张皇后送走太子，马上召肃宗次子越王李系入内宫商议。李系当即命令宦官段恒俊，从太监中挑选了二百多名强健者，发给兵器，准备动手。太监中有人报告了李辅国。

李辅国和程元振带党徒到凌霄门探听消息，正遇太子李俶要进宫探望父皇。李辅国谎称宫中有变，阻止太子李俶入宫，并令党徒将太子劫持进飞龙殿监视起来，李辅国假传太子李俶令，鼓动禁兵入宫将李系、段恒俊等人抓住，投入狱中。张皇后闻变，慌忙逃入肃宗寝宫躲避。李辅国带兵追入寝宫，逼张皇后出宫。张皇后不从，哀求肃宗救命。肃宗受此惊吓，一时说不出话来，李辅国乘机将张皇后拖出宫去杀死。肃宗李亨因受惊而病情转重，无人过问，死于长生殿。肃宗是唐朝第一个在京师以外登基再进入长安的皇帝。他迎还了避乱出逃的父亲唐玄宗，又和唐玄宗在同一年十三天之内先后永诀人寰，为盛衰荣辱的大唐帝国留下了永难磨灭的血腥而残酷的宫斗党争的烙印。

肃宗李亨受惊吓而死后，李俶于肃宗灵柩前依其遗诏即位，改名豫，是为代宗，年号为宝应。宝应二年（763）春，王维丧期将满，代宗皇帝李豫忽然心血来潮，召见王缙并对他说："卿之伯氏，天宝中诗名冠代，朕尝于诸王座闻其乐章。今有多少文集，卿可进来。"

王缙连忙遵旨去办，广泛搜求，共得诗四百余首，文表碑状等若干篇，将其编为十卷，名之为《王右丞集》。编选中是否出于某些考虑有所筛择淘汰，不得而知。似乎是有的。时任银青光禄大夫尚书兵部侍郎兼御史大夫的王缙《进〈王右丞集〉表》给代宗皇帝曰：

> 臣缙言：中使王承华奉宣进止，令臣进亡兄故尚书右丞维文章。恩命忽临，以惊以喜，退因编录，又窃感伤。臣兄文词立身，行之余力，当官坚正，秉操孤直。纵居要剧，不忘清净。实见时辈，许以高流，至于晚年，弥加进道。端坐

虚室，念兹无生，乘兴为文，未尝废笔。或散朋友之上，或留箧笥之中，臣近搜求，尚虑零落。诗笔共成十卷，今且随表奉进。曲承天鉴，下访遗文。魂而有知，荷宠光于幽壤；殁而不朽，成大名于圣朝。臣不胜感戴悲欢之至，谨奉表以闻。臣缙诚惶诚恐，顿首顿首，谨言。

《王右丞集》共《进〈王右丞集〉表》奏上，代宗皇帝阅后，欣然御笔亲书，批鉴手敕，曰："卿之伯氏，天下文宗。位历先朝，名高希代。抗行周雅，长揖《楚辞》。调六气于终篇，正五音于逸韵。泉飞藻思，云散襟情。诗家者流，时论归美，诵于人口，久郁文房，歌以国风，宜登乐府。盰朝之后，乙夜将观。石室所藏，殁而不朽。柏梁之会，今也则亡，乃眷棣华，克成编录。声猷益茂，叹息良深。"

如此高的评价，既是王缙的荣光，更是王维的荣光。

这便是王维最早的诗文集。没有亡妻片言只语。

王缙编辑王维诗集时太过仓促和粗疏，以致年月日全乱，甚至将许多风马牛不相及的诗放在了一处。而且很可能是有意为之，因为王维也是个有个性的人，并不是一味的温良恭俭让。比如收入《偶然作》的王维的六首诗之中，时空跨度十分巨大，从"小妹日成长"到"老来懒赋诗"皆有，中间则有"读书三十年，腰间无尺组"的感慨。偶然作六首几乎囊括了王维的一生。《偶然作》头一首诗写道：

> 楚国有狂夫，茫然无心想。
>
> 散发不冠带，行歌南陌上。
>
> 孔丘与之言，仁义莫能奖。
>
> 未尝肯问天，何事须击壤。
>
> 复笑采薇人，胡为乃长往。

窃以为此诗绝非自谓，而是在嘲笑某一个王维不喜欢的人，从其描述的行状来看，这个人莫非是李白？李白有诗《庐山谣寄卢侍御虚舟》：

"我本楚狂人，凤歌笑孔丘。手持绿玉杖，朝别黄鹤楼。五岳寻仙不辞远，一生好入名山游。"这个人嘲笑孔子，不赞赏仁义，也不问天道，更不击壤而歌，不怀念自己的故乡，四处胡乱走动的人。不是李白又是谁呢？第二首诗中的田舍翁的生活，却是王维备加赞赏和喜欢的，甚至希望自己有一天也能过上这样自由自在的田园生活：

> 田舍有老翁，垂白衡门里。
> 有时农事闲，斗酒呼邻里。
> 喧聒茅檐下，或坐或复起。
> 短褐不为薄，园葵固足美。
> 动则长子孙，不曾向城市。
> 五帝与三王，古来称天子。
> 干戈将揖让，毕竟何者是？
> 得意苟为乐，野田安足鄙。
> 且当放怀去，行行没余齿。

如果大家都能满足于过这种田园生活，那人世就不会再有勾心斗角和战争这等崩坏发生。人能放心地活到掉光牙齿自然老去。这就是王维的憧憬与向往。这个愿望是何等卑微，何等烟火气。纵观王维这一生，端的是，欲隐不了情，终怀天下心。未忍自兹去，只得半隐名。

最后一首则是王维老年时所写，对自己的一生充满自嘲：

> 老来懒赋诗，惟有老相随。
> 宿世谬词客，前生应画师。
> 不能舍余习，偶被世人知。
> 名字本皆是，此心还不知。

老得都没力气写诗了，身边无人伴之，唯日渐的衰老相随。上辈子可能就是个诗人，前生当过画家。此生因为不能忘记前生的习气，就炫耀故技被世人知道了名字。前生的名字原本人人都有，许多人今生和我一样茫然，不知前生自己究竟是谁。此诗后四句竟然连用了两个"知"为韵脚，是诗家大忌，可见王维此时精气神已经不济，否则不会犯这种低级错误。但时境的真实使之反具有了考证的意味。

相关这首诗还有另外的说法。王维的乡人唐张彦远在他的《历代名画记》中说："清源寺壁上画辋川，笔力雄壮，尝自制诗曰：'当世谬词客，前身应画师。不能舍余习，偶被时人知。'诚哉是言也。"唐朱景玄《唐朝名画录》、宋郭若虚《图画见闻志》卷五，也有类似记载，则此首诗当为题画之诗，不应曰"偶然作"。从中可见出王缙或曰后人编次归类王维诗之粗疏，这给后世考证带来了许多无端麻烦。

中间几首诗，前文引用过，就不提了。

《新唐书·王维传》载："母亡，辋川第为寺，终葬其西。"王维的辋川别业虽然就此改为清源寺，但葬在辋川别业崔氏大佛堂西边的王维母亲坟，是无法告别的。王维在有生之年，他的心一直在这里陪伴母亲。虽然后来这里成了清源寺，但王维还是不时要来看望母亲的坟墓，拔草、培土、问个安，说几句贴心的话，祭祀一番。可见母子情深。王维逝世后埋在了母亲的身边，得以日夜陪伴，从而遂了王维的心愿。辋川人说王维母的坟历千年犹在，在修辋川公路时坟头被平毁。王维墓在白家坪村东六十米处，占地十余亩，村东北有王维手植银杏树，墓前是辋川河。清乾隆四十一年（1776），陕西巡抚毕沅竖立的王维墓碑在"破四旧"时被砸毁。墓地现被压在向阳公司的厂房之下。王维为纪念母亲和辋川别业在清源寺所绘壁画长有四点八米。据说清源寺毁之后，赫赫有名的《辋川图》的唐人摹本，后来被日本圣福寺收藏。

雨中赴辋川，山上云遮雾绕，我有七言三首纪行："一路上寒雨漫漶，所到处随意顾盼。人乃人耶物乃物，神思间恍惚江山。　韩潮州雪拥蓝关，王摩诘惘然辋川。李太白伤别灞桥，杜工部远望长安。　是亦是来非亦非，今不今矣古不古。红尘里伤感无数，天地间沧桑如故。"

在蓝田县寻访王维未遇，中午与朋友一道吃了饭，喝了酒，有所感慨，故调寄《定风波》新韵曰："行到蓝田玉枭烟，坐巡太乙岭生棉。戏唱辋川银杏怨，亏欠，竟然灯下黯君颜。　金粉无声苍翠见，盈眼。古今牵念赖诗缘，千里拜求因画卷。惟愿，凄风苦雨远樽前。"

当时，离王维手植银杏树不远处的庙台之上，正在唱古装戏，许多村民打着花花绿绿的雨伞，冒雨看戏，很是热闹。又添怅然，故又调寄《青玉案》新韵："辋川云起山穷路，见银杏众头顾。粉面青伶桃李怒，操唐琴板，纵秦歌赋，安史声声误。　南国红豆今犹故，依旧佳节倍增步。长啸幽篁明月诉，一川商雨，满山周雾，岂止春秋苦。"

离去时，雨还在下，岭峦随处生烟，方知坐看云起，当为终南山特有风景。只可惜，峰还处处生烟，人已个个作古。让人不觉生古今慨叹。又七言曰："太乙山生雨中烟，蓝关雾锁汉秦天。咸阳未照青苔上，人到辋川已惘然。"故再七言平水韵挽之曰："雨润终南酥半壁，鸟鸣空谷静潺溪。凝烟云碧叶飘笛，汇濑苔青石溅鼙。尘闹凄迷清寺北，寺荒扬厉佛堂西。后人欲见维摩诘，还待蓝田唱玉鸡。"

如此而已。

附录

心事琳琅不一呼

武周圣历二年 （699） 一岁

王维生。王维生年，学术界说法不一。赵殿成考订其生于中宗长安元年（701），此说最为盛行。但据两唐书本传推知王维之弟王缙生于公元700年，兄不能生于弟后。王维诗中有"年算六身知"一语，"六身"由"亥"字解释而来，故可训为"亥"字。699年岁当己亥，故断自是年。

中宗神龙三年 （707） 九岁

《新唐书·王维传》："九岁知属辞。"父王处廉当死于本年前后。

玄宗先天二年，十二月改元开元 （713） 十五岁

是年离家，经潼关，过骊山，入长安游历。创作《过始皇墓》。

开元三年 （715） 十七岁

在长安宦游，作《九月九日忆山东兄弟》，原注：时年十七。

开元七年（719） 二十一岁

参加京兆府试，举解头，赋《清如玉壶冰》。作《桃源行》《李陵咏》等诗，与宁王、岐王、薛王等交游。

开元九年 （721） 二十三岁

春，进士及第，并考取状元，释褐为太乐丞。秋，因伶人舞黄狮子被贬为济州司仓参军。秋末冬初到达贬所。

开元十三年 （725） 二十七岁

裴耀卿于上年十月任济州刺史，王维为其僚属。十一月，玄宗封泰山。王维协助裴耀卿负责办理接待工作，政绩突出。

开元十四年 （726） 二十八岁

秋，济州黄河大堤受洪水威胁，情况紧急，裴耀卿果断决定，率领军民保堤抗洪，王维参与其中。其后，裴耀卿离济州赴宣州上任。王维当在裴离任后即离济州西返。

开元十五年 （727） 二十九岁

春游淇上，结婚。婚后在淇上居住。王维婚事，史无明文。结婚时间，妻为何氏，正史、异史均无载。

开元十六年 （728） 三十岁

在淇上居住。妻亡，秋天归长安。关于王维婚事，两唐书本传所记略同，即"丧妻不娶，孤居三十年"。但何年丧妻，缘何不娶，均无载。

开元十七年 （729） 三十一岁

初识张九龄，并在集贤院供职，与孟浩然相识并结交。开始从大荐福寺道光禅师学顿教。

开元十八年 （730） 三十二岁

张九龄丁母忧，孟浩然返襄阳，王维去职闲居。作《华岳诗》。
又曾游终南山，作《终南山》诗。

开元十九年 （731） 三十三岁

西行入蜀游览，一路写诗作画。从王维留下诗画作品看，王维
曾经剑阁入蜀，但具体年代难以确定，根据其生平推知当在此
年前后。姑系于此。

开元二十年 （732） 三十四岁

游蜀后，经三峡出蜀，到襄阳访孟浩然。后返长安。

开元二十二年 （734） 三十六岁

游东都洛阳，隐居嵩山，与李颀、卢象交往，互有诗赠答。

开元二十三年 （735） 三十七岁

春仍居嵩山。三月后由张九龄推荐出任右拾遗，离嵩山赴洛阳
供职。

开元二十四年 （736） 三十八岁

十月前在洛阳，十月随玄宗归西京长安，仍任右拾遗。十一月，
张九龄、裴耀卿罢相，李林甫独掌大权，政治转向黑暗，王维
思想开始消沉。

开元二十五年 （737） 三十九岁

在长安任右拾遗，秋以监察御史身份出使凉州，为河西崔希逸
幕府判官。作《使至塞上》《出塞作》等诗。

开元二十六年 （738） 四十岁

崔希逸离开河西节度府凉州不久，王维亦返回长安。时间当在夏末秋初。为崔希逸写《赞佛文》《西方变画赞并序》。

开元二十七年 （739） 四十一岁

在长安，任官监察御史。作《大荐福寺大德道光禅师塔铭并序》等。

开元二十八年 （740） 四十二岁

五月，张九龄卒。王维迁殿中侍御史，九月底从长安出发"知南选"。至襄阳写《哭孟浩然》诗。

开元二十九年 （741） 四十三岁

正月"知南选"毕，大约二月离开桂州选所北返。途经润州作《谒璇上人》诗。约四月初抵长安。下半年隐居终南山。《终南别业》《过香积寺》等诗约写于此年。

天宝元年 （742） 四十四岁

在长安，春天改官左补阙，属门下省。秋，李白奉诏进京，任翰林供奉。

天宝二年 （743） 四十五岁

在长安，仍居左补阙之职。购置经营辋川庄当在是年。王维置辋川时间，学界说法不一。从王维生平及其他情况看，当在天宝初始置辋川别业。从此过"亦官亦隐"生活。《辋川集》当作于本年秋。

天宝三载 （744） 四十六岁

在长安，仍任左补阙。李白上书请还，玄宗批准，赐金放还。

天宝四载 （745） 四十七岁

迁侍御史并出使榆林、新秦二郡。春夏之交离长安。

天宝五载 （746） 四十八岁

从榆林、新秦回长安。下半年在长安任侍御史。约年底迁库部员外。

天宝六载 （747） 四十九岁

在长安，仍任库部员外。李林甫屡兴大狱，害死名士李邕、裴敦复等。

天宝七载 （748） 五十岁

仍在长安，迁库部郎中。

天宝八载 （749） 五十一岁

故相萧嵩卒，王维有《故太子太师徐公挽歌》。

天宝九载 （750） 五十二岁

二月前仍在朝任库部郎中。约在三月初居母丧，屏居辋川。有《酬诸公见过》诗。

天宝十载 （751） 五十三岁

继续守母丧，仍屏居蓝田辋川。前京兆尹名士韩朝宗死，葬于蓝田白鹿原。王维为之作《拇指铭并序》。

天宝十一载 （752） 五十四岁

春丁忧结束，服阕，拜吏部郎中。有《敕赐百官樱桃》。李林甫死。

天宝十二载 （753） 五十五岁

仍在长安官文部（即吏部）郎中。有《送秘书晁监还日本国》等诗。

天宝十三载 （754） 五十六岁

仍在朝任文部郎中。有《过崔驸马山池》《送张五归山》《送高判官从军赴河西序》等。

天宝十四载 （755） 五十七岁

十一月，安史之乱爆发。王维由文部郎中迁给事中。有《酬郭给事》《左掖梨花咏》等诗。

天宝十五载，七月末肃宗即位，改元至德

元载 （756） 五十八岁

正月，安禄山在洛阳即位，自称大燕皇帝。六月十二日玄宗逃出长安，十四日发生马嵬坡兵变。王维仍在长安任给事中。长安失守，王维扈从不及，被叛军困，想微服逃跑未果，陷贼。被押往洛阳关押在凝碧池。王维未降，故一直关押十个月。适裴迪来看望，王维即事赋《凝碧池》诗。

至德二载 （757） 五十九岁

安禄山被其子安庆绪所杀。永王李璘率兵西进。肃宗命韦陟招谕，让永王交出兵权归成都。永王不听。被朝廷军队打败。十月，唐朝收复东京洛阳，至此，两京均收复。王维与其他伪朝官被押回长安，系于宣阳里杨国忠旧宅。陷贼任伪职诸官分六等定罪。一等罪斩首，共杀十八人；二等罪赐毒酒自尽，共七人；三等罪杖刑；四至六等罪流放贬谪。王维在洛阳时曾被授伪官任要职的韦斌召见，又有《凝碧池》诗闻于行在；弟王缙愿以

己官为之赎罪。故王维免于处分。等候安排。

至德三载，二月，改元乾元元年（758） 六十岁

正月末，授太子中允（正五品上），与给事中品同阶。王维写《谢除太子中允表》。不久加集贤学士衔。旋拜中书舍人。与贾至、岑参、杜甫同作《早朝大明宫》诗。五六月份，又官给事中。秋天，上《请施庄为寺表》，获准。秋末冬初，离辋川归长安。有《别辋川别业》《送崔兴宗游蜀》等诗。

乾元二年（759） 六十一岁

在长安。仍官给事中。是春，与钱起有交往。五月，上《请回前任司职田粟施贫人粥状》，肃宗批准其舍出职田而煮粥赈灾。

上元元年（760） 六十二岁

七月，李辅国迁唐玄宗于西内苑，形同软禁。王维转尚书右丞（正四品下）。上《责躬荐弟表》，请辞去自己的职务，调弟弟王缙回京任职。

上元二年（761） 六十三岁

《责躬荐弟表》被批准，王缙授左散骑常侍，王维上《谢弟缙新授左散骑常侍状》，落款为"上元二年五月四日"。在六月末七月初病卒。宝应中，王缙奉敕搜集整理王维诗文，编为十卷，名曰《王右丞集》，上交御览。代宗答诏，评价甚高。

（此年表由毕宝魁先生创作）

跋

缤纷情致怎能了

——《辋川烟云——王维传》

从二〇一五年起接受《中国历史文化名人传记》丛书王维传记的选题至今，已经过去了三年多的时间。这三年多我一直在思考如何写好王维。很快发现正史中关于王维的记述资料十分匮乏，甚至连野史外传的相关资料也不是很多。多的反而是五花八门错谬百出的说法、谬传、误导。无奈之下我只好采用了书中和盘托出的写法，归纳正确的，指出错谬的，钩沉可能的，补遗合理的。时空交错，关节处详，无关处略，夹叙夹议，抡圆了便是地球。个别情节不乏合情合理的推演释理。这些推演释理从未脱离历史轨道和特殊时境。因为无论任何人都是历史特定情境下的细节。离开历史背景传写人物，如同缘木求鱼，刻舟求剑，必失偏颇。

对人物的故事描述，心路历程，个性形成，诗书画音律创作的成就，也是循着历史轨迹前行。人从来都不是一个孤立的动物，人是社会和历史的产物，是群体生物中的一员，随波逐流从来不可避免。王维生活意识的流动折射着盛唐的河流，盛唐的兴衰决定着王维的生活轨迹和命运的流向。主导这一切的并不是神灵，而是各种复合的社会和历史人的因素。如同黄河不断改变流路，遵循的只是自然规律。

盛唐是个诗歌的时代，李世民、武则天、上官婉儿、李隆基都功不可没。盛唐的龙船，皇上是当然的舵手，水手长的声声鼓噪和划船者的个个发力，决定了这艘龙船必然要扯起诗歌的旌纛，并涌现三个盛唐时最为杰出的扛旌举纛人：诗佛王维、诗仙李白、诗圣杜甫。

这个排名是从世俗印象中来，佛尊于仙，仙崇于圣。王维和李白都是非人，只有杜甫还是人，却也是圣人。但还有另一个排名，李白是天才，杜甫是地才，王维是人才。李杜是天地，中间夹个王维，是天地人的合体。比喻永远不准确，这三个人都是烟火气极重的凡人。

俗称诗、书、画三绝的王维，如果再加上对音律的娴熟，几乎囊括了文学艺术的范畴。按照约定俗成的认识，文学艺术起源于远古人类的生产劳动，来源于社会生活，反映的都是人类的情事，便连图腾崇拜天地传说佛神仙灵也无一不是文学艺术的想象和创造的产物。是否可以这么说，掌握这种形式或手段越多，其本质便越接近烟火气。

如果此说可以成立，那么王维便是三人中最具烟火气的一个。他身上没有李白的浪漫和潇洒，也没有杜甫的坚定与固执。纵观他的一生，他是一个活得最累最没乐趣的人，少年丧父，要担起抚养弟妹的责任，而立之年失子丧妻，在大唐那样风流奢靡宽松的道德环境下，身居高位，还空有一副大好皮囊，却无日不三省吾身自己管自己，不衣文彩，吃斋念佛，恪守爱的盟约而终身不续弦，也不娶妾室，更不蓄养樊素、小蛮以为声妓或曰性奴，借以娱悦自己。安史之乱玄宗跑路弃诸大臣如敝屣，王维因此而遭无妄之灾，差点丢了性命。老年却还要将自己视为命根子的辋川别业献给肃宗皇帝为寺，还献出自己的俸禄以施粥给难民，含辛茹苦忍辱负重到何等程度！

如果以我们时下的道德标准来衡量，王维乃是一名当之无愧的优秀的共产党人。遗憾的是那时马克思尚未来于千年之后，王维只能加入维摩诘的行列，成为一个在家的居士。他也不同于普通的信徒，而是把佛教当成一门学问进行精研，并把从禅宗佛学悟出的人生道理融入自己的诗歌、绘画、书法、音韵之中，成为具有宇宙观和人类意识的兼收并蓄的集大成者，把诗、书、画、乐提升到了人类哲学的高度。

窃以为这是李白和杜甫所无法企及的，也是王维生前所没有意识到的，但他却在无意识中完成了对人类生存价值和意义的反思。他终生都在骨感的现实与柔软的理想之中矛盾着，能舍得色香味以及自己的感观享受，却不舍得也不忍得母亲、弟妹、难民、百姓的恓惶，甚至能原谅玄宗皇帝的先弃而后责，并终身都在忏悔自己何以没有在安史之乱中成仁。这种人在今天还有吗？是思想的局限性吗？其实只是一种缠绵悱恻。想要解脱不忍解脱，想要归隐不忍归隐，不忍于朝代的更替兴衰枯荣带来战争和离乱："兴，百姓苦；亡，百姓苦。"

怎一个"情"字了得。也正是这一个"情"字成就了王维。既然为人，就不能往天上靠，光想自己，纵然时代将诗书画举到天上，远离了烟火气，但源在劳动，根还在地上，也得从烟火气上为家人和百姓讨要点生活。这一点功夫，杜甫兄做得很是扎实，李白兄就浮皮潦草多了。

金末元好问，字裕之，号遗山，世称遗山先生。太原秀容人。有《雁丘词》并序曰：乙丑岁赴试并州，道逢捕雁者云："今旦获一雁，杀之矣。其脱网者悲鸣不能去，竟自投于地而死。"予因买得之，葬之汾水之上，垒石为识，号曰"雁丘"。同行者多为赋诗，予亦有《雁丘词》。旧所作无宫商，今改定之。他在《摸鱼儿》中这样设问："问世间情为何物，直教人生死相许。"我读后有感，也填了一首《摸鱼儿》引申其意，押中华新韵，并题曰《红尘阿堵，情已贱于物》：

　　雁丘词、悠悠朝暮，风流隔断今古。江湖犹剩些些许，将就个惊鸿舞。公欲诉，元好问，痴儿女想寻归路。遗山有术。板桥却糊涂，红尘阿堵，情已贱于物。
　　休豪赌、拿自然押大注，输赢都很跋扈。得禽兽者得天下，草木乱敲箫鼓。何所苦，因尔误、先杀庆父安齐鲁。纷争打住。细读旧词书，重回造化，烟柳映斜圃。

天地间有大美也。自然恩赐人类一个美丽富饶慈悲的世界，人与人，国与国，民族与民族，都是地球上的兄弟姐妹。山水毓秀，万物钟灵，禽兽有情，天地人本为一体。情施于亲人兼及同胞、人类，是唇齿相依的必须。施之于大千、万类连同山水、世界，是生存的根本需求。支撑人类世界的从来都不是权利、金钱、物质、光电声色，更不是战争、嫉妒、仇恨、好勇斗狠，其实就是一个缠绵悱恻的"情"字！

大智若愚，大音希声，大相无相，大悲不忍，王维用自己的一生诠注了一个大写的"情"字。杀青此书时我写五言排律一首有感王维曰：

> 王维摩诘经，安史乱清灯。
> 大相芭蕉树，奇情白果僧。
> 云高低碧壑，鹤上下青蝇。
> 荣辱阴阳溅，尊卑巨细腾。
> 夏叶肥秋实，南虫瘦北冰。
> 古今多少事，日月往还承。
> 猿豹攀修木，龙蛇舞长藤。
> 自然常守志，人类应趋恒。

本书目次由一首七绝四首七律构成。七绝四句共四大章，每章一首七律分为八节。在陶文鹏先生的严格要求下，押了中华新韵，平仄对仗均合范，一首七绝四首七律共三十六句二百五十二个字，无一字重复。

为方便对古诗词感兴趣的朋友们的阅读，特排列如下：

四大章标题
七绝
牙爪肥儿觇圣朝，蟠争螭斗已成妖。
花残盛世同追忆？叶共荒唐满地飘！

第一章：牙爪肥儿觇圣朝
七律
紫绶金绂候帝庥，群官张目望星摇。
蓬莱塘畔管弦暗，龙首峰头旒冕洞。

皇辇嫔妃娥惘见，国戚细软夜潜逃。
洛阳鼙鼓西都怅，锦绣斜晖如梦遥。

第二章：蟠争螭斗已成妖
七律
安禄山狂天宝黄，马嵬坡绕玉环香。
曲穷羽角红流泪，韵尽芭蕉翠断肠。
身陷胡尘音律恨，池凝碧血艺伶昂。
几声琴板梨园破，千古霓裳犹未央。

第三章：花残盛世同追忆
七律
欲止狰狞皮覆毛，峦出沟壑水生涛。
感恩物纳三八袖，贪欢人穿九五袍。
民贵君轻强汉药，河清岭秀壮秦膏。
诗书画乐自然起，除昧仍须明月刀。

第四章：叶共荒唐满地飘
七律
田隐终南蚌病珠，檀栾毓坳孟城湖。
落英风送秋虫语，繁露溪随春雁凫。
空谷丹青灵映绿，佛堂粉壁雪涂朱。
缤纷情致怎能了，心事琳琅不一呼。

本书首先要感谢王维研究协会副会长毕宝魁先生给予的慷慨帮助，还要感谢相关王维资料和书籍的所有作者的无偿贡献，举凡用到的资料出处，在书中正文中已标明，就不再专门列表另行索隐了。更要感谢《中国历史文化名人传记》丛书编委会的何建明先生、李炳银先生、黄宾堂先生，史学组的陶文鹏先生，文学组的原文竹、田小爽女士以及校对等。

这是个共识的整体，都在想方设法从故纸中钩沉湮没的史料，还原一个真实可信的王维，无论书中提及或没有提及，标示或没有标示，都在感谢之列。我只是一个集大成的忠实的编撰者而已，所持观点是驱使和引领我不辍前行的动力和灯火：历史是现实的镜子，知古可以鉴今，古人即是今人，今人终成古人。谨在此诚挚鸣谢。

初稿：二〇一八年七月十日星期二

改稿：二〇一九年二月二日星期六

81　《天地放翁——陆游传》　陆春祥 著

82　《二拍惊奇——凌濛初传》　刘标玖 著

图书在版编目（CIP）数据

辋川烟云：王维传 / 哲夫著 . -- 北京：作家出版社，
2020.1（2024.1 重印）
（中国历史文化名人传丛书）
ISBN 978-7-5212-0696-8

Ⅰ . ①辋… Ⅱ . ①哲… Ⅲ . ①王维（699—759）- 传记
Ⅳ . ①K825.6

中国版本图书馆CIP数据核字（2019）第182208号

辋川烟云——王维传

作　　者：哲　夫
传主画像：高　莽
责任编辑：田小爽
书籍设计：刘晓翔+韩湛宁
责任印制：李卫东　李大庆
出版发行：作家出版社有限公司
社　　址：北京农展馆南里10号　　邮　　编：100125
电话传真：86-10-65067186（发行中心及邮购部）
　　　　　86-10-65004079（总编室）
E-mail:zuojia@zuojia.net.cn
http://www.zuojiachubanshe.com
印　　刷：三河市紫恒印装有限公司
成品尺寸：152×230
字　　数：314千
印　　张：22.5
版　　次：2020年1月第1版
印　　次：2024年1月第6次印刷
ISBN 978-7-5212-0696-8
定　　价：42.00元